A COMPREENSÃO DA GRAMÁTICA

EDITORA AFILIADA

Universidade Federal do Rio Grande do Norte

Reitora
Ângela Maria Paiva Cruz

Vice-Reitora
Maria de Fátima Freire de Melo Ximenez

Diretora da EDUFRN
Margarida Maria Dias de Oliveira

Vice-Diretor da EDUFRN
Enoque Paulino de Albuquerque

Conselho Editorial
Ana Luiza Medeiros
Cipriano Maia de Vasconcelos (Presidente)
Herculano Ricardo Campos
Humberto Hermenegildo de Araújo
John Andrew Fossa
Mônica Maria Fernandes Oliveira
Tânia Cristina Meira Garcia
Virgínia Maria Dantas de Araújo
William Eufrásio Nunes Pereira

Editor: Helton Rubiano
Capa: Edson Lima
Revisão: Wildson Confessor
Revisão técnica: Maria Alice Tavares e Edvaldo Balduíno Bispo
Editoração eletrônica: Fabrício Ribeiro
Supervisão editorial: Alva Medeiros da Costa
Supervisão gráfica: Francisco Guilherme de Santana

Dados Internacionais de Catalogação na Publicação (CIP)
(Câmara Brasileira do Livro, SP, Brasil)

Givón, Talmy
    A compreensão da gramática / Talmy Givón ; tradução Maria Angélica Furtado da Cunha, Mário Eduardo Martelotta, Filipe Albani ; revisão técnica da tradução Maria Angélica Furtado da Cunha, Maria Alice Tavares, Edvaldo Balduíno Bispo. – São Paulo : Cortez ; Natal, RN : EDUFRN, 2012.

    Título original: On understanding grammar.
    ISBN 978-85-249-2007-3 (Cortez)

    1. Gramática comparada e geral 2. Linguística aplicada 3. Português – Gramática I. Título.

13-00116   CDD-415

Índices para catálogo sistemático:

    1. Gramática : Linguística   415

Talmy Givón

A COMPREENSÃO DA GRAMÁTICA

Tradução
Maria Angélica Furtado da Cunha
Mário Eduardo Martelotta
Filipe Albani

Revisão técnica da tradução
Maria Angélica Furtado da Cunha
Maria Alice Tavares
Edvaldo Balduíno Bispo

Título original: *On Understanding Grammar*
Publicada por Academic Press
TALMY GIVÓN

Capa: Ricardo Cesar de Andrade
Preparação de originais: Nair Kayo e Elisabeth Matar
Revisão: Wildson Confessor
Revisão técnica: Maria Alice Tavares e Edvaldo Balduíno Bispo
Supervisão editorial: Alva Medeiros da Costa
Composição: Linea Editora Ltda.
Coordenação editorial: Danilo A. Q. Morales

Nenhuma parte desta obra pode ser reproduzida ou duplicada sem autorização expressa do autor e dos editores.

© 2012 by Talmy Givón

Direitos para esta edição
CORTEZ EDITORA
Rua Monte Alegre, 1074 – Perdizes
05014-001 – São Paulo – SP
Tel. (11) 3864 0111   Fax: (11) 3864 4290
E-mail: cortez@cortezeditora.com.br
www.cortezeditora.com.br

Impresso no Brasil — janeiro de 2013

Sumário

Apresentação 9
Prefácio 11

1 METODOLOGIA
Sobre a natureza criptoestruturalista da gramática transformacional.... 13

1.1 Introdução 13
1.2 A ascensão do formalismo como explicação...................... 15
1.3 O esvaziamento do banco de dados: competência e gramaticalidade 39
1.4 Conclusão 64

2 GRAMÁTICA E FUNÇÃO
Por uma definição discursiva de sintaxe 67

2.1 Introdução 67
2.2 As pressuposições discursivas das construções sintáticas................. 73
2.3 Marcação discursiva e restrições distribucionais 94
2.4 Marcação discursiva e complexidade sintática 103
2.5 Conservadorismo sintático 114
2.6 Aquisição da linguagem 118
2.7 Conclusão: sintaxe e comunicação..................................... 120

3 LÓGICA *VERSUS* LÍNGUA
A negação na linguagem: pragmática, função, ontologia 125

3.1 Introdução 125
3.2 O *status* pressuposicional dos atos de fala negativos 127
3.3 Algumas consequências do *status* marcado das negativas 155
3.4 A base ontológica da negação 176
3.5 Conclusão 185
Apêndice 1: Teste para um experimento sobre a interpretação dos modais do inglês 188
Apêndice 2: Contagem total para 100 sujeitos dos resultados do experimento sobre os modais do inglês 190

4 CASO SEMÂNTICO E FUNÇÃO PRAGMÁTICA
Promoção, acessibilidade e a tipologia de marcação de caso 191

4.1 Introdução 191
4.2 O problema da recuperabilidade do caso 193
4.3 Relativização 195
4.4 Passivização e promoção a objeto direto 244
4.5 Sumário 267

5 SINTATICIZAÇÃO
Do discurso para a sintaxe: a gramática como estratégia de processamento 271

5.1 Introdução 271
5.2 O processo diacrônico de sintaticização 272
5.3 Um sumário provisório 290
5.4 Pidgins e crioulos 291
5.5 Linguagem infantil vs. linguagem adulta 295
5.6 Discurso informal vs. discurso formal 297
5.7 Discussão 302

6 MUDANÇA LINGUÍSTICA
De onde vem a sintaxe louca: restrições diacrônicas sobre gramáticas sincrônicas 305

6.1 Introdução 305
6.2 Fonologia sincrônica louca 307
6.3 Inconsistências tipológicas entre morfologia e sintaxe 309
6.4 Clivagem e perguntas QU- revisitadas 318
6.5 Atração pronominal e relativização de objeto 322
6.6 Alguns enigmas da relativização em suaíli 325
6.7 Tipologias mistas na sintaxe do sintagma verbal 327
6.8 Restrições sintáticas congeladas 336
6.9 Padrões lexicais congelados 340
6.10 Discussão 344

7 LÍNGUA E FILOGENIA
O mistério SOV e a evolução do discurso 347

7.1 Introdução 347
7.2 Argumentos para uma visão neorrecapitulacionista 349
7.3 O mistério SOV 351
7.4 Extrapolação número 1: o sistema comunicativo dos caninos 354
7.5 Comunicação pongídea: breve sumário 369
7.6 Extrapolação número 2: comunicação infantil primeira 370
7.7 Discurso pré-sintático como um alvo filogenético 376
7.8 Um breve sumário do cenário evolucionário 386
7.9 Sinaticização como um processo filogenético 386
7.10 Sobrevivência de vestígios de modos linguísticos anteriores 390
7.11 Conclusão: o mistério SOV revisitado 391

8 LÍNGUA E ONTOLOGIA
Construindo um universo 395

8.1 Introdução 395
8.2 Espaço, tempo e ser 398

8.3 Tao e o universo não construído 402
8.4 Uma propriedade binária não ordenada: uma tentativa malograda de individuação 404
8.5 A primeira relação ordenada: tempo 404
8.6 Uma ontologia da experiência em um universo de tempo 406
8.7 A segunda, terceira e quarta dimensões: espaço 410
8.8 Percepção espacial, julgamento perceptual e calibração 411
8.9 O paradoxo de ordem e caos 412
8.10 Limites superiores e otimalidade 415
8.11 A ontologia da experiência em um universo espaço-temporal 416
8.12 Alguns correlatos evolucionários do universo tempo-espaço 418
8.13 Ação, agentes, intenção e causalidade 423
8.14 Critérios experienciais para agentes 425
8.15 A ontologia de causação e agentividade 427
8.16 A unidade ontológica do comportamento interpessoal 435
8.17 Fechamento 444

Bibliografia 447
Índice remissivo 469

Apresentação

A melhor coisa depois de ser mãe ou parteira é ser uma testemunha prematura do crescimento de uma criança quando mais tarde alguém nos pede para prever o que ela promete. Com relação a *On Understanding Grammar*, de Talmy Givón, tenho sido um espectador feliz desde o Capítulo 1, e tanto quanto minhas habilidades proféticas possam valer algo, eu o prevejo como uma das expressões verdadeiramente valiosas de nosso conhecimento corrente que apareceram nesta década. O autor disse, com sua modéstia habitual, que o livro é uma consolidação de pontos de vista, e não uma promulgação de descobertas. Pode ser. Mas no processo de consolidação geralmente acontece de uma luz antiga em um campo ganhar um brilho novo em um outro. Essa é uma — apenas uma — das virtudes deste livro: bem antes de sua concepção, o autor já tinha dado o seu salto para longe da visão de túnel comum a muito de nosso formalismo contemporâneo. Ele tinha explorado o túnel e o conhecia de um extremo a outro; mas desde então ele vem acumulando um conhecimento de línguas que tem poucos rivais; sua familiaridade com a história linguística e mais do que uma noção aquiescente de lógica, pragmática, teoria evolucionária e filosofia contribuem com um saber formidável para sustentar uma disciplina cuja amplitude torna tal saber indispensável. O livro é rico em *insights*, mesmo para aqueles que têm estado com a linguística por um longo tempo. E iniciantes podem ficar agradecidos por tê-lo como um ponto de partida, a partir do qual erros passados foram deixados para trás.

Este é um livro sobre a compreensão que é feito com compreensão profunda — da linguagem e seu lugar na natureza e na natureza da espécie humana. E com compreensão de como revelar essas coisas. É um livro despretensioso. As lições são ensinadas sem ostentação, com a autoridade de uma sabedoria que é completa demais para se vangloriar e com uma fé óbvia no poder da linguagem comum para descrever a linguagem.

Talmy Givón mostra-nos novamente que grandes verdades são simplesmente verdades, e se nem sempre é uma questão simples chegar até elas, isso aumenta nossa dívida com ele.

Dwight Bolinger

Prefácio

Este livro é uma tentativa de dar sentido à prática de fazer linguística e, em última análise, à linguagem humana. Dar sentido não é uma preocupação favorita dos linguistas — dos quais os melhores gostam de trabalhar arduamente próximos ao fato. Eu respeito tal integridade e espero mostrar que uma abertura ocasional de nossas perspectivas não será prejudicial.

Tomou-me algum tempo perceber que este livro poderia ter uma certa coerência global: foi preciso escrever o livro inteiro para descobrir se tal coerência era mesmo remotamente possível. O empreendimento começou com a sugestão de Sandra Thompson de que já era tempo de reunir em um só lugar todos os temas divergentes que eu vinha perseguindo ao longo de alguns anos. Eu estava um pouco em dúvida. Sabia que os temas em si tinham coerência interna. Pragmática discursiva, sintaxe diacrônica, tipologia, criologia, método e ontologia, todos eram relevantes para a reflexão sobre como e por que alguém poderia querer fazer linguística. Mas não estava claro para mim como eles poderiam ser reunidos; o campo tinha sido fragmentado, não havia precedente de integração, subáreas tinham sido trancadas em caixas distintas, a linguagem tinha persistido em desafiar metodologias dedutivas acessíveis.

A estrutura de coerência deste livro assemelha-se a um círculo. A linguagem localiza-se no centro, desafiadora e escancarada. Os vários capítulos ocupam a borda, focalizando, de diferentes perspectivas, o centro ilusório. As interdependências entre as várias perspectivas fazem a estrutura de coerência do livro, e se e quando conhecermos essas interdependências mais precisamente, elas irão, espera-se, compor a estrutura de coerência da linguística.

O Capítulo 1 é sobre o método, sobre as noções de "fato", "teoria" e "explicação", particularmente sobre como essas noções se manifestam na prática real.

O Capítulo 2 é uma redefinição da sintaxe em termos de função comunicativa e pragmática discursiva, e assim sobre a relação entre a função dos recursos gramaticais e suas propriedades formais.

O Capítulo 3 é sobre a pragmática discursiva e como ela transcende os limites estreitos da lógica dedutiva. Também é sobre a função e a ontologia da negação na linguagem, e como elas se relacionam ao fundamental princípio teórico informacional de figura versus fundo.

O Capítulo 4 é sobre os dois maiores aspectos dos sistemas de caso, papel semântico e função pragmática, e como os dois interagem na determinação das características tipológicas das gramáticas.

O Capítulo 5 retorna à relação entre discurso e sintaxe, dessa vez de um ponto de vista do processo de desenvolvimento diacrônico, ontogenético, filogenético.

O Capítulo 6 é sobre a relação entre gramática sincrônica e mudança diacrônica, e sobre como é inútil tentar entender uma sem entender a outra.

O Capítulo 7 é sobre a relação entre a linguagem humana como a conhecemos e sua evolução filogenética, e sobre por que faz realmente sentido falar sobre as duas em conjunto.

O Capítulo 8 é sobre linguagem e ontologia, a relação entre cognição e o universo, e o que isso tudo pode significar.

Não pretendo ter resolvido tudo neste livro. A linguagem é um fenômeno vasto demais — saber tudo sobre ela é saber tudo sobre o homem e o universo e, desse modo, em princípio (cf. Heisenberg e Goedel), impossível. Eu vejo a linguagem como uma rocha gigante, sob a qual nós escavamos um túnel com vários pontos de saída, trabalhando a maior parte do tempo no escuro. O que eu me esforcei para fazer aqui foi iluminar meu túnel.

O que eu sei sobre a linguagem deve-se muito a muitas pessoas. Tentei reconhecer minhas dívidas em pontos apropriados ao longo do livro. Há três pessoas que há muito considero guias de integridade e senso comum em linguística, um campo repleto de modismos, partidarismo e fratricídio: Dwight Bolinger, por ensinar que a linguagem só pode ser compreendida no contexto da comunicação; Joseph Greenberg, por se recusar a considerar a linguagem sem línguas; e Kenneth Pike, por insistir que a linguagem estava inevitavelmente encaixada na cognição, na cultura e na construção humana do universo.

Talmy Givón

1

Metodologia
Sobre a natureza criptoestruturalista da gramática transformacional

1.1 INTRODUÇÃO[1]

> Minha visão da Física é que você faz descobertas, mas, em um certo sentido, você nunca as entende realmente. Você aprende a manipulá-las, mas você nunca realmente as entende. "Entender" significaria relacioná-las a alguma outra coisa — a algo mais profundo [...].
>
> I. I. Rabi, em uma entrevista em *The New Yorker*, 20 de outubro de 1975, p. 96.

Este capítulo é necessariamente polêmico, e essa é uma necessidade a qual eu lamento e pela qual gostaria de me desculpar. A história da linguística americana nos últimos cinquenta anos está inundada de insultos cáusticos, discussões estéreis e ascensão e queda rítmicas de pseudoteorias e questões forjadas cuja relação com os fatos da linguagem humana é tênue, na melhor das hipóteses. No curso dessa triste história, as fundações da linguística como aspirante a uma ciência empírica foram minadas. Um uso crescentemente perverso de terminologias-chave como "dados", "prova empírica", "teoria" e "explicação" privou esses conceitos fundamentais da ciência de significado e utilidade na linguística. Tenho a convicção, já há alguns anos, de que a gramática gerativo-transformacional, nas

---

1. Este capítulo se desenvolveu de uma palestra na Universidade da Califórnia, Berkeley, no outono de 1975. Devo a Dwight Bolinger, Erica Garcia, Derek Bickerton, Robert Kirsner e Harry Whitaker muitos comentários e sugestões úteis. Também os absolvo de qualquer responsabilidade pelo produto final e, em particular, pelos casos em que escolhi desconsiderar seu conselho.

suas várias espécies ideológicas, caiu em uma prisão labiríntica da qual nenhuma saída natural digna é possível, além de cavar sob o edifício inteiro e começar de novo. Tenho me tornado cada vez mais ciente da natureza circular, estéril e escolástica da polêmica, e acabei acreditando que a única esperança para uma linguística diferente reside na prática real de fazer linguística de maneira diferente. Todavia, este capítulo tinha de ser escrito por uma série de razões coercitivas.

Um paradigma disfuncional na ciência é uma armadilha conceptual, restringindo a mente do praticante tão malignamente quanto barras de aço o fariam a seu corpo. Nos últimos anos, tenho testemunhado repetidamente o empenho de bons linguistas tentando libertar-se do paradigma gerativo. Vi-os tentar e falhar, e terminar não muito longe de onde começaram. Este capítulo foi feito deliberadamente pessoal na esperança de ajudar aqueles que compartilham minha comprovada experiência com o paradigma. Mas, para mostrar onde o paradigma desmorona, deve-se, primeiro, discuti-lo. E isso é necessariamente polêmico.

A gramática gerativa nasceu em disputa e permaneceu sob fogo hostil — desde seu próprio começo — por parte da primeira geração de praticantes rudemente destronada. A maioria destes sempre poderia ser rejeitada como intrusos que "não entendiam as questões". Há, então, uma certa propriedade pelo fato deste capítulo ter sido escrito por uma pessoa como eu, que cresceu dentro da congregação e que não experienciou nenhum outro tipo de linguística antes. Um pouco do que digo aqui já foi dito por outros, e, embora tenda a compartilhar a sensação de indiferença de Wittgenstein com relação à antecedência,[2] prontamente admito que muitos dos detalhes deste capítulo não são, por si, novos. A justaposição, acredito, é.

O tipo de linguística que vou defender só pode ser validado através da prática, pela descoberta de como ele ilumina o vasto leque de fatos da linguagem humana. Nenhuma quantidade de argumentos metodológicos *a priori*, conquanto inteligentemente construídos, poderia acrescentar muito a isso. Ainda assim, é útil encaixar a prática em sua perspectiva metodológica própria. Do meu posto de observação, a perspectiva é aproximadamente esta: por mais de 50 anos, a linguística tem vivido em um estado de cerco, em uma crise aparentemente interminável de sua filosofia e metodologia. Inicialmente, a crise pode ser atribuída

---

2. "Eu não desejo julgar o quanto meus esforços coincidem com os de outros filósofos. Na verdade, o que eu escrevi aqui não reivindica novidade em detalhe, e a razão pela qual não dou fontes é que para mim é uma questão de indiferença se os pensamentos que tive foram antecipados por mais alguém [...]" (Prefácio de *Tractatus Logico-Philosophicus* [1918]).

ao impacto das posturas mecanicistas das ciências físicas sobre Saussure, por um lado, e da psicologia behaviorista sobre Bloomfield, por outro. O dogma estruturalista que se seguiu tem três características principais:

1. A redução *a priori* e arbitrária do *banco de dados* relevante à investigação.
2. O surgimento do *formalismo* como "teoria".
3. A negligência ou desvalorização da noção *explicação*.

Em seu início, a gramática gerativo-transformacional trouxe uma maré de esperanças crescentes em relação a todos esses três aspectos. Contudo, a experiência cumulativa dos vinte anos passados na linguística sugere que, de todos os modos fundamentais, a revolução gerativo-transformacional permaneceu no ponto morto da metodologia estruturalista.

1.2 A ASCENSÃO DO FORMALISMO COMO EXPLICAÇÃO

A interação complexa entre *dados*, *modelo formal* e *explicação* dentro de qualquer disciplina científica está no coração do que no final emerge como "teoria". Nenhum dos três pode, por si mesmo, ser a teoria. Nem pode ser construída uma teoria viável se o papel de cada um dos três é ignorado ou se a natureza de sua interdependência é distorcida. Por exemplo, uma das práticas mais nocivas na história da linguística foi a delimitação arbitrária — e *a priori* — do banco de dados, isto é, a série de fatos que servem como *input* para a investigação e, finalmente, como *input* para a construção da teoria. Há várias maneiras pelas quais isso pode ser feito. Primeiro, pode-se adotar um formalismo que é incompatível com um certo leque de dados e então descartar dados que não podem ser digeridos pelo formalismo. Alternativamente, pode-se escolher limitar o âmbito dos *parâmetros explanatórios* que têm relação com o fenômeno sob estudo e então excluir vários segmentos de dados potencialmente cruciais como "pertencendo a outras disciplinas". Ambos os métodos são igualmente destrutivos ao bem-estar da ciência. Tratarei dos parâmetros explanatórios primeiro.

1.2.1 Parâmetros explanatórios da linguagem

Seria uma autoderrota construir uma teoria da linguagem, escolher um formalismo apropriado e controlar o leque de dados relevante, sem primeiro decidir quais são os parâmetros relevantes que são pertinentes — potencialmente — à estrutura da língua. Embora a listagem seguinte provavelmente não seja exaustiva, creio que ela representa os principais parâmetros que devem ser considerados.

1. *Conteúdos proposicionais*. A estrutura da língua e o modo como ela codifica mensagens obviamente deve refletir conteúdos proposicionais ou a "estrutura da mensagem no nível da sentença". Se se gostaria de equacionar isso com estrutura lógica, é um caso a ser visto, mas parece haver algum nível da língua, mais comumente associado à *oração*,[3] que lida com a especificação do evento, estado ou ação, em termos de quem foi o agente-sujeito, quem foi o objeto e o que aconteceu. É, portanto, improvável que a estrutura da linguagem humana possa ser entendida sem referência a esse parâmetro.

2. *Pragmática discursiva*. É improvável que as exigências da estrutura comunicativa, em termos de sequenciamento, seleção do tema, relações tópico-comentário, pressuposição, convenções falante-ouvinte, figura-fundo, e assim por diante, não sejam refletidas na estrutura do instrumento — linguagem — moldada para realizar a comunicação.

3. *O processador*. As propriedades e a estrutura específica dos canais que processam a fala dentro e fora do cérebro — neurológico, acústico, articulatório etc. — indubitavelmente exercem sua influência na modelagem da estrutura da língua.

4. *Estrutura cognitiva*. Parece insensato descartar o fato de que a estrutura cognitiva e perceptual geral do organismo humano esteja fortemente relacionada à estrutura da língua. Isso é particularmente verdadeiro na ausência de qualquer evidência empírica que sugira que tal eliminação seja defensável *a priori*.

5. *Pragmática de visão do mundo*. Nossa gramática e nosso léxico refletem — e são moldados por — uma visão construída de nosso universo. Um número de traços importantes não pode ser entendido sem referência a tal visão de mundo e à ontologia que deve subjazer a ela.

6. *Desenvolvimento ontogenético*. É bastante improvável que as exigências impostas pelo organismo jovem adquirindo a linguagem, assim como a maneira pela qual a linguagem é adquirida pela criança, não deveriam ter influência sobre a estrutura do recurso comunicativo adquirido.

7. *Mudança diacrônica*. Visto que a língua muda constantemente, e visto que as marcas da mudança linguística estão espalhadas, como relíquias antigas,

---

3. Ver Chafe (1979).

ao longo da paisagem sincrônica da fonologia, morfologia e sintaxe, a eliminação de fatos diacrônicos *a priori* — à la Saussure — do reino da relevância para nossa compreensão da estrutura sincrônica da língua é injustificada e insensata.

8. *Evolução filogenética*. Tanto quanto sei, não há fragmento de evidência empírica que apoie a posição de Chomsky (1968)[4] com respeito à irrelevância da evolução para nosso conhecimento acerca da linguagem humana. É, portanto, concebível que a filogenia — do mesmo modo que a diacronia e a ontogenia — tenha deixado marcas indeléveis sobre a estrutura da linguagem humana. No mínimo, a possibilidade não deveria ser descartada *a priori*.

Há dois modos pelos quais a formulação de parâmetros explanatórios razoáveis e flexíveis é um pré-requisito para uma investigação. Primeiro, a seleção de parâmetros explanatórios também determina, necessariamente, a seleção de subcampos relevantes de *dados* a ser admitidos como evidência. Trataremos disso mais tarde. Segundo, a seleção de parâmetros explanatórios determina a natureza e o escopo de *explicação* a ser adotada. Tudo isso corresponde a desancar o óbvio e, de fato, é difícil imaginar uma disciplina científica que trate do estudo de *organismos*[5] tentando construir uma "teoria explanatória" de seu tópico de estudo em que é descartada toda referência a seus parâmetros explanatórios. Imagine um anatomista descrevendo a estrutura do corpo humano sem referência às funções de vários órgãos. Mas isso é precisamente o que ocorreu na linguística gerativo-transformacional: por decreto, *a priori*, e sem justificativa empírica visível, foi feita uma tentativa de descrever a estrutura da língua humana, tanto da sintaxe como da fonologia, sem referência a parâmetros explanatórios naturais. Não apenas descrever, mas em algum sentido misterioso também "explicar". E daí a história do formalismo — O Modelo — mascarado como teoria e explicação.

1.2.2 O uso e abuso de modelos formais

A modelagem formal do fenômeno sob investigação é uma ferramenta antiga e útil na ciência. Em essência, um modelo formal não é **nada além** de uma

---

4. "É completamente insensato levantar o problema de explicar a evolução da linguagem humana a partir de sistemas mais primitivos de comunicação que aparecem em níveis mais inferiores de capacidade intelectual [...]" (p. 59).

5. Quando uma disciplina estuda fenômenos inanimados relativamente simples (cf. física ou química inorgânica), a noção de *função*, e consequentemente de explicação funcional, é discutível. Mas um estudo não-funcional de um organismo biológico é absurdo.

reafirmação dos fatos em um nível mais compacto de generalização. Tal reafirmação tem vantagens óbvias, de senso comum, sobre uma mera lista dos fatos:

1. Clareza máxima.
2. Economia máxima.
3. Generalidade máxima.
4. Exposição máxima de correlações entre fatos "distintos".

Ao construir um modelo formal dos dados, busca-se o *isomorfismo* máximo entre o modelo e os dados. Ao fazer isso, somos restringidos pelas regras de ouro de dois gumes de Leibnitz e Occam:[6]

1. O modelo formal deve fazer asserções *suficientemente poderosas* de modo a acomodar todos os dados (*principium rationis sufficientis*).
2. O modelo formal não deve fazer asserções *poderosas demais* que não sejam garantidas pelos dados (*a navalha de Occam*).

Com todas essas estipulações "pão-com-manteiga" em mente, a modelagem formal de dados crus é de enorme valor para o investigador, ajudando-o a elucidar a importância, o grau de completude e a inter-relação dos fatos. É, assim, uma *preliminar metodológica* indispensável à tarefa real à mão, a explicação. Há algo, contudo, que um modelo formal nunca pode fazer: ele não pode *explicar* uma única coisa que seja. Ele sequer pode explicar a si mesmo. Qualquer uma dessas coisas corresponderá a uma *tautologia*. Portanto, um modelo formal *por si mesmo* não pode ser uma "teoria" de um comportamento complexo, orgânico, já que, no reino dos organismos complexos, uma teoria sem explicação não é uma teoria. Sendo apenas um sumário formal dos dados crus, um modelo formal não pode "fazer asserções empíricas", porque isso resultaria, novamente, em uma tautologia. Um modelo formal também não pode "predizer um certo leque de fatos": ele se encontra em relação aos fatos do mesmo modo que uma *regra* (tipo, superconjunto) se encontra em relação a *casos* individuais (ocorrências, subconjuntos). Ele é útil na medida em que é uma generalização, isto é, um sumário de *todos* os fatos. Mas precisamente quando ele é um sumário completo, o sentido no qual a generalização "prediz" o fato se aproxima da tautologia.

A história da linguística gerativo-transformacional se resume a nada além do que uma tentativa barulhenta de representar o formalismo como "teoria", de

---

6. Os princípios de Occam e Leibnitz são geralmente aplicados à explicação, mas eles também são aplicáveis à construção de um modelo formal, que é uma preliminar metodológica à explicação. [N.A.]

asseverar que ele "prediz um leque de fatos", que "ele faz asserções empíricas", e que ele, de algum modo, "explica". A esse respeito, a linguística transformacional superou seus predecessores estruturalistas imediatos. Esses últimos eram abertamente indiferentes à explicação e consideravam que os parâmetros explanatórios da linguagem estavam no âmbito de outras disciplinas. Desse modo, eles se contentavam em coletar os fatos e categorizá-los em vários graus de formalidade.[7] A primeira formulação de Chomsky (1957) não faz referência à explicação de qualquer tipo, é bastante bloomfieldiana ao ignorar os parâmetros explanatórios naturais da linguagem, e bastante harrisiana ao motivar o formalismo puramente em bases de simplicidade-economia.[8]

Como surgiu o mito do "poder explanatório" do formalismo? Em 1962[9] Chomsky introduziu, pela primeira vez, seus três níveis de adequação (mais tarde simplificados em Chomsky, 1965). O primeiro nível, o de adequação *observacional*, é essencialmente um espantalho na linguística, a "gramática da listagem". O segundo, adequação *descritiva*, acontece quando a gramática "fornece uma explicação correta da intuição linguística do falante nativo [...]" (1964,

---

7. Isso pode ser ilustrado citando Leonard Bloomfield: "então ele [Saussure] exemplifica em sua própria pessoa e talvez involuntariamente o que ele provou intencionalmente e na forma devida: que a psicologia (e a fonética) não importam absolutamente e são, em princípio, irrelevantes para o estudo da linguagem [...]" (1924, p. 318). "A fim de dar uma definição cientificamente acurada do significado de cada forma da língua, deve-se ter um conhecimento cientificamente acurado de tudo no mundo do falante. [...] Na prática, definimos o significado de uma forma linguística, sempre que podemos, em termos de alguma outra ciência [...]" (1924, p. 139-140). "Na divisão do trabalho científico, o linguista se ocupa apenas do sinal da fala [...] ele não é competente para tratar dos problemas de fisiologia e psicologia [...]" (1924, p. 32). O trabalho transformacional pioneiro de Harris (1957) não tentou justificar o modelo formal em termos de explicação. Ao contrário, o formalismo era justificado em termos de economia-simplicidade, *i.e.*, restrições de coocorrência etc.

8. "Apesar do inegável interesse e da importância da semântica e dos estudos estatísticos da linguagem [aqui "estatísticos" refere-se a estudos distribucionais de texto — TG], eles parecem não ter relevância direta para o problema de determinar ou caracterizar o conjunto de enunciados gramaticais. Penso que somos forçados a concluir que a gramática é autônoma e independente do significado [...]" (Chomsky, 1957, p. 17). "O princípio geral é este: se temos uma transformação que simplifica a gramática e leva de sentença a sentença em um grande número de casos, [...] então tentamos atribuir estrutura de constituintes a sentenças de tal maneira que essa transformação sempre leve a sentenças gramaticais, simplificando, assim, ainda mais a gramática [...] (Idem, p. 83). "Gostaríamos que a estrutura sintática da língua apoiasse a descrição semântica, e naturalmente damos maior valor a uma teoria de estruturas formais que leve a gramáticas que satisfaçam essa exigência. [...] é importante reconhecer que, ao introduzir tais considerações [...] na metateoria que trata da gramática e da semântica, [...] não alteramos o caráter puramente formal da própria teoria da estrutura gramatical [...]" (Idem, p. 102).

9. A versão publicada a que me refiro aqui é Chomsky (1964).

p. 63). A parte de "intuição" da formulação permaneceu um tanto opaca até hoje. Envolve, todavia, tanto quanto se pode verificar, o avanço de senso comum de uma mera lista de fatos para um modelo com *generalização máxima*, presumivelmente via o princípio de economia-simplicidade. Espera-se, assim, que uma gramática descritivamente adequada "especifique os dados observados (em particular) em termos de generalizações significativas que expressem as regularidades subjacentes na linguagem [...]" (1964, p. 63). É a adequação *explanatória* que permaneceu mais enigmática: "Um terceiro e ainda mais alto nível de sucesso é alcançado quando a teoria linguística associada [*i.e.*, a teoria em cujo arcabouço uma gramática particular é escrita — TG] fornece uma base geral para selecionar uma gramática que atinge o segundo nível de sucesso sobre outras gramáticas consistentes com os dados observados relevantes [*i.e.*, gramáticas com apenas "adequação observacional" — TG] que não atingem esse nível de sucesso [...]" (1964, p. 63). Muitas questões são deixadas em aberto seguindo essa terceira formulação:

1. A adequação explanatória é uma propriedade da gramática ou da teoria? O texto de Chomsky (1964) permanece ambíguo sobre essa questão.
2. Qual é a natureza exata da base geral que a teoria linguística associada deve fornecer para julgar gramáticas em competição que dão conta igualmente bem dos dados?
3. Visto que a teoria linguística associada deve fornecer essa base geral a fim de julgar gramáticas que atingem a adequação *descritiva* e aquelas que atingem apenas adequação *observacional*, deve-se concluir que a base geral envolve o grau de *generalidade* da descrição, e assim, ao final, a medida de simplicidade-economia *interna ao formalismo*?[10]
4. A base geral fornecida pela teoria envolve os parâmetros explanatórios da linguagem, e assim vai além do formalismo?

Na medida em que uma teoria linguística não faz referência aos parâmetros explanatórios naturais da linguagem, ela permanece, necessariamente, em um

---

10. Em uma formulação posterior (Chomsky, 1965), ficamos com a impressão de que a adequação explanatória é alcançada pela *teoria* (não pela gramática), e que isso se dá quando a teoria pode julgar, em bases gerais, gramáticas que atingiram — todas elas — uma medida igual de adequação descritiva. Isso certamente exclui o critério de generalidade-economia-simplicidade, ao menos no nível mais baixo. Mas não há referência a quaisquer outros princípios gerais, tais como parâmetros explanatórios.

nível mais alto de formalismo. Explicações que emanam de tal "teoria" permanecem, necessariamente, internas ao formalismo e então não são, em princípio, absolutamente explicações, mas *tautologias*.[11] Nas palavras de I. I. Rabi, nenhuma explicação é possível sem referência a "alguma outra coisa" (*i.e.*, algo **fora** do sistema), a "algo mais profundo".

Ao ler Chomsky (1964), em que estudos de caso são usados para ilustrar os três níveis de adequação, torna-se claro que a base geral através da qual a adequação explanatória pode ser estabelecida nada mais é do que o princípio de simplicidade-economia, interno ao formalismo. Logo, ao discutir os princípios gerais pelos quais sequências fonológicas em inglês, tais como /blik/ e /brik/ são permitidas, enquanto /bnik/ não o é, Chomsky escreve:

> O nível de adequação explanatória seria atingido por uma teoria linguística que fornecesse uma razão imbuída de princípios para incorporar essa generalização na gramática do inglês, e para excluir a "regra" (efetivamente correta) de que no contexto #b___ik# uma líquida é necessariamente /r/. Desse modo, a teoria deve fornecer uma medida de avaliação geral (medida de *simplicidade*) que demonstraria como a primeira regra [*i.e.*, uma generalização sobre feixes de consoantes em inglês — TG], mas não a última, resulta em uma gramática mais valiosa [...] (1964, p. 64; ênfase acrescentada.).

Nenhuma referência ao universal da fonética, o parâmetro explanatório relevante, é feita aqui.

Desse ponto em diante, a linguística gerativo-transformacional dominante prosseguiu sob a tripla ilusão metodológica de que:

1. o formalismo é uma teoria;
2. uma teoria que não faz referência aos parâmetros explanatórios naturais da linguagem é, de algum modo, dotada de poderes explanatórios;
3. a medida de simplicidade interna ao formalismo, uma entidade puramente formal sem relação com os parâmetros explanatórios da linguagem, é, de algum modo, a origem da adequação explanatória das gramáticas ou da teoria.

---

11. A observação de Wittgenstein (1918, p. 121) sobre as proposições da lógica (e de qualquer outro sistema formal puramente dedutivo) deve ser invocada neste ponto: "As proposições da lógica são tautologias (6.1). Logo, as proposições da lógica não dizem nada (6.11)".

O epítome de tal ilusão metodológica é a assim chamada hipótese da "autonomia da sintaxe", em razão da qual mesmo as mais tímidas tentativas dos semanticistas gerativos de introduzir considerações semânticas na teoria da gramática (*i.e.*, de tornar os praticantes da tendência dominante sensíveis aos parâmetros explanatórios da linguagem mais óbvios e mais "sintáticos") foram vigorosamente rejeitadas por motivos formais, *a priori*. Na seção seguinte, vou oferecer um número de estudos de caso com o propósito de ilustrar o tipo de argumentação circular, estéril, que surgiu de tal colapso metodológico absoluto na linguística gerativo-transformacional.

1.2.3 Algumas pseudoexplicações na linguística

Pseudoexplicações na linguística trazem à mente o conceito de "sobrevivência do mais adequado". À primeira vista, isso parece significativo e razoável. Mas sob consideração posterior desfaz-se em tautologia, já que "mais adequado" só pode ser definido por "sobreviver". Como um construto teórico, então, a sobrevivência do mais adequado não faz asserções empíricas, nem explica os fatos. Meramente rerrotula um fenômeno (sobrevivência) com outro nome (mais adequado). Outros clássicos da ciência do comportamento, como "analogia", "estímulo-resposta" ou "o controle de QI por um fator hereditário G", são todos do mesmo valor explanatório *nulo*, ao substituir nomenclatura por explicação. Nesta seção vou ilustrar como essa prática tem florescido na linguística sob o impacto direto do conceito de explicação de Chomsky.

1.2.3.1 A importância semântica de transformações

Os corolários semânticos das assim chamadas "transformações sintáticas" têm assombrado a linguística gerativo-transformacional desde o nascimento. Em um certo sentido, pode-se legitimamente afirmar que o critério de Harris para "relação transformacional" entre sentenças era primariamente semântico. Isso se dá porque restrições de coocorrência, apesar de seu sabor formal proibitivo, são, antes de tudo, um fenômeno semântico nas sentenças da linguagem humana. Na medida em que, então, o primeiro modelo de Chomsky (1957) era essencialmente o de Harris, já era, necessariamente, uma gramática semanticamente sensível (ou "semanticamente motivada", em termos *heurísticos* fatuais). Estava claro desde cedo, no entanto, que havia uma mosca zumbindo no unguento formal; as transformações pareciam dividir-se em duas classes distintas: aquelas que não mudavam o significado (transformações de encaixamento) e aquelas que mudavam (negação, perguntas, imperativo). O primeiro impulso para "lidar" com esse problema foi dado por Fillmore (1963), que comentou sobre o estatuto peculiar das transformações de encaixamento em relação a todas as outras. Em seguida, o argumento para remover todas as operações semânticas do componente regra--T (negação, perguntas, imperativo, passiva etc.) e transplantá-las no componente regra-P foi vigorosamente perseguido por Katz e Postal (1964), e depois adotado, em essência, no modelo revisto de Chomsky (1965). Até onde se pode determinar, nem uma única questão empírica estava envolvida nesse primeiro ciclo de remodelação. Nem foi oferecido qualquer *insight* para explicar os fatos da língua. O que se ganhou, fundamentalmente, foi uma medida de consistência formal do modelo, por meio do qual todas as transformações, uniformemente, "não mudavam o significado".

Aí permaneceram as questões, com "estrutura profunda semanticamente motivada", mas não por muito tempo, já que a seguir o léxico ergueu sua cabeça feia. Em seu modelo revisto, Chomsky (1965) já havia plantado as sementes da próxima rebelião remodeladora, ao sugerir dois formalismos alternativos para "lidar" com o léxico. Um deles era o formato "símbolo complexo", em que uma estrutura semântica era gerada pelas Regras de Base, e o outro era o formato "nódulo delta", em que a semântica devia ser incluída na sintaxe por outras regras, ainda a ser especificadas.

Dessa divisão aparentemente inocente irrompeu o celebrado cisma doutrinal entre a semântica gerativa (ex-símbolo complexo) e a semântica interpretativa (ex-nódulo delta), cujo principal objeto de contenda parecia ser a questão de se as regras que "mapeiam a estrutura sintática em estrutura semântica" (ou vice--versa) deviam ser rotuladas como regras T de mapeamento da semântica na sintaxe, ou regras de interpretação (regras I) de mapeamento da sintaxe na semântica. O fato de que as regras T e as regras I propostas eram completamente isomórficas e o fato de que exatamente o mesmo leque de dados era citado por ambas as partes rivais como evidência do seu formalismo de estimação nunca pareceram refrear as paixões dos combatentes. Nem eram eles perturbados pelo fato de que todo o exercício era realizado em um vácuo empírico e explanatório. Se as transformações mudam ou não o significado permanece, até hoje, uma questão inteiramente vazia. Elas não mudam se você "gera" a estrutura semântica na "base". Elas mudam se você gera a estrutura semântica via regras I. A "questão" se resumiu à escolha do formalismo e, uma vez que os dois formalismos eram essencialmente isomórficos, à nomenclatura.

1.2.3.2 O debate sobre o poder do modelo

A Conferência do Texas sobre os Objetivos da Teoria Linguística em 1969[12] foi o cenário para uma confrontação curiosa entre Postal (representando a semântica gerativa — SG) e Chomsky (representando a semântica interpretativa — SI) com relação ao "poder" do Modelo. Em um vácuo empírico total, as duas exortações do senso comum do *principium rationis sufficientis* e da Navalha de Occam foram colocadas uma contra a outra. Postal, em um trabalho intitulado "A melhor teoria", sustentava que a SG é preferível porque tem somente um recurso formal — Transformações — que mapeia significado e sintaxe, contra dois recursos (regras T e regras I) na SI. Em essência, ele estava invocando a Navalha de Occam. Chomsky, em um trabalho estranhamente intitulado "Algumas questões empíricas na linguística", argumentou que a SI era preferível porque fazia afirmações mais fortes e mais específicas e, assim, mais fáceis de falsificar com dados contrários. Em essência, ele estava argumentando a partir do *principium rationis sufficientis*. O fato de que ambas as considerações são essenciais a qualquer metodologia (ver Seção 1.2.2) nunca influenciou a discussão. Os dois combatentes não se incomodaram com o isomorfismo óbvio de seus modelos, nem com o fato de que questões empíricas não estavam envolvidas.

1.2.3.3 Ordenação de regras como explicação

É apropriado citar alguns dos meus próprios trabalhos anteriores como uma ilustração de como se pode invocar o formalismo como explicação. Em Givón (1969, 1972a) observei que em línguas em que predicados exibem concordância pronominal (gênero-número) com sujeitos, a redução da conjunção em construções com sujeitos ligados representava um problema formal. A concordância singular nos predicados de sentenças ligadas deve, então, ser "reparada" com a concordância plural seguindo a redução da conjunção, e conflitos de gênero também devem ser resolvidos se os dois sujeitos são de

---

12. Trabalhos selecionados dos anais foram publicados em Peters (1972).

gêneros diferentes. Para ilustrar isso, considere os seguintes dados do bemba, uma língua banto:

(1) *umu-ana **a**-a-liile*
    PREF-criança *ele*-passado-comer
    'A criança comeu'

(2) *im-bwa **i**-a-liile*
    PREF-cachorro *ele*-passado-comer
    'O cachorro comeu'

(3) *umu-ana na im-bwa **ba**-a-liile*
    PREF-criança e PREF-cachorro *eles*-passado-comer
    'A criança e o cachorro comeram'

Ao rever esses fatos, observei que obviamente as duas transformações — Redução da Conjunção e Concordância — devem ser estritamente ordenadas com RC precedendo CONC. O fato de que esse formalismo de ordenação de regra, assim como as regras alternativas pós-transformacionais de reparo da concordância, nada era além de uma remodelação formal dos fatos nunca passou pela minha cabeça naquela época. Eu estava totalmente convencido de que, de alguma maneira, estava "fazendo uma afirmação empírica" e "explicando os fatos".

Na mesma linha, observei que, obviamente, regras de supressão do sujeito em línguas que usam a concordância verbal como um recurso anafórico devem ser ordenadas **depois** da regra de concordância verbal. Isso dizia respeito a dados como (novamente do bemba):

(4) ***umu**-ana **a**-a-liile*
    PREF-criança *ele*-passado-comer
    'A criança comeu'

(5) *a-a-liile*
    ele-passado-comer
    'Ele comeu'

Conforme Grover Hudson (1972) mais tarde apontou, para começar, não havia necessidade formal de afirmação de uma ordenação extrínseca de regras, já que seria possível construir facilmente o resultado da regra de concordância na definição *input* ("condições estruturais") da regra de supressão e assim ter as duas regras "intrinsecamente" ordenadas. Mas, além disso, ele apontou que um princípio *explanatório* geral da comunicação estava no fundo desse fenômeno, o de *evitar supressão irrecuperável*, e que exatamente o mesmo princípio explicava fenômenos semelhantes tanto na fonologia quanto na semântica. Assim, por exemplo, em francês e navajo as consoantes nasais são apagadas apenas se a vogal precedente assimilou o traço nasal. Em outras palavras, a cópia do traço nasal — e desse modo sua preservação — é uma precondição para o apagamento da consoante nasal. De modo semelhante, línguas com concordância viável do sujeito no verbo ("cópia") tendem a permitir mais "anáfora zero" do sujeito ("apagamento"), em comparação com línguas sem concordância de sujeito.

1.2.3.4 O segundo léxico como explicação

Há muito tempo se sabe que, qualquer que seja a terminologia, a morfologia flexional é sensível à gramática. Os "morfemas gramaticais" normalmente envolvem as seguintes categorias: marcadores de plural, pronomes e marcadores de concordância, determinantes-artigos-dêiticos, tempo-aspecto-modo, classificadores nominais e marcadores de papel de caso. Essa porção da morfologia muito frequentemente envolve considerações extrassentenciais na gramática, frequentemente processos de encaixamento que condensam duas sentenças em uma (ver Capítulo 5) ou restrições que atingem o discurso ao invés de sentenças/orações atômicas. Traduzido para o jargão gerativo, pode-se dizer que a morfologia flexional é "sensível a transformações". Isto é, deve-se *reparar* os morfemas flexionais seguindo as operações de muitas transformações, caso estes morfemas tivessem sido inseridos na sentença pré-transformacionalmente (Chomsky, 1965).

Ao focalizar esse problema, Gruber (1967a) e Givón (1969, 1972a) sugeriram que "o que realmente está envolvido" é o "fato" de que a morfologia flexional constitui um **segundo** léxico, pós-transformacional. E o segundo léxico é inserido pós-transformacionalmente, e isso "simplifica" a gramática enormemente. A diferença entre o formalismo do segundo léxico e o das regras de reparo pós-transformacionais é uma questão meramente notacional, que não envolve considerações empíricas, embora, naquela época, nem Gruber nem eu próprio nos incomodássemos com isso. Um outro assunto que também não nos incomodou foi o fato de que uma questão explanatória real também ficou perdida no artifício de modelar e remodelar. Essa questão envolve a observação, de natureza *diacrônica*, de que o surgimento de morfologia flexional está sempre associado *à condensação do discurso em sintaxe*, isto é, ao surgimento de orações complexas, encaixadas, multiargumentais, a partir de orações concatenadas, simples, frouxamente ligadas (em sua maioria) com um argumento por verbo (ver Capítulo 5). O escopo pós-transformacional, extrassentencial e a dependência de morfologia flexional é, assim, uma manifestação natural de seu desenvolvimento e função como recurso de sinalização associado a orações complexas e à interface entre sintaxe e discurso.

1.2.3.5 Regras ordenadas e a rerregularização de irregularidade fonológica

O efeito de mudanças diacrônicas sucessivas sobre o sistema sonoro sincrônico de qualquer língua é profundo: elas geram uma confusão colossal de distribuições irregulares, sobreposições parciais de fonemas e morfofonêmica complexa.[13] É natural que a situação resultante exija uma análise sincrônica mais complexa. Em um certo ponto na história da fonologia gerativa, virou moda sugerir que a irregularidade morfofonêmica resultante de mudanças diacrônicas sucessivas "não é realmente irregularidade", mas sim uma "regularidade subjacente mais profunda" refletida em múltiplas camadas de regras "sincrônicas" ordenadas. O epítome dessa tendência pode ser visto em Chomsky e Halle (1968), em que toda a história da fonologia do inglês foi transferida, em massa, para a fonologia sincrônica do inglês moderno, com restrições de ordenação incrivelmente complexas, regras ordenadas muito valiosas, e um conjunto de formas subjacentes sem a mínima comprovação superficial no *output* fonético dos falantes. O fato de que muito da análise representava uma redistribuição no sistema — dessa vez da descrição diacrônica para a sincrônica — não interrompeu os autores. Nem eles se incomodaram com a ausência de evidência psicolinguística para sustentar "segmentos subjacentes profundos" sem realização superficial no *output*, ou para sustentar o conhecimento do falante de cadeias de regras que convertem uma forma abstrata não realizada em uma outra. De algum modo, misteriosamente, a análise era tida como explanatória e deu origem, no devido curso, a grande número de análises similares em que as dificuldades de processamento encontradas pelos falantes quando se defrontavam com o caos superficial que emergia do impacto da mudança diacrônica eram cuidadosamente justificadas como regularidades subjacentes "mais profundas".[14]

---

13. Ver Hyman (1973).
14. Em meu próprio armário intelectual há um esqueleto que remete àquela era (Givón, 1970c), em que me esforcei em mostrar como a morfofonêmica complexa dos sufixos verbais do bemba pode ser "explicada" por ordenação de regra extrínseca.

1.2.3.6 Taxonomia como explicação

A classe de adjetivos é uma notória categoria oscilante nas línguas. Para começar, há línguas sem adjetivos, em que nossos adjetivos lexicais pertencem formalmente à categoria VERBO e comportam-se como outros verbos estativos (krio, topotha). Além disso, há línguas com um léxico adjetival bastante pequeno, envolvendo primariamente propriedades inerentes-permanentes (tamanho, extensão, formato, cor, sabor, textura). A maioria das línguas banto se enquadra nessa categoria, como muitas outras, e, de fato, Dixon (1970) observou que as propriedades mais inerentes-permanentes lexicalizam-se mais provavelmente como adjetivos, e que propriedades mais temporárias-estativas (*zangado, quente, triste, perturbado* etc.) têm uma chance maior de se lexicalizar como verbos. Finalmente, há línguas (walbiri — ver Hale, 1985) em que muitos de nossos conceitos adjetivais se lexicalizam como nomes, mas são primariamente as propriedades mais inerentes-permanentes que assim o fazem, enquanto estados temporários se lexicalizam como verbos (estativos). Para sumarizar brevemente, parece existir um fenômeno universal por meio do qual as categorias lexicais VERBO, ADJETIVO e SUBSTANTIVO ocupam áreas diferentes de um *continuum*, e a natureza escalar desse *continuum* relaciona-se à *estabilidade no tempo*. Em um polo — verbos ativos — encontra-se a descrição de *mudança rápida* no estado do universo. Mais abaixo na escala, encontram-se *estados temporários*, que podem lexicalizar-se como verbos ou adjetivos. Ainda mais abaixo, encontram-se *propriedades inerentes-permanentes* que podem lexicalizar-se mais frequentemente como adjetivos, e algumas até mesmo se lexicalizariam como substantivos (*jovem, adulto, velhote, bebê*). Finalmente, no outro extremo da escala encontram-se entidades com *estabilidade temporal mais alta*, aquelas que não mudam sua identidade ao longo do tempo (ou mudam-na muito lentamente), e aquelas que tendem a — universalmente — lexicalizar-se como substantivos.[15]

Dados os fatos sumarizados acima, não é, claro, acidental que a classe lexical ADJETIVO tenha permanecido problemática, exibindo, inclusive na mesma língua, algumas propriedades "mais parecidas com as dos substantivos" e algumas "mais parecidas com as do verbo". Além disso, uma vez que estabilidade no tempo é uma questão de grau, dentro da mesma língua alguns adjetivos — os que descrevem estados mais temporários — comportam-se mais como verbos, enquanto outros — descrevendo propriedades mais inerentes-permanentes —

---

15. Para discussão adicional, ver o Capítulo 8, assim como o Capítulo 6.

comportam-se mais como substantivos. Na história da linguística gerativo-
-transformacional, esse estado de coisas precipitou um certo cabo de guerra, por
meio do qual adjetivos eram proclamados verbos num dia (Ross e Lakoff, 1967)
e substantivos no dia seguinte (Ross, 1969; Heny, 1972). Visto que adjetivos
exibem tanto propriedades nominais como verbais, a discussão sempre dependia
de quais propriedades eram "mais decisivas" (diferença de **tipo**) e quais eram
"menos decisivas" (diferença de **grau**). Não causou hesitação a ninguém que em
todas as taxonomias a questão de diferença de tipo *versus* diferença de grau é um
caso de *definição* e não é, então, em princípio, uma questão empírica. E novamente, perdida no artifício, estava a explicação real para o comportamento translinguisticamente irregular de adjetivos.

1.2.3.7 Nomenclatura como explicação

Uma prática corrente popularizada pela linguística gerativo-transformacional é a de "explicar" via nomenclatura. Envolve mostrar que um dado fenômeno
na língua é "realmente XYZ" e, portanto, seu comportamento pode ser entendido
porque "esse é o modo como todos os XYZs se comportam". Há duas facetas
distintas dessa prática. Primeiro, se "XYZ" é uma *classe* de fenômenos, então de
fato o que está envolvido aqui é o processo de *generalização*, que é uma preliminar metodológica bastante respeitável em qualquer investigação (ver Seção
1.2.2). Mas, pelo fato de se mostrar que o fenômeno sob estudo é realmente um
caso da classe maior "XYZ", não se explicou o comportamento do fenômeno,
somente se *relacionou* esse comportamento ao de outros membros da classe.
Agora, se a esse procedimento seguir-se uma explicação do comportamento de
toda a classe "XYZ", então de fato uma progressão metodológica razoável foi
percorrida. Muito frequentemente, no entanto, a linguística gerativo-transformacional "explicava" o comportamento de "XYZ" — o indivíduo ou a classe —
postulando um *princípio abstrato* que pode ser traduzido como "todos os XYZs
se comportam de um certo modo". A natureza tautológica de tal procedimento é
transparente.

Um exemplo dessa prática pode ser visto na tentativa (Vennemann, 1973b;
Bartsch e Vennemann, 1972) de explicar a ordenação sintática na língua por referência ao "princípio de serialização natural", envolvendo a ordenação de *operadores versus operandos*. Resumidamente, o núcleo de construções-sintagmas
foi rebatizado como *operando*, com o complemento-modificador-satélite como

operador. Em seguida, a correlação entre a sintaxe OV e MODIFICADOR-
-SUBSTANTIVO, por um lado, e a sintaxe VO e NÚCLEO-MODIFICADOR,
por outro, era explicada como segue: "o princípio de serialização natural com-
preende o princípio de estrutura do constituinte natural, mas diz que, além disso,
a relação operador-operando tende a ser expressa por serialização unidirecional:
[operador [operando]] tende a ser inteiramente serializada ou como [a ordenação
— TG] [operador [operando]], ou como [[operando] operador] [...]" (Vennemann,
1973b, p. 41). Quando desjargonizada, essa citação "explica" a observação de
Greenberg sobre a correlação entre a sintaxe NÚCLEO-SATÉLITE em SNs e
SVs através da afirmação de que "a correlação existe porque as línguas gostam
de ser consistentes, isto é, elas gostam de exibir a correlação".[16]

1.2.3.8 Formalismo como explicação I: a convenção X-Barra

A convenção X-Barra foi introduzida por Chomsky (1973b) como uma
síntese formal de fatos que parecem indicar comportamento sintático paralelo
entre sentenças, SV, SN e SADJ. Tinha como propósito, inicialmente, "explicar"
paralelismos do seguinte tipo:

(6) S: *He captured the city.*   (AGENTE-VERBO-PACIENTE)
          'Ele capturou a cidade.'
     SN: *His capture of the city*   (AGENTE/GENITIVO-VERBO/
          'Sua captura da cidade'   NÚCLEO-PACIENTE/ GENITIVO)

(7) SV: *(He) knew how to write.*   (VERBO-COMPLEMENTO)
          '(Ele) sabia como escrever.'
     SN: *(His) knowledge how to write*   (SUBSTANTIVO-COMPLEMENTO)
          '(Seu) conhecimento de como escrever'

(8) SV: *(He) writes cleverly.*   (VERBO-ADVÉRBIO)
          '(Ele) escreve inteligentemente.'
     SN: *(His) clever writing*   (ADJETIVO-SUBSTANTIVO)
          '(Sua) escrita inteligente'

---

16. Além disso, a concepção de que a relação verbo:objeto é a mesma — semântica ou formalmente
— que a relação substantivo:modificador, sendo ambos exemplos da classe de relações operando:operador
(respectivamente), ainda deve ser justificada. Uma concepção semelhante está encoberta na *convenção
X-Barra* de Chomsky, ver Seção 1.2.3.8.

O grosso da "evidência" que apoia a convenção X-Barra (*i.e.*, o grosso de casos que se enquadram na classe rotulada por esse nome) sempre veio das *nominalizações*, de modo que se pode muito bem argumentar que a convenção é meramente uma rerrotulação, uma vez que, se nominalizamos uma S (sentença) ou um SV, serão encontradas correspondências sistemáticas entre os membros da S ou do SV e os membros do SN derivado deles através da nominalização. De alguma maneira, contudo, a convenção X-Barra logo começou a adquirir, *mutatis mutandis*, o místico "poder explanatório", e de alguma forma supunha-se que ela não era apenas uma síntese e rotulação de um leque de fatos, mas também uma explicação desses mesmos fatos. Um exemplo típico disso pode ser encontrado nos trabalhos de Lightfoot (1975, 1976a) na área da sintaxe diacrônica, onde se lê:

> Incidentemente, os fatos dos 5 séculos precedentes, particularmente as mudanças paralelas e as regras comuns que se aplicavam aos domínios S, SADJ e SN, encaixam-se confortavelmente na análise X-Barra da hipótese lexicalista e portanto fornecem apoio para essa hipótese [...] (1975, p. 207).

O núcleo fatual da observação envolve as aparentes mudanças paralelas em direção à sintaxe VO na sintaxe SV e SUBST-MOD no SN do inglês. Se esses fatos são "da mesma espécie" como os discutidos acima [cf. (6), (7), (8)] e, assim, são exemplos legítimos da classe "X-Barra", não é, necessariamente, uma questão empírica, já que *por definição* quaisquer paralelismos entre o comportamento linguístico de SN e SV podem ser declarados como exemplos dessa classe. Ao invocar a "análise" X-Barra, no entanto,[17] nada é explicado, e de fato o exercício é bastante paralelo à invocação feita por Vennemann (1973a) do "princípio" operador-operando a fim de explicar fatos da ordenação de palavras que são essencialmente os mesmos.

1.2.3.9 Formalismo como explicação II: a Restrição do SN Complexo

Embora um formalismo por si não possa fornecer argumentos empíricos nem servir como explicação, ele pode, no entanto, ser o catalisador natural para

---

17. O sentido em que uma síntese formal — ou rotulação — dos fatos pode adquirir o estatuto de "hipótese" é, claro, mistificador por si próprio. Hipóteses, tanto quanto posso dizer, podem ser feitas ou sobre "como os fatos provavelmente são" ou sobre "o que é uma causa-explicação provável dos fatos". Mas o sentido em que um gênero-tipo-nome pode constituir uma hipótese sobre a espécie-ocorrência-item nomeado permanece opaco para mim.

a explicação. Como um exemplo disso, considere a Restrição do SN Complexo de Ross (1967). Inicialmente, a RSNC era um rótulo formal para o fato de que em muitas línguas a relativização de alcance profundo (assim como as perguntas QU- e a clivagem) a partir de orações muito profundamente encaixadas é proibida. Desse modo, uma construção do inglês como (9) ilustra as dificuldades que surgem ao se "quebrar" a restrição:

(9) *The man that I saw the dog that bit.
     'O homem que eu vi o cachorro que mordeu.'

Seria possível, naturalmente, imaginar uma interpretação de (9) e apresentá-la de uma maneira menos sintaticizada como:

(10) The man, a dog bit him, and I saw that dog.
     'O homem, um cachorro o mordeu, e eu vi esse cachorro.'

A RSNC de Ross foi logo anunciada como um *universal formal* da linguagem humana, e virou moda "explicar" os dados que eram sintetizados pelo rótulo RSNC assim:

(11) O inglês não pode ter SN como (9) porque obedece à RSNC.

Mais tarde, Edward Keenan (1972a) observou que há, de fato, línguas que não aceitam a RSNC, e que o conjunto de línguas que permitem tal frouxidão tem uma característica tipológica em comum: todas elas "deixam encalhado" um *pronome cópia* (anafórico) dentro da oração relativa, normalmente na posição característica do argumento correferencial suprimido e com suas marcações de caso-função. Como um exemplo, considere o dialeto (não padrão) do inglês americano em que tal recurso é encontrado:

(12) The man that I saw the dog that bit **him**
     'O homem que eu vi o cachorro que mordeu ele'

Nesse ponto a explicação se tornou possível e, em Givón (1973a, 1975a), sugeri que seria produtivo olhar para o fenômeno em termos de estratégias perceptuais da análise do discurso. Isto é, sentenças que incluem SNs como (9) são difíceis de processar porque as relações gramaticais-funcionais de sujeito e objeto na oração profundamente encaixada são difíceis de reconstruir, dados a supressão, a ausência de indicação morfológica e o fato de que há uma grande lacuna entre o núcleo *the man* (objeto de *bit*) e o verbo do qual ele é o objeto. Logo, línguas que "deixam encalhado" um pronome anafórico na posição original do argumento correferencial "suprimido" na oração encaixada fornecem um procedimento mais simples para a recuperação das relações gramaticais-funcionais subjacentes. Em outras palavras, a estrutura superficial um tanto opaca do inglês, uma língua SVO, em (13), torna-se mais transparente no dialeto que tolera o pronome cópia, como em (14).

(13)   ... *dog that bit*
        '... cachorro que mordeu'
(14)   ... *dog that bit* **him**
        '... cachorro que mordeu ele'

Os proponentes da RSNC como um universal *formal*, contudo, procuravam por explicação em uma direção diferente, e o que eles propuseram é aproximadamente isto:[18]

(15)   *Relativização em que pronomes estão envolvidos não é de fato uma regra de corte, mas sim uma regra copiadora. Portanto, todas as línguas com pronome cópia que parecem quebrar a RSNC não a quebram realmente, já que a RSNC se aplica somente a regras cortadoras, mas não a regras copiadoras.*

A circularidade absoluta de tal "explicação" não requer comentário adicional. Ela fez diferenças importantes entre línguas parecerem triviais, diferenças que levam a disparidades no poder expressivo (Edward Keenan, 1972a), e relegou essas diferenças ao estatuto de "regras de envolvimento diferentes", isto é, uma questão interna ao formalismo.

1.2.3.10 Formalismo como explicação III: as restrições de Emonds

A discussão em Emonds (1970) é um outro exemplo de como o formalismo pode ser útil como um prelúdio metodológico para a explicação, contanto que não seja tomado como sendo ele próprio a explicação. Para sumarizar brevemen-

---

18. O argumento original foi levantado por Ross (1967) em referência ao deslocamento à esquerda, mas também foi estendido à relativização com pronome cópia.

te, Emonds (1970) observou[19] que muitas transformações "estilísticas", tais como mudança de tópico, clivagem, mudança de dativo, movimento apresentativo[20] etc. são restritas, em sua maioria, a orações principais e ocorrem em orações encaixadas somente sob severas restrições. Sem exceção, as transformações envolvidas aqui estão relacionadas a tópico-comentário (figura-fundo), e os achados de Emonds podem ser reformulados como segue:

(16) *As línguas realizam operações pragmáticas de tópico-comentário primariamente em suas orações principais.*[21]

No que diz respeito a Emonds, o que estava em questão era uma propriedade *formal* das gramáticas, isto é, o fato de que existiam dois tipos formais de regras T, "regras T preservadoras de estrutura", que se aplicam em orações principais e subordinadas, e "regras de raiz", que se aplicam apenas em orações principais (raiz).

As coisas estavam assim até que Hooper e Thompson (1973) apontaram que todas as exceções às generalizações de Emonds, isto é, casos em que as transformações de raiz se aplicavam a orações não principais, podiam ser explicadas pelo seguinte princípio *pragmático*:

(17) *A restrição (16) de Emonds pode ser quebrada em orações não principais **asseveradas**, mas não nas **pressupostas**.*

Isso abriu o caminho para se considerar toda a questão no contexto da explicação funcional, conforme foi sugerido em Givón (1973a, 1974a):[22]

(18) *A oração principal-declarativa-ativa-afirmativa é o lugar onde o grosso da informação nova (asserção) é introduzido no discurso. Orações não principais, por outro lado, contêm grande quantidade de informação de fundo (pressuposta). Seria, portanto, não funcional realizar operações*

---

19. Os *insights* são provavelmente muito mais antigos.
20. Ver discussão em Gary (1974).
21. Mais precisamente, a referência deve ser lida "orações principais, declarativas, ativas, afirmativas". Para maior discussão, ver o Capítulo 2.
22. Ver discussão adicional no Capítulo 2. Mais recentemente, Green (1976) levou o argumento adiante, afirmando a existência de algum controle "sintático" residual sobre a aparição de "fenômenos de oração principal" nas orações subordinadas. Em resposta, Bolinger (1977a) mostrou que, sob exame mais cuidadoso do contexto pragmático, esses fenômenos "sintáticos" acabam por depender do contexto discursivo-pragmático.

*de tópico-comentário em orações que são elas próprias, em sua maioria, material de fundo (pressuposto). Assim, somente com relação ao material que **não** é pressuposto como sendo conhecido do ouvinte, isto é, material da oração principal, faz sentido realizar distinções figura--fundo (mais tarde refinando a informação em termos de **grau** de figuridade). Além disso, orações principais são, de certa forma,[23] "menos complexas" para o propósito de processamento da fala. Seria de se esperar que elas então "tolerassem melhor" complicações sintáticas adicionais que surgem de transformações de raiz, em termos de ordenação de palavras misturadas etc.*

1.2.3.11 Mais armadilhas conceptuais: Gramática Relacional como explicação

Um dos aspectos mais desencorajadores da história recente da linguística é o modo como tentativas honestas de romper o aperto do paradigma gerativo sempre parecem atolar, no final, no mesmo lodo metodológico do qual elas pretendiam se libertar. A história da semântica gerativa no final da década de 1960 e no começo da década de 1970 é, agora, história antiga. O "Funcionalismo", fundamentado mais firmemente na fonologia, não se saiu muito melhor. E a ascensão recente da Gramática Relacional é um caso em questão.

O ímpeto inicial para a Gramática Relacional[24] foi fatalmente sólido, fundamentado na observação de que as regras gramaticais (transformações) não são governadas por configurações puramente *sintáticas* de SN conforme a ortodoxia gerativo-transformacional manteria, mas sim governadas por noções *funcionais* como sujeito, objeto etc. Tão logo essa observação foi feita, no entanto, um novo edifício de formalismos emergiu, todos eles versões fantasiosas dos fatos, todos eles potencialmente "explanatórios",[25] e todos abstraídos dos parâmetros explanatórios naturais da língua. Como uma ilustração, deixe--me citar a assim chamada *lei de aniquilação relacional*, conforme ela se

---

23. Ver discussão no Capítulo 2.

24. A faísca inicial foi dada por Perlmutter e Postal (1974). Formulações explícitas publicadas incluem Johnson (1974) e Kimenyi (1976), entre muitos outros.

25. Perlmutter (comunicação pessoal) rejeita quaisquer argumentos explanatórios para a Gramática Relacional, afirmando que ela é meramente um *modelo formal* para os fatos de linguagem. Se assim for, a GR deve renunciar à reivindicação de estatuto de "teoria".

aplica à transformação passiva. Segundo Kimenyi (1976, p. 9), a LAR se lê como segue:

(19)   *Quando um SN_i assume a relação gramatical desempenhada por um outro SN_j (e SN_i + SN_j), então o próprio SN_j deixa de ter qualquer relação gramatical que seja. Tais SN são chamados* **chomeurs**.[26]

No contexto da GR, argumentos que "mantêm relações gramaticais com o verbo" são "termos", e somente termos podem governar (participar da definição de) regras da gramática. Quando desjargonizado, (19) remodela os fatos tal como na seguinte observação sobre sentenças passivas:

(20)   *Se você passiviza uma sentença, então o agente — que anteriormente mantinha a relação gramatical de* **sujeito** *— torna-se menos acessível a regras transformacionais, logo "inativo". Em particular, ele não pode ser repromovido via passivização (a sujeito), ou via mudança de dativo (a objeto direto).*

Esses fatos eram interpretados dentro da Hierarquia de Acessibilidade (Keenan e Comrie, 1972, 1977),[27] em que os objetos diretos são mais fáceis de se "promover" a sujeito do que os objetos indiretos; outros casos "oblíquos" são ainda mais problemáticos, e o agente da passiva "demovido" é completamente inacessível. Em outras palavras, *uma vez que você demoveu o agente via passivização, você não pode promovê-lo de volta*.

Afora o exercício de nomenclatura, o jargão formal da Gramática Relacional também serve para obscurecer uma série de fatos e explicações reais com relação à natureza das sentenças passivas nas línguas humanas. Eles podem ser sumarizados como segue:[28]

1. Na medida em que a passivização tem alguma validade universal, ela envolve — no mínimo — a remoção do agente da posição de tópico. Um outro argumento é, então, promovido à posição mais tópica, mais frequentemente por vários meios e comumente por *default*.

---
26. Forma coloquial em francês para "desempregado". [N.A.]
27. Ver discussão no Capítulo 4.
28. Para mais detalhes, assim como contagens de textos em inglês, ver o Capítulo 2. Para detalhes tipológicos adicionais, ver o Capítulo 4.

2. Na maioria das línguas, essa operação normalmente envolve a supressão obrigatória do agente, frequentemente sem outras mudanças.
3. Mesmo em línguas como o inglês, que supostamente têm um agente da passiva explicitamente expresso, em termos de contagem textual a maioria das sentenças passivas é *não agentiva*.
4. Em várias línguas com agente da passiva explicitamente expresso (inclusive inglês), sentenças com agente da passiva presente são interpretadas com o agente sendo *o foco da informação nova*. Em outras palavras, ele ocupa exatamente a função oposta de tópico/sujeito.[29]
5. Mudança de dativo também é uma regra que envolve relações de tópico-comentário, em que o argumento movido para mais perto do verbo (*i.e.*, "ocupando a posição de objeto direto") é *mais tópico*.[30]
6. A que função na língua serviria um procedimento por meio do qual um agente primeiro é demovido da topicalidade e depois é repromovido via passivização ou mudança de dativo? O aspecto central da passivização é demover o agente quando ele *não* é o tópico sentencial principal.
7. Outras razões, que envolvem a tipologia de sistemas de marcação de caso, também contribuem para a "inacessibilidade" aparente de agentes da passiva à manipulação transformacional posterior.[31]

Mais uma vez, um formalismo disfarçado de teoria apenas teve sucesso em desviar o linguista da busca de explicações e, no fim das contas, de construir uma teoria.

1.2.4 Inatismo como explicação

Conforme Chomsky (1975, p. 13) corretamente observa, "Qualquer teoria da aprendizagem que mereça consideração incorpora uma hipótese de inatismo [...]". Logo, o debate tradicional entre empiricistas e racionalistas nunca se tornou realmente violento sobre *se* algo na mente era inato, mas somente sobre **o**

---

29. Kinya-ruanda é um caso em questão: Kimeyi (1976) chega a sugerir que sentenças com agente da passiva expresso têm um significado de *clivagem* do agente, *i.e.*, são traduzidas como: *A bola foi chutada por João* → *Foi João que chutou a bola*.
30. Ver discussão no Capítulo 4, bem como em Shir (1979) e Morolong e Hyman (1977).
31. Ver o Capítulo 4.

que era inato. Embora Chomsky tenda a exagerar a suposta natureza caótica e não interativa da aquisição da linguagem, sua argumentação de que apenas um subconjunto restrito de todas as gramáticas matematicamente possíveis compatíveis com os dados é de fato atestado nas línguas humanas é fatualmente correta. Também é razoável a inferência de que a capacidade de aprendizagem inata altamente específica deve ser postulada para o modo ativo, analítico, no qual as crianças aprendem uma primeira língua, assim como para os muitos universais substantivos que subjazem à aparente diversidade das línguas humanas. Se essa capacidade de aprendizagem inata é específica à linguagem **somente** — distinta da cognição e da percepção — é até hoje uma questão empírica em aberto. Certamente, uma análise mais cuidadosa dos estágios iniciais de aquisição da primeira língua (ver Capítulo 5) sugere que as crianças não adquirem primeiro a "sintaxe" no sentido de Chomsky, mas sim um *sistema comunicativo* de um tipo muito mais rudimentar; e somente mais tarde elas o transformam, gradualmente, em "sintaxe". No entanto, todas essas questões são empíricas e podem ser estabelecidas através de uma abordagem mais responsável de coleta e avaliação de dados.

Do ponto de vista metodológico, o que é verdadeiramente bizarro é a implicação curiosa, na discussão de Chomsky sobre o inatismo, de que, por qualquer razão, o mero fato de que uma capacidade de aprendizagem de linguagem rica, específica, universal que é instalada no cérebro humano antes do nascimento de algum modo explica alguma coisa — qualquer coisa — sobre os universais substantivos específicos da estrutura linguística humana. Somos novamente confrontados aqui com um sentido curioso de explicação que se resume à tautologia. Suponha que um biólogo tivesse de propor a seguinte "explicação":

(21)   *O sistema digestivo humano é construído da maneira que é porque sua estrutura é instalada no nosso código genético, é inata.*

Ele explicou alguma coisa? De fato, não, já que, sem referência à *função* e à *evolução*,[32] nenhuma explicação sobre as propriedades estruturais de um organismo é possível. De maneira semelhante, nenhuma explicação sobre a condição específica da estrutura linguística humana é suprida pela observação de que "algumas realizações intelectuais, como a aprendizagem da linguagem, enqua-

---

32. Na linguagem, assim como em outros subsistemas do organismo, algumas propriedades estruturais só podem ser entendidas em referência à evolução filogenética do organismo (ver Capítulos 6 e 7).

dram-se estritamente dentro da capacidade cognitiva biologicamente determinada [...]" (Chomsky, 1975, p. 27).[33] Há capacidades cognitivas que **não** são biologicamente determinadas? Há mais coisa sendo dita do que "nós somos do modo que somos porque esse é o modo como nós (geneticamente) somos?".

1.3 O ESVAZIAMENTO DO BANCO DE DADOS: COMPETÊNCIA E GRAMATICALIDADE

Na seção anterior, esforcei-me em mostrar como o suposto edifício racionalista da gramática gerativo-transformacional acaba sendo um outro desvio estruturalista, em que o formalismo é elevado ao estatuto de "teoria" e "explicação". O que resta, assim, é o empiricismo com uma desforra, no qual argumentos fortes são feitos sobre a teoria e a explicação que, então, resume-se à tautologia. Empiricistas têm-se, tradicionalmente, orgulhado de manter-se próximos dos dados, e, de fato, uma certa medida de responsabilidade empírica tem sempre sido seu capital de comércio. Contudo, a bagagem pseudoteórica que a linguística gerativo-transformacional carregou para o estruturalismo foi adicionada a um outro — igualmente funesto — desenvolvimento: o esvaziamento, para além do reconhecimento, do conceito de *dados relevantes* na linguística.

Um aspecto desse desenvolvimento já foi mencionado anteriormente, ou seja, que, ao selecionar parâmetros explanatórios válidos, selecionam-se também, no mesmo instante, as áreas relevantes de dados. Desse modo, ao dissociar-se da consideração da função comunicativa, do processamento da fala, da estrutura cognitivo-perceptual, da diacronia, da evolução ontogenética e filogenética, da pragmática da visão de mundo e da ontologia, a linguística transformacional já se tinha restringido à faixa estreita dos dados internos à língua analisados pelos bloomfieldianos. Um desenvolvimento mais prejudicial, porém, foi o surgimento da distinção *desempenho versus competência*, a postulação de *gramaticalidade* — e a elevação de todos os três termos ao estatuto de significância teórica.

---

33. Não está claro se o próprio Chomsky alguma vez considerou o inatismo como uma explicação para as propriedades *substantivas* específicas da linguagem humana, mas outros linguistas podem ter considerado. Ver a discussão empiricamente responsável em Bickerton (1975a, 1977).

1.3.1 Desempenho, competência e experimentos controlados na ciência

No nível metodológico do senso comum, a introdução feita por Chomsky da distinção entre desempenho linguístico e competência linguística foi útil e necessária. O contexto próprio para essa distinção é o conceito de *experimento controlado* na ciência. Em qualquer disciplina científica que trate de uma multidão de variáveis complexas que interagem entre si, os primeiros passos na investigação da fenomenologia complexa envolvem uma grande medida de *abstração* e *simplificação*. Vamos considerar um exemplo ilustrativo da bioquímica.

Suponha que vou estudar o mecanismo enzimático pelo qual a célula viva converte uma certa substância A em uma outra substância B. Se eu primeiro tentar estudar o processo *in vivo*, isto é, dentro do contexto de toda a célula viva ou de todo o organismo, minha vida como cientista se tornará enormemente complicada. Outras enzimas na célula viva podem interagir com a que eu desejo estudar, a concentração de A e B dentro da célula deve ser determinada, bem como a concentração de outras incontáveis substâncias químicas presentes no processo, a temperatura, a pressão do gás e muitos outros fatores relevantes. Dada tal complexidade, estou perdido quanto ao que medir e ao que minhas medições significam. Agora, sendo um cientista prático, recorro então ao método de experimento controlado: fraciono o tecido vivo e isolo a enzima em questão; controlo a temperatura, a concentração de nutrientes, a pressão do gás etc.; mantenho todas as variáveis constantes, *exceto duas* — e então vario uma delas sob circunstâncias rigidamente controladas e meço o efeito no comportamento da outra variável. Prossigo com esse método até ter executado experimentos controlados simples com tantas variáveis quantas puder conceber ou isolar. Então começo a aumentar a complexidade de meus experimentos pelo acréscimo de mais variáveis no sistema, após ter determinado suas propriedades interativas em isolamento. A seguir, combino lentamente mais e mais variáveis até meus experimentos começarem a se aproximar, *in vitro* (*i.e.*, no tubo de teste), do sistema conforme ele poderia ser *in vivo*. No final, se minha metodologia funcionar, parto para experimentos ainda mais complexos, estudando o sistema *in vivo* com abstração e simplificação cada vez menores. Em algum lugar perto desse ponto, começo a construir uma abordagem mais realista do fenômeno sob investigação. A abstração que favoreci no início foi uma *conveniência metodológica*. Eu nunca me propus construir "uma teoria do organismo *in vitro*", visto que isso não iria garantir convergências com o comportamento do organismo *in vivo*. Tivesse persistido em minha abstração até o amargo fim, tivesse eu afirmado que o organismo *in vitro* era o objeto último de minha investigação, que ele tinha alguma importância *teórica*, meus colegas teriam, com toda a probabilidade, rido de mim e me afastado do laboratório.

A abstração e a simplificação envolvidas em decidir *primeiro* investigar os dados da competência linguística deveriam ter a mesma motivação de senso comum que o experimento controlado em outras ciências. O número de variáveis envolvidas no comportamento linguístico é tão grande e suas interações potenciais tão complexas, que não seria possível abrir a fenomenologia da linguagem sem um certo — frequentemente um extremo — grau de abstração. As variáveis mais óbvias para eliminar do tubo de teste linguístico no início seriam aquelas que são, em algum sentido, menos centrais para a explicação da estrutura da língua e da função normal da língua: impedimentos patológicos, dano cerebral, gagueira, estados emocionais extremos, capacidade de memória individual e variação de computação, diferenças de altura do som relacionadas ao sexo etc. Bem no início, o contexto comunicativo relevante para os enunciados é considerado sobre domínios muito menores, isto é, palavra, morfema, oração e sentença, em vez de parágrafo ou discurso. Muitos fatos de gramática podem ser identificados sob tal metodologia *de uma maneira preliminar*, tais como itens lexicais, morfologia, "ordenação básica de palavras", sistema de caso etc.[34] Mas todo o procedimento é motivado por conveniência metodológica, pura e simples. Uma vez que o linguista estabeleceu os fatos mais rudimentares, então se ele é um cientista que vale o que pesa, ele começaria a alargar seu banco de dados para um domínio mais natural, realístico. Ele estudaria fala *real em contexto*, investigaria a mudança diacrônica, aumentaria o domínio de explicação. Ele conduziria experimentos psicolinguísticos como uma metodologia intermediária de coleta de dados, em algum ponto entre a artificialidade total de dados de "competência" elicitados e a complexidade extrema de fala natural não elicitada em um contexto comunicativo não controlado.

O que o linguista nunca deveria tentar fazer é tomar a conveniência *metodológica* da competência e elevá-la ao nível de significância *teórica* primordial. Como um cientista, ele não tem nem licença nem razão coerente para assumir *a*

---

34. Muito frequentemente, a ordenação de palavras "básica" descoberta durante a fase de investigação da "competência" ou da "gramática da sentença" tende a ser ilusória, um artefato do isolamento de orações de seu contexto discursivo. Apenas em relativamente poucas línguas, possivelmente em inglês, o tipo de ordenação rígida obtido via elicitação de sentenças isoladas corresponde à ordenação mais frequente — ou "menos marcada" — obtida no discurso natural.

priori que o modelo de seus dados de competência é o modelo do "comportamento linguístico no contexto comunicativo natural", ou que tal modelo poderia até mesmo ser construído de um modo coerente. Finalmente, o linguista enquanto cientista não deveria persistir em manter a abstração e a simplificação da competência como uma restrição no leque de dados a serem coletados, além dos estágios preliminares da investigação. Tal persistência esvaziaria o próprio fenômeno, isto é, os fatos do uso da língua como um recurso comunicativo. Seria o equivalente de o bioquímico confinar sua investigação *ad infinitum* a simples experimentos *in vitro* e jogar fora do tubo de teste as variáveis mais relevantes via extração e purificação.

Tudo isso é precisamente o que aconteceu com a linguística gerativo-transformacional, como um resultado da elevação da distinção de Chomsky entre desempenho e competência ao estatuto de plenitude teoricamente significativa. A saber:

1. Sentenças que soam artificiais, isoladas da função comunicativa e do contexto comunicativo, tornaram-se a moeda de circulação da evidência linguística, a serem analisadas, dissecadas e "explicadas".
2. Com base em tais "dados", um nível independente de organização gramatical — sintaxe autônoma — foi postulado, com suas assim chamadas "propriedades" estudadas em grande profundidade, cuja existência imputada tem pouca ou nenhuma relação com os fatos da língua natural.
3. Todos os dados que não se encaixam no modelo formal resultante foram descartados como "devidos a fatores de desempenho", "aceitáveis-interpretáveis mas agramaticais",[35] "não no dialeto particular que eu estou investigando", ou de outro modo ignorados.
4. O leque total de dados sobre *variação linguística* — no indivíduo e na comunidade — foi trivializado como uma questão de dialeto, idioleto

---

35. Assim Otero (1975, p. 17) escreve sobre sentenças do espanhol que ele considera "agramaticais": "se tivéssemos uma gramática completa, ótima do espanhol (o único modo para uma definição de gramaticalidade em espanhol), esses enunciados sem dúvida demonstrariam ser um tipo de fabricação do usuário da gramática, completamente fora do âmbito de sentenças geradas (diretamente ou derivativamente) por sua gramática internalizada [...]". As sentenças em questão, formas plurais da "passiva impessoal" (*se-alquilan apartamentos* — 'Alugam-se apartamentos' — em oposição à "gramaticalmente correta" *se-alquila apartamentos*), têm sido atestadas na produção de falantes espanhóis, lado a lado com as variantes "gramaticalmente corretas", por mais de quatrocentos anos! Ver discussão semelhante em Otero (1974).

ou lapsos de desempenho. As implicações da variação existente para a "gramática" sincrônica e para a mudança diacrônica foram completamente ignoradas.
5. Um conceito de "gramaticalidade" como uma entidade *abstrata*, divorciada da comunicação, interpretabilidade, aceitabilidade, atestabilidade etc., foi postulado, e dados persistentes que tendiam a ameaçar a viabilidade desse conceito foram relegados ao reino de "desempenho", "variação", "capricho", "falsa analogia" etc.[36]

Dessa maneira, depois de primeiro trivializar as noções de teoria e explicação, a linguística gerativo-transformacional prosseguiu, trivializando a noção de dados para além do reconhecimento. O que seguiu foi uma orgia de irresponsabilidade empírica, com um modelo formal perseguindo um outro em rápida sucessão, com argumentos livres de dados que dependiam de noções puramente formais de "economia" e "simplicidade", e com a linguística como um todo se tornando uma triste caricatura de escolasticismo medieval tardio.

1.3.2 Gramática *versus* o falante

Nesta seção proponho investigar uma série de fatos linguísticos que podem ser vistos de duas perspectivas diferentes: em cada caso, pode-se considerar um fenômeno gramatical como pertencendo ao reino da competência em uma língua e do desempenho-frequência textual em uma outra; ou pode-se considerar o fenômeno nas duas línguas no contexto de "função comunicativa", como sendo essencialmente *do mesmo tipo*. A inferência óbvia a ser feita dessa apresentação é a seguinte: se, de fato, o fenômeno é do mesmo tipo em ambas as línguas, então a distinção entre competência e desempenho — ou gramática e comportamento do falante — é (ao menos para esses casos particulares) indefensável, contraprodutiva e não explicativa.

---

36. Novamente de Otero (1975, p. 6): "um falante com uma mente que tem um escopo muito maior do que seu sistema internalizado de regras gramaticais [...], está falsificando sua gramática de um modo ou de outro em tais casos. Um linguista que está livre da síndrome "deixe sua língua em paz" de nosso passado behaviorístico deveria ser capaz de reconhecer uma falha humana pelo que ela é [...]. A síndrome 'deixe sua língua em paz' de nosso passado nada mais é do que a insistência obstinada dos primeiros estruturalistas — os bloomfieldianos — de que os dados devem ser realmente atestados em um *corpus* natural".

1.3.2.1 Definitude de sujeitos

Em muitas das línguas do mundo, provavelmente na maioria, o sujeito das orações declarativas não pode ser referencial-indefinido. Em outras palavras, a posição do sujeito na sentença é uma em que *informação nova* não pode ser introduzida. A fim de violar essa restrição *categorial*, o falante deve recorrer a um tipo sentencial especial, *marcado*, a construção *existencial-apresentativa*.[37] Línguas desse tipo são, por exemplo, suaíli, bemba, ruanda (banto), chinês, sherpa (sino-tibetana), bikol (austronésia), ute (uto-asteca), krio (crioulo), todos os crioulos e muitas outras.

Em um número relativamente pequeno das línguas do mundo, a maioria delas línguas com uma longa tradição literária,[38] substantivos referenciais-indefinidos podem aparecer como sujeitos de sentenças não apresentativas, embora a construção apresentativa-existencial possa existir nessas línguas. Assim, em inglês todos os tipos seguintes são sentenças gramaticais:

(22) a) *There's **a man** in the yard who's asking for you* (existencial)
'Há um homem no quintal que está perguntando por você.'
b) ***A man** in the yard is asking for you* (sujeito REF-INDEF)
'Um homem no quintal está perguntando por você.'
c) ***The man** in the yard is asking for you* (sujeito DEF)
'O homem no quintal está perguntando por você.'

A sentença (22b) está "dentro da competência" dos falantes de inglês, assim como suas equivalentes estão dentro da competência dos falantes de hebraico, espanhol, árabe, japonês etc.

Considere agora a situação em krio,[39] um crioulo de Serra Leoa baseado no inglês, em que se encontra a seguinte distribuição:

---

37. Para uma discussão de existenciais-apresentativas translinguisticamente, ver Hetzron (1971). Para discussão em um contexto diferente, ver o Capítulo 2.
38. O fato de que essas línguas (línguas europeias, hebraico, árabe, japonês) têm uma longa tradição literária pode ou não ser significativo. Ver discussão no Capítulo 5, sobre a possível conexão entre letramento e sintaticização. Em termos do grau de sintaticização, a sentença (22a) acima é *menos* sintaticizada, visto que a mensagem se espalha sobre duas orações verbais, enquanto em (22b) a mesma mensagem (aproximadamente) se espalha sobre uma oração compacta, encaixada.
39. Estou em débito com Sori Yilla (comunicação pessoal) por todos os dados de krio.

(23)   a)   *ge wan man na di yad we de-ask fɔ yu.*
             ter um homem em o quintal *REL* PROG-perguntar por você
             'Há um homem no quintal que está perguntando por você.'
       b)   **wan man na di yad de-ask fɔ yu*
             um homem em o quintal PROG-perguntar por você
       c)   *di man na da yad de-ask fɔ yu*
             o homem em o quintal PROG-perguntar por você
             'O homem no quintal está perguntando por você.'

A sentença (23b), com um sujeito referencial-indefinido em uma construção não existencial, está "fora da competência" do falante de krio, assim como suas equivalentes em suaíli, bemba, ruanda, bikol, sherpa, chinês etc. estão fora da competência dos falantes dessas línguas.

Quando se investiga a frequência textual de sentenças como (22b) em inglês, porém, descobre-se que elas têm uma frequência extremamente baixa: cerca de 10% dos sujeitos de sentenças principais-declarativas-afirmativas-ativas (não apresentativas) são indefinidos, contra 90% definidos.[40] Agora, isso presumivelmente não é um fato sobre a "competência" dos falantes de inglês, mas apenas sobre seu "comportamento linguístico" real. Mas estamos lidando com dois tipos diferentes de fatos em inglês e krio? Dificilmente. Aquilo com que estamos lidando é aparentemente a mesmíssima *tendência comunicativa* — reservar a posição de sujeito na sentença para o argumento *tópico*, a informação velha, o "marcador de continuidade". Em algumas línguas (krio etc.) essa tendência comunicativa é expressa no nível *categorial* de 100%. Em outras línguas (inglês etc.) a mesmíssima tendência comunicativa é expressa "somente" no nível *não categorial* de 90%. E um linguista gerativo-transformacional será, então, forçado a considerar esse fato como competência em krio e desempenho em inglês. Mas qual é a diferença comunicativa entre uma regra de 90% de fidelidade e outra de 100% de fidelidade? Em termos psicológicos, não há praticamente diferença.[41] Na comunicação, um sistema com 90% de fidelidade categorial é um sistema altamente eficiente. Estamos, então, lidando com desempenho em inglês e competência em krio? Ao contrário, parece-me, a distinção entre desempenho e competência ou gramática e comportamento tende a desmoronar sob o impacto desses dados.

---

40. Ver contagens textuais no Capítulo 2.
41. Mesmo abaixo de 90%, os falantes tenderiam a perceber uma distribuição não categorial, *i.e.*, 100%. Para maior discussão, ver o Capítulo 5, assim como Givón (1977a).

1.3.2.2 Objetos referenciais-indefinidos sob a negação

Em muitas línguas, como húngaro (fino-úgrica), sherpa, chinês (sino-tibetana), bikol (austronésia), bemba, dzamba, luganda, ruanda (banto), turco (altaica), krio (crioula) e muitas outras, objetos referenciais-indefinidos não podem aparecer em sentenças negativas, cujos objetos só podem ser ou referencial-definidos ou não-referenciais. Assim, considere os dados seguintes de krio:

(24) a) *a   no   rid   **di**   buk.*   (objeto REF-DEF)
       eu   NEG   ler   o   livro
       'Eu não li o livro.'

   b) *a   no   rid   buk*   (objeto NÃO-REF)
       eu   NEG   ler   livro
       'Eu não li nenhum livro.'

   c) **a   no   rid   **wan**   buk*   (*objeto REF-INDEF)
       eu   NEG   ler   um   livro

   d) *ge   wan   buk   **we-ting**   a   no   rid*   (sujeito existencial
       ter um   livro REL   eu   NEG   ler   mais REL)
       'Há um livro que eu não li.'

Em uma investigação superficial, o inglês é do mesmo tipo que o krio, já que o equivalente de (24c) normalmente recebe somente uma interpretação não referencial do objeto:

(25) *I didn't read a book.*
      'Eu não li um livro.'
   a) *I didn't read any book.*
      'Eu não li nenhum livro.'
   b) *There's a book that I didn't read.*
      'Há um livro que eu não li.'

Desse modo, parece que tanto o krio quanto o inglês recorreriam à introdução de um objeto referencial-indefinido na sentença *afirmativa* [como na existencial (24d) ou (25b)]. Contudo, em inglês, é realmente possível forçar uma sentença gramatical do tipo (24c). Assim, considere:

(26) a) *What happened to Mary?*
        'O que aconteceu com Maria?'

b) *Oh, she didn't read a **book** that was assigned, and as a result she flunked her exams.*
'Oh, ela não leu um **livro** que foi indicado e como resultado ela fracassou nos seus exames.'

Assim, a sentença do tipo (26b), fora da competência dos falantes de krio, parece estar — afinal — dentro da competência de falantes de inglês. Contudo, quando se contam textos do inglês, a frequência de sentenças desse tipo *aproxima--se de zero*.[42] Todavia, uma vez mais, o linguista gerativo-transformacional terá de concluir que a restrição sobre o aparecimento de objetos referenciais-indefinidos sob o escopo da negação é expressa no nível da competência para falantes de krio, bemba, luganda, ruanda, dzamba, chinês, sherpa, bikol, húngaro, turco etc., mas em inglês (bem como em um pequeno número de outras línguas europeias com uma longa tradição literária)[43] a restrição "somente" é expressa no nível do desempenho ou do comportamento linguístico. Então, o fato de que os falantes de krio e de inglês **não** tenderiam a introduzir argumentos novos referenciais nas sentenças negativas, mas sim nas afirmativas, representa dois fatos *distintos* — de competência em krio e de desempenho em inglês? Dificilmente. Ao contrário, as sentenças negativas na língua humana **não** são usadas primariamente para *expressar* informação nova, mas sim para *contradizer* afirmações mal direcionadas pelo interlocutor (ver discussão extensa no Capítulo 3). Portanto, substantivos referenciais-indefinidos, isto é, argumentos **novos** introduzidos no discurso pela primeira vez, provavelmente não são introduzidos em sentenças negativas. A restrição é, assim, uma regra *comunicativa*, e a diferença entre krio e inglês no nível do comportamento do falante se aproxima de zero. Mais uma vez, a distinção entre desempenho e competência desaparece sob o clarão de fatos reais e de explicação real.

---

42. Ver contagens textuais e discussão adicional no Capítulo 3.

43. Novamente, pode ser significativo ou não que línguas em que algo semelhante à contraparte de (26b) é permitido sejam, na maioria, línguas europeias com longa tradição literária. Tal construção é certamente mais *condensada* ("sintaticizada") do que a variante equivalente, mais frouxa, em que o objeto referencial indefinido é introduzido ou como objeto de uma sentença afirmativa precedente ou como sujeito de uma construção existencial precedente, i.e., *They required everybody to read **one particular book**, but Mary didn't read it...* ('Eles pediram que todos lessem um livro particular, mas Maria não o leu...') ou *There was **a book** that everybody was supposed to read, but Mary didn't read it...* ('Havia um livro que todos deveriam ler, mas Maria não o leu...').

1.3.2.3 Passivas sem agente

Em muitas línguas, provavelmente na maioria das línguas do mundo, a passivização (*i.e.*, a promoção de um não agente à posição de tópico sentencial principal) **requer** a supressão do agente subjacente.[44] Assim, considere os seguintes dados de ute:

(27) a) *mamáci   ta?wóci   tṹu̜-?ásti?i*
        mulher-SUJ homem-OBJ bem-querer-PROG
        'A mulher gosta do homem.'

     b) *ta?wóci   tṹu̜-?ásti-**ta***
        homem-OBJ bem-querer-*PASS*
        { 'Alguém gosta do homem.' }
        { 'O homem é amado.' }

Assim, em (27b), o único tipo de sentença passiva em ute, o agente deve ser obrigatoriamente suprimido, e, portanto, o ute é uma língua (entre muitas) em que a passiva sem agente é um fato de "competência".

Em inglês e em muitas outras línguas, por outro lado, passivas agentivas certamente podem ser produzidas. De fato, nos últimos 22 anos, a passivização que tem sido discutida na literatura gerativo-transformacional é **somente** aquela *com o agente presente*. Além disso, tal tipo de passivização constitui um dos mais coercitivos argumentos em apoio das várias versões — frequentemente antagônicas — do modelo gerativo-transformacional.[45] Contudo, se textos reais do inglês são contados, descobre-se a seguinte situação:[46]

1. Aproximadamente 90% das sentenças passivas *não possuem agente*.
2. Dos 10% de agentes explicitamente expressos, a maioria é *indefinido* e **todas** as sentenças expressam o agente como o *foco de informação nova*.

---

44. Ver discussão da tipologia de "passiva" no Capítulo 4.
45. Em Harris (1957), a transformação passiva é uma das transformações do conjunto original que motivou a análise. O mesmo se dá em Chomsky (1957). Em Lakoff (1971), as supostas passivas agentivas do inglês desempenham um papel de estrela nas duas "provas" empíricas reais, citadas como suporte da semântica gerativa (ambas acabam mostrando-se dependentes de um critério de simplicidade, e não do fato em si). A literatura gerativo-transformacional é generosamente coberta de cadáveres de várias "análises" desse tipo de passiva.
46. Para contagens textuais e discussão adicional, ver Capítulo 2.

A passiva sem agente é, assim, um fato categórico (100%) da "competência" de ute, mas apenas um fato 90% do "desempenho" de inglês. Mas esses dois fatos são distintos? Dificilmente. Ao contrário, estamos novamente lidando aqui com recursos *comunicativos*, e esses recursos podem ter *funções parcialmente sobrepostas* translinguisticamente. Logo, em ute as sentenças "passivas" só podem ser usadas para codificar situações em que o agente é ou *desconhecido* ou *imaterial*. Em inglês, 90% do uso das passivas são desse tipo, enquanto cerca de 10% residuais envolvem situações de natureza quase oposta — não apenas o agente é material e conhecido, mas ele é o *foco* da informação nova. E mais uma vez a distinção entre desempenho e competência obscureceria tanto o fato quanto a explicação.

1.3.3 Gramática, comunicação e regras não categóricas

O espectro de fenômenos não categóricos na linguagem humana tem assombrado a linguística gerativo-transformacional desde o início. De fato, é *anátema* a sua própria essência, isto é, as noções de gramática, gramaticalidade e competência. Conforme sugerido acima, somente através de abstração, simplificação e *sanitização* extrema do banco de dados tais noções poderiam ser elevadas ao estatuto de primitivos teóricos. Assim, a sanitização do banco de dados envolveu, necessariamente, ignorar os fenômenos não categóricos na linguagem, ou relegá-los ao estatuto de variação ou desempenho. Quando dados reais de discurso são levados em consideração, porém, torna-se óbvio que os fenômenos não categóricos são a **regra**, e não a exceção, na linguagem humana. Antes de ilustrar isso, deixe-me primeiro estabelecer uma perspectiva geral para a discussão.

Se a língua é um instrumento de comunicação, então é bizarro tentar entender sua estrutura sem referência ao contexto comunicativo e à função comunicativa. Portanto, restrições gramaticais, regras de sintaxe, transformações estilísticas e coisas assim não estão lá "porque elas são pré-instaladas no código genético do organismo". Nem estão lá sem razão alguma. Ao contrário, elas estão lá para servir a funções comunicativas específicas. Agora, já que o propósito comunicativo de diferentes regras gramaticais não é o mesmo, as consequências da decisão de segui-las ou de "quebrá-las" também não são as mesmas. De fato, pode-se ser capaz, ao final, de ordenar as regras da gramática pelo grau de sua *importância comunicativa*, definida como segue:

(28) Uma *"regra"* comunicativa está mais alta na escala de importância comunicativa se dispensar o seu uso *("quebrar a regra")* resulta em uma perda maior de **eficiência comunicativa**.

A escolha de "eficiência comunicativa" ao invés de "ruptura na comunicação" é motivada pela suspeita de que estamos lidando aqui com um fenômeno *gradual* que pode ser *quantificado* como segue:

(29) *Quanto mais tempo demorar a transmissão da mesma quantidade de mensagem, ou quanto maior a quantidade de repetição e redundância exigida na transmissão, tanto menor a eficiência comunicativa.*

Desse modo, tempo de produção é, em princípio, um parâmetro que pode ser quantificado na fala natural.

O comunicador humano não é um usuário determinístico de uma gramática autônoma, subconsciente, conforme Chomsky nos faria crer. Ao contrário, ele faz *escolhas comunicativas*.[47] Ele usa as regras da gramática para obter um efeito comunicativo. Ele pode optar por quebrar a regra para obter um efeito, seja poético, metafórico ou de extensão semântica. Ele pode optar por quebrar a regra sob pressão de exigências comunicativas conflitantes que têm precedência (*i.e.*, cuja quebra resultará em **maior** perda de eficiência comunicativa). Ele também pode **optar** por renunciar ao uso de uma estratégia mais eficiente em favor de uma menos eficiente e *aceitar a penalidade* em termos de eficiência decrescente da comunicação, clareza decrescente, indeterminação aumentada etc. Em situações em que o tempo **não** está em questão, a penalidade é muito ilusória. Em outras circunstâncias, o falante pode **julgar** que o conhecimento do ouvinte sobre o *background* e o contexto, a transparência da pragmática da interação, ou a relativa facilidade de inferir mais informação do contexto ou da mensagem explicitamente dada, contrabalançarão a quebra de uma regra e ajudarão a recuperar a parte comunicativa solta. A perda é, então, em grande parte ilusória. Sob outras circunstâncias, o falante está em conflito entre escolher uma estratégia mais eficiente contra uma estratégia mais criativa, e ao escolher a última opta por pagar uma penalidade razoável.[48] Finalmente, a "gramática" pode consistir de regras ou estratégias alternativas para desempenhar a mesma função ou funções razoa-

---

47. Para uma discussão perspicaz sobre esse assunto, ver García (1975a, 1979).

48. Criatividade é, por definição, quebrar a norma e sacrificar a velocidade pelo efeito. No outro extremo, clichês têm valor de surpresa zero, mas eficiência de processamento máxima.

velmente semelhantes, de modo que a *escolha* de uma delas resultaria em consequências comunicativas relativamente pequenas.

Dado tudo isso, pode-se, em princípio, ordenar as regras da gramática como segue, com relação ao "grau de categoricidade":

(30)   *Estratégias comunicativas cuja remoção resultará na maior (e não compensada) perda de eficiência comunicativa tenderão a aparecer em línguas como regras **categóricas** (100%). Por outro lado, regras ou estratégias cuja violação prejudicará a eficiência comunicativa em um grau menor podem aparecer com mais frequência em menos do que 100%, e assim geralmente exigirão estudos de **frequência textual** para que possam ser detectadas.*

Embora (30) acima seja apenas uma sugestão, a ser testada por pesquisa posterior, é em princípio uma hipótese empiricamente verificável. De fato, mesmo neste estágio primário de nosso conhecimento, podem-se fazer muitas previsões, baseadas em tal hipótese:

1. Regras que envolvem a codificação das funções dos argumentos, incluindo a ordenação de palavras, a marcação de caso e a concordância gramatical, não serão quebradas muito frequentemente e tenderão a ser percebidas pelos falantes como regras *categóricas* da gramática.
2. De modo semelhante, a diferenciação entonacional entre informação pressuposta *versus* asseverada *dentro* da oração simples não será quebrada frequentemente (em línguas que fazem uso de entonação para esse propósito).
3. Em línguas em que as relações de tópico-comentário *dentro* da oração simples são codificadas via morfologia ou ordenação, essas regras tenderão a ser categóricas.
4. Por outro lado, transformações estilísticas envolvidas na codificação de relações de tópico-comentário sobre o domínio do discurso *maior*, isto é, em que informação contextual está disponível mais prontamente, tenderão a ser quebradas mais frequentemente e ser manifestadas no comportamento do falante num nível menor do que categórico.

O epítome de indispensabilidade também é o aspecto **mais arbitrário** e **mais local** da linguagem: a escolha de itens lexicais. As regras do léxico, isto é, a correlação som:significado, é o elemento mais arbitrário da linguagem. E o *escopo do contexto* para a escolha de substantivos, verbos, adjetivos e advérbios é mais comumente a oração verbal simples. A escolha lexical errada tem, assim, chance mais alta de resultar em comunicação obstruída.

Os fatos investigados na Seção 1.3.2 ilustram o início do problema de fenômenos não categóricos na língua. No espaço seguinte, tentarei mostrar como fenômenos não categóricos na língua tendem a envolver *julgamento* comunicativo e *escolha* comunicativa.

1.3.3.1 Violações da Restrição do SN Complexo

Na Seção 1.2.3.9 esbocei a seguinte situação: em línguas que usam pronome cópia-anafórico na relativização, é possível "quebrar" a RSNC com custo comunicativo relativamente baixo. Agora, suponha que um falante de inglês americano tenha sido criado em Ozarks, onde o dialeto falado do inglês não padrão faz uso de pronome cópia na relativização *complexa* (mas não em ambientes simples, com encaixamento raso). Suas orações relativas *simples* parecerão com as do inglês americano padrão, como em:

(31) *I saw the dog that bit the man.*
      'Eu vi o cachorro que mordeu o homem.'

Em contextos mais complexos, nosso falante relativizaria **com** pronome cópia, e então divergiria do dialeto padrão, como em:

(32) *I know the man that I saw the dog that bit **him**.*
      'Eu conheço o homem que eu vi o cachorro que mordeu ele.'

O falante está, desse modo, variando as estratégias: primeiro, ele não usa o pronome cópia onde a complexidade baixa não garante seu uso, mas somente em ambientes mais complexos onde ele *julga* que a penalidade comunicativa teria sido inaceitável se o pronome não fosse usado. Segundo, ele *opta* por quebrar a RSNC quando ele tem uma estratégia "gramatical" (o uso do pronome cópia) que reduz a complexidade e, consequentemente, a penalidade comunicativa. Embora ainda se possa argumentar que o falante está obedecendo a suas regras de gramática como um autômato determinístico, também é interessante o fato de que ele obedece às regras "na direção comunicativa *correta*", isto é, "como se ele *optasse* por facilitar, e não obstruir, a comunicação".

Agora, suponha que nosso falante fosse para a escola e depois para a universidade, em, digamos, Boston, razão pela qual seu dialeto nativo de Ozark seria substituído pelo inglês americano padrão. Então, quando ele quisesse expressar a mensagem de (32), ele teria um leque maior de opções. Ele poderia escolher seguir sua "gramática" recentemente adquirida do inglês americano padrão e produzir o equivalente de (32) simplificado, dessintaticizado:

(33)   *I saw the dog that bit the man, and I know the man.*
       'Eu vi o cachorro que mordeu o homem, e eu conheço o homem.'

De certo modo (Edward Keenan, 1972a, 1972b), (33) perde um pouco do sabor pragmático (figura-fundo) de (32), mas o conteúdo semântico está razoavelmente próximo. Mas nosso falante também poderia optar por reverter a seu dialeto nativo de Ozark e reproduzir (32). Agora, o linguista gerativo-transformacional argumentaria que a escolha do falante envolveu meramente *mudança de dialeto*, isto é, uma decisão sociolinguisticamente motivada quanto a usar uma "gramática" formal ou outra. Mas ainda é de interesse que, ao "fazer escolhas entre gramáticas formais", o falante também parece "fazer a escolha correta entre *complexos* de estratégias comunicativas": a relativização complexa condiz *com* pronome cópia; sintaxe simplificada *não* condiz com ele. Para o linguista gerativo-transformacional, tal correlação deve ser uma coincidência.

Contrastemos o comportamento do falante americano de Ozark com o de um falante de hebraico moderno, uma língua em que o pronome cópia é usado como a estratégia de relativização mais comum em ambientes não complexos (ver Givón, 1973a, 1975a). Contudo, o uso dessa estratégia não é categórico para todos os casos de argumentos. Por exemplo, na relativização do objeto direto, o pronome cópia é opcional (e **infrequente**) em ambientes simples, mas obrigatório em ambientes complexos:

(34)   *ze   ha-ísh   she-raíti   **otó**   etmól.*   (simples, com pronome)
       esse o-homem   que-eu-vi   o   ontem
       'Este é o homem que eu vi ontem.'

(35)   *ze   ha-ísh   she-raíti   etmól.*   (simples, sem pronome)
       este o-homem   que-eu-vi   ontem
       'Este é o homem que eu vi ontem.'

(36)   ze   ha-ish   she-raiti   et   ha-kélev   she-nasháx   óto.
       este o-homem que-eu-vi ACUS o-cachorro que-mordeu o
                                              (complexa, com pronome)
       'Este é o homem que eu vi o cachorro que mordeu ele.'
(37)   *ze   ha-ísh   she-raiti   et   ha-kélev   she-nasháx.
       este o-homem que-eu-vi ACUS o-cachorro que-mordeu
                                              (*complexa, sem pronome)

Ao descrever o comportamento do falante de hebraico (que é monodialetal), pode-se argumentar que ele simplesmente "segue as regras de seu dialeto", uma das quais lhe dá a opção de usar ou omitir o pronome em ambientes simples. Mas, de fato, o uso de pronome em tal ambiente é **infrequente**, de modo que no nível do comportamento linguístico real o falante de hebraico parece comportar-se exatamente como o falante de Ozark. Além disso, seu comportamento em ambientes complexos também se iguala à correlação encontrada nos falantes de Ozark: com pronome, ele **pode** produzir a estrutura complexa (36); sem pronome, ele não pode, embora ele pudesse produzir o equivalente da sentença (33) simplificada, isto é,

(38)   raiti   et   ha-kélev   she-nasháx   et   ha-ísh,   ve-ani
       eu-vi ACUS o-cachorro que-ele-mordeu ACUS o-homem e-eu
       makír   et   ha-ísh.
       conheço ACUS o-homem
       'Eu vi o cachorro que mordeu o homem, e eu conheço o homem.'

Logo, eles parecem estar fazendo as mesmas *escolhas* comunicativas sob as mesmas circunstâncias com o mesmo propósito, embora, claro, seria possível insistir em que eles estão meramente "seguindo as regras da gramática disponíveis em seus dialetos".

Um outro aspecto da relativização do hebraico é que, em geral, quando se relativiza o caso objeto preposicionado, o pronome cópia é obrigatório mesmo em ambientes simples:

(39)   a)   ze   ha-ísh   she-natáti   **lo**   et   ha-séfer.
            este o-homem que-eu-dei *a*-ele ACUS o-livro
            'Este é o homem a quem eu dei o livro.'
       b)   *ze   ha-ish   she-natáti   et   ha-séfer.
            este o-homem que-eu-dei ACUS o-livro

Há uma condição, todavia, em que essa regra pode ser quebrada. Se o caso preposicionado do substantivo *núcleo* é idêntico ao do argumento correferencial suprimido dentro da oração relativa, o uso do pronome cópia se torna opcional:

(40)   *hu   yasháv   al   ha-kisé   she-yashávti   (**aláv**).*
       ele   sentou   em   a-cadeira   que-eu-sentei   (*em-ela*)
       'Ele sentou na cadeira em que eu sentei.'

(41)   *hu   lakáx   et   ha-kisé   she-yashávti   **aláv**.*
       ele   pegou   ACUS   a-cadeira   que-eu-sentei   *em-ela*
       'Ele pegou a cadeira em que eu sentei.'

(42)   **hu   lakáx   et   ha-kisé   she-yashávti.*
       ele   pegou   ACUS   a-cadeira   que-eu-sentei

Novamente, alguém poderia argumentar que o falante meramente "segue suas regras de gramática", que lhe permitem uma opção em um contexto, mas não em outro. Mas, outra vez, suas regras de gramática parecem ser guiadas pela escolha comunicativa *correta*: quando o caso/função do substantivo correferencial suprimido é recuperável a partir do substantivo núcleo via identidade, o pronome cópia — que "carrega" a marcação de caso — pode ser omitido; de outro modo, não.

A escolha opcional de pronome em sentenças como (40) depende de outras considerações comunicativas, relacionadas à pragmática das combinações verbo-objeto. Assim, contraste (40) com (43):

(43)   a)   *hu   yasháv   al   ha-kisé   she-axálti   **aláv**.*
            ele   sentou   em   a-cadeira   que-eu-comeu   *em-ela*
            'Ele sentou na cadeira em que eu comi.'
       b)   *hu-yasháv   al   ha-kisé   she-axálti.*
            ele-sentou   em   a-cadeira   que-eu-comi
            { 'Ele sentou na cadeira que eu comi.'   }
            { '*Ele sentou na cadeira em que eu comi.'}

Logo, embora a sentença (43b) sem o pronome seja aceitável, ela não é aceitável sob a mesma interpretação que (43a), já que o sentido de relativização do objeto direto ('Eu comi a cadeira') impõe a interpretação correta se o pronome não é retido. Desse modo, a fim de preservar o significado pretendido, o falante deve *escolher* não empregar a opção "disponível em sua gramática" [a saber, (40)] e reter obrigatoriamente o pronome cópia.

Finalmente, Kuno (1972, 1976) observou que, mesmo no inglês padrão, a RSNC pode ser violada sob certas condições *pragmáticas*, que se resumem às seguintes considerações: se o falante *julga* que o ouvinte tem informação suficiente, do contexto explícito, da pragmática da situação ou de qualquer outra fonte, para ajudá-lo a reconstruir as relações de caso/função subjacentes do argumento em comparação com o verbo, ele acha que é "mais apropriado" violar a RSNC. Mas tal escolha comunicativa ou julgamento do falante é *em princípio* não categórico. Ele depende de *probabilidades* combinadas que o falante atribui às muitas variáveis que determinam se sua mensagem é provável de ser mal interpretada pelo ouvinte. Portanto, a RSNC não é uma "questão de gramática" a ser seguida pelo falante como um autômato determinístico. Ao contrário, ela é usada judiciosa e inteligentemente (embora não necessariamente com perfeição) pelos falantes que pretendem se comunicar.

1.3.3.2 A ordenação relativa de argumentos nominais no inglês antigo

Através de meticulosa análise de textos, García (1979) demonstrou que a ordenação relativa dos argumentos nominativo *versus* não nominativo (ou "nominativo secundário") nos textos anglo-saxões é controlada apenas por fatores discursivo-pragmáticos, e que em geral um argumento tenderia a ocupar a posição sintática *mais anterior* sob as seguintes circunstâncias:

1. Se ele é *mais familiar* para o ouvinte.
2. Se o falante deseja *chamar atenção especial* para ele.

Em princípio, ambas as considerações envolvem um certo *julgamento probabilístico* por parte do falante. A familiaridade do ouvinte com o argumento deve ser *avaliada*, e, embora o contexto linguístico explícito precedente desempenhe um papel em tal avaliação, outras considerações também estão envolvidas, tais como o *julgamento* da familiaridade geral do ouvinte com o assunto, bem como sua habilidade em fazer outras inferências relevantes. Na mesma linha, a necessidade de chamar a atenção do ouvinte para um argumento depende da *avaliação* do falante sobre onde a atenção do ouvinte provavelmente estará em um dado momento, e isso novamente é uma questão de julgamento probabilístico complexo. Esses julgamentos que o falante deve fazer são, *em princípio*, não categóricos, mas eles determinam uma regra "gramatical" tal como a ordenação das palavras. Parece, então, que, uma vez que você permitiu o fantasma na máquina (ou o *software* no *hardware*, o usuário na gramática),[49] você não pode negar-lhe a liberdade de escolha comunicativa, a fim de que ele não se torne indistinguível da máquina.

1.3.3.3 Sujeitos pré-verbais em espanhol

Baseada em amplo estudo de textos orais, Silva-Corvalán (1977) mostrou que, em espanhol, a escolha da sintaxe SV (contra a sintaxe V inicial) é controlada por restrições discursivo-pragmáticas que podem ser resumidas como:

1. Quando a identidade do sujeito/tópico é não ambígua, isto é,
   a) não há possibilidade de confusão gênero-número.
   b) há poucos antecedentes nominais que poderiam potencialmente ser tomados como correferenciais ao sujeito.
   c) não há mudança súbita, inesperada do tópico discursivo.
   d) não há confusão potencial na identificação do tópico devido à pragmática das combinações específicas substantivo-verbo.
   então a sintaxe V inicial predomina, com o sujeito aparecendo pós-verbalmente, embora mais comumente aparecendo apenas no verbo como marca de concordância com o sujeito.
2. Quando uma ou mais das condições de (a) a (d) acima não se mantêm, a sintaxe S–V é usada, com pronomes pré-nominais independentes ou substantivos definidos plenos.

O falante, parece, tem de avaliar quão difícil provavelmente será para o ouvinte atribuir a referência/identificação correta do sujeito. E, novamente, isso é, em princípio, um julgamento complexo, probabilístico, não categórico.

Dados semelhantes referentes à distribuição da ordenação VS *versus* SV no hebraico bíblico podem ser vistos em Givón (1977a). Além disso, Bolinger (1979) notou uma gradação similar de "grau de dificuldade na atribuição de referência" no discurso em inglês entre o uso de pronomes anafóricos (identificação relativamente fácil) e substantivos definidos plenos (identificação relativamente difícil). E Li e Thompson (1979) demonstraram uma gradação semelhante no discurso

---

49. Ao discutir a relação entre cognição e o "hardware" da estrutura neural, Chomsky (1975) usa a analogia do *The ghost in the machine*, o título da monografia provocante de Koestler (1967).

em chinês, ao comparar anáfora zero, pronomes marcados e substantivos definidos plenos. Duranti e Keenan (1979) relatam uma gradação semelhante — concordância verbal > pronomes marcados > substantivos plenos > mudança de substantivos tópicos — no discurso em italiano.[50] Estamos, portanto, lidando com um fenômeno universal, difundido, e o julgamento do falante que está envolvido em fazer a escolha entre recursos "gramaticais" disponíveis é, em princípio, não categórico.

1.3.3.4 De tópico a sujeito

No Capítulo 5 (mas ver também Givón, 1976a), discuto o processo histórico pelo qual as construções de mudança tópica do sujeito ("deslocamento à esquerda") eventualmente mudam para construções de sujeito "neutras" com concordância gramatical. O processo pode ser sumarizado esquematicamente como segue:

(44) Mudança de tópico (marcada)   Sujeito (não-marcada)
         João, **ele** partiu   ⟶   João **ele**-partiu
         TOP PRO   V   SUJ CONC-V

Tal desenvolvimento diacrônico é excessivamente comum nas línguas naturais,[51] tanto que se pode perguntar o que induz os falantes a reinterpretar a construção de mudança de tópico, mais marcada, como a construção de sujeito, menos marcada. Conforme discutido no Capítulo 2 (mas ver também Duranti e Keenan, 1979), as construções de mudança de tópico são usadas quando a atribuição de identidade correferencial é julgada como mais *difícil*, se comparada ao uso da construção de sujeito simples. Nossa pergunta pode ser então reformulada como:

(45) *Por que os falantes deveriam aumentar a frequência textual de um certo recurso "mais marcado", usado quando o falante julga que o ouvinte achará **mais difícil identificar o tópico**, ao ponto em que todos os falantes começarão a interpretar o uso de tal recurso como sendo o*

---

50. Para discussão adicional, ver o Capítulo 2.
51. Ver investigação translinguística em Givón (1976a). Em tok pisin, uma língua pidgin da Nova Guiné, esse processo é relatado como tendo ocorrido três vezes sucessivas nos últimos 100 anos (Sankoff, 1976).

"caso não marcado", isto é, codificando a situação em que o tópico é **mais fácil de identificar?**

A resposta parece ser que os falantes fazem escolhas comunicativas que não são *ideais*, mas sim uma questão de julgamento. E aqui os falantes parecem escolher a estratégia de *overkill*, isto é, "quando em dúvida, dobre os seus esforços". A alta frequência de tal escolha resulta em "desmarcação" de um padrão "marcado", daí a mudança diacrônica sumarizada em (44).

Agora, a desmarcação de construções marcadas é um dos principais aspectos da mudança sintática diacrônica, cobrindo uma grande variedade de tipos de construção.[52] A conclusão inevitável é, portanto, que o julgamento do falante — nesse caso, sua escolha em *superusar* um recurso gramatical para segurança comunicativa extra — é outra vez o fantasma vivo, não determinístico, na máquina.

1.3.3.5 Referência e definitude em hebraico

No hebraico moderno, assim como em muitas outras línguas,[53] o numeral *um* é usado para marcar substantivos indefinidos *referenciais*. Assim, considere:[54]

(46) a) *hu kaná séfer-**xad** etmól*   (REF-INDEF)
          ele comprou livro-*um* ontem
          'Ele comprou um livro ontem.'
      b) *hu lo kána (af) séfer*   (NÃO-REF)
          ele NEG comprou (nenhum) livro
          'Ele não comprou um/nenhum livro.'
      c) *ha-ishá ha-zót hi morá*   (NÃO-REF)
          a-mulher a-esta ela professora
          'Esta mulher é uma professora.'
      d) *ha-isha ha-zot hi morá-**xat** she-hikarti*   (REF-
          a-mulher a-esta ela professora-*uma* que-eu-conheci   INDEF)
          'Esta mulher é uma certa professora que eu conheci...'

---

52. Esse fenômeno é mais comum na mudança de ordenação das palavras, em que, em vez de a ordem AB mudar para BA, a avaliação da marcação das duas construções existentes AB e BA muda. Para discussão adicional, ver Givón (1977a) e Ard (1975).

53. Ver Givón (1977b). Esse sistema de marcação pode ser encontrado em todos os crioulos, turco, francês antigo, sherpa, mandarim (parcial) e muitas outras línguas.

54. Para maiores detalhes, ver Givón (1975b).

Há casos em que o substantivo é *logicamente* referencial, isto é, quando está claro que deve existir um indivíduo *específico* para que a sentença em que ele é um objeto do verbo seja verdadeira, mas, não obstante, o falante de hebraico não usará o numeral *um*, que marca obrigatoriamente os substantivos indefinidos referenciais. Assim, considere o contexto discursivo em (47) e os três finais possíveis (47a, 47b, 47c):

(47)   *axaré   she-gamárti   la-avód,   yarádti   la-xanut*
      depois que-eu-acabei de-trabalhar eu-desci para-a-loja
      ve-kaníti   séfer...
      e-eu-comprei livro
      'Depois que eu acabei de trabalhar, desci para a loja e comprei um livro...'
    a)   ... *ve-áz   haláxti habáyta.*
        e-então eu-fui casa
        '... e então eu fui para casa.' (fim da estória)
    b)   *... she-xavér-xad shel-í   himlíts   aláv.*
        que-amigo-um   de-me recomendou ele
        '... que um amigo me recomendou.'
        Ve-áz   haláxti habáyta ve-karáti otó, ve-...
        e-então eu-fui casa   e-eu-li o, e-...
        'E então eu fui para casa e o li, e...'
    c)   *... u-mihárti habáyta ve-karáti otó, ve-zé séfer metsuyán,*
        e-eu-corri casa   e-eu-li o e-este livro excelente
        beemét.
        realmente.
        '... e eu corri para casa e o li, e ele é realmente um ótimo livro.'
      [fim da estória]

De um ponto de vista estritamente lógico, o livro discutido em (47) é referencial porque tem identidade referencial única, já que se afirmou que ele foi comprado. Contudo, ele não está marcado por *um*. E a consequência disso é que o único final compatível é (47a), em que uma *identidade específica* do livro é *irrelevante* para a comunicação. Por outro lado, os finais (47b) e (47c) tornam claro que a identidade específica do livro é de fato relevante, e assim elas são inapropriadas no contexto em que *livro* não foi marcado por *um*. Logo, o que está em questão é o julgamento do falante quanto a se a identidade específica do livro era ou não uma *porção central, relevante da comunicação*. Isto é, se *livro* é alçado como um *tópico para discussão posterior* ou se sofrerá *declínio* imediato dentro da mensagem.

Por outro lado, se *livro* é modificado por *um*, como em (48) abaixo, se dá a aceitabilidade exatamente oposta dos finais, por meio do que (47a) se torna inapropriada enquanto (47b) e (47c) se tornam finais aceitáveis:

(48) *axaré she-gamárti la-avód, yerádti la-xanút ve-kanití séfer-xad...*
       depois que-eu-acabei de-trabalhar eu-desci para-a-loja e-eu-comprei livro-*um*
       'Depois que eu acabei de trabalhar, desci para a loja e comprei um livro...'

Agora, poder-se-ia argumentar que a noção "porção central-relevante da comunicação" é formalizável e, portanto, o falante "obedece a uma regra de gramática categórica", e não "faz escolhas comunicativas". Mas pode-se prosseguir e mostrar que o critério para "centralidade na mensagem" pode-se tornar cada vez mais sutil, ao ponto em que a noção de "regra" torna-se discutível. Por exemplo, se alguém usasse *jornal* em vez de *livro* em (47), haveria uma tendência marcada para não aceitar *um jornal* em (48), porque *sob circunstâncias normais* as pessoas sempre leem o mesmo jornal em seu caminho para casa, e a informação recolhida dos jornais diários é normalmente previsível, não única e frequentemente trivial. Portanto, obviamente a identidade real do jornal poderia não ser importante ou central para a comunicação — mesmo se **o que** alguém lê nos jornais fosse central e de fato se tornasse o tópico da porção seguinte do discurso. Mas essa observação e a escolha "gramatical" de não usar *um* para modificar *jornal* estão fundamentadas na suposição do *que é normativo* tanto para o falante quanto para o ouvinte. Agora suponha que o ouvinte sabe que o falante nunca lê jornais, muito menos o mesmo jornal todos os dias. Isso aumenta a *probabilidade* de que a seleção de um jornal *particular* tivesse de fato alguma importância nesse caso, e assim aumenta a aceitabilidade de se referir àquele jornal como *um jornal* em hebraico. É fácil ver, então, que seria possível continuar e construir fatores pragmáticos cada vez mais refinados, com base na escolha de *um*, e que, *em princípio*, os fatores pragmáticos dependem do *julgamento probabilístico* de "norma" e não são, portanto, uma questão de regra de gramática categórica.

1.3.4 Linguagem fora de contexto, linguagem sem línguas

Seria possível prosseguir na documentação do tipo de irresponsabilidade empírica que floresceu na linguística sob o impacto direto da gramática gerativo-

-transformacional. A única razão por que parecia possível a tantos dos praticantes que um modelo formal de competência e regras de gramática estivesse ao alcance era porque o estudo de sentenças artificiais sonhadas fora de seu contexto discursivo e privadas de função comunicativa fez parecer que a tarefa à mão era controlável e finita. A trivialização de "teoria" tornou possível, desse modo, trivializar os dados também. De fato, somente os dados mais *sanitizados* poderiam parecer compatíveis com O MODELO.

Dentro de um paradigma tão hermético, a discussão sobre "universais linguísticos" prosseguiu como um fato lógico sem qualquer tentativa séria de averiguar os fatos de línguas diferentes das do cardápio eurocêntrico padrão, predominantemente o inglês.[55] E quando o peso da desconcertante diversidade translinguística ameaçava subjugar o praticante, ele sempre poderia recorrer à abstração experimentada e verdadeira, em que se defende que as línguas são "subjacentemente" semelhantes mas "transformacionalmente" diversas. Como uma ilustração da abordagem transformacional mais antiga aos universais, considere a seguinte citação:

> Obviamente o argumento de que as línguas são altamente semelhantes em sua estrutura profunda, se verdadeiro, tem importantes implicações para a análise contrastiva de sistemas gramaticais. Porque isso significa, com efeito, que o analista contrastivo poderia concentrar a maior parte de sua atenção nas regras transformacionais das línguas que ele está comparando, investigando os modos em que essas regras operam para mudar estruturas profundas semelhantes em estruturas superficiais possivelmente diferentes [...] (Schachter, 1967).

Uma das consequências dessa abordagem abstrata aos "universais profundos", que não se manifestam em enunciados reais atestados, tem sido uma profusão de artigos sobre a tipologia da "ordenação de palavras subjacente". Nessa linha, Bach (1970) podia defender que o amárico — uma das línguas SOV mais rígidas registradas — era de fato, "subjacentemente", uma língua VSO, entre outras coisas por causa da ordenação VSO historicamente congelada dos elementos pronominais em torno do verbo. De modo semelhante, McCawley (1970) podia argumentar que o inglês — uma das muito poucas línguas SVO relativamente rígidas registradas — era de fato, "subjacentemente", uma língua VSO. Similarmente, afirmou-se, várias vezes, que o alemão era "subjacentemente" uma

---

55. A tradição apócrifa atribui a Paul Postal a observação de que "um universal da linguagem deve ser atestado em pelo menos uma língua, se possível".

língua SOV, com a sintaxe SVO — e V na segunda posição da oração principal — transformacionalmente derivada, ou alternativamente uma língua SVO — V na segunda posição — subjacentemente, com a ordenação SOV, historicamente congelada nas orações subordinadas, transformacionalmente derivadas. Dessa maneira, a tipologia sintática, em vez de ser uma questão de fato, tornou-se uma questão de economia, simplicidade e várias "provas" engenhosas. Assim, Ross (1970) poderia argumentar que a regra transformacional de *lacuna* (*gapping*) não é determinada pela ordenação superficial, mas pela ordenação subjacente, "mostrando", portanto, que a regra de lacuna é tipologicamente consistente em sua aplicação. Sanders e Thai (1972) poderiam, então, contribuir com "correções" à generalização de Ross por meio da qual uma tipologia ainda mais abstrata poderia ser alcançada.

Completamente perdidas no artifício estavam as observações originais de Greenberg (1966) sobre as hierarquias implicacionais que se dão na tipologia da ordenação de palavras e na morfotática. Tais observações são anátema a qualquer abordagem categórica da linguagem, em que universais não absolutos, isto é, "tendências", "probabilidades" e correlações estatísticas, são considerados evidência impura. Todo o campo de estudo das interdependências entre universais linguísticos foi assim excluído da investigação.

Tão prejudicial ao bem-estar empírico da linguística foi o tratamento nobre conferido ao banco de dados da mudança diacrônica. Conforme será mostrado nos Capítulos 5 e 6, a estrutura sincrônica da língua carrega as marcas indeléveis de mudança diacrônica antiga e em processo. Muitos universais linguísticos são *mediados* primeiramente via restrições sobre estados sincrônicos por si. Mas, em princípio, dados de mudança linguística são confusos, interdependentes e não categóricos, e as generalizações são frequentemente de natureza estatístico-probabilística. Logo, elas são incompatíveis com o banco de dados sanitizado, abstrato, que apoia os postulados de "competência".[56] Dada a rejeição desse banco de dados rico mas confuso, está longe de ser acidental que os poucos estudos diacrônicos de sintaxe empreendidos nesse arcabouço constringido voltaram-se para a investigação de "mudança na representação subjacente", um postulado invisível que é um artefato do critério de simplicidade do próprio formalismo. Nessa linha, Lightfoot podia prosseguir e ridicularizar seus ilustres antecessores ao observar que:

---

56. Aqui a rejeição de Saussure da relevância de evidência diacrônica para a compreensão da estrutura sincrônica da língua foi adotada, *a priori*, pela linguística gerativo-transformacional.

Assim os neogramáticos foram incapazes de fazer qualquer coisa com a mudança sintática por causa de uma deficiência em apreender o estatuto lógico de uma gramática formal, abstrata para distinguir um nível de representação distinto das estruturas superficiais, que lhes permitiria relacionar sentenças e/ou estruturas. Em outras palavras, eles não tinham teoria (gerativa) da sintaxe. As coisas parecem ser diferentes hoje: sintaticistas diacrônicos têm uma noção de uma gramática e podem ver a mudança sintática como *mudança(s) em um sistema abstrato* [...] (1976b, p. 2; ênfase acrescentada).

Sob tal análise, a irregularidade devida a um conjunto complexo de mudanças em curso pode ser defendida como sendo "distância entre a representação sintática *abstrata* e a *superficial*", embora o movimento subsequente em direção à regularização da superfície — a fase simplificatória — possa ser visto como "mudança na representação subjacente", que "a traz de volta para um reflexo mais próximo da estrutura superficial". Novamente, a nomenclatura abstrata reina tanto sobre o fato quanto sobre a explicação.

1.4 CONCLUSÃO

Tradicionalmente, os empiricistas têm sido notados pelo seu caso de amor com os dados e a meticulosidade em obtê-los, enquanto permanecem indiferentes à teoria e à explicação. Por outro lado, os racionalistas são conhecidos por seus construtos teóricos e explicações arrojados e complexos, sendo frequentemente ingênuos ou totalmente superficiais em sua abordagem à coleta de dados. Desse modo, o conceito de Skinner de "estímulo-resposta" é tão *teoricamente vago* quanto a descrição de Descartes de animais como autômatos *empiricamente irresponsáveis*. A coisa curiosa sobre a gramática gerativo-transformacional é que ela de alguma forma teve sucesso em combinar os piores aspectos metodológicos de duas escolas tradicionais da epistemologia ocidental: a vacuidade teórica do empiricismo e a irresponsabilidade empírica do racionalismo. Tal síntese, para mim, não tem precedentes nos anais da ciência. Caso se concorde com a visão de Chomsky do papel central que o estudo da linguagem deve desempenhar na elucidação da natureza da cognição humana e do comportamento humano — de fato, na construção de uma Teoria do Homem —, então deve-se rejeitar a gramática gerativo-transformacional como uma pseudoteoria e uma metodologia inútil, e daí começar de novo.

NOTA RETROSPECTIVA DO AUTOR (JUNHO DE 2004)

Embora depois de 25 anos eu pense que a maior parte do que disse neste capítulo ainda se mantém, o tratamento da Filosofia da Ciência dado acima foi um tanto superficial e lamentavelmente incompleto. Refiro-me, em particular, à discussão menos do que indulgente do papel da dedução, indução e abdução no processo da ciência empírica. Mas, em particular, a uma avaliação exagerada do peso relativo da inferência hipotética-abdutiva, à custa das suas irmãs dedutiva e indutiva. Uma avaliação mais razoável do equilíbrio entre as três pode ser encontrada em dois dos meus livros subsequentes sobre a pragmática: (i) *Mind, Code and Context*, Hillsdale, NJ: Erlbaum, 1989, cap. 8; e (ii) *Context as Other Minds*, Amsterdam: J. Benjamins, 2005, cap. 7.

2 Gramática e função
Por uma definição discursiva de sintaxe

2.1 INTRODUÇÃO[1]

Dos *insights* introduzidos no estudo da sintaxe por Harris (1957) e Chomsky (1957), nenhum se sobressai de modo mais brilhante do que a noção de relação transformacional, ou seja, a visão da estrutura sintática da maioria dos tipos de sentença como uma *variante* ou *função* da estrutura de algum tipo mais básico (central). Apesar de ter sofrido ao longo dos anos um grande número de modificações formais, o *insight* inicial permaneceu como um ingrediente central implícito — de vários modos mais ou menos transparentes — da maior parte das abordagens contemporâneas ao estudo da sintaxe. Outro *insight*, também fundamental, contudo muitas vezes mais tacitamente assumido do que explicitamente discutido, sempre acompanhou a noção de relação transformacional. Ele diz respeito ao *status* privilegiado de um tipo de sentença — a oração principal, declarativa, afirmativa, ativa — como o padrão "básico", "neutro", com referência à qual todos os outros tipos sintáticos podem ser descritos. Já que esse *insight* raramente foi desafiado, se é que o foi, e já que, de um modo ou de outro, ele foi compartilhado durante milênios por filólogos, filósofos e gramáticos, talvez seja o caso de se investigarem as razões que estão por trás de sua imensa durabilidade.

Os poucos argumentos explícitos usados no passado — na maioria dos casos, o passado mais recente — para se justificar o estatuto privilegiado da oração principal, declarativa, afirmativa, ativa, têm sido, sem exceção, de natureza formal e intrassistêmica. Eles podem ser divididos nos seguintes tipos, pretensamente exaustivos:

---

1. Estou em débito com Paul Schachter, Ed Keenan, Robert Hetzron, Dwight Bolinger e Harry Whitaker pelas sugestões e pelos comentários, referentes às primeiras versões deste capítulo.

1. *O argumento da Integralidade*. Com base em um objetivo teoricamente neutro para a descrição sintática,[2] que procure dar conta do *inventário de elementos significativos* em uma língua e suas distribuições, pode-se observar que a maior liberdade e variedade de elementos significativos ocorre na oração principal, declarativa, afirmativa, ativa. Isso é verdadeiro no que se refere tanto aos itens lexicais quanto às construções sintáticas. Por outro lado, a distribuição dos elementos significativos — itens lexicais e construções sintáticas — em todos os outros tipos de sentença/oração é sempre mais restrita.[3] O cerne do argumento da Integralidade é o seguinte: dado o objetivo preliminar, formalmente neutro articulado acima, seria inútil atribuir a qualquer outro tipo sintático, exceto à oração principal, declarativa, afirmativa, ativa, o estatuto de ponto de referência na descrição sintática. Tal prática resultaria inevitavelmente em um grande número de elementos significativos — tanto itens lexicais quanto tipos de construções — fora do campo de explicação.

2. *O argumento da Dependência*.[4] O argumento da Dependência envolve a afirmação de que dadas as variantes sintáticas B, C, D e o padrão neutro A, pode-se demonstrar que a estrutura de B, C, D é uma função da estrutura de A, mas não vice-versa. Tal argumento *per se* é falacioso e por razões que são fáceis de se perceber. Se, de fato, é verdade que $B = F^b(A)$, $C = F^c(A)$ e $D = F^d(A)$ e se as funções F^b, F^c e F^d são totalmente formalizadas, então é matematicamente possível definir — em princípio com o mesmo grau de facilidade — a estrutura de A como *contrafunção* das três apresentadas acima, ou seja, $1/F^b$, $1/F^c$, ou $1/F^d$, respectivamente.[5] Entretanto, o argumento da Dependência não está completamente perdido e pode ser reformulado como se segue: Se F^b, F^c e F^d podem mostrar ser funções mais simples do que suas correspondentes *contrafunções* $1/F^b$, $1/F^c$ e $1/F^d$ (respectivamente), então A, de fato, é selecionado como o ponto de

---

2. Em princípio, nenhum objetivo é *teoricamente neutro*, portanto *formalmente neutro* é provavelmente um termo mais realista. Esse objetivo particular, dentro da abordagem teórica que estou delineando aqui, é apenas um passo preliminar — embora necessário — na investigação.

3. Como vou mostrar mais adiante, a generalização inversa também é verdadeira, isto é, que a liberdade de distribuição da oração principal, declarativa, afirmativa, ativa dentro da gramática (*i.e.* como encaixada em outros tipos de orações) assim como no texto é também grande. Todos esses fatos distribucionais podem ser explicados com base na função dos vários tipos de oração na comunicação, ou seja, no discurso.

4. Por esse argumento, tanto quanto por discussões posteriores, estou em débito com Ed Keenan (comunicação pessoal).

5. Traduzindo em palavras de linguística corrente, "se você pode escrever uma transformação formal de A para B, você tem de ser capaz de escrever de B para A".

referência neutro. Em outras palavras, na medida em que o argumento da Dependência tem alguma utilidade, ele não é independente de questões de complexidade ou economia.

3. *O argumento da Economia*. Subjacente ao argumento da Economia, em qualquer investigação científica, está a suposição tácita de que *na ausência de qualquer base empírica* para escolher entre dois formalismos alternativos (modelos) que descrevem os dados de um modo igualmente exaustivo, o modelo matematicamente menos complexo é o preferido. O leitor rapidamente reconhecerá esse argumento como uma metade da regra de ouro do senso comum do princípio da *rationis sufficientis* (ver Seção 1.2.2). É, portanto, um argumento obviamente válido, desde que não seja promovido ao estatuto de primitivo teórico.[6]

4. *O argumento da Estrutura Marcada*. O argumento da Estrutura Marcada, que tem relevância particular para a linguística, é em essência uma reflexão que combina os argumentos da *Dependência* (2) e da *Economia* (3), apresentados anteriormente. Mesmo estando sujeito a um grande número de contraexemplos potenciais, esse princípio possui um apelo intuitivo considerável, realmente sedutor, na medida em que as estruturas sintática e morfológica da língua são levadas em consideração. O argumento pode ser construído formalmente do seguinte modo: levando em conta dois padrões sintáticos variantes[7] A e B e seu caráter relativamente "básico", se se descobre que todos os componentes de A são encontrados em B, mas, além disso, outro elemento, C, é também um componente de B mas não de A, e, portanto, se se considera C como o elemento que *marca* B como sendo distinto de A, então é justificado considerar A o tipo básico, neutro, não marcado, e B, o tipo marcado. Embora o apelo intuitivo desse argumento seja bastante transparente, para qualquer estudante de línguas naturais deve-se apontar algumas armadilhas associadas a ele.[8] Para começar, observe que se o *argumento da Integralidade* (1) e o *argumento da Estrutura Marcada* (4) são tomados em seu sentido puramente formal, eles fornecem resultados *mutuamente contra-*

---

6. Com isso registrado, pode-se também observar que é muito natural, em qualquer ciência, esquecer que a advertência "na ausência de qualquer base empírica" também incentiva o profissional a procurar razões substantivas para a preferência de um modelo formal em relação a outro, ou seja, por mais dados. Como sugeri no Capítulo 1, essa tendência natural é evidente na linguística atual.

7. Ou seja, na terminologia predominante, dois tipos transformacionalmente relacionados.

8. É razoavelmente claro que essas armadilhas provavelmente não desaparecerão, independentemente de qualquer argumentação formal. Embora esse estado de coisas seja lamentável, ele, entretanto, deixa a porta aberta para uma eventual resolução em termos mais substantivos. Mas o mínimo que se pode fazer, nesta altura, é tornar as dificuldades explícitas.

ditórios. Ou seja, o argumento (1) prediz que, potencialmente, podem aparecer mais elementos significativos no tipo sentencial neutro do que nos tipos variantes. Por outro lado, o argumento (4) prediz que alguns marcadores gramaticais não aparecerão no tipo sentencial neutro, mas apenas nos tipos variantes. O que está em questão, acredito, é a necessidade de um critério (ou conjunto de critérios) seguro pelo qual se possa diferenciar "elementos significativos" — cuja distribuição é maior no tipo sentencial neutro — de "marcadores gramaticais" — cuja distribuição é maior nos tipos variantes. O leitor observador já deve ter detectado um tema familiar, a saber, a distinção tradicional entre *itens lexicais* e *morfologia gramatical* (ou *flexional*).[9] Em um certo sentido, tal reconhecimento torna a dificuldade um pouco mais tolerável, já que, através de um grande número de critérios — a maioria dos quais de natureza *substantiva* e relativos a uma variedade de áreas e propriedades das línguas (morfologia, fonologia no nível da palavra, suprassegmentais, sintaxe, semântica, pragmática funcional, desenvolvimento diacrônico) —, é, de fato, possível especificar a diferença entre morfemas lexicais e gramaticais.[10] A dificuldade é, portanto, resolvível em grande parte, uma vez que se deseja estender a discussão para além do nível puramente formal.

Uma aparente dificuldade ainda remanescente está no fato de que o argumento da Integralidade (1) também registra a liberdade de distribuição de *tipos de construções*, ou seja, o encaixamento de um tipo de sentença em outro. Isso acaba tornando-se uma aparente dificuldade, porque, ao se julgar a complexidade de qualquer tipo de sentença *per se*, precisa-se deixar de considerar os exemplos — todos *opcionais* no sentido usado na literatura transformacional — nos quais outra sentença é encaixada dentro do tipo de sentença em discussão. Em outras palavras, apenas componentes que são obrigatórios e *necessários* para a estrutura variante marcada ou não marcada serão considerados como um critério para o propósito de aplicar o argumento da Estrutura Marcada.[11]

Um problema mais sério com o argumento da Estrutura Marcada está no fato de que dos três tipos de pistas usadas em sintaxe, *morfemas*, *entonação* e *ordenação vocabular*, apenas o primeiro pode ser claramente submetido ao cri-

---

9. No momento, adianto-me considerando o fato de que o argumento da Integralidade (1) envolve não apenas itens lexicais, mas também tipos de construção (ver mais adiante).

10. Mais diferenças formais entre os dois são também concebíveis; ver algumas discussões em Givón (1972a, Capítulo 2).

11. Em uma vertente mais substantiva, pode-se acrescentar que sentenças não são usadas para marcar a função de outras sentenças (ou de subpartes menores de sentenças), enquanto morfemas gramaticais o são. Sentenças são usadas para estruturar ("carregar", "comunicar") elementos significativos.

tério rígido do argumento de Estrutura Marcada. É um pouco difícil justificar "complexidade de entonação", embora, com o auxílio de outros critérios mais substantivos, presumivelmente isso possa ser feito. E, se dois tipos de construção diferem entre si somente em termos de ordenação vocabular, é difícil de se descobrir por quais argumentos puramente formais pode-se demonstrar que a ordem AB é menos marcada do que a ordem BA.

Isso não significa que os argumentos (1) - (4) não são úteis. Eles de fato possuem um mérito heurístico considerável em seu campo de atuação. Entretanto, já que são puramente formais e de caráter sistêmico interno, eles em nada contribuem para explicar *por que* a sintaxe das línguas humanas é do jeito que é. Em uma abordagem para a qual a formalização dos fatos linguísticos é apenas um *prelúdio* para a explicação, precisa-se buscar critérios mais substantivos para sustentar o estatuto privilegiado na sintaxe da oração declarativa, afirmativa, ativa. Espero demonstrar que tais critérios irão fornecer, por sua vez, uma explicação de propriedades aparentemente formais da sintaxe que faz referência ao uso da linguagem na comunicação humana. Os critérios que pretendo resumidamente apresentar envolvem a noção de *pressuposição discursiva*, ou seja, *o grau de* background *pressuposicional* no qual a sentença é usada. Com respeito a esse critério, espero demonstrar que — com uma exceção[12] — a sentença principal, declarativa, afirmativa, ativa apresenta a complexidade pressuposicional **mais baixa** no discurso, quando comparada a todos os outros tipos. Em vários exemplos, o grau de complexidade pressuposicional se reduz a um caso especial: que grau de dificuldade o falante acha que o ouvinte terá em atribuir uma única referência para um argumento ("participante", "sintagma nominal") no discurso.

Uma vez que todas as variantes sintáticas são indicadas com o seu grau de pressuposicionalidade, vou mostrar várias propriedades formais dessas variantes em relação ao esse quesito:

1. Variantes mais pressuposicionais exibem maior *complexidade sintática*[13] em relação ao padrão neutro (o argumento da Estrutura Marcada (4)).

---

12. A exceção envolve construções existenciais-apresentativas e serão discutidas em detalhe mais adiante.

13. Mesmo com a discussão referente à noção precedente de argumento da Estrutura Marcada, permanece um certo grau de *relatividade* em definir variantes mais "complexas". Ou seja, em alguns casos, elas podem ser mais complexas em relação à rotina neutra usada ao processar o tipo de sentença mais frequente e "normal" (ver discussão adicional no Capítulo 4).

2. Variantes mais pressuposicionais apresentam *restrições distribucionais* maiores do que o padrão neutro (o argumento da Integralidade (1)).
3. Variantes mais pressuposicionais são *gramaticalizadas mais tarde* pelas crianças, de modo que ao menos sua *sintaxe* é adquirida mais tarde[14] do que a das variantes menos pressuposicionais.
4. Todas as outras coisas sendo iguais, variantes mais pressuposicionais frequentemente tendem a exibir maior *conservadorismo sintático*, mais comumente na área da mudança de ordenação.

Com respeito a todas essas propriedades, tentarei delinear por que se deve esperar que elas estejam correlacionadas à pressuposicionalidade discursiva da construção sintática. Ao fazer isso, apontarei por que a sintaxe *não pode* ser explicada ou compreendida sem referência ao seu uso na comunicação. As propriedades formais ou "estruturais" da sintaxe serão portanto demonstradas, em grande medida,[15] como emanando das propriedades do discurso humano. Finalmente, também ilustrarei que, ao menos em alguns casos bem definidos, uma propriedade *estatística* dos textos desempenha um papel na explicação de propriedades formais da sintaxe.

5. A oração principal, ativa, declarativa, afirmativa, neutra e menos pressuposicional é também a *mais frequente* no discurso.[16]

Demonstrarei que essa observação é absolutamente crucial para nossa compreensão do uso da língua na comunicação, e que a rejeição de Chomsky à relevância de considerações estatísticas ao estudo da linguagem é injustificada.[17]

---

14. Como argumentarei mais adiante (mas ver também Capítulo 5), a aquisição de função *pragmática* ou comunicativa relevante é um processo mais inicial, e apenas mais tarde a criança "sintatiza" seu sistema comunicativo, condensando discurso e pragmática nos dos padrões rígidos, "estruturais", da sintaxe.

15. Como será demonstrado no Capítulo 5, é provável que um certo "resíduo" de sintaxe permaneça, mas mesmo esse resíduo pode ser explicado por referência a alguns traços do sistema comunicativo humano.

16. As exceções óbvias aqui seriam os tipos de discurso especializados, como os codicilos legais, a poesia exortatória ou as orações religiosas. Mas é razoável supor que a linguagem humana não evoluiu com esses tipos de discurso desempenhando o papel mais central na comunicação.

17. "A despeito do inegável interesse e importância dos estudos semânticos e estatísticos da linguagem, eles parecem não ter relevância para o problema de determinar e caracterizar o conjunto de enunciados gramaticais [...]" (Chomky, 1957, p. 17). Tal exclusão só é possível se os objetivos da pesquisa são definidos da maneira mais estreita e não explanatória.

2.2 AS PRESSUPOSIÇÕES DISCURSIVAS DAS CONSTRUÇÕES SINTÁTICAS

Sem mencionar os argumentos relevantes, o tratamento da pressuposição adotado aqui é informal e não segue a distinção de Keenan (1971) entre pressuposição "lógica" e "pragmática", mas segue Karttunen (1974), ao assumir que **todo** fenômeno pressuposicional nas línguas naturais é *pragmático*, ou seja, definido em termos de hipóteses que o falante assume sobre o que o ouvinte provavelmente aceita sem problemas.[18] Pode-se, portanto, estabelecer uma distinção entre o *background* (pressuposicional) para um enunciado e a *afirmação* que o falante está fazendo.[19] O fenômeno da pressuposicionalidade (*"background"*, "topicalidade") nas línguas naturais é muito mais complexo do que na lógica. Portanto, por exemplo, vou considerar vários fenômenos que vêm sob o rótulo lógico de *descrição definida*, como definitização, pronominalização e mudança de tópico, como pressuposicionais, embora, *per se*, eles não envolvam as hipóteses do falante acerca da *crença* do ouvinte a respeito da verdade ou da falsidade da proposição. Ao contrário, eles envolvem as hipóteses que o falante assume acerca da *habilidade* do ouvinte de identificar singularmente ("estabelecer uma referência única para") um argumento-referência.

As variantes sintáticas a serem discutidas aqui constituem um conjunto de categorias:

1. *Construções estritamente pressuposicionais*. Orações relativas, clivadas, pseudoclivadas e perguntas QU-. Essas não precisam ser discutidas aqui, já que sua natureza pressuposicional tem sido discutida extensivamente na literatura.[20]
2. *Oração encaixada*. Essa deve ser contrastada com a oração principal neutra.

---

18. Portanto, aquilo a que Edward Kennan (1971) se refere como pressuposição "lógica" pode ser apenas um caso restrito e especializado de pressuposição "pragmática" (cf. Karttunen, 1974).

19. "Afirmação" é obviamente relevante para a sentença declarativa. Além disso, é fácil demonstrar que o *background* para um enunciado linguístico não pode ser finitamente especificado, já que inclui todo o conhecimento de fundo na mente do ouvinte. É óbvio, entretanto, que os falantes de fato distinguem, de um modo rusticamente heurístico, entre os traços do *background* pressuposicional que são "mais relevantes" para um enunciado particular em um dado contexto, e aqueles que estão "mais *remotamente* no *background*".

20. Para maiores discussões, ver Takizala (1976) e Schachter (1973).

3. *Outros atos de fala*. Imperativo, Interrogativo e Negativo.[21] Os dois primeiros devem ser contrastados com o declarativo neutro e o último, com o afirmativo neutro.
4. *Construções envolvendo graus de definitude-topicalidade dos argumentos*. Acusativo-Definido, Mudança de Tópico, Passiva, Pronomes Anafóricos, Apresentativos-Existenciais. Esses serão contrastados com o padrão ativo neutro, cujo sujeito é definido e o objeto acusativo, indefinido.

2.2.1 Definitude e o padrão menos marcado

Seguindo Keenan (1976a), vou assumir, aqui, que o sujeito do tipo neutro de sentença é *definido*, e não indefinido. Claramente isso coloca uma construção mais pressuposicional, mais do que um tipo menos pressuposicional, na posição privilegiada de ponto de referência para a sintaxe. Vou retomar a motivação referente a essa escolha mais abaixo, quando discutir o estatuto da construção existencial-apresentativa. Neste ponto, simplesmente gostaria de ilustrar que a decisão, assim como a discussão de Keenan (1976a), são motivadas por propriedades *estatísticas* do discurso humano. Ou seja, na linguagem humana *contextualizada*, o sujeito é *esmagadoramente* definido, e os dados na Tabela 2.1 ilustram esse fato.

Como argumentarei mais adiante,[22] tanto a distribuição estatística de qualquer língua específica quanto a evidência translinguística citada em Keenan (1976a) e em Givón (1976a) sustentam fortemente a decisão de selecionar sentenças de padrão neutro com sujeitos *definidos* como ponto de referência ou tipo "não marcado" em sintaxe. A situação é muito mais problemática, entretanto, quando se considera o estatuto de definitude dos objetos diretos-acusativos.[23] Como pode ser visto na Tabela 2.1, objetos diretos são aproximadamente 50% indefinidos e 50% definidos nos textos, o que significa que uma decisão baseada na frequência

---

21. No Capítulo 3, mostrarei que há base para se considerar a sentença declarativa-*negativa* como um ato de fala diferente, quando comparada com sua correspondente afirmativa. Mas, como negativas se transclassificam com outros atos de fala (enquanto as outras — declarativa, imperativa, interrogativa — raramente se transclassificam entre elas), estamos obviamente lidando com um caso especial, "mais sutil".
22. Mas ver também Seção 1.3.2.1.
23. Objetos indiretos e/ou locativos, os outros únicos tipos principais de objetos normalmente envolvidos na subcategorização do verbo, não serão discutidos neste ponto. A média de definitude para esses tipos de objetos no texto é de aproximadamente 95% para dativos e 80% para locativos.

TABELA 2.1
Sujeitos definidos e objetos em orações declarativas-afirmativas-ativas

	Sujeito				Objeto direto			
	Definido		Indefinido		Definido		Indefinido	
Tipo de discurso[a]	N°	Percentagem	N°	Percentagem	N°	Percentagem	N°	Percentagem
Não-ficção	43	87	6	13	24	48	25	52
Ficção	160	90	17	10	123	64	68	36
Notícias	36	80	9	20	15	33	30	67
Esportes	63	98	1	2	31	48	33	52
Total	302	91	33	9	193	56	156	44

[a] As contagens foram feitas nos seguintes textos: Não-ficção — Chomsky (1973, p. 3-12); Ficção — L'Amour (1965, p. 1-25); Notícias — *The Los Angeles Times*, primeira página, 1/9/1974; Esportes — *Los Angeles Times*, primeira página, 1/9/74. Todos são textos narrativos, e concordo com Longacre (1979) e Hinds (1979) em considerar a narrativa como o tipo de discurso mais básico. Um codicilo legal, por exemplo, apresentará uma percentagem muito mais alta de sujeitos indefinidos.

textual é, por si, impossível. Note-se, entretanto, que os 50% indefinidos constituem a *massa* dos nomes indefinidos no texto, ou seja, do total de 189 nomes indefinidos em posição de sujeito e de objeto direto nos textos analisados, 156 ou 82% são encontrados na posição de objeto direto. A posição de objeto direto ou acusativo é, portanto, a principal avenida *para se introduzir novos argumentos referenciais*[24] no discurso, pelo menos em inglês. Se isso é argumento suficiente para se escolher sentenças com objetos acusativos *indefinidos* em vez daquelas com objeto acusativo definido como o padrão neutro em sintaxe, permanece uma questão aberta. O número de línguas nas quais o padrão sintático das orações com acusativos definidos é diferente daquelas com acusativo indefinido não é grande, mas várias possibilidades tipológicas existem, e em todas elas deve-se resolver esse dilema de se assumir um padrão ao invés do outro como "mais básico". Em termos de grau de pressuposicionalidade, entretanto, sentenças com acusativos indefinidos são obviamente *menos marcadas* do que as com acusativo definido, pelo menos em relação ao grau em que o falante pressupõe que o ouvinte sabe a

---

24. Dos outros tipos de objetos, dativos e locativos apresentam alta definitude nos textos, instrumentais não foram contados e advérbios de modo são não referenciais.

identidade do referente.[25] (Na Tabela 2.2, mostro que o grau de definitude do objeto direto não tem efeito sobre o grau de definitude do sujeito). Finalmente, a Tabela 2.3 ilustra o fato de que objetos dativos-benefactivos alcançam índices mais altos em termos de definitude em textos em língua inglesa do que sujeitos, e que locativos objetos, embora preponderantemente não humanos, também alcançam índices um tanto altos em termos de definitude.[26]

2.2.2 Orações encaixadas

Um tipo de oração encaixada — a saber, a oração relativa — não precisa ser discutida aqui, já que sua pressuposicionalidade tem sido extensivamente discutida (ver nota 20). O leitor pode voltar à discussão da Seção 1.2.3.10, em que as restrições de Edmond (1970) são tratadas. A literatura, em particular Hooper e Thompson (1973) e Bolinger (1979), deixa bastante claro que, em geral, fenômenos de oração principal aparecem em orações encaixadas quando essas orações encaixadas são parte ou a maior parte da afirmação. Por outro lado, quando orações encaixadas são pressupostas, e não declaradas, elas *não* exibem fenômenos de oração principal. Portanto, ao invés de contradizer a alegação de que as orações principais são, em geral, o local do material declarado ("são menos pressuposicionais") e deveriam ser consideradas o ponto de referência em sintaxe, a existência de orações encaixadas não pressuposicionais realmente *confirma* a regra geral. Isso se dá porque, em termos de suas propriedades com-

---

25. Aqui, entretanto, o critério geral permanece um problema. Em Givón (1975c), sugeri que existe evidência de que em geral (em termos de frequência textual) as línguas humanas empregam uma estratégia comunicativa pela qual existe apenas *uma pequena porção de informação nova por proposição* no discurso (definida, experimentalmente, em termos de palavras lexicais). Essa observação não necessariamente torna óbvia a força do argumento acima, já que "uma pequena porção" pode incluir todo o SV, apenas o complemento do V, ou apenas o sujeito (como em foco clivado). Aqui apenas quero mostrar que não há correlação automática entre "definido" e "informação velha".

26. A proporção de alta definitude dos dativos benefactivos é previsível a partir do fato de que eles são predominantemente humanos, que humanos tendem a fazer dos humanos os tópicos de suas conversações e que tópicos são definidos (ver discussão geral em Givón, 1976a, e contagens instrutivas de textos do russo em Greenberg, 1974). A proporção de alta definitude dos locativos é de início surpreendente, já que eles são predominantemente não humanos (ver Greenberg, 1974). Entretanto, eles são frequentemente introduzidos no discurso *relacionalmente*. Ou seja, uma vez que o local geral (*casa*) ou propriedade são estabelecidos, sublocais (*a cozinha, a sala de estar*) são automaticamente definidos, pois são únicos. Para contagens em textos e discussões, ver Linde (1974), e Linde e Labov (1975).

TABELA 2.2
Correlação entre a definitude de objetos diretos e sujeitos

	\multicolumn{4}{c}{Objeto definido}				\multicolumn{4}{c}{Objeto indefinido}			
	Sujeito Definido		Sujeito Indefinido		Sujeito Definido		Sujeito Indefinido	
Tipo de discurso[a]	N°	Percentagem	N°	Percentagem	N°	Percentagem	N°	Percentagem
Ficção[a]	32	100	—	—	73	100	—	—
Notícias[b]	24	86	4	14	20	95	1	5
Total	56	94	4	6	93	98	1	2

[a] O texto de ficção analisado é Blatty (1971, p. 3-16).
[b] As notícias observadas foram retiradas de três histórias combinadas de The Los Angeles Times (Seção VII, 5 de dezembro de 1974).

portamentais e sintáticas, orações não principais declaradas passam a se comportar como orações principais.

2.2.3 Atos de fala não-declarativos

Nesta seção vou desenvolver o argumento segundo o qual os atos de fala não declarativos deveriam ser vistos como mais pressuposicionais do que os declarativos. Dos tipos de construção aqui em discussão, as perguntas QU- não serão levadas em conta, porque o seu estatuto pressuposicional já foi estabelecido (ver nota 20). O estatuto das negativas será apresentado apenas brevemente aqui, já que esse tema constitui o tópico de todo o Capítulo 3, em que a evidência é discutida em detalhe.

Imperativos e perguntas constituem ato de fala *manipulativo*, se comparados às declarativas, que não são. Ou seja, enquanto as declarativas pressupõem a concordância *passiva* do ouvinte em ouvir, atos de fala manipulativos têm de envolver também a avaliação do falante de seu *direito para manipular*, com todos os fatores de escala social que estão envolvidos. Além disso, o falante tem também de avaliar (ou "ter pressuposições sobre") a *possibilidade da complacência do ouvinte*, ou *a possibilidade de que o ouvinte possa agir de acordo com a sua*

TABELA 2.3
Grau de definitude de objetos dativos e locativos

	Objetos locativos				Objetos dativos			
	Definido		Indefinido		Definido		Indefinido	
Texto[a]	N°	Percentagem	N°	Percentagem	N°	Percentagem	N°	Percentagem
WE	102	85	19	15	76	98	1	2
HA	97	83	20	17	36	95	1	5

[a] Os textos contados são Wells (1975, p.1-29) e Haycox (1975, p. 5-11).

própria vontade e, portanto, não necessitar ser manipulado. Além disso, é fácil demonstrar que as pressuposições que o falante faz acerca do *estado do mundo* anteriormente à manipulação são mais amplas do que aquelas que ele faz antes de proferir uma sentença declarativa bem-sucedida. Todas essas exigências podem ser encontradas em uma versão mais formal em Gordon e Lakoff (1971)[27] sob o rótulo de *postulados conversacionais*. Sem recorrer ao mesmo grau de formalidade de Gordon e Lakoff (1971), deixe-me ilustrar brevemente essas exigências com três atos de fala baseados na mesma proposição "subjacente".

(1)   a)   *Joe went home.*   (DECL.)
            'Joe foi para casa.'
      b)   *Go home (, Joe)!*   (IMP.)
            'Vá para casa (, Joe)!'
      c)   *Did Joe go home?*   (PERGUNTA DO TIPO SIM-NÃO)
            'Joe foi para casa?'

Todos os três atos de fala compartilham as pressuposições associadas aos itens lexicais envolvidos (*go*, *home*), assim como ao nome próprio *Joe*. É convencional dizer que no ato de fala declarativo o falante pressupõe (a) que ele mesmo sabe a verdade e a está transmitindo com sinceridade; (b) que o ouvinte precisa ser informado; e (c) que o ouvinte está querendo escutar e, presumivelmente, aprender. A condição (a) pode ser equivalente à condição de *sinceridade* e ser reformulada como: "o falante é *sincero* ao realizar seu ato de fala". Mas essa

---

27. O foco do argumento lá, é claro, não é o mesmo.

condição é *igualmente* verdadeira para ordens e perguntas. Em seguida, a condição (b) pode ser apresentada como estando presente — mesmo um tanto trivialmente — em ordens e perguntas também. Ou seja, como ambos são atos de fala, eles são usados para informar ao ouvinte — que presumivelmente não poderia saber isso de outro modo — que o falante está ordenando ou perguntando. No mesmo sentido, a condição (c) deve também estar presente nos dois atos de fala manipulativos. Embora seja verdade que o *papel comunicativo* dessas três condições é mais periférico em manipulações do que em declarações, ou seja, que elas não são centrais para o *intento* do ato de fala,[28] pode-se, por outro lado, observar que todos os atos de fala — sendo atos *de fala* — abrangem os postulados conversacionais da declaração.[29] Com isso em mente, pode-se perceber como os postulados conversacionais associados a ordens e perguntas constituem acréscimos àqueles associados à declaração. Portanto, informalmente, o enunciador de (1b) pressupõe que:

(2) a) Joe não está em casa no momento da ordem.
     b) Joe é capaz de ir para casa, ou seja, ele não está incapacitado, ele tem *controle* sobre suas ações.
     c) O falante é habilitado (por algum critério de *status* social) para ordenar que Joe vá para casa.
     d) Joe está um tanto relutante e pode não ir para casa sem ser incitado.

Similarmente, o falante pressupõe enquanto está enunciando (1c) que:

(3) a) Ele mesmo não sabe *ao certo* se Joe está ou não em casa.
     b) O ouvinte sabe a resposta.
     c) O ouvinte não vai apresentar a informação voluntariamente por si mesmo, mas...
     d) O ouvinte, entretanto, não está completamente antagônico em relação a dar a resposta, se perguntado.
     e) O *status* social é tal que o falante não se sente habilitado a exercer uma pressão manipulativa mais forte sobre o falante, mas...
     f) Por outro lado, o *status* social é tal que o falante é habilitado a fazer, pelo menos, um pedido polido ao ouvinte.

---

28. Eles são obviamente mais centrais em declarações, em que o que o falante tem a dizer ao ouvinte é o aspecto mais central da transação.

29. Em termos transformacionais, pode-se dizer que os atos de fala manipulativos estão "encaixados em uma declaração".

Embora essas caracterizações sejam informais, acredito que elas sustentam o ponto principal, isto é, que pressuposições ("postulados") relacionadas a atos de fala muito mais complexos estão envolvidas quando atos de fala manipulativos são realizados.

Além disso, Bolinger (1975) demonstrou que perguntas do tipo sim-não não são inteiramente neutras no que diz respeito à pressuposição da verdade da proposição afirmativa ou negativa que é o cerne da pergunta. Ao contrário, o falante já está *um tanto inclinado* para a afirmativa ou para a negativa. Essa "inclinação", creio, pode ser legitimamente caracterizada como uma "pressuposição de fundo para o discurso".[30] Para resumir, então, está razoavelmente claro que ordens e perguntas são pressuposicionalmente mais complexas, mais marcadas do que as declarações.

Pode-se observar ainda que, em narrativas, atos de fala manipulativos são superados numericamente, com uma margem bastante grande, por sentenças declarativas. Voltarei a discutir a significância dessa observação[31] no Capítulo 7, no contexto da discussão acerca do desenvolvimento filogenético do discurso humano. Se esse realmente é o caso, então obviamente seria improdutivo designar os tipos muito mais raros como ponto de referência para a sintaxe; ou seja, quando se é sério ao atribuir alguma validade *psicológica* a esse ponto de referência.

2.2.4 Topicalidade e recuperabilidade do tópico

Nesta subseção, discutirei uma variante mais sutil da marcação pressuposicional, envolvendo as pressuposições que o falante possui acerca da habilidade

---

30. Filósofos e lógicos podem horrorizar-se com qualquer tentativa de caracterizar o compromisso do falante em relação à verdade de uma proposição como "semipressuposição". Mas há muita evidência que sugere que a noção de pressuposição relevante para a linguagem humana não é sempre uma questão categorial de escolha entre verdadeiro e falso. Frequentemente é uma questão de *grau* de compromisso em acreditar, mais provavelmente um número *probabilístico* atribuído a proposições. Isso, na realidade, provém da definição pragmática de pressuposição em termos das crenças do falante (Karttunen, 1974), fortificada pela observação do senso comum de que os humanos podem ter mais de dois pontos na sua escala de crenças. Seu comprometimento pode ser, portanto, quantificado através de um *continuum*. Para algumas evidências em línguas específicas da existência desse *continuum*, ver Givón e Kimenyi (1974).

31. Estou novamente assumindo que textos narrativos são mais básicos no discurso humano. Tipos especiais de textos podem ter percentagens totalmente diferentes de atos de fala manipulativos *versus* declarativos. Portanto, sinais de tráfego e codicilos legais podem ter uma alta proporção de imperativos, ao passo que exames podem ter alta proporção de interrogativas. Além disso, pode muito bem ocorrer que o comportamento comunicativo de crianças muito novas — antes e bem no início do estágio de uma palavra — tenha uma porcentagem mais alta de atos manipulativos do que de declarativos e, aqui, a ontogênese pode também refletir a filogênese (ver Capítulo 7).

do ouvinte de identificar a referência dos argumentos. O assunto é complexo e requer discussões paralelas referentes a vários processos que normalmente não são discutidos sob a mesma rubrica.

1. Definitização e pronomes anafóricos.
2. Mudança de tópico.
3. Passivização.

Além disso, a complexidade é acentuada pelo fato de que pelo menos duas funções comunicativas distintas estão envolvidas aqui.

(i) Para argumentos que já apareceram no contexto relevante: o *grau de dificuldade* em designar sua referência correta quando ocorre *reintrodução* no discurso.
(ii) A diferença geral entre um argumento "conhecido" ("definido") e um argumento introduzido pela primeira vez ("indefinido").

Pode-se demonstrar que ambas as funções têm um comportamento sobre a "pressuposicionalidade do discurso" como um todo, de um tipo de oração, ainda que de diferentes maneiras. No que diz respeito a (i), pode-se dizer que um mecanismo sintático será considerado *mais marcado* ("mais pressuposicional"), em termos das suas pressuposições discursivas, se ele é usado em situações em que o falante assume que o ouvinte terá *mais dificuldade* em identificar o referente. No que diz respeito a (ii), pode-se dizer que um argumento indefinido será considerado *menos marcado* no discurso do que um argumento definido. Pode-se, além disso, notar aqui que é possível argumentar que os dois tipos de marcação discursiva (i) e (ii) não são independentes um do outro. Isso pode se dar porque indefinidos, introduzidos pela primeira vez no discurso, não requerem nenhuma suposição sobre a habilidade do ouvinte de identificar seu referente — **não** há referência prévia. Nesse sentido, portanto, eles são também os *mais fáceis* ou *menos marcados* em termos do critério (i). Com tudo isso em mente, vamos observar as construções a serem investigadas.

2.2.4.1 Sentenças passivas

Em geral, a função das sentenças passivas nas línguas é codificar sentenças no contexto em que o constituinte *não-agente é mais tópico*. Isso automaticamente significa que o agente é *menos tópico* em uma sentença passiva, e o fato de que ele foi *removido* ("rebaixado") da posição de sujeito — aquela que normalmente coincide com o tópico — é uma evidência da realização desse objetivo. Uma discussão detalhada dos fatos tipológicos que estão na base dessa análise pode ser encontrada no Capítulo 4. Uma característica geral das sentenças passivas no texto/discurso[32] é que elas são muito *menos frequentes* do que as sentenças ativas. Esse fato pode ser visto na Tabela 2.4. A explicação desse fato deve ser razoavelmente direta: os humanos tendem a falar mais sobre *humanos-agentes* do que sobre não-humanos-pacientes.[33] E já que a posição de sujeito é também a de *tópico*, é mais provável, nas línguas humanas, encontrar agentes na posição de tópico.

Como pode ser visto nas contagens textuais abaixo, a frequência média de sentenças passivas em textos ingleses está entre 4% (para registros menos educados), subindo para 18% em textos altamente intelectuais.[34]

A seguir, como mencionado na Seção 1.3.2.3, observa-se que a maioria esmagadora de sentenças passivas em textos ingleses é *desprovida de agente*. Em outras palavras, o grau de topicalidade do argumento agente parece ser tão baixo que ele normalmente nem é mencionado.[35] Isso pode ser conferido nas contagens apresentadas na Tabela 2.5, em que dois textos de ficção estatisticamente distintos foram contados. O mesmo fato é também corroborado em outras contagens referentes a outro texto de ficção, apresentado mais tarde na Tabela 2.7.

Um tanto trivialmente, ao medir a *proporção de definitude por sentença*, já se pode sugerir que sentenças passivas são *mais marcadas* em termos de sua pressuposicionalidade discursiva no texto. O argumento é o seguinte: na média, sentenças ativas têm 100% de sujeitos definidos e 50% de objetos definidos.[36] A

---

32. Todos os textos considerados aqui estão em inglês. Espera-se que, em uma língua que esteja no meio de uma mudança em direção ao sistema *ergativo*, através da reanálise de passiva para ativa-ergativa, a frequência de "passivas" no discurso seja muito maior. Tais línguas são, por exemplo, samoan, tagalog e maori, no estágio atual (ver discussão em Chung, 1977; contagem de texto para samoan em Chung, 1976). Para essas línguas, entretanto, existe um argumento válido de que suas "passivas" não são mais passivas realmente. Os fatos distribucionais, então, meramente refletirão isso.

33. Para a forte correlação estatística entre caso nominativo e "humano" versus caso acusativo e "não-humano" ver Greenberg (1974) e, para uma discussão geral, Givón (1976a).

34. A frequência de passivas é provavelmente mais baixa em fala informal não-planejada, em que mecanismos alternativos que topicalizam não-agentes, como deslocamento para a esquerda, construções impessoais etc., são mais frequentes. Para uma discussão sobre isso, ver Elinor Keenan (1977).

35. Como mencionado no Capítulo 1, esse tipo de contagem é categórico na maioria das línguas que têm uma construção cuja função é mais ou menos equivalente à da passiva do inglês. Para uma tipologia de passivas, ver Capítulo 4.

36. Apenas objetos acusativos ("diretos") figuram aqui. Como será discutido no Capítulo 4, muitas línguas restringem a promoção a tópico, via passivização, a objetos diretos.

TABELA 2.4
A frequência de sentenças ativas e passivas nas orações principais-declarativas-afirmativas

	Ativas		Passivas	
Tipo de discurso	Nº	Percentagem	Nº	Percentagem
Não-ficção	49	82	11	18
Ficção[a]	177	91	18	9
Notícias	45	92	4	8
Esportes	64	96	3	4

[a] Os dois textos de ficção analisados são L'Amour (1965, p. 1-25) e Orwell (1945, p. 5-14).

frequência média de um argumento definido em uma sentença *ativa-transitiva* fica em torno de 75%. Agora, já que, na média, apenas 18% de sentenças passivas têm agente, mesmo se todos esses agentes forem indefinidos,[37] dado que os sujeitos de sentenças passivas são tão tópicos e definidos quanto os da sentença ativa (*i.e.*, em torno de 100% — ver as contagens na Tabela 2.6), então vale o seguinte cálculo: em 82% das sentenças passivas, apenas o argumento sujeito existe e é 100% definido. Por outro lado, os outros 18% também têm um agente, que é 100% indefinido, e um sujeito que é 100% definido. Em sentenças passivas

TABELA 2.5
Passivas agentivas e não-agentivas em orações principais-declarativas--afirmativas

	Agentiva		Não-agentiva		Total	
Texto[a]	Nº	Percentagem	Nº	Percentagem	Nº	Percentagem
LL	15	84	3	16	18	100
GO	58	79	15	21	73	100

[a] Os dois textos de ficção analisados são L'Amour (1965, p. 1-25) e Orwell (1945, p. 5-14).

---

37. Como será demonstrado mais adiante, agentes da passiva abertamente expressos são esmagadoramente indefinidos.

TABELA 2.6
A definitude do sujeto das sentenças passivas

	Definido		Indefinido		Total	
Texto[a]	Nº	Percentagem	Nº	Percentagem	Nº	Percentagem
KT	78	93	6	7	86	100

[a] Trout (1974, p. 7-47).

agentivas a *proporção média de definitude* de um argumento é 50%. Entretanto, o *peso* relativo pela frequência mais alta da passiva não agentiva (82% *versus* 18%) produz uma proporção total de definitude corrigida para todos os argumentos de 82:9, ou aproximadamente 90%, quando comparada aos 75% das sentenças ativas-transitivas. Trivialmente, pelo menos, sentenças passivas demonstram ter pressuposicionalidade mais alta no discurso.

Existe, entretanto, um argumento mais substantivo que sugere que, de fato, sentenças passivas são mais marcadas em termos da complexidade pressuposicional dos seus contextos discursivos do que as sentenças ativas. O argumento é novamente baseado no estudo da distribuição no texto das passivas agentivas e não agentivas. Os dados são apresentados na Tabela 2.7. Quando se investiga a natureza das passivas não agentivas, que constituem a maior parte das passivas no texto, encontram-se as três categorias seguintes em termos de se e em que grau a identidade do agente "subjacente" é previsível. Primeiro, encontram-se exemplos em que o agente subjacente é *diretamente recuperável* do discurso precedente — e, às vezes, subsequente. Em todos esses casos, o agente é obviamente um argumento *referencial* (e não genérico). Portanto, considere:

(4)   *Agente recuperável a partir do discurso precedente*
"since he didn't want to throw up, he forced himself to eat lightly. Anubis resented *being fed small portions* [...]" (Trout, 1974, p. 22).
'já que ele não queria vomitar, ele se forçou a comer levemente. Anubis se ressentiu por *ser alimentado com pequenas porções* [...]'.

O sujeito (*he*), depois de comer, alimenta seu cachorro Anubis. Portanto, a identidade do agente na passiva em itálico em (4) é diretamente recuperável do contexto discursivo imediatamente precedente, dada uma peça adicional de *in-*

TABELA 2.7
Passivas agentivas e não-agentivas no texto[a]

	Não-agentiva		Agentiva		
Categoria	N°	Percentagem	Categoria	N°	Percentagem
Contexto discursivo	24	31	Definido	3	25
Conhecimento pragmático	36	46	Indefinido	9	75
			Total	12	100
Passiva lexical	19	23			
Total	79	100			
Total não-agentiva 79	=	87%			
Total agentiva 12	=	13%			
Total geral 91	=	100%			

[a] O texto analisado foi retirado de Trout (1974, p. 7-47).

formação pragmática geral referente ao mundo real (e cultural!). *Normalmente, os donos são aqueles que alimentam seus cachorros.* A presença dessa peça adicionada de informação é de grande importância, como veremos mais adiante. A identidade do agente subjacente da passiva pode também ser recuperada — embora não tão frequentemente no discurso — a partir do contexto discursivo *subsequente*. Logo, considere:

(5) *Agente recuperável a partir do discurso subsequente*
"and there was no telling what might have happened if *he had not been interrupted*. The dog had been whimpering and whining for some time [...]" (Trout, 1974, p. 39-40).
'e seria impossível dizer o que poderia ter acontecido se *ele não tivesse sido interrompido*. O cachorro tinha estado choramingando e ganindo por algum tempo [...]'.

Aqui o agente de "interrupt" é "the dog", mencionado na sentença imediatamente seguinte à expressão passiva.

A segunda categoria geral de passivas não agentivas é aquela em que a identidade *exata* do agente não é necessariamente recuperável, de forma que uma referência única não pode ser estabelecida. Ao invés disso, baseado em *informação pragmática geral*, o *tipo* de agente que mais provavelmente deve estar envolvido pode ser estabelecido. Portanto, a informação não está disponível no contexto discursivo direto, ou seja, nas pressuposições que os participantes (escritor, leitor) podem estabelecer acerca dos argumentos *referenciais* reais que participam da narrativa, mas através de um corpo mais geral de pressuposições pragmáticas de fundo, que formam o enorme corpo submerso do iceberg contextual sobre o qual repousa o fino topo da troca discursiva *explícita*. Logo, considere:

(6) "When *the first ship* equipped with the drive, The Golden Goose, *had been revved up to the speed* [...]" (Trout, 1974, p. 38).
'Quando o primeiro navio equipado com o mecanismo, The Golden Goose, tinha atingido a velocidade [...]'

Não existe indicação explícita no texto precedente ou seguinte à passiva em (6) de quem aumentou a velocidade do navio. Mas, a partir do conhecimento pragmático geral, poder-se-ia presumir que *um engenheiro*, *um mecânico*, *um operador* ou algum agente habitualmente-genericamente estabelecido deve ter sido responsável. Portanto, dizer que um agente é *previsível a partir do conhecimento geral* é equivalente a dizer que (a) ele não precisa ser mencionado; e (b) sua real identidade referencialmente única *não é importante* na comunicação particular.

Antes de passar para a terceira categoria, note que, em princípio, a distinção entre a primeira e a segunda categorias acima não pode ser estabelecida como uma questão de *tipo*, mas apenas de *grau*. Em outras palavras, essas duas categorias podem estar em uma *trajetória*. O exemplo (4) já confirma essa proposta, uma vez que constitui um *caso misto*, em que parte da informação sobre o agente está disponível a partir do contexto discursivo, mas uma importante — e provavelmente indispensável — parte tem ainda de ser retirada do conhecimento pragmático geral. Como ilustração adicional, considere o seguinte:

(7) "As *everybody* knew, dogs were psychic. They saw things which men used to call ghosts. Now, *it was known that these were actually fifth--dimensional objects* [...]" (Trout, 1974, p. 40).
'Como todos sabiam, cães eram sensitivos. Eles viam coisas que os homens costumavam chamar de fantasmas. Agora, sabe-se que eram de fato objetos em quinta-dimensão [...]'.

De um lado, o agente não-referencial "everybody" (todos) é estabelecido no discurso imediatamente precedente. De outro lado, ele não é realmente necessário para interpretar corretamente o agente subjacente da passiva em (7). Isso se dá porque, mesmo sem uma menção explícita, o leitor poderia não ter tido problemas em determinar os termos não referenciais "everybody", "they" ou "we-all" na passiva em (7). Finalmente, observe o seguinte:

(8)　"He went to the Hwang Ho, closed the port, and seated himself before the control panel in the bridge. *The stellar maps were stored* [...]" (Trout, 1974, p. 37).
'Ele foi para o Hwang Ho, fechou o ancoradouro e se sentou em frente ao painel de controle na ponte. Os mapas estelares foram guardados [...]'.

A passagem imediatamente precedente a essa citação estabelece a identidade dos primeiros mestres chineses do Hwang Ho. Mas sua identidade como agente da passiva em (8) é recuperável a partir da passagem anterior, ou a partir do conhecimento pragmático geral sobre que funções o mestre de um navio desempenha a bordo? A resposta, me parece, pode ir nas duas direções. Além disso, por definição, o *contexto imediato* é uma questão de *grau*, ou seja, de *distância relativa* do local relevante. A *obviedade* e a *generalidade* do conhecimento pragmático, além disso, são também uma *questão de grau*. Portanto, necessariamente, a interação entre essas duas fontes de redundância no discurso deve estar em uma *trajetória*, e os dois tipos não podem ser categoricamente separados um do outro. Isso não torna necessariamente óbvios os resultados numéricos da Tabela 2.7, mas apenas sugere que, na fronteira entre categorias, a decisão nem sempre é fácil.

A terceira categoria de passivas não agentivas, a que apresenta mais ocorrências nos textos observados, é a *passiva lexical*. Aqui, novamente, uma distinção categorial entre esse tipo e o segundo ("agente recuperável a partir do conhecimento pragmático geral") é, em princípio, impossível. Logo, considere:

(9)　"it began barking loudly and racing around. Simon tried to ignore him. *Then he became annoyed* [...]" (Trout, 1974, p. 40).
'ele começou a latir alto e a correr em volta. Simon tentou ignorá-lo. Então ele ficou irritado [...]'.

A forma verbal passiva em (9) pode ser classificada como "lexical", mas, em um dado contexto: (a) a identidade do agente é obviamente recuperável (o cachorro), e (b) não está muito claro que o cachorro seja "o agente" que irrita Simon. Ao contrário, é a causa. Mais do que estar diretamente fazendo algo para o paciente (Simon), o cachorro meramente faz parte — uma parte crucial — de uma situação que leva Simon a ficar irritado. Agora, já que as razões que as pessoas *consideram* suficientemente irritantes para induzir sua raiva são obviamente uma questão de *gradação pragmática*, o sentido no qual o cachorro é o agente em (9) se torna obscuro. Portanto, considere como alternativa para (9):

(10) "[...] The situation was hopeless, and Simon became annoyed [...]".
'[...] a situação era desesperadora, e Simon ficou irritado [...]'.

Embora se possa identificar "hopeless situation" (situação desesperadora) como a razão que levou à irritação de Simon, nem mesmo com muita imaginação a "situação" pode ser considerada um agente. Casos mais puros de passivas lexicais estão também disponíveis no texto. Assim, considere:

(11) "Simon almost screamed with joy. They had made it; *they weren't doomed to ride forever* [...]" (Trout, 1974, p. 44).
'Simon quase gritou de alegria. Eles tinham conseguido; eles não estavam fadados a viajar para sempre [...]'.

(12) "His intestines *were floating* up through his body and after a while *they were coiled* around his head [...] (Trout, 1974, p. 43)."
'Seus intestinos estavam flutuando pelo seu corpo e depois de um tempo eles se enrolaram em volta da sua cabeça [...]'.

É claro que, em (11), pode-se ainda sugerir um fraco eco do agente/razão para "doomed" (fadados), ou seja, o poder, que estava fazendo uma brincadeira cósmica com os viajantes, mas em que sentido isso é necessário, ou mesmo pretendido pelo autor, torna-se nebuloso. E em (12) é difícil distinguir entre a passiva "were coiled" (foram enrolados) e o adjetivo estativo "were floating" (estavam flutuando). Não há como a ideia de agente ser relevante, mesmo que remotamente.

Dadas as distribuições na Tabela 2.7, pode-se agora considerar o próximo — desta vez mais substantivo — argumento para a mais alta marcação discursiva das passivas em relação às ativas. Note-se que 87% de todas as passivas no texto analisado na Tabela 2.7 não apresentam agente, e destas 31% são do tipo em que o agente é *recuperável do contexto discursivo imediato*. É razoável considerar esses 31% como um subtipo de *anáfora*, ou seja, uma situação em que a identidade do argumento agente é *conhecida pelo ouvinte-leitor*. Isso, automaticamente, torna esses agentes "um tanto" *definidos* ou *pressupostos*. Em seguida, considere os 46% de agentes recuperáveis com base no conhecimento pragmático geral. É razoável assumir que a maioria deles é *não referencial*, mas isso não os torna indefinidos, no sentido de "serem mencionados pela primeira vez no discurso". De fato, por eles serem *conhecimento de fundo* de um tipo pragmático geral, nesse sentido eles são também parte do *fundo pressuposicional* do enunciado. Portanto, mesmo sem considerar as passivas lexicais, pode-se concluir que o grosso das sentenças passivas em inglês, isto é, quase 80% delas, de fato *envolve um agente pressuposto*. Já que os sujeitos das sentenças passivas são tão definidos no texto como aqueles das sentenças ativas, a proporção média de definitude por argumento em sentenças passivas se mostra novamente em torno dos 90%, contra 75% para as sentenças ativas.

Por fim, devemos discutir o fato de que, quando um agente explícito aparece em sentenças passivas no texto, ele é em torno de 90% das vezes indefinido, ou seja, *informação nova*. Considere como exemplo:

(13)   "He was beaten to death a minute later *by an enraged wino* [...]" (Trout, 1974, p. 13).
'Ele foi espancado até à morte um minuto depois por um bebedor de vinho enraivecido [...]'.

Além disso, mesmo quando o agente explícito da passiva é definido, fica claro que ele constitui parte da *informação nova* transmitida pela sentença. Assim, considere:

(14)   "Or had some planet whose business was being ruined *by Earth* triggered off this flood?" (Trout, 1974, p. 24).
'Ou algum planeta cujo negócio estava sendo arruinado pela Terra tinha desencadeado essa enchente?'

(15)   "It had been built *by the Titanic & Icarus Spaceship Company, Inc.*, which didn't inspire confidence [...]" (Trout, 1974, p. 35).
'Ele tinha sido construído pela Companhia Espacial Titanic & Icarus, que não inspirava confiança [...]'.

Em (14) e (15), assim como em (13), o agente da passiva abertamente mencionado é parte da informação nova. Não há como recuperá-lo do contexto discursivo adjacente. Quanto à recuperabilidade através do conhecimento pragmático geral, isso obviamente não é pretendido na informação contida nas passivas em (13), (14) e (15), pois os agentes são *referenciais* e não podem ser recuperados do conhecimento geral. A conclusão inevitável é que, em inglês, assim como em kinya-ruanda (Kimenyi, 1976), a passiva agentiva completa é usada na maioria das vezes quando *o agente é (pelo menos parte da) informação nova*.[38] Torna-se claro agora por que (16b) pode ser usada como uma pergunta para (16a):

(16)   a)   ***Who*** *killed Lincoln?*
            'Quem matou Lincoln?'
      b)   *He was killed* ***by John Wilkes Booth***.
            'Ele foi morto por John Wilkes Booth.'

Resumindo, então, não apenas foi demonstrado acima que sentenças passivas são *mais marcadas* em termos de suas pressuposições discursivas, mas também que não se pode esperar entender a construção passiva sem estudar sua distribuição funcional no discurso.

Talvez, como um pós-escrito à discussão sobre passivas acima, deva-se notar as implicações da mudança diacrônica de passiva para *ergativa* para nossa visão de que a passiva é um tipo de sentença mais marcada. Como Chung (1976b, 1977) notou, a reinterpretação de sentenças passivas como ergativo-ativas (com o caso *instrumental oblíquo* sendo reinterpretado como agente *ergativo*) coincide com o crescimento marcado na frequência textual das sentenças "passivas" até o ponto em que elas se tornam o principal condutor para transmitir informação nova no discurso. Hopper (1979) também comentou essa tendência aparentemente endêmica no grupo malaio-polinésio. O fato de que o crescimento na frequência textual da sentença passiva parece ser um pré-requisito para sua reinterpretação como tipo evidencia fortemente a afirmativa de que a sentença *ativa* é que é o principal, não marcado condutor de informação no discurso. Em outras palavras, os humanos tendem, de fato, a falar mais sobre agentes humanos e, portanto, colocá-los em posição de tópico-sujeito.

Uma evidência adicional para isso pode ser vista nos seguintes fatos, relativos a línguas do tipo ergativo. Anderson (1976) notou que a maior parte das línguas ergativas é do tipo ergativo "superficial" ou "morfológico" apenas. Ou seja, enquanto a morfologia de marcação de caso agrupa agente-ativo contra não

---

38. Kimenyi (1976) realmente glosa todas as passivas agentivas como sentenças clivadas, ou seja, *Maria foi beijada por João* → *Foi João quem beijou Maria*. Seja isso justificável ou não, acentua-se o sentido de que o agente é informação nova em sentenças passivas em ruanda.

agente, o comportamento gramatical sistemático — em termos das propriedades de sujeito-tópico de Keenan (1976a) — agrupa consistentemente o agente-ergativo e o sujeito de sentenças intransitivas na mesma categoria, algo como um "criptonominativo". Como Comrie (1977) notou, no início da mudança para o padrão ergativo (digamos, via reanálise da passiva), línguas ergativas são "mais profundas" (*i.e.* não apenas morfologicamente), mas é comum que posteriormente elas gravitem em direção à ergatividade "superficial", ou seja, apenas a marcação de caso mantém um padrão ergativo, e as propriedades comportamentais ocorrem em conformidade com o sistema nominativo. Em outras palavras, a língua gravita de volta na direção de *reunir o agente e o tópico*, o que, segundo sugeri, é a situação mais "normal" no discurso humano.[39]

2.2.4.2 Construções de mudança de tópico, pronomes definidos e anafóricos

Em termos de grau de definitude, não há diferença entre um sujeito normal definido e um sujeito tornado tópico ("deslocado para a esquerda"). Portanto, o sujeito em (17a, b) abaixo e o tópico em (17c) são igualmente definidos — ou seja, assumidos como conhecidos para o ouvinte:

(17) a) *My friend will arrive tomorrow.* (DEF)
 'Meu amigo chegará amanhã.'
 b) *He will arrive tomorrow.* (PRO)
 'Ele chegará amanhã.'
 c) *My friend, he will arrive tomorrow.* (MUDANÇA DE TÓPICO)
 'Meu amigo, ele chegará amanhã.'

Existem, entretanto, muitas evidências que sugerem que, em termos do *grau de dificuldade* que o falante assume que o ouvinte vai experienciar *ao tentar identificar o referente*, construções de mudança de tópico são mais marcadas (ver

---

39. A exceção para esse realinhamento diacrônico são línguas como dyirbal e esquimó (ver Dixon, 1972b; Comrie, 1977), em que um processo especial — a "antipassiva" — é usado para reunir o agente com o caso absolutivo-tópico que exibe todas as propriedades comportamentais de sujeito-tópico. Como o discurso contínuo em dyirbal é altamente paratático, e como em orações paratáticas a regra da antipassiva se aplica *obrigatoriamente*, segue-se que, mesmo em línguas "ergativas profundas" como dyirbal, no nível real do comportamento linguístico — o discurso — o agente ocupa mais comumente a posição de sujeito-tópico.

discussão em Keenan e Schieffelin, 1977; Givón, 1977b). Além disso, em Givón (1977a) mostrei, em textos do hebraico bíblico, que os três mecanismos em (17) podem ser ordenados em uma trajetória de acordo com o *grau de obviedade* do referente, de modo que, em cadeias de *tópico idêntico*, apenas o pronome anafórico (ou "a concordância de sujeito", sua função equivalente) é usado. Quando o tópico é menos óbvio, o sujeito na forma de SN pleno definido é usado, ao passo que, quando o sujeito é trocado inesperadamente (ou "contrastivamente", que é um subcaso de "inesperadamente"), uma construção de mudança de tópico é usada. Observação similar foi feita em muitas outras línguas.[40]

Em termos do primeiro critério para a marcação discursiva, então, construções de mudança de tópico são obviamente mais marcadas. É fácil demonstrar que elas são também mais marcadas em relação ao critério de definitude. Como pode ser visto na Tabela 2.1, argumentos objeto direto referenciais no discurso têm aproximadamente 50% de probabilidade de serem indefinidos. Mas objetos diretos referenciais deslocados para a posição de tópico são 100% definidos. Portanto:

(18)   a)   *I saw a man yesterday.* (REF-INDEF)
'Eu vi um homem ontem.'
b)   *I saw the man yesterday.* (REF-DEF)
'Eu vi o homem ontem.'
c)   *The man, I saw him yesterday.* (REF-DEF)
'O homem, eu o vi ontem.'
d)   **a man, I saw him yesterday.* (*REF-INDEF)
'*um homem, eu o vi ontem.'

Portanto, o total percentual de definitude por argumento[41] é obviamente maior na construção de deslocamento de tópico do que no padrão neutro, em que não há mudança de tópico, e a primeira é, portanto, apresentada, por nosso segundo critério, como sendo mais marcada em termos de sua pressuposicionalidade discursiva.[42]

---

40. Espanhol coloquial (Silva-Corvalan, 1977), inglês (Bolinger, 1979), chinês (Li e Thompson, 1978), japonês (Hinds, 1978,1979) e italiano (Duranti e Keenan, 1979).
41. Estamos lidando aqui apenas com argumentos referenciais (não genéricos).
42. Essa conclusão é certamente verdadeira para o registro do inglês culto, assim como para o texto escrito, em que a frequência de construções de mudança de tópico (deslocamento para a esquerda) se

2.2.4.3 O nível mais baixo de pressuposicionalidade discursiva: sujeitos indefinidos

Como foi apontado por Edward Keenan (1976a), o sujeito, na maioria das línguas, é sempre definido. Conforme foi demonstrado na Seção 1.3.2, essa restrição pode ser categórica em algumas línguas (provavelmente a maioria), ou se manifestar no nível da frequência textual, como no inglês. Entretanto, trata-se da **mesma** restrição. O que isso nos diz acerca do discurso humano é que ele **não** é monoproposicional. Ao contrário, nas línguas humanas, o discurso tende a ser *multiproposicional*, com o argumento sujeito-tópico servindo como *ponto de continuidade*, o *leitmotiv*, o fio sobre o qual os humanos fazem afirmações em cadeias multiproposicionais. Não é logicamente necessário que esse tipo de discurso seja assim. E, de fato, existem bases para se acreditar (ver discussão no Capítulo 7) que é simplesmente uma característica do sistema de processamento humano de informações e de transmissão de conhecimento, e que outros mamíferos têm estratégia de processamento de informação mais *monoproposicional*.

Agora, em termos de pressuposicionalidade discursiva, é bastante transparente que construções existenciais-apresentativas, ou seja, aqueles tipos especiais que, em média, representam apenas 10% ou menos dos sujeitos de orações principais em textos ingleses, constituem o *menos marcado* de todos os tipos de sentenças. Elas são utilizadas em contextos em que o falante não pressupõe nada sobre a familiaridade do ouvinte com o referente, já que ele o está introduzindo no discurso *pela primeira vez*. Normalmente, também, não há maiores dificuldades em identificar o referente envolvido aqui, já que não se espera que o ouvinte esteja familiarizado com o argumento novo, indefinido. Portanto, dados ambos os nossos critérios de pressuposicionalidade discursiva dos argumentos, construções com sujeito indefinido estão bem no fundo da escala de marcação. Todavia, ninguém propôs seriamente essas construções como o ponto de referência neutro para a descrição sintática. Além disso, suas propriedades formais, como distribuição restrita e alta complexidade de estrutura (ver Seção 2.3.3.3) são similares àquelas que são encontradas em construções pressuposicionalmente mais marcadas. A razão para a discrepância é óbvia: seria inútil, do ponto de vista da *valida-*

---

aproxima de zero (Elinor Keenan, 1977; mas ver discussão no Capítulo 5). A frequência do deslocamento para a esquerda no discurso não planejado, na linguagem infantil e nos pidgins e crioulos é muito mais alta, ao ponto de se ficar tentado a considerá-lo o padrão neutro.

de psicológica, escolher como ponto de referência para a sintaxe um tipo de construção que é *rara* no discurso e que não é usada como o *principal condutor* de processamento de informação no comportamento linguístico. Deve-se concordar, portanto, que o critério para marcação em sintaxe não pode permanecer distinto dos fatos associados à estatística e à distribuição funcional dos vários tipos de orações no discurso real. E, embora o critério da complexidade pressuposicional caminhe na direção de motivar o conceito de marcação sintática, ele não vai por si mesmo a lugar nenhum.

Como nota final, dever-se-ia observar, entretanto, que, ao menos de um modo trivial, o primeiro critério para marcação discursiva dos argumentos, aquele que envolve o *grau de dificuldade* que o ouvinte presumivelmente experiencia ao identificar o referente, pode ainda justificar que se considerem as construções com sujeito indefinido como "mais marcadas". O argumento é aproximadamente o seguinte: o princípio comunicativo que está na base do primeiro critério é aquele que estabelece que "quanto mais inesperada for uma porção de informação, mais difícil será processá-la". Já que a *expectativa de fundo* no discurso humano, ao menos em termos de frequência, é que *o tópico será mantido por um tempo* e não mudado abruptamente, construções de sujeito indefinido podem ser, portanto, equiparadas — apenas pelo nosso primeiro critério — a construções de mudança de tópico, ou seja, os tipos de oração usados no contexto no qual o argumento é *menos esperado*. Nesse sentido, nas posições médias do discurso, pode-se perceber essas orações como mais marcadas.[43]

2.3 MARCAÇÃO DISCURSIVA E RESTRIÇÕES DISTRIBUCIONAIS

Nesta seção, mostrarei como surge a primeira previsão acerca das propriedades formais das construções mais pressuposicionais, ou seja, que elas exibem restrições distribucionais mais rígidas, tanto em termos de seu próprio encaixamento em outros contextos quanto em termos de restrições mais rígidas que elas impõem sobre o encaixamento dos elementos e/ou construções em relação a elas.

---

43. Em posições de início de discurso, essas construções são obviamente as menos marcadas, e é precisamente onde sua frequência é a mais alta. Isso, mais uma vez, acentua o fato de que marcação não é independente do tipo de discurso ou do contexto discursivo.

2.3.1 Orações encaixadas e construções estritamente pressuposicionais

Para o propósito da discussão nesta seção, podem-se combinar as duas categorias. Como já registrado por Emonds (1970), construções encaixadas, inclusive orações relativas, perguntas QU-, construções clivadas e pseudoclivadas, impõem restrições rígidas de um modo sistemático no tipo de mecanismo sintático ("transformações") que pode ser encaixado nelas. Esse assunto já foi discutido na Seção 1.2.3.8. O que também já foi discutido lá é o fato de que, como observado por Hooper e Thompson (1973), essas restrições estão atenuadas nas orações não principais que são *asseveradas*, mais do que pressupostas. Em outras palavras, os tipos de oração mais pressuposicionais apresentam restrições distribucionais mais rigorosas, enquanto as orações asseveradas se aproximam do comportamento da oração principal — que normalmente contém o volume da afirmação nas sentenças. O fato de que todos os processos sintáticos discutidos por Emonds (1970) acabam envolvendo a pragmática das relações tópico-foco é altamente significativo e será discutido mais adiante, no contexto de compreensão dessas restrições. Mas, deixando de lado maiores explicações, as restrições, por si mesmas, são reais.

Trivialmente ao menos, a distribuição das construções encaixadas é obviamente limitada a algumas posições características nas quais elas podem aparecer. Mais seriamente, construções estritamente preposicionais como orações relativas, clivadas, pseudoclivadas e perguntas QU-, são bastante limitadas quanto aos contextos nos quais elas podem ser encaixadas. Por exemplo, complementos infinitivos de verbos modais ("want" / *querer*) ou verbos manipulativos ("order" / *ordenar*) não as admitem. Elas são mais difíceis de se encaixar em complementos sentenciais de verbos cognitivos ("know" / *saber*; "think" / *pensar*) e, como demonstrou Ross (1967), encaixá-las em si mesmas causa graves problemas de complexidade e incompreensibilidade (ver Seção 1.2.3.7). É claro, portanto, que nossa generalização diz respeito a ambos os tipos.

2.3.2 Outros atos de fala

É um fato bastante conhecido que ordens e perguntas são difíceis de distribuir, exceto na posição da oração principal e, mesmo quando encaixadas em alguns contextos que as admitem, elas perdem sua força ilocucionária como ato de fala.

De fato, ao menos de um modo trivial, pode-se dizer que atos de fala imperativos e interrogativos *só podem ser encaixados em uma declarativa* (*i.e. Onde está João? = Eu estou perguntando a você: "Onde está João?"*). Como indicativo das restrições impostas a esses atos de fala não declarativos está o fato de que, nos poucos casos em que eles podem ser encaixados em complementos verbais, uma oração pressuposicional se torna não pressuposicional. Assim, considere:

(19)   a)   João não sabia que Maria o abandonou (= pressuposto: Maria realmente o abandonou).

b)   João não sabia se Maria o abandonou (ou não) (≠ pressuposto: Maria o abandonou).

Embora seja óbvio que o caráter não pressuposicional de (19b) se deve à natureza não pressuposicional das perguntas sim-não e das orações com *se*, é verdadeiro que o verbo *saber*, normalmente pressuposicional, perde sua pressuposicionalidade quando outro ato de fala é encaixado a ele. Do mesmo jeito, complementos de discurso direto que são não pressupostos (*i.e.* eles são ilocucionários) não podem ser encaixados normalmente depois de um verbo mais pressuposicional como *saber*, mas apenas depois dos não pressuposicionais *dizer*, *pensar*:

(20)   a)   *João disse: "Onde está Maria?"*
        b)   *João pensou: "Onde está Maria?"*
        c)   **João sabia: "Onde está Maria?"*
        d)   *João disse: "Deixe-me em paz."*
        e)   *João pensou: "Deixe-me em paz."*
        f)   **João sabia: "Deixe-me em paz."*

Finalmente, embora outros atos de fala possam ser encaixados sob *saber*, que assim perde sua pressuposicionalidade, como em (19b), em verbos "verdadeiramente" factivos, como *lamentar*, que nunca perde sua pressuposicionalidade, o mesmo encaixamento seria mais difícil:[44]

---

44. Bolinger (comunicação pessoal) alertou que o exemplo (21) seria aceitável se a modalidade verbal fosse mudada de PASSADO para IRREALIS, ou seja, *João não lamentaria se Maria o deixasse*. Mas *lamentar* ainda contrasta como o "menos factivo" *saber*, no sentido de que, com este último, uma sentença similar seria aceitável mesmo na modalidade PASSADO, ou seja, *João não sabia se Maria o deixou*. Isso acentua o fato de que é o escopo da modalidade mais ampla à qual uma expressão é encaixada — seja essa modalidade o verbo em si ou o escopo mais amplo de tempo-aspecto-modo — que determina a felicidade dessas expressões. Para uma discussão geral, ver Givón (1973b).

(21) *João não lamentou se Maria o deixasse.

Portanto, não apenas os outros atos de fala são mais restritos em distribuição, mas podem se distribuir mais livremente em contextos menos pressuposicionais, um fato que, novamente, acentua as generalizações discutidas na seção precedente.

Sentenças negativas, como será detalhadamente documentado no Capítulo 3, também exibem extensas restrições distribucionais, quando comparadas com suas correspondentes afirmativas. Elas, portanto, estão em conformidade com as mesmas generalizações apresentadas acima.

2.3.3 Construções envolvendo grau de definitude — topicalidade

2.3.3.1 Passivas

Não é incomum encontrar os elementos indicadores de tempo-aspecto-modo em uma língua apresentando uma distribuição mais restrita em sentenças passivas do que em ativas. Como frequentemente a sentença passiva é considerada uma forma "estativa", "não controlada" do verbo,[45] mais comumente aspectos progressivos podem não aparecer em sentenças passivas.[46] Além disso, sentenças passivas do tipo estativo são restritas, em termos distribucionais, em muitos contextos modais. É difícil encaixá-las em complementos de verbos manipulativos (*ordenar, forçar*):

(22) a) *I told John to find Mary.*
          'Eu disse a João para encontrar Maria.'
      b) **I told Mary to be found by John.*[47]
          '*Eu disse a Maria para ser encontrada por João.'

---

45. Ver discussão em Givón (1975d).

46. Comrie (1978) observou que há uma correlação aparentemente universal entre passado-tempo perfeito-aspecto e construções ergativas-passivas, diferentemente da correlação entre ativo-tempo progressivo-aspecto e construções ativas-verbais. Em muitas línguas, o padrão passivo é uma derivação estativa-resultativa da ativa, e como outros verbos estativos, é incompatível com o aspecto progressivo.

47. Bolinger (comunicação pessoal) chamou atenção para o fato de que uma sentença como *I ordered the work to be done by Mary* (Eu ordenei que o trabalho fosse feito por Maria) é um aparente contraexemplo a essa restrição. Entretanto, de fato *Mary* não pode ser o objeto dativo de *order* nesse caso, já que ela não tem controle como agente da passiva, e a sentença faz sentido apenas como *I ordered someone else to make sure that Mary does the work* (Eu ordenei que uma outra pessoa se certificasse

c) *I made John find Mary.*
    'Eu fiz João encontrar Maria.'
d) **I made Mary be found by John.*
    '*Eu fiz Maria ser encontrada por João.'

Elas são barradas em complementos de muitos verbos de modalidade, como em (23):

(23) a) *John was able to reach Mary right away.*
    'João foi capaz de alcançar Maria imediatamente.'
b) **Mary was able to be reached by John right away.*
    '*Maria foi capaz de ser alcançada por João imediatamente.'

Seu comportamento sob modalidade epistêmica e de raiz é também mais restrito do que o das ativas correspondentes. Assim:

(24) a) *John had to reach Mary right away or else...*
    'João tinha de alcançar Maria imediatamente ou...'
    i. *Had to in his own judgement*   (modal de "raiz")
       'Tinha de segundo seu próprio julgamento'
    ii. *Had to in the speaker's judgement*   (modal "epistêmico")
       'Tinha de segundo o julgamento do falante'
b) *?Mary had to be reached by John right away or else...*
    '?Maria tinha de ser alcançada por João imediatamente ou...'
    i. *?Had to in her/ John's judgement*   (?modal de "raiz")
       '?Tinha de segundo o julgamento dela/de João'
    ii. *Had to in the speaker's judgement* (modal "epistêmico")
       'Tinha de segundo o julgamento do falante'

Em termos de atribuição de motivação (e, portanto, "controle"), essas passivas são também restritas. Portanto:

(25) a) *John killed Mary accidentally.*
    'João matou Maria acidentalmente.'
b) *Mary was killed by John accidentally.*
    'Maria foi morta por João acidentalmente.'

---

de que Maria fizesse o trabalho). A restrição é, portanto, semântico-pragmática por natureza, e não meramente sintática. Para maiores discussões, ver Givón (1975d).

c) *John killed Mary deliberately.*
   'João matou Maria deliberadamente.'
   i. *It was John's deliberate action*
      'Foi ação deliberada de João'
   ii. **It was Mary's deliberate action*
      '*Foi ação deliberada de Maria'

Todas as restrições acima estão relacionadas à falta de "controle" por parte do sujeito não agente das passivas (ver Givón, 1975d). Provavelmente a mesma motivação impede a reflexização de passivas, uma propriedade que é controlada pelo agente:[48]

(26) a) *John killed himself.*
        'João se matou.'
     b) **John was killed by himself.*
        '*João foi morto por si mesmo.'

Além disso, em línguas em que a passivização do tipo que apaga o agente é usada,[49] sentenças passivas aparecem obrigatoriamente sem agente. Isso é obviamente uma severa restrição distribucional que pode impedir esse tipo de sentença de ser considerada ponto de referência para a sintaxe. Como exemplo, considere esses dados do ute:

(27) a) *ta?wáci   mamáci   pụníkyaay-kya*
        homem   mulher-OBJ   ver passado
        'O homem viu a mulher.'
     b) *mamáci   pụníkyaa-**ta**-x̂a*
        mulher-OBJ   ver-*PASS*-passado
        { 'A mulher foi vista (por alguém).' }
        { 'Alguém viu a mulher.' }

---

48. Keenan (1966a) considera que a reflexização é uma propriedade relacionada à referência ("relacionada a tópico"). Mas se isso fosse verdadeiro, uma sentença como a apresentada em (26b) teria de ser gramatical. O fato de que **Himself was killed by John* (*Si mesmo foi morto por João) é agramatical sugere que, em inglês, o controle da reflexização tem de residir no agente-tópico, e não no agente ou no tópico por si sós. Entretanto, em línguas filipinas (Schachter, 1976, 1977), a reflexização é controlada pelo agente independentemente de seu estatuto de tópico, de modo que o "equivalente" de **Himself was killed by John* é aceitável. Em outras palavras, a reflexização é controlada pelo agente tanto nas sentenças ativas quanto nas "passivas".

49. Ver a tipologia das passivas no Capítulo 4.

Em resumo, sentenças passivas, independentemente de sua tipologia, apresentam uma distribuição mais restrita na gramática (quanto mais no texto) do que as ativas correspondentes.

2.3.3.2 Deslocamento para a esquerda (mudança de tópico)

Essa construção, como em (17c) e (18c), é uma das transformações de raiz discutidas por Emonds (1970) e sua distribuição restrita (apenas orações asseveradas, Hooper e Thompson, 1973) é bem documentada e não será mais discutida aqui. É interessante notar que o pronome anafórico e o SN definido, pressuposicionalmente menos marcados, não exibem a mesma restrição. Ou seja:

(28)   a) *I know that **he** came.* (PRO)
'Eu sei que ele veio.'
b) *I know that **the man** came.* (DEF)
'Eu sei que o homem veio.'
c) **I know that the man, **he** came.* (*MUDANÇA DE TÓPICO)
'*Eu sei que o homem, ele veio.'

Embora esse comportamento diferenciado possa ser atribuído à complexidade *sintática* (*i.e.*, o efeito de regras de movimento como estratégias disruptivas de análise de fala), trata-se de um outro caso em que a variante mais pressuposicional exibe restrições distribucionais mais fortes.

2.3.3.3 Construções de sujeito indefinido

Na maioria das línguas, o sujeito da sentença de tipo neutro não pode ser referencial-indefinido, mas apenas definido ou genérico. Em línguas em que isso é, de fato, uma restrição categórica, existe um tipo especial de sentença através da qual novos argumentos referenciais podem ser introduzidos no discurso na posição *de sujeito*.[50] Esse tipo de construção é a existencial-apresentativa, e exibe muitas características universais, compartilhadas translinguisticamente:[51]

---

50. Introduzi-los como objetos diretos é provavelmente a principal via na maioria das línguas, como sugerido pelo percentual de 50% de indefinitude mesmo em línguas como o inglês, que tem uma construção existencial-apresentativa viável.
51. Para mais detalhes, ver Hetzron (1971).

1. Ocorre mais frequentemente na posição inicial do discurso, o que indica, portanto, que ela é usada em contextos discursivos nos quais a menor porção de *background* compartilhado do conhecimento comum é pressuposta pelo falante.
2. Em todas as línguas de sujeito inicial que possuem esse mecanismo, a ordenação vocabular característica dos existenciais-apresentativos é V inicial. Isso, portanto, viola a tendência mais universal (Keenan, 1976a; Givón, 1976b) de o sujeito tópico aparecer primeiro na sentença.
3. Muitas das propriedades do sujeito discutidas por Keenan (1976a) são suprimidas nas sentenças existenciais-apresentativas.
4. O tipo de verbo que pode aparecer nessas construções é altamente restrito, normalmente *to be* (ser, estar), *exist* (existir), *stand-sit-lie down* (ficar de pé-sentar-deitar), *live* (viver), *appear* (aparecer), frequentemente *remain* (permanecer), *be left* (ser deixado) e, algumas vezes, verbos de entrada em cena, como *come* (vir) ou *enter* (entrar) (ver mais detalhes em Givón, 1976b).[52]
5. Muito frequentemente, a concordância no verbo — ou um "sujeito vazio" em línguas que não têm concordância — é do tipo *locativo*.

Considere como exemplo a construção existencial em ruanda, uma língua banto do tipo SVO,[53] assim como a construção inglesa correspondente:

(29) a) *buceeye   umugabo **yaa-ẑe***   (DEF-SUBJ)
      próximo-dia homem   *ele*-passado-vir
      'No dia seguinte o homem veio'
   b) *buceeye   **haa-ẑe**   umugabo*   (EXISTENCIAL)
      próximo-dia *LOC*-passado-vir homem
      'No dia seguinte lá veio um homem.'

---

52. Dwight Bolinger (comunicação pessoal) chamou atenção para o fato de que a restrição, no nível do discurso, é inerentemente uma restrição pragmática pela qual o verbo mais provavelmente usado em construções apresentativas é o verbo de ação-estado estereótipo-característico *mais tipicamente* associado a um nome particular. Portanto, *be, exist, stand-sit-lie down, live, appear, remain-stay, come-enter* são os verbos mais estereotípicos para a entrada de *humanos* no domínio do discurso, via estando lá, permanecendo lá ou entrando. Mas considere outros verbos, como em *On top of the pole there **waved** a flag* (No topo do mastro ondulava uma bandeira), *On a distant hilltop there **burned** a fire* (Em um distante cume de uma colina ardia um fogo), *From the distance there **rang** a bell* (À distância, soava um sino). Em outras palavras, os verbos apresentativos comuns são comuns porque eles podem introduzir os tópicos discursivos mais comuns, os humanos. E *be-exist-remain* podem introduzir **qualquer** tipo de participante.

53. Ver Kimenyi (1976).

As severas restrições distribucionais das construções existenciais-apresentativas são fáceis de se documentar. Embora elas ocorram nos complementos sentenciais mais frouxos de verbos cognitivos e dicendi (*saber*, *pensar*, *dizer*), não podem aparecer em complementos de verbos de modalidade (*querer*) e manipulativos (*ordenar*). Sua distribuição em orações relativas é bastante restrita:

(30) a) And near the bar stood a woman...
           'E perto do bar estava uma mulher em pé...'
       b) *The woman that near the bar stood...
           '*A mulher que perto do bar estava em pé'

Além disso, apenas um pequeno e restrito número de verbos pode aparecer em construções existenciais na maioria das línguas,[54] de modo que seria frustrante considerá-las o ponto de referência neutro em sintaxe. Como esses verbos são normalmente intransitivos, a passivização não existe em construções existenciais. A mudança de tópico é também, por definição, eliminada da construção existencial, já que esse fenômeno é limitado a constituintes definidos ou genéricos:

(31) a) As to this man, he stood near the bar.   (DEF)
           'Quanto a esse homem, ele estava em pé perto do bar.'
       b) *As to a man, near the bar there stood he/one. (REF-INDEF)
           '*Quanto a um homem, perto do bar lá estava ele/um em pé.'
       c) As to patrons, near the bar stood six of them. (GENÉRICO)
           'Quanto a patrocinadores, perto do bar estavam em pé seis deles.'

Como Gary (1974) demonstrou, existe uma variante da construção existencial em inglês, em que o sujeito é definido, mas constitui uma informação *surpresa*. Portanto:

(32) We stepped into the room and there, in front of our eyes, stood Joe.
       'Nós entramos na sala e lá, em frente aos nossos olhos, estava Joe.'

Essa variante é uma das consideradas por Emonds (1970) uma transformação de raiz, combinada, na maioria das vezes, com orações principais. Finalmente, existenciais não podem aparecer em sentenças imperativas e sua intera-

---

54. Ver a condição (4) acima — *Agente recuperável a partir do discurso precedente* — e a nota de pé de página (60), assim como Givón (1976d) e Hetzron (1971) para maiores discussões.

ção com a negação é altamente restrita. Todas as restrições enumeradas acima são motivadas pela pragmática, considerações comunicativas que têm a ver com a função especial desempenhada pelas existenciais-apresentativas. Mas seja qual for a motivação, a distribuição dessa construção na gramática é altamente restrita, assim como a distribuição dos itens lexicais e das construções gramaticais dentro dela.

2.4 MARCAÇÃO DISCURSIVA E COMPLEXIDADE SINTÁTICA

Como sugeri na Seção 2.1, o critério formal de *marcação estrutural* não está livre de controvérsia e não pode ser aplicado a todos os elementos sem especificações. Os casos mais fáceis são obviamente aqueles que envolvem morfologia gramatical, nos quais se pode contrastar o padrão neutro com a variante mais marcada, que possui um morfema extra que serve para marcar sua função e, portanto, a diferença do padrão neutro. Então, por exemplo, construções existenciais no inglês apresentam o marcador *there* e no kinya-ruanda [ver (29)] apresentam um padrão de concordância "irregular" com algum locativo abstrato, ao invés do "sujeito" gramatical.[55] Entretanto, deve-se notar que a mesmíssima construção em chinês mandarim[56] envolve apenas a inversão de ordenação vocabular (SV com sujeitos definidos em oposição a VS com sujeitos indefinidos) sem nenhum acréscimo morfológico. E não há bases independentes, fundamentadas em princípios e universais, pelas quais uma ordenação possa ser definida como sendo mais complexa do que outra. Isso não destrói necessariamente a utilidade do conceito de "complexidade sintática", distinto de complexidade pressuposicional, proposicional e semântica. Isso meramente aponta para a possibilidade de que a complexidade sintática possa ser — ao menos em alguns casos — considerada *relativamente* ao padrão neutro. Em outras palavras:

> *Uma construção será considerada sintaticamente mais complexa se ela se afasta da rotina da estratégia de processamento de fala estabelecida pela norma, ou seja, o padrão neutro.*

---

55. Argumentei previamente (Givón 1976a) que a concordância gramatical é, na verdade, mais uma propriedade do *tópico* do que uma propriedade do sujeito, portanto a tendência universal de suprimir a concordância com o sujeito nas construções existenciais é um reflexo da baixa topicalidade do sujeito indefinido.

56. Para detalhes, ver Li e Thompson (1975) e discussão em Givón (1977b).

É claro que, se essa formulação é adotada, então o papel da *frequência no discurso* não é completamente irrelevante para se determinar a norma *psicologicamente relevante*, ou seja, o nível de base zero de expectativa no processamento da fala, em oposição àquilo que será considerado uma "quebra" da norma. Embora os linguistas possam passar momentos difíceis se reconciliando com essa possibilidade, acredito que os psicólogos a receberiam de braços abertos, por razões óbvias. De modo geral, seria desastroso ter uma medida independente de complexidade sintática que não levasse em conta complexidade de processamento. E, já que a relação entre *expectativas de fundo* ("rotinas normais, altamente frequentes", "as estratégias mais rotinizadas") e as *quebras de expectativas de figura* constitui um componente central do processamento da fala, do processamento de informação e da psicologia da percepção e cognição, não se pode construir uma teoria útil sobre a complexidade sintática sem fazer referência a esse princípio.

Algumas construções são "obviamente" mais complexas, mesmo sem morfologia gramatical. Todas as construções encaixadas são desse tipo. Em geral, pode-se postular que *a extensão* de uma construção se supõe correlativa à sua complexidade (embora não automaticamente). Portanto, o encaixamento de uma proposição em outra obviamente aumenta a extensão média da construção como um todo. O *número de verbos por proposição* é também uma medida aproximada de complexidade, já que, em geral, uma proposição é "agrupada" em torno de um verbo. O número de argumentos por verbo é uma clara indicação de complexidade, uma vez que, ao menos no nível *semântico*, quanto mais argumentos de função-caso diferentes estão na sentença, mais proposições "atômicas" estão envolvidas na construção semântica da sentença.

A relação entre complexidade *afirmacional* e complexidade *pressuposicional* é também uma questão bastante aberta. É claro que ambas contribuem para a complexidade total de uma construção, e que sua contribuição provavelmente se reflete tanto no nível "sintático" formal quanto no nível psicologicamente relevante do processamento. Mas duas possibilidades relativas ao *peso* permanecem abertas:

1. Que a condensação do material afirmacional em proposicional não tem o mesmo efeito na complexidade psicológica quanto a condensação de material pressuposto.
2. Que o material pressuposto pode ser hierarquizado de acordo com sua "proximidade" da situação de fala, ou seja, se ele é abertamente men-

cionado no discurso precedente próximo ou remoto, se ele é inferido a partir de conhecimento pragmático geral, e pontos intermediários.

Finalmente, há que se considerar a questão da *condensação sintática* das pressuposições envolvidas no discurso e sua "gramaticalização" em construções sintáticas compactas, sem quebras entonacionais. Como será argumentado no Capítulo 5, a linguagem da primeira infância é caracterizada por construções "frouxas" com pausas, enquanto o modo mais "sintatizado" é adquirido mais tarde. Por exemplo, é mais provável que uma criança use uma construção *de tópico* mais frouxa em situações em que o adulto usaria a construção de *sujeito* mais compacta, gramaticalizada. Assim:

(33)   a) *Joe, he is sick.* (tópico)
'Joe, ele está doente.'
b) *Joe is sick.* (sujeito)
'Joe está doente.'

A complexidade de (33a) e (33b) é a mesma, já que elas são frequentemente usadas exatamente no mesmo contexto? Ou o fato de que a criança assume que é mais difícil identificar o tópico e portanto — como um fenômeno de *fundo geral* — opera linguisticamente em um nível mais marcado?[57] E é uma medida de *tempo de elocução* que deve ser levada em conta aqui? Já que (32a) é obviamente pronunciada mais lentamente do que (32b), existe alguma "complexidade média por unidade de tempo" que seja estável de um modo geral na comunicação humana? Além disso, como é discutido em Elinor Keenan (1977), crianças muito frequentemente *espalham seu discurso para outros participantes* na interação, de modo que, embora elas não enunciem a sequência inteira,[58] certamente acompanham os conteúdos proposicional e pressuposicional do enunciado. O grau de complexidade que elas são capazes de tolerar vai ser pesado em tais casos (um objetivo obviamente desejado), e, se for assim, como?

Levantei todas as considerações acima para demonstrar que a questão da complexidade sintática, se o objetivo é torná-la relevante para o comportamento linguístico e, portanto, empiricamente fundada, é extremamente espinhosa, e um grande número de questões ainda abertas pedem não apenas para serem respon-

---

57. Compare com a discussão anterior.
58. Por exemplo, um participante pode enunciar o tópico e um outro fornecer a asserção. Ou um pode enunciar a porção pressuposicional de uma pergunta QU- e o outro o pronome QU-.

didas, mas também por uma metodologia dotada de princípios, e não circular. Parece-me que, neste ponto, pode-se, pelo menos, manter o critério *relativo* (31) desenvolvido anteriormente e hierarquizar os tipos de sentença sob discussão de acordo com a probabilidade — pelas evidências tipológicas translinguísticas, entre outras coisas — de que elas demonstrem um afastamento da norma em termos de ordem sintática. Embora o grau de variação tipológica seja, em alguns exemplos, bastante grande, parece-me que, como um todo, a mesma escala hierárquica estabelecida para a pressuposicionalidade se manifesta em termos de *distância sintática* do padrão neutro. A escala de pressuposicionalidade pode ser sumarizada como:[59]

(34)   *Menos marcado*:   Acusativo definido
                            Pronomes anafóricos
                            Mudança de tópico
                            Passiva[60]
                            Negativa
                            Perguntas sim-não
                            Oração relativa
                            Pseudoclivada
                            Clivada
        Mais marcado: Perguntas QU-

Nas subseções seguintes, tentarei indicar os tipos de distância sintática que são mais característicos dessas várias construções, assim como um pouco da variabilidade tipológica translinguística que deve ser esperada.

2.4.1 Orações encaixadas

Complementos infinitivos de verbos perdem o constituinte sujeito e podem, assim, ser considerados *truncados*, se comparados com orações principais. Pode-se também considerar os morfemas subordinativos assim como a morfologia infiniti-

---

59. Existenciais não foram representados nessa escala, já que, por razões discutidas acima, eles ocupam a posição mais baixa na escala pressuposicional, mas bastante alta na escala de desvio da norma sintática.

60. Passivas de diferentes tipologias provavelmente não ocupam o mesmo ponto na escala, e o mesmo é verdadeiro para outros tipos de construção. A correlação pretendida aqui é obviamente aproximada, embora eu acredite que ela exista.

va ou subjuntiva como um tipo de "modificação" que estabelece "distância" em relação à sintaxe da oração principal. Em seguida, considere o fenômeno bem documentado no alemão em que a sintaxe da oração subordinada é SOV, enquanto a sintaxe da oração principal é V-segundo (na literatura alemã padrão) ou SVO (na língua coloquial). Esse tipo de fenômeno sempre acaba sendo resultante de mudança diacrônica, em que a sintaxe da oração principal é consistentemente mais inovadora. Voltarei a discutir essa questão na Seção 2.5, mas, independentemente da fonte, o caso é claramente um exemplo de grande distância sintática entre a oração principal e a subordinada. Um caso similar, mas não tão completo, com uma sintaxe SV inovadora na oração principal e uma sintaxe VS conservadora em muitas (mas não em todas) orações subordinadas pode ser visto no hebraico bíblico (Givón, 1977a). Um caso mais restrito pode ser visto no kru, uma língua do congo nigeriano, em que, nos complementos infinitivos e em uma série de ambientes modais encaixados relacionados, a sintaxe SOV sobreviveu, enquanto em todos os outros tipos de oração SOV a ordenação mais inovadora é a regra (Givón, 1975e).

2.4.2 Orações pressuposicionais

2.4.2.1 Orações relativas

O que foi dito acima acerca das orações encaixadas se aplica também, no caso do alemão e do hebraico, às orações relativas. Os processos diacrônicos de mudança de ordenação vocabular responsáveis por isso são motivados por considerações discursivo-pragmáticas e serão brevemente sumarizados na Seção 2.5.

A tipologia das orações relativas nas línguas do mundo pode ser encontrada no Capítulo 4. Na medida em que a oração é encaixada, o que é verdadeiro para a maioria dos tipos principais, então falta-lhe um argumento em comparação com a oração principal. Elementos pronominais podem ou não ser adicionados como uma pista extra para ajudar no problema da *recuperabilidade*, que surge do truncamento. Muito frequentemente, um elemento subordinador também marca a oração como sendo diferente do tipo neutro.

2.4.2.2 Pseudoclivadas

Como essas construções envolvem uma aparência de oração relativa normal, o que foi dito acima acerca das orações relativas se aplica igualmente a esse tipo.

2.4.2.3 Clivadas

Em muitas línguas, a focalização contrastiva pode ser realizada sem maiores rupturas sintáticas do padrão neutro. Essa possibilidade é certamente uma alternativa no inglês:

(35) John killed **Bill**, not Harry.
      'João matou *Bill*, não Harry.'

Uma função similar à da entonação no inglês pode ser realizada por um morfema codificador de foco, como no sherpa:

(36) tii   mi-ti-ki   cenyi caax-suŋ   (NEUTRO)
      DEF man-DEF-ERG   cup   break-ASP
      'O homem quebrou a xícara.'
(37) tii   mi-ti-ki   **kyé** cenyi caax-suŋ   (FOCO NO SUJ)
      DEF man-DEF-ERG   FOC   cup   break-ASP
      'Foi o *homem* que quebrou a xícara.'
(38) tii   mi-ti-ki   tii   cenyi **kyé** caax-suŋ   (FOCO NO OBJ)
      DEF man-DEF-ERG   DEF   cup   FOC   break-ASP
      'Foi a *xícara* que o homem quebrou.'

Entretanto, na medida em que uma língua tem o padrão clivado, ele é claramente uma quebra forte do padrão sintático neutro, tanto em termos do movimento para esquerda do constituinte em foco, quanto em termos do morfema marcador de foco (*it's* no inglês, *foi* no português), assim como em termos da presença do padrão sintático e morfológico da oração relativa, que então introduz a complexidade sintática adicional associada a essas orações.[61] Essa construção altamente pressuposicional está, portanto, bem no topo da escala de complexidade sintática (ou "distância sintática da norma").

2.4.2.4 Perguntas QU-

Perguntas QU-, apesar de constituírem um ato de fala diferente daquele que caracteriza as sentenças clivadas, compartilham com esta última muito da

---

61. Para a relação entre sentenças clivadas e relativização, ver Takizala (1972) e Schachter (1973).

estrutura *pressuposicional*. Esquematicamente, pode-se compará-las do seguinte modo:

(39)   a) Pressuposição compartilhada: *Someone killed Joe.*
            'Alguém matou Joe.'
        b) Clivada (declarativa): *It was Mary (who killed Joe).*
            'Foi Maria (quem matou Joe).'
        c) QU- (interrogativa): *Who was it (that killed Joe)?*
            'Quem foi (que matou Joe)?'

Além disso, há uma forte possibilidade (ver discussão nos Capítulos 5 e 6) de que tanto o desenvolvimento *ontogenético* quanto o desenvolvimento *diacrônico* dessas duas construções sigam exatamente o mesmo processo. Ou seja, dada a forte pressuposicionalidade contextual da sentença, exceto pelo elemento em foco, o primeiro estágio de desenvolvimento envolve apenas o constituinte foco. Então a sentença pressuposta — na forma de uma oração relativa não restritiva — é adicionada como uma *pós-reflexão* (*afterthought*), para acrescentar "certeza comunicativa". No estágio final, a construção simplesmente se gramaticaliza ("sintaticiza"). Portanto, esquematicamente:

(40)   a) (i) *It was **Máry**!*
                'Foi María!'
           (ii) ***Whó** (was it)?*
               'Quém foi?'
        b) (i) *It was **Máry**, (you know), (the one) who killed Joe.*
               'Foi María, (você sabe), (aquela) quem matou Joe.'
           (ii) ***Whó** was it, (you know), (the one) who killed Joe?*
               'Quém foi, (você sabe), (aquela) quem matou Joe?'
        c) (i) *It was **Máry** who killed Joe.*
               'Foi María quem matou Joe.'
           (ii) ***Whó** killed Joe?*
               'Quém matou Joe?'

A similaridade entre esses dois processos é evidenciada por um considerável corpo de evidência translinguística.[62] Assim, em muitas línguas, perguntas QU- exibem a mesma complexidade — relativa ao padrão neutro — que as sentenças

---

62. Ver Takizala (1976) e Schachter (1973).

clivadas. Além disso, elas também representam uma modificação adicional ao padrão neutro, já que, em perguntas QU-, um dos argumentos do verbo é apagado e substituído por um pronome interrogativo. E esse pronome normalmente classifica o tipo QU- de acordo com o caso do argumento que está no foco interrogativo.

Deve-se notar que, assim como construções de foco declarativas, perguntas QU- podem ter dois outros padrões, correspondentes à construção pseudoclivada e de foco acentuado (34). Logo, esquematicamente, uma língua pode exibir:

(41) a) *Whom did Mary kill?* (CLIVADA)
'Quem Maria matou?'
b) *The one whom Mary killed was **who**?* (PSEUDOCLIVADA)
'Aquele que Maria matou era quem?'
c) *Mary killed **who**?* (FOCO ACENTUADO)
'Maria matou quem?'

Para maiores ilustrações e materiais translinguísticos, ver Takizala (1976) e Sadock e Zwicky (1985).

Finalmente, como foi observado por Sadock e Zwicky (1985), além de muitos outros pesquisadores, as perguntas QU- mais pressuposicionais exibem, mais provavelmente, complexidade sintática, em termos de desvio do padrão neutro, em comparação com as perguntas sim-não, que são menos pressuposicionais. Isso certamente está de acordo com a predição em (33).

2.4.3 Outros atos de fala

2.4.3.1 Imperativos

Os dois traços mais comuns dos imperativos, em termos de distância sintática da norma, são a ausência de sujeito explícito e a morfologia reduzida do verbo. Ocasionalmente, outros desvios podem ser registrados. Por exemplo, em kru, em que o imperativo é sincronicamente um membro de uma grande classe de ambientes modais que são historicamente o resultado de encaixamento em um verbo manipulativo, a sintaxe SOV sobreviveu em imperativos assim como sobreviveu em todos aqueles ambientes modais encaixados, ao passo que o padrão neutro é o mais inovador SVO.[63]

---

63. Para mais detalhes, ver Givón (1975e).

2.4.3.2 Interrogativas

Perguntas QU- já foram analisadas anteriormente. É menos provável que perguntas sim-não desviem da norma, e, na maioria das línguas, elas diferem da correspondente declarativa apenas pela entonação. Em outras línguas, um morfema interrogativo de "introdução" generalizado também é usado, além da entonação característica. O tipo de inversão de ordenação vocabular encontrada no inglês (SV no padrão normal *versus* VS no padrão sim-não) é relativamente raro e pode-se demonstrar que é o resultado de mudança diacrônica — indubitavelmente motivada por considerações pragmáticas.[64]

2.4.3.3 Negativas

Uma discussão completa acerca da sintaxe, da semântica e da pragmática da negação pode ser encontrada no Capítulo 3. A presença de *marcadores de negação* é obviamente a diferença mais comum entre sentenças negativas e o padrão neutro, embora diferenças de *entonação* ou *tonais* sejam também extremamente comuns. Kru é novamente um dos poucos exemplos claros de diferenças de ordenação vocabular entre os padrões afirmativo e negativo. O hebraico bíblico apresenta uma diferença similar — mas não categórica — em que a ordenação SV tende a ser mais frequente em sentenças negativas, enquanto a ordenação mais conservadora VS é mais frequente nas afirmativas correspondentes (Givón, 1977a; assim como Seção 2.5).

2.4.4 Construções envolvendo graus de topicalidade

2.4.4.1 Objetos pronominais

Em muitas línguas (românicas, banto, iroquês), uma antiga ordenação SOV se reflete em pronomes presos, enquanto a ordenação mais inovadora SVO é encontrada em objetos nominais. O caso oposto é registrado tanto em amárico quanto em acádico, línguas em que uma ordenação VSO mais antiga ficou congelada no paradigma pronominal preso ao verbo, enquanto a sintaxe nominal mudou

---

64. Como demonstrei (Givón, 1977a), o conservadorismo sintático das orações não principais é mais comumente motivado por fatores pragmático-discursivos (ver sumário na Seção 2.5).

para SOV. Como vou sugerir no Capítulo 6, essas discrepâncias entre a sintaxe nominal neutra e a sintaxe pronominal se devem à mudança diacrônica, incluindo *cliticização* pronominal. Visto que tais processos são extremamente comuns (como é a *cliticização* pronominal), o desvio sintático da ordenação vocabular pronominal em relação à ordenação nominal deveria ser, em princípio, muito comum.

Finalmente, a substituição de um SN pleno por um pronome curto é, por si mesma, um desvio da norma sintática. Isso é ainda mais verdadeiro quando a língua usa uma *anáfora zero* em lugar de um pronome explícito.

2.4.4.2 Objetos definidos

Embora diferenças sintáticas entre construções com objeto definido e construções com objeto indefinido sejam incomuns, alguns casos realmente existem. Um exemplo é o mandarim chinês (Li e Thompson, 1975), em que a ordenação SOV é (geralmente) encontrada com objetos definidos, e SVO, com indefinidos. Um caso parcialmente similar pode ser visto no ute, em que uma subcategoria de indefinidos — objetos não referenciais — é incorporada ao verbo na posição pré-verbal, refletindo, portanto, a sintaxe mais conservadora OV. Objetos referenciais — definidos e indefinidos — aparecem com frequência textual crescente em posição pós-verbal, ou seja, na sintaxe mais inovadora VO.[65] Tanto em mandarim quanto em ute, as diferenças são resultantes de mudanças diacrônicas na ordenação vocabular, embora de tipos radicalmente diferentes.

Além disso, em muitas línguas banto a mudança de tópico é o mecanismo mais comum para tornar definidos objetos diretos, especialmente em sentenças negativas.[66] Assim, considere o seguinte exemplo em kinya-ruanda:

(42) a) *ya-bonye umugabo*
 ele-viu homem
 'Ele viu *um* homem'
 b) *umugabo ya-mu-bonye*
 homem ele-o-viu
 { 'Ele viu *o* homem'
 '*O* homem, ele o viu' }

---

65. Incorporação de objeto no verbo é comum translinguisticamente (ver Mardirussian, 1975).
66. Ver discussão em Givón (1976a, 1977b).

c) *nhi-ya-bonye umugabo*
   NEG-ele-viu homem
   'Ele não viu *um/qualquer* homem'
d) *umugabo nhi-ya-mu-bonye*
   homem   NEG-ele-o-viu
   'Ele não viu *o* homem'

Finalmente, observe que, como *a mudança de dativo* envolve diferenças de grau de topicalidade entre objetos direto e indireto (ver discussão no Capítulo 4 e também em Shir, 1979), não é incomum perceber que a ordenação ACUS-DAT é "mais compatível" com um acusativo *definido*, enquanto a ordenação DAT-ACUS é "mais compatível" com um acusativo *indefinido*. Embora esse não seja o "principal" parâmetro de ordenação vocabular, constitui um caso significativo no qual a definitude do objeto produz ordenações vocabulares variantes.

2.4.4.3 Construções de mudança de tópico

O deslocamento à esquerda — mais a quebra comum na entonação associada a essa construção — certamente marca um desvio do padrão neutro. Pronomes anafóricos na segunda porção da construção (em línguas que não usam pronome zero) é uma marca adicional. Além disso, em línguas semíticas, românicas e em algumas línguas banto, o deslocamento do objeto para a posição de tópico também resulta em uma ordenação vocabular variante VS no resto da oração, contra o padrão neutro (e mais inovador) SV.[67]

Deve-se notar, entretanto, que, em algumas línguas, particularmente línguas estritamente V inicial,[68] muito comumente a função de mudança de tópico é realizada sem mudança de ordenação vocabular (*i.e.* sem deslocamento para a esquerda), mas ocorre através da morfologia promocional envolvida em passivização e definitização.[69] Em tais línguas, obviamente, a distância *sintática* dessa construção em relação ao padrão neutro é insignificante.

---

67. Para maiores discussões, ver Capítulo 4, assim como Givón (1977a). Dados relacionados ao banto podem ser encontrados em Bokamba (1976).
68. Ver discussão em Edward Keenan (1977).
69. Ver discussão no Capítulo 4, assim como em Givón (1977b).

2.4.4.4 Passiva

Uma vasta tipologia de mecanismos de passivização encontrados nas línguas do mundo pode ser vista no Capítulo 4. Obviamente, cada tipo envolve diferentes formas de desvio da norma ativa. Em termos de sintaxe, esses desvios podem ser categorizados do seguinte modo:

1. *Reversão da ordenação relativa agente-paciente*: Encontrada no tipo indo--europeu assim como no tipo passivo de deslocamento para esquerda.
2. *Apagamento do agente*: Muitos subtipos envolvem essa ruptura óbvia da norma neutra.
3. *O uso de um verbo auxiliar*: A passiva inglesa com *be*, *get* ou *have* é um exemplo. O uso diacrônico do verbo *submeter* em mandarim (Li e Thompson, 1973b) também caracteriza esse tipo. Muito frequentemente, esses verbos auxiliares se tornam clíticos — na maioria dos casos em relação ao verbo passivo principal (Givón, 1971).

Além disso, sentenças passivas muito frequentemente contêm uma quantidade de marcadores morfológicos, como afixos derivados de verbos, morfologia de concordância, marcas de caso, através dos quais elas diferem do padrão neutro.

2.4.4.5 Apresentativos-existenciais

Os padrões sintaticamente desviantes característicos da construção existencial já foram discutidos na Seção 2.3.3.3.

2.5 CONSERVADORISMO SINTÁTICO

Quando escrevi a primeira versão deste capítulo, estava convencido de que, de algum modo, por um princípio geral, construções que são mais complexas em termos de sua pressuposição discursiva e de sua estrutura sintática também tendem a apresentar conservadorismo sintático. Existe um grande número de evidências para isso em muitos exemplos *específicos*, mas existem também bases para se acreditar que, como um princípio *geral*, essa observação não é fatualmente correta nem muito explanatória. Nesta seção, vou apresentar brevemente os tipos de fatos e de considerações que estão envolvidos.

2.5.1 Mudança de ordenação

Existe uma abundância de evidências sugerindo que o maior mecanismo para a mudança de ordenação vocabular envolve a *reavaliação* "descendente" das ordenações pragmáticas mais marcadas envolvidas em várias operações de tópico-foco,[70] no sentido de que eventualmente elas são reinterpretadas como o padrão neutro. As variantes pragmáticas mais marcadas constituem predominantemente o que Emonds (1970) chama transformações de raiz, que estão limitadas inicialmente às orações principais, ou às orações mais assertivas (Hooper e Thompson, 1973). Portanto, como os mecanismos primariamente responsáveis pela inovação da ordenação vocabular operam principalmente na oração principal-afirmativa, obviamente a sintaxe dessas orações vai refletir a ordenação mais inovadora, ao passo que a ordenação vocabular associada às orações subordinadas será mais conservadora.

Embora a ideia geral apresentada acima seja fatual, existem várias exceções que devem ser consideradas. Em Givón (1977a), mostrei que a ordenação VS mais conservadora em hebraico bíblico sobrevive mais tempo em orações — como orações relativas, sentenças de foco, perguntas QU-, topicalização de objeto etc. — nas quais a topicalidade do objeto é acentuada em relação à diminuição da topicalidade do sujeito. Embora seja verdadeiro que todas essas construções são também mais pressuposicionais do que o padrão neutro, em princípio é também verdadeiro que, se a topicalidade do objeto não está envolvida, então em hebraico bíblico uma construção mais pressuposta tenderá a ser diacronicamente mais progressiva, ou seja, exibir mais sintaxe SV. Isso é melhor exemplificado no caso das *negativas*, cuja sintaxe muda de VS para SV muito antes do que nas afirmativas correspondentes. O princípio geral envolvido aqui é aproximadamente o seguinte:

(43) *Todas as outras coisas sendo iguais, se um tipo de sentença é mais pressuposicional, então o sujeito dessa sentença tende a ser mais pressuposto ("mais tópico").*

Agora, já que é a topicalidade crescente do sujeito que dirige a mudança de ordenação VS para SV (ver Vennemann, 1973a; Givón, 1977a), então, nesse caso

---

70. Para mudança de SOV para SVO via "tópico de pós-reflexão" ("deslocamento para direita"), ver Hyman (1975). Para a mudança de SOV para V-segundo, ver Stockwell (1977). Para mudança de V-segundo para SVO, ver Vennemann (1973a). Para mudança de VSO para SVO, ver Givón (1977a).

particular, os fatores pragmáticos gerais que precipitam a mudança de ordenação pedem que a negativa seja sintaticamente *menos* conservadora do que a afirmativa "neutra".

A conclusão a ser tirada desse exemplo é bastante clara: embora um princípio "estrutural" possa parecer um candidato tentador para controlar a totalidade do fenômeno do conservadorismo sintático, não é esse princípio em si que está envolvido, mas considerações discursivo-pragmáticas mais detalhadas, altamente específicas e, sobretudo, mais *explanatórias*.

Há mais um aspecto do conservadorismo sintático de **algumas** orações encaixadas que deve ser mencionado aqui. Tem a ver com a natureza congelada, quase lexicalizada de algumas delas, em particular complementos verbais infinitivos (de verbos do tipo *want*, "querer", e *order*, "ordenar"). Em muitas línguas, essas orações-complemento são *bona fide* nominalizações, e isso tende a *congelar* seu padrão sintático, enquanto o padrão sentencial "mais frouxo" da oração principal sofreu mudança diacrônica. Um exemplo desse tipo são os compostos SVs em inglês, em que a antiga ordenação OV, congelada, sobreviveu:

(44)   *street cleaner, garbage disposal, man-hunt, head-busting* etc.

Um exemplo interessante na mesma linha envolve o modo como a antiga ordenação vocabular OV sobreviveu na estrutura congelada e formulaica de sintagmas predicados clivados em yoruba, enquanto o predicado da oração principal se transformou em VO:[71]

(45)   a)   *ọmọ nâ wà ní ibí*
             criança o estar LOC aqui
             'A criança está aqui'
        b)   *ọmọ na ni ó kpa adie*
             criança a SER ele matar galinha
             'Foi a criança que matou a galinha'

Em (45a), a antiga cópula locativa *ni* aparece antes do predicado, ou seja, em um padrão VO. Em (45b), entretanto, ela aparece depois do predicado de foco nominal, ou seja, o padrão OV mais arcaico.[72]

---

71. Por esses dados, estou em débito com Carl Lavelle (comunicação pessoal).
72. Para detalhes, ver Givón (1974b).

2.5.2 Inovação morfológica

A inovação de morfologia gramatical não é restringida, eu acredito, por considerações de marcação discursiva. Ao contrário, surge de necessidades específicas em pontos específicos. Por exemplo, a morfologia da negativa obviamente surge apenas em sentenças negativas. A morfologia da relativização oracional, apenas na oração relativa; a morfologia da subordinação verbal, apenas nos complementos verbais etc. Entretanto, existem alguns fenômenos "cristalizadores" que podem ter a ver com a rigidez nominal de orações nominalizadas ou congeladas e que, frequentemente, as marca como uma área "de cemitério" para uma morfologia mais antiga. Um caso interessante envolve perguntas QU- e construções clivadas em banto,[73] em que a antiga cópula *ni* parece sobreviver como uma relíquia bem depois de ter desaparecido do padrão sentencial neutro. Como, em geral, orações encaixadas — relativas, substantivas, adverbiais — apresentam padrões nominalizados em muitas línguas, as chances de conservadorismo sintático e morfológico nessas construções congeladas, semilexicalizadas, é obviamente alta.

2.5.3 Elaboração semântica

Uma vez que a elaboração semântica e a inovação expressiva carregam mais peso comunicativo no tipo de oração que contém a massa da informação nova no discurso, pode-se, de fato, esperar que tipos de sentença pressuposicionalmente mais marcadas exibam menos inovação sendo, portanto, "mais conservadoras". A maior parte das evidências concretas que sustentam essa expectativa envolve as sentenças negativas em oposição a suas afirmativas correspondentes e será apresentada no Capítulo 3. Restrições de tempo-aspecto em orações encaixadas, incluindo total redução nos paradigmas de verbo não finito e nominalizado, são muito comuns translinguisticamente. Por exemplo, em bemba, uma língua banto, com orações relativas sentenciais e orações adverbiais sentenciais, dos 24 marcadores independentes de tempo-aspecto, 7 são sistematicamente barrados nas negativas, relativas, perguntas QU-, clivadas, orações adverbiais e construções pseudoclivadas.[74] Se esse fenômeno é, de fato,

---

73. Ver Givón (1974b).
74. Para detalhes, ver Givón (1972a).

geral, ele certamente fortalece a validade do argumento da integridade, apresentado na Seção 2.1.

2.6 AQUISIÇÃO DA LINGUAGEM

Idealmente, seria interessante poder se afirmar que construções que são mais marcadas em termos da sua pressuposição discursiva são mais difíceis para a criança adquirir, ou são adquiridas mais tarde. Infelizmente, muitos trabalhos sobre esse assunto organizam sua coleta e análise de dados de um modo que impede uma aceitação ou rejeição não circular, inequívoca, dessa hipótese. Isso se deve ao fato de que a aquisição de "estrutura" era estudada sem a aquisição de "função" e isoladamente do contexto comunicativo e interativo em que se dá o desenvolvimento da linguagem da criança. Por exemplo, Klima e Belugi (1973) demonstram que a aquisição do padrão complexo, sintaticamente marcado da negação, em inglês se dá relativamente tarde e é precedida pela aquisição de estruturas negativas que são muito mais "simples". Não há evidência, entretanto, que demonstre quando o *ato da fala* da negação é adquirido e se a complexidade *conceptual* das negativas, em relação às afirmativas, constitui mais um fator independente do que um fator associado à complexidade sintática.

Que frequentemente a aquisição de certas funções ultrapassa a sintatização da função (*i.e.*, a aquisição da "estrutura") está pouco a pouco se tornando claro, à medida que evidências menos restritas e mais orientadas para o discurso e o contexto estão se tornando mais disponíveis. Desse modo, Limber (1973) sugeriu que, *como uma função*, perguntas QU- são adquiridas antes de orações relativas. Embora as últimas sejam pressuposicionalmente menos complexas, as primeiras são adquiridas antes como um padrão *sintaticamente não complexo*, ou seja, como pronomes QU- simples. Além disso, no momento em que o padrão pronome QU- é adquirido, a maior parte dos SNs usados pela criança no discurso são ainda referencialmente únicos — ou seja, pronomes, demonstrativos e nomes próprios —, por isso não há necessidade funcional de orações relativas, cuja função principal é estabelecer descrições definidas.

Além disso, existem fortes evidências (Limber, 1973; Ervin-Tripp, 1970) de que, na aquisição do padrão de pergunta QU-, o primeiro estágio envolveu *discurso compartilhado pelos participantes*, de modo que a sentença pressuposta subjacente aparece no discurso precedente como sentença *declarativa*, o que significa que a criança meramente contribui com a palavra QU-, esquematicamente:

(46) ADULTO: *Daddy gone to work.*
                'Papai foi trabalhar.'
      CRIANÇA: *Why?*
                'Por quê?'
      ADULTO: *Peter coming to dinner.*
                'Pedro vem jantar.'
      CRIANÇA: *Who?*
                'Quem?'

De fato, há evidência crescente[75] de que esse "espalhamento através dos participantes" é um dos primeiros modos de comunicação, pelo qual porções da interação que aparecem mais tarde na gramática formal do adulto como condensadas dentro da mesma construção são compartilhadas pelos participantes *ao longo* do discurso. Mais tipicamente, um participante estabelecerá o *tópico- -pressuposição* e o outro suprirá o *foco-asserção*. Existe também evidência[76] de que adultos deliberadamente estruturam dessa maneira sua interação comunicativa com crianças como um procedimento de ensino.

Estudos mais recentes (Bates, 1976; Sconlon, 1976; Elinor Keenan, 1974a, 1974b, 1975a, 1975b, 1977; Keenan e Schieffelin, 1976, 1977; Greenfield e Smith, 1976) parecem sugerir que as crianças primeiro adquirem um sistema comunicativo com estrutura relativamente simples, em que as várias partes das "proposições" não estão estreitamente juntas nas "sentenças" ou "construções" sintáticas. Ao contrário, elas são ordenadas ao longo do discurso, frequentemente através de vários "turnos" dos participantes, com pausas e repetição e muito pouca estrutura "sintática". Esta última é adquirida apenas mais tarde, via processos de "gramaticalização" (ver discussão no Capítulo 5). Se essas versões do cenário da aquisição da linguagem pela criança são inerentemente corretas, como penso que são, então talvez a correlação entre complexidade e ordem de aquisição ainda possa ser estabelecida em bases empíricas e conceituais mais sólidas.

---

75. Ver sumário em Elinor Keenan (1977) e as discussões no Capítulo 5.
76. Ver Ervin-Tripp (1970).

2.7 CONCLUSÃO: SINTAXE E COMUNICAÇÃO

Quando se estabelece que o tipo de sentença neutro — a oração principal declarativa afirmativa ativa — é, de fato, o tipo usado no discurso para transmitir *o grosso* da informação nova, então os fatos observados acima podem ser entendidos como um conjunto de dependências complexas cuja explicação está altamente enraizada na caracterização *funcional* do tipo neutro. Essas dependências podem ser sumarizadas do seguinte modo:

1. *Marcação discursiva*. Obviamente, o tipo de sentença com a massa da informação nova-asserção será a *menos pressuposicional*. Mas se deve considerar que complexidade pressuposicional é apenas uma dimensão da totalidade do fenômeno da marcação discursiva. Outra dimensão é a *dificuldade de identificar o referente*. Quando o falante pressupõe *mais* dificuldade por parte do ouvinte, o tipo de construção que ele usa nesse contexto pode ser considerado mais marcado. Entretanto, o caso das sentenças de sujeito indefinido (existencial-apresentativa) leva à conclusão de que a marcação discursiva não é, em essência, uma noção *absoluta*, e sim *relativa*. Nesse caso em particular, sentenças existenciais são mais marcadas, ou seja, *comunicativamente mais chocantes* ou surpreendentes, porque a norma ("fundo") na comunicação humana é o discurso *multiproposicional*, em que *continuidade do tópico* é a regra e *mudança do tópico*, a exceção. Em última análise, creio que se pode definir marcação discursiva como "o grau em que um fenômeno discursivo constitui uma *surpresa*, uma quebra da norma comunicativa". E, como a norma pode mudar durante o discurso, o grau de surpresa comunicativa é obviamente relativo à norma *em cada momento específico*. Contra o fundo da total ignorância, informação nova é uma quebra na norma. Contra o fundo do conhecimento pressuposto, informação nova é uma surpresa. Contra o fundo de tópico pressuposto (discurso multiproposicional com cadeia tópica), sujeitos indefinidos quebram a norma. Mas, no início do discurso, em que nenhum tópico foi estabelecido, sujeito indefinido é a norma. Que surpresa comunicativa esteja correlacionada diretamente com *dificuldade comunicativa* é, obviamente, esperado, dado o princípio da *inércia* e sua manifestação na comunicação, ou seja, a interação entre figura e fundo.[77]

---

[77]. Resumidamente, o que não se move no fundo é percebido como parte do fundo, mas uma mudança — movimento, quebra da rotina — é percebida como figura, surpresa ou informação. Em termos de probabilidade, um fenômeno com mais de 50% de probabilidade é fundo, enquanto outro, com menos de 50% de probabilidade, é figura. Para mais informação, ver Seção 3.4.

2. *Frequência textual*. Se o discurso humano envolve primeiramente[78] a troca de informação nova, então, obviamente, deve-se esperar que o tipo de oração que carrega a massa da informação nova seja a mais frequente no discurso.

3. *Restrições distribucionais*. Em termos de distribuição mais livre de elementos portadores de significado, obviamente o tipo de oração que carrega a massa da informação nova é precisamente aquele em que a elaboração máxima é esperada. O mesmo também é verdadeiro com a distribuição mais livre de recursos comunicativos que elaboram as relações tópico-foco. Por outro lado, a perda comunicativa consequente da menor elaboração e menor especificação em orações pressupostas é mais facilmente contrabalançada pelo fato de que elas representam informações de fundo, já acessíveis ao ouvinte. Finalmente, para o tipo neutro de oração ter a maior distribuição textual, seria necessário que ele tivesse menos restrições em seu encaixamento em vários contextos gramaticais.

4. *Complexidade sintática*. É razoável assumir que orações que são mais pressuposicionais e, portanto, não são parte crítica da informação nova também irão tolerar maior complexidade sintática — e, portanto, provavelmente maior complexidade *perceptual*. Entretanto, é provável que, ao menos em parte, a relevante noção de complexidade seja *relativa*, quando comparada com a norma neutra mais frequente. Portanto, a complexidade psicologicamente relevante pode ser, ao menos em parte, uma função das expectativas de fundo, estabelecidas pela norma neutra. O aparente paradoxo envolvido aqui em termos de teoria da comunicação é o seguinte: em termos de *percepção*, um fenômeno é mais facilmente perceptível se constitui uma *quebra* da norma. Isso o torna perceptualmente mais *saliente*. Por outro lado, em termos de *análise* e *compreensão*, um evento menos esperado — e mais raro — é mais difícil de analisar e processar, dado que as melhores *rotinas* ("estratégias de processamento automático") são estabelecidas para o evento mais frequente. O paradoxo é, obviamente, ilusório: a codificação perceptualmente mais saliente atribuída ao fenômeno mais marcado simplesmente serve para alertar o ouvinte de que o que está vindo agora é mais complexo, menos esperado, caso mais marcado, para o qual as estratégias normais de processamento não servirão, e estratégias excepcionais devem, portanto, ser ativadas.

---

78. Para uma discussão detalhada em relação a essa afirmação e um contraste com a comunicação animal, ver Capítulo 7.

5. *Dinamismo sintático*. Na medida em que inovações sintáticas surgem da reinterpretação de variantes marcadas de tópico-foco como padrão neutro, espera-se que o tipo de oração que exibe maior liberdade de distribuição de tais variantes — a oração principal declarativa afirmativa ativa — seja sintaticamente menos conservador. Além disso, espera-se também que o tipo neutro de oração que carrega a massa da informação nova exiba mais inovação e elaboração semântica.

6. *Aquisição da linguagem*. Ao adquirir sua primeira língua, as crianças estão obviamente sob *tensão comunicativa* de dois modos diferentes:

a) Elas compartilham muito pouco do fundo pressuposicional que constitui o pré-requisito para a comunicação.[79]
b) Elas ainda não aprenderam o código comunicativo, convenções, estratégias de processamento etc.

Sob tais circunstâncias, espera-se, ao menos inicialmente, um sistema comunicativo simplificado. Esse sistema deveria envolver as seguintes características: (a) baixa taxa de transmissão, medida em "bits por segundo";[80] (b) taxa alta correlata de repetição; (c) sintaxe correlata menos condensada e menos compactada (ver discussão no Capítulo 5). Pode-se, portanto, dizer que uma construção sintaticamente complexa é simplesmente aquela em que (a) *mais informação* é embalada por contorno entonacional; e (b) *mais unidades de codificação* (em termos de morfemas, entonação complexa e padrão sintático condensado) são usadas para transmitir a mensagem. Deve-se, portanto, esperar que ambos os traços sejam mais difíceis para a criança, dada sua condição sob tensão comunicativa. Além disso, a aparente correlação entre complexidade conceptual e complexidade de codificação está em conformidade com um dos mais difundidos princípios conhecidos pelos linguistas, segundo o qual uma unidade menor de sentido carrega, em média, uma menor sequência de codificação.[81] Finalmente, se a criança está engajada em adquirir uma capacidade

---

79. Para compensar isso, a comunicação de crianças pequenas se dá no — e se refere a, com relação ao conteúdo — ambiente mais imediato do aqui-e-agora, você-eu, este-aquele objeto visível, em que o contexto é óbvio para ambos os participantes. Ver maiores discussões nos Capítulos 5 e 7.

80. A unidade "bit" relevante deve ser estabelecida para a linguagem. Palavras lexicais, assim como SNs e SVs são, obviamente, possibilidades, assim como "grupos entonacionais". Ver discussão em Givón (1975c).

81. Morfemas lexicais são maiores do que morfemas gramaticais, pronomes são menores do que nomes. Para evidência psicolinguística e uma elucidativa discussão geral, ver Greenfield e Dent (1978).

comunicativa, como parece claramente ser o caso, então parece razoável que a capacidade de produzir o tipo de oração pelo qual a maior parte da informação é transmitida — a oração principal declarativa afirmativa ativa — deveria se desenvolver antes da capacidade de produzir as orações mais pressuposicionais. Mais uma vez, necessidade comunicativa e complexidade psicológica podem cooperar, trabalhando lado a lado.

O que dizer da intuição transformacional clássica sobre sentenças básicas e transformações, então? Está viva e bem, acho, contanto que se perceba que:

1. Seus aspectos formais são altamente *heurísticos* para o linguista.
2. Esses aspectos formais não podem constituir por eles mesmos uma explicação, precisando sim ser explicados.
3. A explicação deve-se referir àquilo que nós conhecemos acerca do uso das estruturas sintáticas na comunicação.

NOTA RETROSPECTIVA DO AUTOR (JUNHO DE 2004)

Originalmente, este capítulo fez um certo estardalhaço em sua forte defesa da investigação dos correlatos adaptativo-funcionais das construções sintáticas. Mas, deixando de lado o espírito jovem bem intencionado, resulta, em retrospecto, ter sido um tratamento um tanto mal conduzido dos detalhes reais. Refiro-me, mais evidentemente, à redução desastrosa de todas as funções comunicativas — e à questão geral da marcação na sintaxe — a um contraste binário único de pressuposto *versus* asseverado (ou informação velha *versus* nova). Embora tal reducionismo frequentemente caracterize estágios anteriores de construção da teoria, e embora possa ter, em alguma medida, refletido o *zeitgeist* do final dos anos 1970, não basta. Uma investigação muito mais madura das muitas funções comunicativas de construções sintáticas pode ser encontrada em meu *Syntax*. v. I e II. Edição revista. Amsterdam: J. Benjamins, 2001. A discussão mais teórica da marcação na gramática foi abordada em duas versões essencialmente idênticas: (i) em meu "Markedness in grammar: Distributional, communicative and cognitive correlates of syntactic structure", *Studies in Language*, 15.2, 1991; e (ii) em meu *Functionalism and Grammar*, Amsterdam: J. Benjamins, 1995, cap. 2.

3 LÓGICA *VERSUS* LÍNGUA
A negação na linguagem: pragmática, função, ontologia

3.1 INTRODUÇÃO[1]

> A verdade filosófica deve ser procurada nas pressuposições da língua, e não nas suas declarações expressas [...].
>
> A. N. Whitehead, *Modes of thought* (1938)

Este capítulo surgiu gradualmente de diversos interesses relacionados em diferentes contextos. Começou como uma investigação do uso e da função da negação nas línguas naturais. Logo se estendeu para a investigação da pressuposicionalidade discursiva e da marcação sintática, conforme discutidas no Capítulo 2. De forma mais natural estendeu-se, então, para o estudo da linguagem como um instrumento de comunicação e do modo como a pragmática discursiva interage com a sintaxe. Isso levou a repensar a relação entre o tratamento tradicional da negação na lógica proposicional em contraste com a pragmática da negação nas línguas naturais. Como era de se esperar, preocupações epistemológicas conduziram então a uma investigação ontológica que finalmente situou a negação em um contexto mais amplo e aparentemente mais esclarecedor.

---

1. Muitas pessoas fizeram comentários úteis sobre versões anteriores deste capítulo, mais particularmente Dwight Bolinger, Erica García, Ed Keenan, Tim Shopen, Robert Hetzron, Larry Horn, Charles Osgood, Alan Timberlake, Derek Bickerton, Herbert Clark e Robert Kirsner. Aproveito a oportunidade para agradecer-lhes pela gentileza e absolvê-los de qualquer responsabilidade pelo produto final.

Na primeira parte, tentarei mostrar como a negação nas línguas naturais difere, de maneiras bastante específicas e facilmente formalizáveis, da negação como é tradicionalmente tratada na lógica proposicional simples. Nesta última, o operador negativo meramente reverte o valor de verdade de uma proposição, sem afetar o *status* idêntico de [p] e [~ p] como proposições genuínas do *mesmo tipo*. Esse ponto é melhor ilustrado no axioma lógico mais básico:

(1) $\sim \sim p = p$

Nas línguas naturais, por outro lado, o axioma (1) não conta a história completa da negação, e é, na verdade, bastante enganador em relação a algumas das propriedades mais básicas do *ato de fala* negativo. Nas línguas naturais, as afirmativas e suas negativas correspondentes não diferem apenas pelo seu valor de verdade, mas também por um elemento adicional — pragmático —, a saber, suas *pressuposições discursivas*. Estas nem sempre correspondem àquilo que os lógicos têm tradicionalmente definido como "pressuposição". Assim, por exemplo, ambos os tipos de pressuposição discutidos por Edward Keenan (1971) envolvem a *verdade* de certa proposição, ou — para ser pragmaticamente mais impreciso — o *conhecimento* do falante a respeito daquela verdade. Muitas pressuposições discursivas podem de fato conformar-se a tal caracterização. Mas outras, talvez a maioria, não tratam sempre daquilo que o falante *sabe ser verdadeiro*. Ao contrário, elas envolvem aquilo que o falante assume que o ouvinte *tende a acreditar*, está *provavelmente inclinado a acreditar*, ou está *empenhado em acreditar por uma probabilidade mais alta do que 50%*. No que diz respeito à pragmática das línguas naturais, a nítida dicotomia da lógica dedutiva tende, assim, a se dissolver à luz do raciocínio *indutivo*, probabilístico.

Os fatos da negação na linguagem são, naturalmente, um primeiro caso em questão, uma vez que, se tomamos pressuposição em seu sentido estritamente lógico (como em Edward Keenan, 1971; Herzberger, 1971), somos forçados a derivar uma contradição. Isso acontece porque a pressuposição discursiva de um ato de fala negativo é, como demonstrarei abaixo, sua afirmativa correspondente. Logo, de um ponto de vista estritamente lógico, quando o falante assevera [~ p], ele pressupõe [p]. Obviamente essa é uma conclusão absurda que serve simplesmente para ilustrar que os fatos da língua enquanto comunicação — quando se dá um passo além do mundo artificialmente construído da lógica de proposições atômicas — requerem uma noção de conhecimento pressuposicional mais rica, mais complexa e talvez até mesmo *aberta*. Embora se espere que tal noção possa ser dotada de um grau suficiente de rigidez formal, deve-se permanecer atento para a possibilidade real de que noções probabilísticas, indutivas, podem desempenhar um papel importante — talvez mesmo decisivo — no esquema final a ser descoberto.

A segunda parte do capítulo investiga o tipo de previsões que se podem derivar do estatuto pressuposicionalmente *mais marcado* das sentenças negativas. Como discutido de modo mais geral no Capítulo 2, essas previsões envolvem restrições distribucionais, conservadorismo diacrônico e complexidade psicológica.

Na última parte, tento mostrar como a pragmática da negação como um ato de fala e seu uso na comunicação humana resultam de uma fonte *ontológica* mais profunda, a saber, das estratégias perceptuais/conceituais de *figura versus fundo* pelas quais os humanos interpretam seu universo.

3.2 O *STATUS* PRESSUPOSICIONAL DOS ATOS DE FALA NEGATIVOS

Nesta seção começo investigando o conjunto de fatos que inicialmente me levaram a concluir que os atos de fala negativos são pressuposicionalmente *mais marcados* do que suas afirmativas correspondentes. A exposição seguirá um curso indutivo ao invés de dedutivo. Isso se deve, em parte, a um compromisso estético, mas também é uma questão de necessidade, já que ainda não se encontra disponível um conjunto completo de fatos nos quais uma exposição dedutiva adequada deveria estar baseada. Em particular, não incluí muitos fatos sobre a negação encaixada que, creio, corroboram a análise apresentada abaixo.

3.2.1 A restrição sobre referenciais indefinidos

A maioria dos verbos que tomam objeto são *implicativos* com relação à *referencialidade* ("existência") de seu objeto. Isto é, a menos que a sentença seja encaixada sob o escopo de uma modalidade [não fatual].[2] Então, se a ação/evento descrita pelo verbo (ou por toda a *sentença*) é verdadeira, a referencialidade (ou existência) do objeto também deve ser verdadeira.

---

2. Para uma discussão sobre referencialidade e opacidade existencial, ver Givón (1973b), Jackendoff (1971) e Bickerton (1975b).

Para ilustrar referencialidade e não referencialidade, considere o seguinte:

(2) *John met a girl.*
'João encontrou uma menina.'
(3) *John looked for a girl.*
'João procurou uma menina.'

O verbo *meet* ("encontrar") em (2) é um verbo *implicativo*, e se a sentença (2) é verdadeira, então o objeto *girl* ("menina") deve ter existido, isto é, o objeto é *referencial*. O verbo *look for* ("procurar") em (3), por outro lado, é *não implicativo*, e o objeto *girl* da sentença (3) — mesmo se a sentença for verdadeira — pode referir-se ou a uma menina particular existente (referencial) ou ao *tipo menina* (não referencial). Sob a última interpretação de (3), João teria ficado satisfeito em encontrar *qualquer* menina.

Quando verbos implicativos são usados em um tempo passado ativo, não habitual, não repetitivo, eles *somente* podem ter objetos referenciais, embora esses objetos possam ser definidos ou indefinidos. Assim, considere:

(4) a) *John read **a** book.* (REF, INDEF)
'João leu **um** livro.'
b) *John read **the** book.* (REF, DEF)
'João leu **o** livro.'
c) **John read **any** book.*[3] (+NÃO REF)
'*João leu **qualquer** livro.'

Os valores de verdade de (4a, b, c) acima podem ser dados como em (5a, b, c), respectivamente:

(5) a) *There exists a book, and John read it.*
'Existe um livro, e João o leu.'
b) *There exists a book, known to the hearer, and John read it.*
'Existe um livro, conhecido do ouvinte, e João o leu.'
c) **There exists no book, and John read it.*
'*Não existe um livro, e João o leu.'

---

3. Sob uma interpretação [habitual] de tempo-aspecto, isto é, *John **used to** read any book that he could lay his hands on* ('João **costumava** ler qualquer livro em que ele pudesse pôr as mãos'), (4c) é, naturalmente, aceitável. Mas o modo [habitual] é uma das modalidades [não fatuais] sob cujo escopo a opacidade existencial é possível (Givón, 1973b).

A negação é uma das modalidades [não fatuais] na língua, e os nomes sob o escopo de tais modalidades podem ser interpretados tanto referencialmente quanto não referencialmente. Não é, portanto, surpreendente que a construção negativa correspondente a (4) possa permitir um objeto não referencial. Contudo, sob o escopo da negação — diferentemente do escopo da modalidade afirmativa [não fatual] em (3) —, a interpretação *referencial* indefinida dos objetos parece desaparecer. Ao contrário, os objetos referenciais sob o escopo da negação têm de ser *obrigatoriamente definidos*:

(6) a) *John didn't read **a** book.*   (NÃO-REF)
'João não leu **um** livro.'
b) *John didn't read **any** book.*   (NÃO-REF, enfático)
'João não leu **nenhum** livro.'
c) *John didn't read **the** book.*   (REF, DEF)
'João não leu **o** livro.'

Os valores de verdade de (6a, b, c) acima podem ser dados como (7a, b, c), respectivamente:

(7) a) *There exists no book such that John read it.*
'Não existe um livro tal que João o leu.'
b) *There exists no book such that John read it.*
'Não existe um livro tal que João o leu.'
c) *There exists a book known to the hearer and John didn't read it.*
'Existe um livro conhecido do ouvinte e João não o leu.'

O padrão referencial indefinido que não pode ser obtido sob negação é aquele cujo valor de verdade pode ser dado como:

(8) *There exists a book, and John didn't read it.*
'Existe um livro, e João não o leu.'

Contudo, embora a sentença não permitida (5c) seja logicamente contraditória, não há nada *logicamente* errado com (8) como uma interpretação de (6a), mas, não obstante, essa não é a interpretação preferida.

Fatos semelhantes estão refletidos na área da pronominalização. Após a introdução de um objeto indefinido de um verbo implicativo em uma oração afirmativa, a pronominalização é possível sob a condição de identidade de *sentido* e de identidade de *referência*:[4]

(9)   *John met a girl yesterday,*
  $\left\{\begin{array}{l}\textit{and Fred met }\textbf{one}\textit{ too.} \quad\quad \text{(SENTIDO)}\\ \textit{and Fred met }\textbf{her}\textit{ too.} \quad\quad \text{(REFERÊNCIA)}\end{array}\right\}$

(9') 'João encontrou uma menina ontem,
  $\left\{\begin{array}{l}\text{e Fred encontrou }\textbf{uma}\text{ também.'} \quad \text{(SENTIDO)}\\ \text{'e Fred }\textbf{a}\text{ encontrou também.'} \quad\quad \text{(REFERÊNCIA)}\end{array}\right\}$

Mas quando um objeto indefinido é introduzido em uma sentença negativa correspondente, apenas a pronominalização sob identidade de sentido é possível, não sob identidade de referência. Em outras palavras, o objeto indefinido na oração negativa *não* é interpretado referencialmente:

(10) *John didn't meet a girl yesterday,*
  $\left\{\begin{array}{l}\textit{and Fred didn't meet }\textbf{one}\textit{ either.} \quad\quad \text{(SENTIDO)}\\ \textit{*and Fred didn't meet }\textbf{her}\textit{ either.} \quad\quad \text{(*REFERÊNCIA)}\end{array}\right\}$

(10') 'João não encontrou **uma** menina ontem,
  $\left\{\begin{array}{l}\text{e Fred também não encontrou uma.'} \quad\quad \text{(SENTIDO)}\\ \text{'*e Fred também não a encontrou.'} \quad\quad \text{(*REFERÊNCIA)}\end{array}\right\}$

O inglês, assim como um pequeno número de outras línguas, tolera, no nível da "competência gramatical", contraexemplos à generalização acima. Considere:[5]

(11)   a) *What happened to Mary?*
       b) *Well, **she didn't read a book** that was put on the required list, and as a result she flunked her exam.*
(11') a) 'O que aconteceu com a Maria?'
       b) 'Bem, **ela não leu um livro** que estava na lista exigida e, como resultado, ela se saiu mal no exame.'

Embora a gramaticalidade de (11) não esteja em dúvida, há fortes motivos para sugerir que ela não constitui realmente um contraexemplo prejudicial à afirmação feita acima. O argumento obviamente depende da distribuição de objetos definidos e indefinidos no discurso, isto é, em textos reais que reflitam as

---

4. Devo esses exemplos a Derek Bickerton (comunicação pessoal; mas ver também Bickerton, 1975c).
5. Devo este exemplo a Tim Shopen (comunicação pessoal).

verdadeiras escolhas comunicativas dos falantes. Contagens em textos do inglês escrito revelam que nas orações principais-declarativas-afirmativas-ativas, uma média de 50% dos objetos acusativos são *indefinidos*, e a grande maioria destes é *referencial*. Parece, portanto, que, no discurso real, a posição de objeto-acusativo é o ambiente primário em que os argumentos *referenciais* são introduzidos no discurso *pela primeira vez*, isto é, como indefinidos. Esses fatos distribucionais estão sumarizados na Tabela 3.1.

As distribuições são radicalmente diferentes quando se analisam objetos acusativos de verbos *negativos* em inglês. Dos objetos *referenciais* examinados em dois textos de ficção, 100% eram definidos. Inversamente, todos os objetos acusativos morfologicamente indefinidos nesses contextos negativos eram *não referenciais*. Os resultados estão sumarizados na Tabela 3.2. Assim, é aparente que, mesmo se a introdução de objetos referenciais indefinidos em sentenças negativas é "gramaticalmente possível" em inglês, no nível de textos reais é uma estratégia discursiva extremamente rara e largamente evitada. Ao invés, parece que os falantes de inglês preferem introduzir nomes referenciais no discurso primeiramente em orações *afirmativas*, e consequentemente só tratá-los como *definidos* nas orações negativas. Em inglês e em algumas outras línguas, essa restrição parece dar-se em torno de 100% apenas no nível do "desempenho", isto é, em textos, mas aparentemente não no nível da "competência gramatical". Na maioria das outras línguas, contudo, essa restrição é plenamente imposta na gramática.[6] Como um exemplo desse tipo de língua, considere primeiro o húngaro:[7]

(12) a) *Jancsi olvasta a könyvet*
    João leu-o o livro
    'João leu o livro' (REF, DEF)
  b) *Jancsi olvasott egy könyvet*
    João leu um livro
    'João leu um livro' (REF, INDEF)
  c) *Jancsi könyvet olvasott*
    João livro leu
    'João fez uma leitura'[8] (REF, NÃO ESPECÍFICO)

---

6. Para uma discussão das implicações teóricas dessa "diferença" translinguística, ver Capítulo 1.

7. Pelos dados do húngaro agradeço a Robert Hetzron (comunicação pessoal).

8. Embora pela lógica o objeto de (12c) seja referencial, ele é "não específico", e a maioria das línguas aplica para tais objetos a mesma marcação superficial conferida a nomes não referenciais. Um exemplo semelhante do hebraico foi discutido na Seção 1.3.3.5.

TABELA 3.1
Distribuição de objetos acusativos definidos e indefinidos em orações principais-declarativas-afirmativas-ativas em inglês

Tipo de discurso[a]	Sujeito				Objeto-Acusativo			
	Indefinido		Definido		Indefinido		Definido	
	N°	Porcentagem	N°	Porcentagem	N°	Porcentagem	N°	Porcentagem
Não ficção	43	87	6	13	24	48	25	52
Ficção	160	90	17	10	123	64	68	36
Notícias	36	80	9	20	15	33	30	67
Esportes	63	98	1	2	31	48	33	52
Total	302	91	33	9	191	56	156	44

[a] Os textos contados são, respectivamente, não ficção: Chomsky (1973, p. 3-12); ficção: L'Amour (1965, p. 1-25); notícias: *The Los Angeles Times*, 9/1/74, primeira página de notícias; esportes: *The Los Angeles Times*, 9/1/74, primeira página da seção de esportes.

TABELA 3.2
Distribuição de objetos acusativos referenciais definidos e indefinidos em orações principais-
-declarativas-negativas-ativas em inglês

Texto[a]	Referencial definido		Referencial indefinido	
	N°	Porcentagem	N°	Porcentagem
Grey	46	100	0	0
Christie	29	100	0	0

[a] Os dois textos contados são Grey (1926, p. 1-35) e Christie (1939, p. 1-47).

Sob o escopo da negação, contudo, não há sentença que corresponda a (12b):

(13) a) *Jancsi nem olvasta a könyvet*
    João NEG leu-o o livro
    'João não leu o livro'   (REF, DEF)
 b) **Jancsi nem olvasott egy könyvet*
    João NEG leu um livro   (*REF, INDEF)
 c) *Jancsi nem olvasott könyvet*
    João NEG leu livro
    'João não leu qualquer livro'   (NÃO-REF)

A seguir, considere o bemba, uma língua banto que emprega um sistema morfológico muito diferente para codificar as noções de definitude e referencialidade. A definitude *per se* não é marcada nessa língua. Antes, o que é marcado é o contraste entre a interpretação referencial (existencial) e não referencial de SNs. Essa distinção é codificada pelo prefixo da classe dos nomes, que toma uma forma canônica VCV — se o nome é referencial — e uma forma canônica CV — quando o nome é não referencial.[9] Ilustrando esse fato com um verbo implicativo no tempo passado, pode-se observar a seguinte distribuição:

(14) a) *umu-ana   a-à-somene   ici-tabo*
    VCV-criança ele-passado-ler VCV-livro
    { 'A criança leu *um* livro' (REF, INDEF) }
    { 'A criança leu *o* livro'   (REF, DEF)   }

---
9. Ver maiores detalhes em Givón (1973b).

b) *umu-ana   a-a-somene   ***ci**-tabo*
VCV-criança   ele-passado-ler   CV-livro
'*A criança leu *qualquer* livro'   (*NÃO REF)

Sob a negação, porém, embora uma interpretação não referencial do objeto seja possível, o objeto referencial deve obrigatoriamente ser interpretado como definido:

(15) a) *umuana   tá-a-à-somene   **ici**-tabo*
criança   NEG-ele-passado-ler   VCV-livro
'A criança não leu *o* livro'   (REF, DEF)

b) *umuana   tá-a-à-somene   **ci**-tabo*
criança   NEG-ele-passado-ler   CV-livro
'A criança não leu *qualquer* livro'   (NÃO-REF)

Fatos semelhantes podem ser vistos em dzamba,[10] luganda[11] e ruanda. Nas duas últimas línguas, isso é particularmente surpreendente porque o objeto definido de verbos negativos obrigatoriamente tem de ser topicalizado à esquerda, um recurso que só pode ser usado para nomes definidos. Assim, considere o seguinte:[12]

(16) a) *ya-boonye   umugore*
ele-passado-ver   mulher
'Ele viu *uma* mulher'   (REF, DEF)

b) *ya-**um**-boonye   umugore*
ele-passado-*a*-ver   mulher
'Ele viu *a* mulher'   (REF, DEF)

c) *umugore   ya-**mu**-boonye*
mulher   ele-passado-*a*-ver
'A mulher, ele a viu'   (REF, DEF, TÓPICO)

d) *nhi-ya-boonye   umugore*
NEG-ele-passado-ver   mulher
'Ele não viu *qualquer* mulher'   (NÃO-REF)

---

10. Ver Bokamba (1971) e Givón (1973b).
11. Ver Mould (1975).
12. Pelos dados de ruanda estou em débito com Alexandre Kimenyi (comunicação pessoal).

e) *umugore   nhi-ya-**mu**-boonye*
    mulher   NEG-ele-passado-*a*-ver
    $\left\{\begin{array}{ll}\text{'Ele não viu } a \text{ mulher'} & \text{(REF, DEF)} \\ \text{'}A \text{ mulher, ele não } a \text{ viu'} & \text{(REF, DEF, TÓPICO)}\end{array}\right\}$

Sob nenhuma circunstância o objeto de (16d), acima, pode ser interpretado como *referencial* indefinido, embora tal interpretação seja bastante natural na afirmativa correspondente (16a).

Há outras línguas, além do inglês, em que um objeto referencial indefinido seguindo um verbo negativo é aceitável no nível da "competência". Uma delas é o hebraico de Israel, em que se pode, de fato, forçar esse tipo de interpretação usando uma oração relativa restritiva, do mesmo modo que é feito em inglês em (11). Mas o numeral *um* não acentuado, que marca nomes referenciais indefinidos, deve estar presente para reforçar essa interpretação. Assim, considere:

(17) a) *hu kaná   séfer   hayóm*
        ele comprou livro   hoje
        'Ele comprou um livro hoje'   (REF, NÃO ESPECÍFICO)

   b) *hu kaná   séfer-xad   hayóm*
      ele comprou livro-um   hoje
      'Ele comprou *um* livro hoje'   (REF, INDEF)

   c) *hu kaná   et   há-séfer hayóm*
      ele comprou AC   o-livro   hoje
      'Ele comprou *o* livro hoje'   (REF, DEF)

   d) *hu ló   kaná   séfer   hayóm*
      ele NEG comprou livro   hoje
      'Ele não comprou *um/qualquer* livro hoje'   (NÃO REF)

   e) *hu ló   kaná   áf   séfer   hayóm*
      ele NEG comprou qualquer livro   hoje
      'Ele não comprou *qualquer* livro hoje'   (NÃO-REF)

   f) *hu ló   kaná   et   ha-séfer   hayóm*
      ele NEG comprou AC   o-livro   hoje
      'Ele não comprou *o* livro hoje'   (REF, DEF)

   g) *hu ló   kaná   séfer-xad   she-amrú   lo*
      ele NEG comprou livro-um   que-disseram lhe
         liknót,   letsaarí...
         para-comprar, infelizmente...
      'Infelizmente, ele não comprou um livro que lhe disseram para comprar...'

Embora eu não tenha contagens de textos para o hebraico, a sentença (17g), ainda que gramatical, é bastante estranha e muito menos utilizada do que a correspondente (18), em que o *livro* referencial é introduzido pela primeira vez — como indefinido — em uma sentença *afirmativa*, e então aparece como *definido* (aqui como pronome) na negativa:

(18)   *hayá séfer-xad she-amrú   lo   liknót,   aval   hu*
       havia livro-um   que-disseram lhe   para-comprar, mas   ele
       *ló   kaná   **oto***
       NEG   comprou   o
       'Havia um livro que lhe disseram para comprar, mas ele não *o* comprou'

Parece-me que precisamente essa espécie de preferência por uma estratégia e não pela outra subjaz aos fatos da distribuição discursiva dada na Tabela 3.2.

Deve-se também notar que uma língua pode mudar a restrição sobre referenciais indefinidos sob a negação ao longo do tempo, de uma restrição no nível da competência (como em húngaro, bemba e ruanda) para uma restrição no nível do desempenho ou da contagem textual (como em inglês e no hebraico de Israel). Isso pode ser ilustrado pelos fatos do chinês mandarim.[13] A gramática da definitude e indefinitude é bastante complexa nessa língua, em grande parte como resultado de mudança diacrônica em processo. O uso do numeral *um* para marcar definidos é um desenvolvimento relativamente recente, e recursos alternativos que se apoiam nas diferenças de ordenação vocabular entre definidos e indefinidos ainda existem.[14] Quando apenas o sistema antigo, que se apoia nas diferenças de ordenação das palavras, é usado, a língua obedece à proibição de uso dos referenciais indefinidos sob a negação no nível da competência gramatical. Assim, considere:

(19)   a)   *wŏ dă-pò   le   zhuāngzi*
          eu bati-quebrei ASP janela
          'Eu quebrei *uma* janela/*algumas* janelas' (REF, INDEF)   (SVO)
    b)   *wŏ bă zhuānzi dă-pò   le*
          eu AC janela   bati-quebrei ASP
          'Eu quebrei *a*(s) janela(s)'   (REF, DEF)   (SOV)

---

      13. Sou grato a Charles Li pelos dados do chinês mandarim (comunicação pessoal).
      14. Para uma discussão mais abrangente do uso da ordenação das palavras para marcar o contraste DEF-INDEF no mandarim, ver Li e Thompson (1975).

c) wǒ méi dǎ-pò zhuāngzi
eu NEG bati-quebrei janela
'Eu não quebrei *uma/qualquer* janela'   (NÃO REF)   (SVO)
d) wǒ méi bǎ zhuāngzi dǎ-pò
eu NEG AC janela bati-quebrei
'Eu não quebrei *a*(s) janela(s)'   (REF, DEF)   (SOV)

Nessa sintaxe antiga da língua, o nome objeto em (19c) só pode ser interpretado como não referencial. Contudo, se a língua abandona o uso da sintaxe SOV para a definitivização e, ao invés disso, usa os morfemas *um* e *aquele* (junto com os classificadores numerais afixados a eles) para mapear o contraste DEF--INDEF, então, no nível da competência gramatical, podem-se de fato obter objetos referenciais indefinidos nas sentenças negativas:

(20) a) wǒ dǎ-pò le yī-ge zhuāngzi
eu bati-quebrei ASP uma-CL janela
'EU quebrei *uma* janela'   (REF, INDEF)
b) wǒ dǎ-pò le nèi-ge zhuāngzi
eu bati-quebrei ASP aquela-CL janela
'Eu quebrei *a* janela'   (REF, DEF)
c) wǒ méi dǎ-pò yī-ge zhuāngzi
eu NEG bati-quebrei uma-CL janela
'*Há* uma janela específica que eu não quebrei'   (REF, INDEF)
d) wǒ méi dǎ-pò nèi-ge zhuāngzi
eu NEG bati-quebrei aquela-CL janela
'Eu não quebrei *a* janela'   (REF, DEF)

Todavia, embora (20c) — na qual o objeto do verbo negativo é interpretado como referencial indefinido — seja aceita como gramatical, o falante nativo comenta que ela é "não preferível", e que a construção em (21) — na qual o objeto indefinido é introduzido primeiro em uma construção existencial afirmativa e então aparece como pronome zero, isto é, *definido*, na negativa — é preferível ou "apropriada":

(21) yǒu yī-ge zhuāngzi wǒ méi dǎ-pò
ser uma-CL janela eu NEG bati-quebrei
'Há *uma* janela que eu não quebrei'

Embora não tenha contagens textuais para o mandarim, eu preveria que a preferência do falante pela estratégia em (21) àquela em (20c) se traduziria em frequências textuais, assim como acontece em inglês.

A discussão acima estava confinada a objetos acusativos. Entretanto, pode-se facilmente mostrar que ela se aplica igualmente a *sujeitos*. Na maioria das línguas, o sujeito, a menos que apareça em uma construção existencial especializada, é obrigatoriamente *definido*.[15] Algumas línguas, tal como o inglês, permitem sujeitos referenciais indefinidos no nível da competência, mas, como se pode ver na Tabela 3.1, a média de frequência textual desse fenômeno é bastante baixa, em torno de 10%.[16] No entanto, mesmo em línguas como o inglês, que toleram sujeitos referenciais indefinidos fora de construções existenciais,[17] o *status* desse tipo de sujeito nas sentenças negativas correspondentes é bastante dúbio. Assim, considere:

(22)   a)   *A man came into my office yesterday and...*
                'Um homem entrou no meu escritório ontem e...'
       b)   **A man didn't come into my office yesterday (and...)*
                '*Um homem não entrou no meu escritório ontem (e...)'
       c)   *Someone came into my office yesterday and...*
                'Alguém entrou no meu escritório ontem e...'
       d)   **Someone didn't come into my office yesterday (and...)*
                '*Alguém não entrou no meu escritório ontem (e...)'
       e)   *No one came into my office yesterday (*and...)*
                'Ninguém entrou no meu escritório ontem (*e...)'

Discutirei, adiante, a estranheza *pragmática* de sentenças como (22b) e (22c) acima. Se alguém pode interpretá-las como apropriadas no nível da competência gramatical, é apenas por interpretar os sujeitos como *não-referenciais* (*i.e.*, **Não é verdadeiro que um homem entrou no meu escritório ontem**...), e essa interpretação torna-se muito mais feliz com (22e). Mais abaixo discutirei o *status* de contraexemplos aparentes a (22d), quer dizer, sentenças como:

---

15. Para detalhes e discussão, ver Edward Keenan (1976a), Kirsner (1973), Hetzron (1971) e Givón (1976a), assim como os Capítulos 1 e 2.
16. Ver discussão no Capítulo 1.
17. Mesmo em inglês essa liberdade é ilusória, já que há severas restrições textuais sobre o tipo verbal que pode aparecer em sentenças com sujeitos indefinidos. Ver discussão no Capítulo 2.

(23)   *Someone didn't do the dishes yesterday.*
       'Alguém não lavou a louça ontem.'

Mostrarei, também, que a aceitabilidade de (23) depende da construção de um conhecimento pragmático-pressuposicional diferente, e que esse tipo de contraexemplo corrobora, em vez de destruir, a restrição geral discutida aqui, que é, em essência, uma restrição *pragmática*.

Embora a restrição discutida acima não esteja, portanto, confinada a objetos acusativos, sua importância no discurso real é bastante marginal para sujeitos, uma vez que eles tendem a ser — predominantemente — ou definidos ou não referenciais. Para objetos acusativos, contudo, que, em sentenças afirmativas, encontram-se indefinidos em cerca de 50% dos casos — e nesses são majoritariamente referenciais —, a restrição sobre referenciais indefinidos sob o escopo da negação é bastante surpreendente. O que isso significa é que as orações negativas não são usadas para introduzir novos argumentos referenciais no discurso, mas, ao invés, elas são usadas em contextos em que um argumento referencial já foi mencionado no discurso precedente,[18] e, portanto, na oração negativa ele somente pode aparecer como definido. Em termos puramente formais, então, as sentenças negativas têm de ser *mais pressuposicionais* do que suas afirmativas correspondentes, já que os nomes sujeito e objeto tendem a ser *mais definidos* nelas. Em outras palavras, quando um falante enuncia uma sentença negativa no discurso, ele *assume mais* sobre o que o ouvinte conhece do que quando ele enuncia uma afirmativa. Na próxima seção desenvolverei mais essa noção e mostrarei como a restrição discutida acima deriva da pragmática e da função do ato de fala negativo no discurso.

3.2.2 Contexto discursivo e função discursiva da negação

Nesta seção, apresentarei evidências discursivas que sustentam as conclusões preliminares esboçadas acima. Comecemos considerando a seguinte situação: eu encontro um amigo na rua, por acaso. Meu amigo sabe que sou casado. Eu o

---

18. O contexto não precisa ser explicitamente mencionado no discurso precedente, embora esse seja certamente um modo pelo qual os falantes se certificam daquilo que os ouvintes conhecem. Mas os falantes também podem assumir o conhecimento a partir de uma discussão prévia, de experiência de vida, de conhecimento geral do mundo ou de seu reflexo no conhecimento dicionarizado.

cumprimento, ele pergunta polidamente *What's happening?* ("O que está acontecendo?"). Então dou a seguinte informação:

(24)   *Oh, my wife is pregnant.*
       'Oh, minha mulher está grávida.'

Nesse momento, meu amigo pode escolher entre congratular-me ou apiedar-se de mim, dependendo de suposições adicionais que ele tenha feito sobre minha atitude, mas eu não vou achar nada estranho em nossa troca. Agora, considere exatamente o mesmo contexto, em que, todavia, em vez de produzir (24) acima, digo sua negativa correspondente:

(25)   *Oh, my wife's not pregnant.*
       'Oh, minha mulher não está grávida.'

É muito provável que meu amigo rejeite a adequação dessa informação e diga (26a) ou (26b) abaixo.

(26)   a)   *Wait a minute — was she supposed to be pregnant?*
            'Espere um pouco — achavam que ela estivesse grávida?'
       b)   *Hold it — I didn't know she was **supposed to be** pregnant!*
            'Espere aí — eu não sabia que ela **poderia estar** grávida!'

É claro que meu amigo poderia escolher não reagir como em (26a, b) acima, mas, ao contrário, prosseguir e congratular-me ou apiedar-se de mim como antes. Contudo, essa reação otimista da sua parte sugere fortemente que ele sabia mais sobre o contexto para meu enunciado (25), quer dizer, que havia alguma *probabilidade* de que minha esposa estivesse grávida, que o assunto tivesse estado *em discussão*, que tivesse sido considerado como uma *probabilidade* etc. Na verdade, sob as convenções normais de adequação do discurso, eu não teria escolhido produzir a informação negativa em (25), a menos que tivesse razões para assumir que meu amigo tivesse tido pistas sobre esse contexto específico de probabilidade ou discussão prévia. Em outras palavras, um contexto discursivo adequado para a negativa é a menção prévia da afirmativa correspondente, ou, alternativamente, a convicção do falante de que o ouvinte ouviu a possibilidade de que a afirmativa correspondente seja verdadeira, e de fato tenha *sugerido sua convicção* na verdade daquela afirmativa correspondente.

À luz do que foi dito acima, a restrição discutida na seção anterior pode ser agora explicada de um modo natural: se o falante que produz uma sentença negativa assume que o ouvinte sabe que a afirmativa correspondente era provável ou que tenha sido previamente mencionada, então, a menos que os argumentos do verbo não sejam, primeiramente, referenciais, o falante também tem de assumir que o ouvinte conhece a identidade[19] desses argumentos, uma vez que eles também devem ter sido mencionados no discurso precedente — ou fazem parte do contexto assumido pelo falante. Com base nesse conhecimento, esses argumentos são definitivizados. Para ilustrar isso em contexto, considere o mesmo tipo de conhecimento da situação como em (24) e (25) acima, em que a notícia que transmito é:

(27)   *We saw a movie yesterday.*
       'Nós vimos um filme ontem.'

É improvável que meu amigo rejeite a adequação dessa informação dentro do contexto dado, embora ele possa certamente buscar maiores informações, tal como *Which one?* ("Qual?") etc. Suponha agora que no mesmo contexto eu diga:

(28)   *We didn't see a movie yesterday.*
       'Nós não vimos um filme ontem.'

A despeito do que é "gramaticalmente possível" em inglês, a interpretação mais normal de *a movie* ('um filme') por meu amigo em (28) seria não referencial. Mas, além disso, é provável que ele a rejeite e exija o contexto ausente, como em (29):

(29)   *Oh, were you* $\begin{Bmatrix} \textit{supposed to} \\ \textit{going to} \\ \textit{planning to} \end{Bmatrix}$ *see one?*

       'Oh, vocês $\begin{Bmatrix} \text{esperavam} \\ \text{iam} \\ \text{planejavam} \end{Bmatrix}$ ver um filme?'

---

19. "Conhecer a identidade" de um argumento diz respeito a um discurso particular, e não necessariamente ao "mundo real". Assim, se discuto com um amigo a possibilidade de que *John's murderer was a blind man* ('O assassino de João era um homem cego'), é possível que nenhum de nós conheça a exata identidade do assassino, porém podemos definitizá-lo, com base no nosso conhecimento compartilhado de que *Someone murdered John* ('Alguém matou João').

Agora, suponha que o contexto ausente — compartilhado com meu amigo — era minha intenção de ir ver um filme específico, referencial, cuja identidade meu amigo conhecia. Sob essas condições a negativa em (28) teria sido inapropriada da minha parte, mas a correspondente (30), com o objeto definitivizado, teria sido apropriada:

(30)   *We didn't see **that** movie yesterday.*
       'Nós não vimos **aquele** filme ontem.'

Há, portanto, dois tipos de convicção mantida pelo ouvinte que o falante pode contradizer com uma sentença negativa que contém um objeto. Se a afirmativa correspondente envolve a probabilidade de realizar a ação com respeito a "qualquer membro do *tipo* x", então o nome x aparece na negativa com uma interpretação *não referencial*. Por outro lado, se a afirmativa correspondente envolve a probabilidade de realizar a ação com respeito a "uma *ocorrência específica* do tipo x", então o nome x aparece na negativa como *definido*. De um modo ou de outro, uma interpretação referencial indefinida de um nome previamente mencionado é claramente inapropriada.

3.2.3 Advérbios e o escopo da negação

Assume-se normalmente que, no padrão sentencial neutro na língua, o sintagma predicado contém a informação nova asseverada, enquanto o sujeito-tópico é pressuposto, isto é, a asserção é feita com relação a ele. Mesmo admitindo essa generalização, permanece o problema do *escopo da asserção* quando o sintagma predicado contém um objeto ou advérbio além do verbo. Para vários tipos de complemento, o sintagma verbal contendo o complemento é potencialmente ambíguo quanto a se todo o sintagma verbal é asseverado, isto é, está *em foco*, ou se apenas o complemento que segue o verbo está em foco. Por exemplo, considere (31a) abaixo, que pode ser dada como uma resposta apropriada tanto para a pergunta mais ampla (31b) (escopo SV) quanto para a pergunta mais restrita (31c) (escopo COMP):

(31)   a)   *He went into the bar.*
            'Ele foi ao bar.'

b) *What did he do then?* (escopo SV)
   'O que ele fez então?'
c) *Where did he go then?* (escopo COMP)
   'Onde ele foi então?'

O uso de acento contrastivo pode remover essa ambiguidade potencial de (31a), mas o contexto discursivo para o acento contrastivo envolve suposições adicionais, mais fortes e mais complexas.[20] A negação de sentenças como (31a) retém a ambiguidade potencial do escopo. Assim, pode ser usada para negar a asserção mais ampla (escopo SV), como em (32), ou a asserção mais restrita (escopo COMP), como em (33).

(32) a) *Where's Joe?*
       'Onde está o Joe?'
     b) *I think he **went into the bar**.*
       'Eu acho que ele **foi ao bar**.'
     c) *No, he didn't go into the bar, he's **sitting right there**.* (escopo SV)
       'Não, ele não foi ao bar, ele está **sentado bem ali**.'

(33) a) *Where did Joe go?*
       'Onde foi o Joe?'
     b) *I think he **went into the bar**.*
       'Eu acho que ele **foi ao bar**.'
     c) *No, he didn't go **into the bar**, he went **into the lobby**.* (escopo COMP)
       'Não, ele não **foi ao bar**, ele foi **ao vestíbulo**.'

Novamente, o acento contrastivo no complemento tende a desambiguar o escopo mais restrito da negação, ao passo que o acento em *didn't* ('não foi') tende a sugerir o escopo mais amplo (SV).

Outros tipos de complementos tendem a se comportar de modo diferente, e pode-se finalmente mostrar que essas diferenças derivam da pragmática do que se considera ser a ação normal. Assim, com um grande número de complementos de advérbio de modo, o escopo da asserção é ambíguo na afirmativa, mas, de maneira não ambígua, é mais restrito na negativa. Por exemplo,

---

20. Ver discussão adicional no Capítulo 2.

(34a) pode ser uma resposta apropriada tanto para o escopo da pergunta mais ampla (34b) (escopo SV), quanto para a pergunta mais restrita (34c) (escopo COMP).

(34)   a)   *He ran as fast as he could.*
               'Ele correu tão rapidamente quanto podia.'
        b)   *What did he do then?*   (escopo SV)
               'O que ele fez então?'
        c)   *How did he run then?*   (escopo COMP)
               'Como ele correu então?'

Por outro lado, a negativa correspondente a (34a) tende a ter apenas o escopo (COMP) mais restrito:

(35)   *He didn't run as fast as he could.*
        'Ele não correu tão rapidamente quanto podia.'

A diferença entre (34a) e (35) pode ser também caracterizada em termos de suas propriedades de implicação. Logo, a interpretação de escopo mais restrito de (34a) implica o escopo mais amplo (SV), mas o escopo restrito da negação de (35) não implica o escopo mais amplo (SV) da negação:

(36)   *He ran as fast as he could* $\supset$ *He ran*
        'Ele correu tão rapidamente quanto podia $\supset$ Ele correu'

(37)   *He didn't run as fast as he could* $\not\supset$ *He didn't run*
        'Ele não correu tão rapidamente quanto podia $\not\supset$ Ele não correu'

Além disso, não apenas a implicação em (37) falha, o que ainda é consistente com as implicações lógicas de (36), mas de fato a inferência mais forte (38) parece manter-se nesse caso; o que é — de um ponto de vista estritamente lógico — uma contradição:

(38)   *He didn't run as fast as he could* $\supset$
          He ran, though not as fast as he could
        'Ele não correu tão rapidamente quanto podia $\supset$
          Ele correu, embora não tão rapidamente quanto podia'

Essa aparente contradição lógica pode ser sumarizada como:

(39) a) $p \supset q$
      b) $\sim (\sim p \supset \sim q)$
      c) $\sim p \supset q$

em que (39b) é uma inferência correta para a premissa (39a), mas (39c) não é.[21]

A razão pragmática pela qual esse estado de coisas é tolerado na língua é bastante transparente à luz da discussão precedente. Asserções negativas são usadas na língua em contextos em que a afirmativa correspondente foi mencionada, considerada provável, ou quando o falante assume que o ouvinte — erroneamente — mantém uma convicção na verdade dessa afirmativa. Por que, então, a aparentemente contraditória (39c)? Considere: se alguém quisesse asseverar que nenhuma ação aconteceu, isto é, *He didn't run at all* ('Ele não correu de jeito nenhum'), a sentença (35) seria dispendiosa, já que (40) seria suficiente:

(40) *He didn't run.*
      'Ele não correu.'

Logo, se a negativa em (35) deve ter algum valor comunicativo independente para se diferenciar de (40), ela tem de excluir o verbo do escopo da negação, e assim negar apenas o complemento.[22]

Outros tipos de complemento parecem impor o foco mais restrito (COMP) já na afirmativa. Por exemplo, considere:

(41) a) *John ate the glass on purpose.*
          'João comeu o vidro de propósito.'
      b) *John ate his dinner on purpose.*
          'João comeu seu jantar de propósito.'

A sentença (41a) é adequada, mas, das três perguntas em (42) abaixo, ela poderia ser normalmente usada como uma resposta adequada apenas para a per-

---

21. De fato, dada a definição lógica de pressuposição (Edward Keenan, 1971), a proposição q em (39) tem de ser uma pressuposição de p, uma vez que é verdadeira em ambos os casos, quando p é verdadeira e falsa. Mas é precisamente isso o que é mostrado em (38), isto é, que *He ran* (*Ele correu*) é pressuposta por *He ran as fast as he could* (*Ele correu tão rapidamente quanto podia*).

22. Devo esta sugestão a Robert Kirsner (comunicação pessoal).

gunta de escopo restrito (COMP) (42c), mas não para as perguntas de foco mais amplo (SV ou OBJ) (42a, b):

(42)   a)   *What did John do then?*   (foco SV)
                 'O que João fez então?'
         b)   *What did John eat then?*   (foco OBJ)
                 'O que João comeu então?'
         c)   *How come he ate the glass?*   (foco PROPÓSITO)
                 'Como foi que ele comeu o vidro?'

Para entender por que isso ocorre, considere a estranheza de (41b). Essa sentença é altamente *redundante* porque: (*a*) Comer o jantar é uma ação *normal* que alguém pratica; (*b*) Ações *normalmente* praticadas por agentes são praticadas de *propósito*. Assim, (41b) é estranha porque não tem valor informativo, dado que comer o jantar é o caso normal e dada a convenção (*b*) acima. Por outro lado, (41a) tem valor informativo definido, uma vez que a ação de *comer vidro* é *contranormativa*, e, portanto, surge a questão de se uma pessoa a fez de propósito ou por acidente. Finalmente, por que o escopo da asserção é automaticamente restringido para o complemento de propósito em (41a)? A resposta para isso, outra vez, depende da pragmática da ação normativa *versus* a contranormativa. Comer vidro é uma ação contranormativa, o que por si só a torna um evento que carrega informação, fato que pode ser confirmado pela estranheza informativa de (43c) como uma resposta para (43a), em contraste com a adequação informativa de (43b):

(43)   a)   *What's new with John?*
                 'O que há de novo com João?'
         b)   *He ate glass yesterday.*
                 'Ele comeu vidro ontem.'
         c)   *He ate his dinner yesterday.*[23]
                 'Ele comeu seu jantar ontem.'

Logo, se dizemos que alguém comeu vidro de propósito, uma inferência pragmática ligada a isso é que não é *comer vidro* em si que está no foco assertivo, mas sim o fato de que isso foi feito de propósito.

---

23. Essa sentença se torna "informativamente apropriada" quando falante e ouvinte compartilham a convicção de que João *normalmente* (ou ao menos por um tempo) não estava comendo seu jantar, isto é, quando a norma e a contranorma são revertidas. De modo semelhante, (43b) se torna "informativamente redundante" se João normalmente come vidro.

Maiores detalhes a respeito desse fenômeno são discutidos em outra parte,[24] mas, de qualquer modo, os fatos do inglês são tais que para alguns complementos (*to the bar* / 'para o bar') não há restrição necessária do escopo da asserção sob a negação, para outros (*on purpose* / 'de propósito') o escopo da asserção é igualmente restringido — isto é, excluindo o verbo — tanto na negativa quanto na afirmativa, ao passo que para um terceiro grupo (*as fast as he could* / 'tão rapidamente quanto ele podia') o escopo da asserção é restringido na negativa e não na afirmativa. Segundo meu conhecimento, não existem complementos em que o escopo da asserção seja mais restrito na *afirmativa*. Assim, deparamo-nos de novo com um viés sistemático entre a afirmativa e a negativa na língua, em que a negativa é consistentemente produzida em contextos discursivos mais pressuposicionais, criando, dessa maneira, o efeito de "escopo mais restrito da asserção" — o que é um outro modo de dizer que o próprio verbo é pressuposto em vez de ser parte da informação nova. Como mostrei acima, esse fenômeno não tem nada a ver com a lógica restrita da negação, mas sim com a pragmática do uso da negação — sempre em contexto em que o falante acredita que o ouvinte mantém uma certa convicção na verdade da afirmativa correspondente. Essa convicção pode ter surgido como um resultado do discurso precedente, embora bastante frequentemente ela seja baseada no conhecimento geral da pragmática do que é ou não ação normativa.

Enquanto no inglês o escopo da asserção é restringido sob a negação apenas para alguns tipos de complementos, há línguas em que isso é verdadeiro para todos os tipos de complementos. Ilustrarei brevemente esse ponto com os dados de uma língua banto, bemba, e o leitor pode ver Givón (1975c) para maiores detalhes.

Há sete pares mínimos para essa distinção de escopo da asserção no sistema de tempo-aspecto de bemba, seis dos quais em várias categorias de tempo passado e um no habitual. Ilustrarei primeiro a distinção no passado concluído e distante (antes de ontem). Nessa divisão de tempo, o contraste morfológico é entre o morfema de escopo SV *-àli-* e o morfema de escopo COMP *-à-*. Quando o sintagma verbal contém apenas um verbo, somente a partícula de escopo SV pode ser usada:

(44)   a)   *ba-**àli**-boombele*
                'Eles trabalharam'
        b)   **ba-**à**-boombele*

---

24. Ver Givón (1975c).

Quando um complemento, nominal ou adverbial, está presente, obtém-se a distinção de escopo:[25]

(45)   a)   *ba-àli-boombele saana*
                 'Eles *trabalharam muito*'   (escopo SV)
         b)   *ba-à-boombele saana*
                 'Eles trabalharam *muito*'   (escopo COMP)
         c)   *ba-àli-boombele mumushi*
                 'Eles *trabalharam na vila*'   (escopo SV)
         d)   *ba-à-boombele mumushi*
                 'Eles trabalharam *na vila*'   (escopo COMP)
         e)   *ba-àli-boombele neemfumu*
                 'Eles *trabalharam com o chefe*'   (escopo SV)
         f)   *ba-a-boombele neemfumu*
                 'Eles trabalharam *com o chefe*'   (escopo COMP)
         g)   *ba-àli-liile umukate*
                 'Eles *comeram pão*'   (escopo SV)
         h)   *ba-à-liile umukate*
                 'Eles comeram *pão*'   (escopo COMP)

As sentenças com o escopo SV (45a, c, e, g) podem ser todas usadas como resposta ao escopo mais amplo da pergunta WH- (QU-) *What did they do then*? ('O que eles fizeram então?'). As sentenças com o escopo COMP (45b, d, f, h) são usadas em contextos em que o próprio verbo não é informação nova, isto é, como resposta a perguntas WH- (QU-) mais específicas, tais como: *How did they work*? ('Como eles trabalharam?'), *Where did they work*? ('Onde eles trabalharam?'), *With whom did they work*? ('Com quem eles trabalharam?') e *What did they eat*? ('O que eles comeram?'), respectivamente. A focalização clivada do complemento, que deixa o próprio verbo como parte da pressuposição, obrigatoriamente requer o foco COMP no verbo:

(46)   a)   *múúkate ba-à-liile*
                 'Foi pão que eles comeram'   (foco COMP)
         b)   **múúkate ba-àli-liile*   (*foco SV)

---

25. A ênfase em (45) indica o escopo da asserção ou informação nova.

Sob o escopo da negação, apenas a partícula de foco COMP pode ser usada:

(47) a) *ta-ba-á-boombele saana*
'Eles não trabalharam muito' (foco COMP)
b) **ta-ba-àli-boombele saana* (*foco SV)

As coisas são um pouco mais complicadas, porém. Quando o sintagma verbal contém apenas um verbo, e assim o foco da asserção negada está, sem ambiguidade, no verbo, a mesma restrição sobre a partícula no foco SV é observada:

(48) a) *ta-ba-à-boombele*
'Eles não trabalharam' (foco COMP)
b) **ta-ba-àli-boombele* (*foco SV)

Isso representa uma "extensão analógica" ou "gramaticalização" do sistema, indicando a ruptura da regularidade subjacente inerentemente semântica? Parece-me que se podem interpretar esses dados dentro do contexto da mesma regularidade subjacente. Como foi observado acima, as sentenças negativas são usadas no contexto em que a afirmativa correspondente foi mencionada antes ou, alternativamente, quando o falante assume que o ouvinte tende a acreditar na verdade da afirmativa correspondente. Embora esse não seja, por si, um contexto totalmente *pressuposicional*, ele envolve, todavia, um contexto em que o verbo, no mínimo, *não* poderia ser informação nova para o ouvinte. Pode-se, portanto, ver o sistema de mapeamento de bemba como segue:

(49) Verbo que não é informação nova = foco COMP
Verbo que é informação nova = foco SV

A formulação em (49) torna mais fácil entender por que a partícula de foco SV não pode ser usada em nenhuma sentença negativa em bemba se sua função é realmente aparecer em contextos em que o verbo é informação nova. Essa formulação também permite uma visão unificada de outras restrições na distribuição dessa partícula, a saber, ela não pode aparecer em orações relativas, perguntas com QU-, construções clivadas e pseudoclivadas, assim como em orações adverbiais relacionadas a relativas e fortemente pressuposicionais,[26] tais como as

---

26. Dessas, as orações condicionais (orações *se*) não são pressupostas no sentido lógico estrito. Contudo, de modo semelhante às negativas e perguntas sim-não, elas aparecem em contextos discursivos

que contêm *quando, porque, desde que, embora, se, apesar de* etc. Logo, embora a negativa não possa obviamente pressupor sua afirmativa correspondente, o fato de ela aparecer em contextos em que a afirmativa é assumida como sendo conhecida do ouvinte, ou considerada provável por ele, remove o verbo na negativa do escopo de informação estritamente nova e, portanto, impõe na negativa em bemba exatamente as mesmas restrições de escopo impostas sobre orações verdadeiramente pressuposicionais.

3.2.4 Ambiguidade de "other than" ("exceto")

O fenômeno discutido nesta seção foi observado por García (1975a). Está relacionado à interpretação potencialmente ambígua das duas sentenças seguintes, uma afirmativa e sua negativa correspondente:

(50) a) *John likes soups other than minestrone.*
'João gosta de sopas, exceto minestrone.'
b) *John doesn't like soups other than minestrone.*
'João não gosta de sopas, exceto minestrone.'

García (1975a) elicitou respostas à pergunta *Does John like minestrone?* ('João gosta de minestrone?') de pessoas a que foram dadas as sentenças (50a e 50b). Dada a sentença afirmativa (50a), 68% responderam que John *didn't like* minestrone (João *não gostava* de minestrone), enquanto 32% julgaram a sentença *ambígua*, isto é, que ela poderia significar tanto que João gostava quanto que não gostava de minestrone. Por outro lado, a reação dos falantes à negativa (50b) foi unânime — que John *liked* minestrone (João *gostava* de minestrone). García observou, além disso, que todos os falantes gastaram, em média, o triplo do tempo para responder à pergunta no contexto da afirmativa (50a) do que da negativa (50b). García apontou ainda que "other than minestrone" ("exceto minestrone") divide o universo de sopas em dois grupos: minestrone *versus* todas as outras sopas, e que o falante pode, então, ver os dois ou *disjuntivamente*, isto é, "todas as sopas *excluindo* minestrone", ou *conjuntivamente*, isto é, "todas as

---

em que normalmente a probabilidade da proposição encaixada na expressão condicional foi pensada, discutida ou considerada. Assim, o verbo na cláusula condicional, embora não estritamente pressuposto como *verdadeiro*, também não pode ser informação nova.

sopas *além de* minestrone". Ela então afirmou o seguinte com relação à adequação comunicativa das sentenças negativas: "as sentenças negativas comunicam em termos de uma afirmação implícita, mas rejeitada, que, por alguma razão, poder-se-ia esperar que se mantivesse, mas que, de fato, não se mantém [...]" (1975a, p. 8). García então explicou a disparidade entre a interpretação da afirmativa (50a) e da negativa (50b) da seguinte maneira:

> Considere, primeiro, o que "other than" faz: [...] divide o universo de sopas em dois conjuntos: minestrone e outras sopas. O que "não" nos diz? Ele nos diz que o conjunto mais amplo (outras sopas) é aquele de que João *não* gosta. Mas já que "não" implica um contraste com uma afirmação possível, e "other than" oferece-nos um termo de referência, a conclusão é — ilogicamente, talvez, mas inevitavelmente — que se nos disserem que ele não gosta das sopas "other than", a razão deve ser porque ele *realmente gosta* de alguma outra coisa, e a única alguma outra coisa que resta é minestrone. [...] Em outras palavras: a visão "excludente" de "other than" — como sendo oposta, e não adicionada, ao subconjunto de minestrone — é a mais adequada à natureza da negação, que — para ser plausível — deve ser entendida em termos de um contraste [...] (1975a, p. 8-9).

García prossegue mostrando que esse tipo de restrição de opções que é causado pela natureza contrastiva — ou, em meus termos, "pressuposicional" — da negação não se verifica com a afirmativa correspondente. Embora se possa não concordar com seu argumento de que o raciocínio envolvido no caso negativo é "logicamente falacioso", e embora se possa querer apontar que a pragmática de várias pressuposições associadas a atos de fala na língua simplesmente envolve *premissas encobertas* mais complexas do que as que os lógicos, em sua análise padrão da negação, têm deixado de considerar, seu argumento básico é perfeitamente sólido: "De um ponto de vista 'objetivo', 'gramatical', não há diferença fundamental entre uma sentença afirmativa e uma negativa: uma sentença negativa meramente nega o que é afirmado na sentença positiva. Mas, em termos de comunicação real, para propósitos práticos, uma sentença negativa, *a priori*, vale menos do que uma afirmativa [...]" (1975a, p. 5). Em outras palavras, se as sentenças negativas são produzidas em contextos em que a afirmativa correspondente já foi discutida, ou em que o falante tem razões para acreditar que o ouvinte está familiarizado com a afirmativa correspondente e está inclinado a acreditar nela, então obviamente muito dos conteúdos comunicativos expressos pela negativa já é parte das *pressuposições*[27] associadas à negação como um ato de fala, e apenas um incremento relativamente pequeno — a saber, a rejeição pelo falante da convicção do ouvinte — constitui a contribuição comunicativa nova do ato de fala da asserção negativa.

3.2.5 Negação externa e interna

O tipo de negação discutido até agora é chamado pelos lógicos de negação "interna", em que apenas a asserção é negada, mas não as pressuposições associadas à sentença afirmativa correspondente. Os lógicos também reconhecem a negação "externa", em que as pressuposições — assim como a asserção — podem cair sob o escopo da negação.[28] Como um exemplo clássico, considere (51) e (52):

(51)   *The king of France is bald.*
        'O rei da França é careca.'

(52)   *The king of France is not bald.*
        'O rei da França não é careca.'

Um falante que aceite (51) como apropriada tem necessariamente de pressupor que a França tem um rei. A negativa (52) pode, assim, de acordo com os lógicos, ter duas leituras. A primeira, *interna*, permite que a pressuposição se mantenha e meramente nega a asserção (*ele*) *é careca*. A segunda, *externa*, presumivelmente declara que a sentença (51) não poderia ser verdadeira já que a França não tem rei, isto é, a pressuposição não é verdadeira.

Em geral, embora linguistas e filósofos achem fácil reconhecer o sentido *externo* da negação, a maioria dos falantes de línguas humanas não pensa assim. Em outras palavras, eles tendem a ver as construções negativas quase sempre

---

27. Na verdade, somos tentados a adotar aqui a distinção de Edward Keenan (1971) entre pressuposição "lógica" e "pragmática" e a considerar as pressuposições discursivas discutidas acima como pragmáticas. Todavia, não está claro para mim que a distinção seja válida ou necessária nas línguas naturais, uma vez que é possível (cf. Karttunen, 1974) definir **todas** as pressuposições como pragmáticas, isto é, expressáveis em termos das convicções do falante e do ouvinte. Quando isso é feito, as pressuposições lógicas representam as convicções do falante *independentes* das do ouvinte, enquanto as pressuposições pragmáticas representam a convicção do falante *sobre* a convicção do ouvinte.

28. Ou, sob outra formulação, "permitem um terceiro valor na lógica". Para uma ampla discussão incluindo algumas perspectivas históricas, ver Herzbertger (1971).

como operações *internas*. Logo, confrontados com a negativa em (52), a maioria dos falantes não reconheceria imediatamente a leitura externa. De modo semelhante, dada a afirmativa (53) abaixo, os falantes tenderiam a interpretar sua negativa (54) como uma negação interna, permitindo que uma forma bastante especial, tal como (55), representasse a interpretação externa na qual o sujeito não tem denotação:

(53)   *Someone loves Mary.*
       'Alguém ama Maria.'

(54)   *Someone doesn't love Mary.*
       'Alguém não ama Maria.'

(55)   *No one loves Mary.*
       'Ninguém ama Maria.'

Pode-se também mostrar que o padrão de negação de SN (55) é um fenômeno mais raro nas línguas, e que é, em algum sentido, um padrão negativo "mais marcado", "menos provável", surgindo, talvez, de uma construção negativa *existencial* muito mais comum, como em:

(56)   *There's no one who loves Mary.*
       'Não há ninguém que ame Maria.'

Em particular, o fato mais surpreendente sobre a referencialidade de *sujeitos* sentenciais na língua é o quanto é difícil suspendê-la mesmo sob negação.[29] Isso contrasta nitidamente com o comportamento de *objetos* sob negação (cf. Seção 3.2.1), caso em que a negação é uma das modalidades que criam uma interpretação não referencial.

Além disso, note que, embora a negação externa em (55) e (56) acima suspenda a pressuposição de referencialidade dos nomes sujeitos, ela retém, contudo, as pressuposições discursivas associadas à negação na língua, como notado acima. Por exemplo, embora a afirmativa (51) possa ser produzida no contexto "falando sobre o rei da França", sua negativa correspondente (52) teria exigido — tanto sob a negação interna ou externa — contexto adicional para torná-la apropriada, tal como "falando sobre a possibilidade de que o rei da França seja careca".

---

29. Para uma discussão abrangente das propriedades relacionadas à referência de sujeitos, ver Edward Keenan (1976a).

Em vista da forte tendência manifestada nas línguas humanas para proteger a referencialidade — e a definitude — do sujeito sentencial,[30] uma quantidade de fatos aparentemente distintos relativos à negação na língua parece de algum modo convergir para uma explicação unificada. Esses fatos podem ser sumarizados como:

(57) a) Funcional. *O sujeito de sentenças é quase sempre referencial e definido, porque serve para **ligar** uma sentença ao discurso precedente, em cujo contexto uma nova asserção está sendo feita. Em outras palavras, o sujeito funciona como **tópico**.*[31]

b) Sintático. *Enquanto na lógica deve-se frequentemente considerar a negação como uma operação **sentencial**, na sintaxe das línguas naturais ela é mais frequentemente um operador do **sintagma predicado**, excluindo o sujeito do seu escopo.*

c) Semântico. *A negação na língua é majoritariamente **interna**, com padrões especiais, "marcados", reservados para o mapeamento explícito da negação externa.*

d) Diacrônico. *Os marcadores negativos na língua mais frequentemente surgem, diacronicamente, de verbos principais primitivamente negativos, mais comumente **refuse** ('recusar'), **deny** ('negar'), **reject** ('rejeitar'), **avoid** ('evitar'), **fail** ('fracassar'), ou **lack** ('faltar').*[32]

Parece-me que esses fatos estão obviamente relacionados. Para começar, se a referencialidade e a definitude do sujeito são ingredientes necessários para que ele desempenhe sua função discursiva como um "elo" ou *tópico* (57a), então há uma certa vantagem em excluí-lo do escopo da negação e deixá-lo como parte das pressuposições da sentença — uma vez que o fato de ele ser um tópico automaticamente sugere que o falante o usa para dizer ao ouvinte sobre o que ele está falando. Conservar a negação na língua como uma operação largamente *interna* (57c) resulta exatamente nisso, já que exclui o sujeito do escopo da negação, que

---

30. Ver Edward Keenan (1976a) e Givón (1976a).

31. Ver Edward Keenan (1976a) e Givón (1976a). A sugestão de Karttunen (1974) com relação à natureza *incremental* do discurso, em que as asserções são feitas no contexto do discurso precedente (pressuposto) e então elas próprias se tornam — se incontestadas — as pressuposições para o discurso subsequente, é compatível com essa observação.

32. Para uma discussão da origem verbal da negativa, assim como dos marcadores de tempo-aspecto-modo na língua, ver Givón (1973c).

então se aplica apenas ao sintagma predicado, isto é, à própria asserção. Em seguida, se deve haver uma correlação entre a forma e o significado na estrutura sentencial, como é obviamente desejável em qualquer sistema comunicativo, então o fato sintático-morfêmico (57b) é precisamente o tipo de mapeamento superficial que cumpre essa exigência, tornando o marcador negativo um operador do sintagma predicado. Finalmente, uma feliz conspiração diacrônica permite que o desenvolvimento dos marcadores negativos proceda, mais comumente, de verbos de implicação negativa que têm o *sintagma verbal* como seu complemento — assim excluindo o sujeito do escopo da negação (57d). De modo que, em *John failed to leave* ('João não conseguiu sair'), está implicado que *John didn't leave* ('João não saiu'), mas a referencialidade e a definitude de João não são questionáveis.[33]

3.3 ALGUMAS CONSEQUÊNCIAS DO *STATUS* MARCADO DAS NEGATIVAS

Nas seções precedentes, mostrei que, com relação à sua complexidade pressuposicional — ou à riqueza das suposições que o falante deve fazer sobre o que o ouvinte sabe —, as negativas são mais marcadas se comparadas a suas afirmativas correspondentes. Nesta seção, tentarei mostrar como a marcação das sentenças negativas tem diversas consequências do tipo que gostaríamos de prever, dada qualquer oposição marcado/não marcado na língua. As consequências que gostaria de discutir aqui são (*a*) restrições distribucionais; (*b*) conservadorismo sintático; e (*c*) complexidade psicológica. De maneira ideal, seria desejável acrescentar pelo menos mais uma, a saber, (*d*) aquisição tardia pela criança, pois há alguns fatos que corroboram isso.

Há uma certa limitação que tem permeado, ao menos implicitamente, a discussão sobre marcação na linguística. Ela envolve a concepção tácita de que mostrar, de algum modo, que um membro de uma certa oposição binária é marcado constitui uma explicação para seu comportamento linguístico. Ohala (1974) comentou sobre isso, um tanto sucintamente, na área da fonologia, sugerindo que

---

33. Pam Munro (comunicação pessoal) sugere que em mojave (yuman) o marcador negativo pode ter se derivado de um verbo que toma a sentença inteira (incluindo o sujeito) sob seu escopo, isto é, um verbo do tipo *prevent* ('impedir'). Esse pode ou não ser um contraexemplo, mas mesmo assim é uma ocorrência rara.

marcado, *per se*, é uma noção vazia, que não explica nada, mas meramente *rotula* os fatos distribucionais. Esses fatos distribucionais, isto é, a distribuição mais ampla da forma não marcada, têm ainda de ser explicados com referência a alguma noção substantiva que tenha *motivação independente*. Levantei argumentos semelhantes alhures,[34] em relação à noção de sintaxe não marcada ou "neutra", e parece-me, portanto, que a demonstração de consequências comportamentais da marcação na sintaxe, embora instrutiva, não é, por si só, suficiente. Ao contrário, deve-se também tentar explicar como a noção substantiva, independentemente motivada, de marcação envolvida em uma situação particular *motiva* ou *causa* as consequências comportamentais observadas. Se assumirmos, como sugeri acima, que as orações negativas são mais marcadas com respeito à complexidade das pressuposições pragmáticas que caracterizam o contexto discursivo no qual elas podem ser apropriadamente usadas, então devemos mostrar de que modo essa noção de marcação motiva o comportamento observado das orações negativas na língua humana. Tal demonstração é, de fato, o propósito desta seção.

3.3.1 Restrições distribucionais

Conforme discutido no Capítulo 2, uma construção marcada na sintaxe supostamente exibe restrições distribucionais de dois modos: primeiro, espera-se que permita menos liberdade distribucional a elementos que nela se encaixam. Segundo, espera-se que exiba menos liberdade de encaixar-se, ela própria, em outras estruturas ou contextos. Nesta subseção, ilustrarei ambos os tipos. Como foi discutido no Capítulo 2, em muitos casos, restrições distribucionais, embora sincronicamente demonstráveis, envolvem considerações diacrônicas adicionais. Estas serão discutidas na Seção 3.3.2.

3.3.1.1 Restrições sobre escopos e ambiguidades

Na Seção 3.2.3, mostrei que, sob o escopo da negação, pelo menos para alguns adverbiais em inglês, existe uma restrição sistemática no escopo da infor-

---

34. Ver discussão no Capítulo 2.

mação nova ("asserção"), de maneira que ambiguidades de escopo que são observadas na afirmativa são barradas nas negativas correspondentes. Mostrei também que não havia nada na *lógica* estrita da negação que motivasse esse comportamento, e que até mesmo uma falácia lógica era aparentemente obtida [a saber, (38) e (39) acima]. Ao contrário, a explicação para as restrições de escopo e ambiguidade envolvia a *pragmática* da negação como um ato de fala.

Do mesmo modo, as restrições sobre a distribuição dos marcadores de foco SV em bemba (ver Seção 3.2.3), assim como restrições idênticas em ruanda e zulu (ver Givón, 1975c), que barram esses marcadores de foco de aparecerem em orações negativas e também em todas as orações pressupostas e "semipressuposicionais", refletem todas a mesma motivação pragmática, como no caso das restrições de escopo e ambiguidade em inglês.

Finalmente, os fatos discutidos em García (1975a; ver Seção 3.2.4) envolvem uma situação semelhante, em que novamente a explicação é derivada da pragmática da negação como um ato de fala no discurso.

3.3.1.2 Ambiguidade de advérbios em causativos perifrásticos[35]

Parece haver uma ambiguidade *potencial* sistemática na interpretação do escopo de advérbios em sentenças com verbos *try-cause* ('tentar-causar') perifrásticos, como em:

(58)   *John told Bill to run again.*
       'João disse a Bill para correr novamente.'

Sob exame mais cuidadoso, podem ser observados dois padrões de entonação distintos, cada um característico de uma interpretação diferente do escopo da aplicabilidade do advérbio:

(59)   a)   *John told Bill to rún agàin.*
            = '*John **again told** Bill to run.*'
            'João disse a Bill para correr novamente.'
            = 'João **disse novamente** a Bill para correr.'

---

35. Para maiores informações, ver Shibatani (1973). Deve-se assinalar, contudo, que discussões anteriores focalizaram a importância sintática da presença ou ausência de ambiguidade, e não — como se tenta aqui — a motivação pragmática possível.

b) *John told Bill to rùn agáin.*
    = '*John told Bill to **again run**.*'
    'João disse a Bill para correr novamente.'
    = 'João disse a Bill para **novamente correr**.'

As diferenças entonacionais são importantes na caracterização do equilíbrio entre informação velha e nova na comunicação. Isso pode ser demonstrado clivando-se as sentenças (59a) e (59b), como em (60a) e (60b), respectivamente:

(60) a) *What John told Bill again was to **rún**.*
         'O que João disse novamente a Bill foi para **correr**.'
      b) *What John told Bill was to rùn **agáin**.*
         'O que João disse a Bill foi para correr **novamente**.'

A relação entre os contornos de entonação de (59a) e (60a) em comparação com (59b) e (60b) é bastante transparente. O que esses contornos em (59) fazem é preservar o padrão de acento de foco da asserção da sentença *encaixada*. Assim, em (59a), a sentença encaixada tem apenas *run* ('correr') no seu sintagma predicado, e portanto *run* toma o acento normal, no fim do predicado, de foco da asserção, característico das sentenças não enfáticas, neutras em inglês. Em (59b), por outro lado, *again* ('novamente') é o último componente na sentença encaixada. Além disso, pode-se facilmente demonstrar que, em uma sentença simples contendo o advérbio *again*, somente o advérbio é informação nova sob uma interpretação não contrastiva. Isto é, a sentença:

(61) *Bill ran agáin.*
      'Bill correu novamente.'

é normalmente produzida não apenas para comunicar a informação nova de que *Bill correu*, mas sim para acrescentar, no contexto do conhecimento compartilhado de que Bill já havia corrido antes, que Bill correu novamente. Nesse sentido, o advérbio *again* é pragmaticamente do mesmo tipo que *on purpose* ('de propósito'), discutido na Seção 3.2.3. De qualquer modo, não apenas *again* é o último elemento na sentença encaixada em (59b), mas também é a única parte do sintagma predicado *run again* que está sob o foco da asserção. É, pois, natural que ele — e não *run* — ganhe o acento de foco.

Sob negação, porém, a situação é bastante diferente. Para começar, a sentença negativa correspondente a (58) acima parece ter apenas uma leitura — e um contorno entonacional não contrastivo:[36]

(62) *John didn't tell Bill to rùn agàin.*
     'João não disse a Bill para correr novamente.'
  *a) *John didn't **again tell** Bill to run.*
     'João **novamente** não **disse** a Bill para correr.'
  b) *John didn't tell Bill to **again run**.*
     'João não disse a Bill para **correr novamente**.'

Contudo, já que nem *run* nem *tell* parecem receber o contorno de foco da asserção em (62) acima, por que é que apenas a negação correspondente a (59b) — isto é, com *again* modificando *run* na sentença encaixada — é aceitável? A resposta está na interação entre o uso pragmático do acento em inglês, a pragmática da negação como um ato de fala contrastivo e a pragmática da posição final na sentença em inglês como sendo aquela mais caracteristicamente atribuída ao constituinte que está sendo o foco da asserção. Primeiro, uma vez que a negativa é asseverada no contexto de a afirmativa correspondente já ter sido discutida (ou quando o falante assume que o ouvinte tende a acreditar nela), nem *run* nem *again* são informações novas em (62). Além disso, visto que na negação apenas a rejeição é realmente nova, a atribuição de acento de foco da asserção a *didn't* em (62) segue as convenções normais da atribuição de acento pragmático em inglês.[37] Porém, já que nem *run* nem *again* recebem o acento de foco da asserção em (62), o falante é convidado a generalizar *posicionalmente*. E *again* está mais perto de *run* em termos da plausibilidade da relação modificador--modificado e também aparece na posição preferida — final — do constituinte foco da asserção em inglês.

Uma pergunta permanece: por que não poderia haver outro padrão de acento em inglês, um que correspondesse a uma negação de *again tell* como em (59a)? Suponha que tal padrão exista, digamos como em:

---

36. Embora (62) seja não contrastiva com relação a *John, Bill, told, run* ou *again,* ela é obviamente contrastiva no sentido de que o ato de fala negativo é **sempre** contrastivo em relação à afirmativa correspondente.

37. Para uma discussão ampla sobre a pragmática do acento em inglês, ver Schmerling (1971, 1974), Bolinger (1958, 1972) e Bickerton (1975b).

(63)   John didn't tell Bill to rún again.
       'João não disse a Bill para correr novamente.'

O problema com esse padrão é que ele transmite um contraste entre *run* e uma outra possível ação que Bill pudesse ter feito, deixando *again* modificar **essa** ação, e não *tell*. Essa preferência é bem motivada, já que se *didn't* é o que ocupa o acento de foco da asserção em uma sentença negativa, então — dado o princípio de que apenas um foco de asserção é atribuído em sentenças não contrastivas do inglês — o acento em *run* é automaticamente interpretado como um acento *contrastivo*. Assim, o *status* pragmático da negativa como um tipo diferente de ato de fala, produzido para um propósito diferente e em um contexto discursivo mais complexo do que sua afirmativa correspondente, figura crucialmente na restrição do âmbito de interpretações possíveis de construções adverbiais potencialmente ambíguas desse tipo.

3.3.1.3 Restrições sobre o encaixamento de negativas

Nas seções precedentes, demonstrei restrições impostas sobre a liberdade de distribuição de elementos dentro de orações negativas. Mais dados desse tipo serão discutidos na seção 3.3.2.1 Neste ponto, gostaria de ilustrar as restrições sobre o encaixamento de orações negativas em vários contextos gramaticais. Sem exceção, essas restrições são *pragmaticamente* motivadas e, em muitos casos, se a pragmática de figura-fundo é revertida, a negativa é apropriada, e não a afirmativa. Visto que a explicação para este fato forma o núcleo da Seção 3.4, vou ignorá-la aqui e meramente proceder à ilustração do fenômeno.

(64)   *When John comes, I'll leave.*
       'Quando João vier, eu partirei.'
       ?*When John doesn't come, I'll leave.*
       '?Quando João não vier, eu partirei'.

(65)   *The man you met yesterday is a crook.*
       'O homem que você encontrou ontem é um canalha.'
       ?*The man you didn't meet yesterday is a crook.*
       '?O homem que você não encontrou ontem é um canalha.'

(66) *Where did you leave the keys?*
'Onde você deixou as chaves?'
?Where didn't you leave the keys?
'?Onde você não deixou as chaves?'

(67) *When did John arrive?*
'Quando João chegou?'
?When did John not arrive?
'?Quando João não chegou?'

(68) *How fast did John run?*
'Quão rápido João correu?'
?How fast did John not run?
'?Quão rápido João não correu?'

(69) *How did he do it?*
'Como ele o fez?'
?How did he not do it?
'?Como ele não o fez?'

(70) *With what did he cut the meat?*
'Com o que ele cortou a carne?'
?With what didn't he cut the meat?
'?Com o que ele não cortou a carne?'

(71) *It's Lincoln that I'm going to talk about today.*
'É sobre Lincoln que eu vou falar hoje.'
?It's Lincoln that I'm not going to talk about today.
'?É sobre Lincoln que eu não vou falar hoje.'

(72) *What I'm going to talk about today is the Gettysburg address.*
'Aquilo sobre o que eu vou falar hoje é o endereço de Gettysburg.'
?What I'm not going to talk about today is the Gettysburg address.
'?Aquilo sobre o que eu não vou falar hoje é o endereço de Gettysburg.'

(73) *I had Mary examined by the committee.*
'Eu fiz Mary ser examinada pelo comitê.'
?I had not Mary examined by the committee.
'?Eu não fiz Mary ser examinada pelo comitê.'
I had the doctor examine Mary.
'?Eu fiz o doutor examinar Mary.'
?I had the doctor not examine Mary.
'?Eu fiz o doutor não examinar Mary.'

(74) *I made him fall off the cliff.*
'?Eu o fiz cair do penhasco.'
?I made him not to fall off the cliff.
'?Eu o fiz não cair do penhasco.'

(75) *I want to work.*
'Eu quero trabalhar.'
?I want not to work.
'?Eu quero não trabalhar.'
I don't want to work.
'Eu não quero trabalhar.'

(76) *He continued to work.*
'Ele continuou a trabalhar.'
?He continued not to work.
'?Ele continuou a não trabalhar.'
He didn't start working.
'Ele não começou a trabalhar.'

(77) *She was as fast as he was.*
'Ela era tão rápida quanto ele era.'
?She was not as fast as he was not.
'?Ela não era tão rápida quanto ele não era.'
She wasn't as fast as he was.
'Ela não era tão rápida quanto ele era.'

(78) *A man came into my office yesterday and...*
'Um homem veio ao meu escritório ontem e...'
?A man didn't come into my office yesterday and...
'?Um homem não veio ao meu escritório ontem e...'

(79) *I entered, looked around — and near the bar I saw John.*
'Eu entrei, olhei ao redor — e perto do bar eu vi João.'
?I entered, looked around — and near the bar I didn't see John.
'?Eu entrei, olhei ao redor — e perto do bar eu não vi João.'

(80) *And then came John and...*
'E então veio o João e...'
?And then didn't come John and...
'?E então não veio o João e...'

(81)   *There stood a man in front of the house.*
       'Lá estava um homem em frente à casa.'
       ?*There didn't stand a man in front of the house.*
       '?Lá não estava um homem em frente à casa.'

(82)   *There used to be a story that went like this...*
       'Havia uma história que era assim...'
       ?*There didn't use to be a story that went like this ...*
       '?Não havia uma história que era assim ...'

3.3.1.4 Restrições sobre referenciais indefinidos

As restrições sobre referenciais indefinidos, assim como sua motivação pragmática, já foram discutidas acima, mas elas certamente contam como um outro caso em que um ambiente negativo impõe restrições distribucionais mais severas.

3.3.1.5 Possíveis contraexemplos

Alguns fenômenos são *específicos* a orações negativas e, embora sob um ponto de vista puramente formal, constituam um corpo de contraexemplos ao nosso argumento sobre o comportamento de tipos oracionais mais marcados, na verdade reforçam minha alegação de que a marcação não deve ser tratada meramente no nível formal. Ao contrário, ela requer explicação específica, *substantiva*.

A primeira classe de contraexemplos são itens de polaridade negativa, tais como *yet* ('ainda'), *at all* ('de jeito nenhum'), *any more* ('não mais'), *even* ('até mesmo'), *give a damn* ('não dar a mínima') etc., os quais tendem a ser evitados em orações não negativas. Uma vez que servem para semântica — ou pragmaticamente — ampliar ou quantificar a negação, seria absurdo esperar encontrá-los em orações não negativas.

O contraexemplo por excelência é, claro, o próprio marcador negativo, que aparece apenas em orações negativas. Novamente, a explicação *funcional* substantiva para isso é bastante transparente. Em suma, então, esses aparentes contraexemplos meramente ilustram que a marcação na língua não é uma noção formal completamente cega a considerações de substância e função.

3.3.2 Conservadorismo sintático

Com relação à sua motivação, a mudança diacrônica nas áreas de sintaxe, morfologia e significado pode ser dividida de forma ampla em dois tipos. O primeiro tipo é a mudança *expressiva-elaborativa*, motivada pela tendência criativa de elaborar nuanças mais complexas e sutis de significado. Todas as mudanças semânticas enquadram-se naturalmente nessa categoria. A mudança na ordenação das palavras na área de relações tópico-foco, que constitui o verdadeiro núcleo da mudança sintática, também é desse tipo. O segundo tipo é a mudança *simplificadora*, motivada, em grande parte, por considerações como facilidade de produção, facilidade de percepção, e necessidade de reduzir ambiguidade. Os argumentos sobre o conservadorismo sintático das orações negativas não se relacionam à mudança simplificadora, mas apenas à mudança criativa-elaborativa.

No Capítulo 2, avancei uma explicação *substantiva* para a natureza mais inovadora das orações principais-declarativas-ativas no que diz respeito à mudança diacrônica elaborativa-expressiva. Argumentei que esse é o tipo de oração que carrega o grosso da informação nova no discurso, e que a mudança elaborativa é, portanto, mais crucial e mais funcional nesse tipo. Apontei, também, que as transformações de raiz de Emond, que (*a*) são limitadas a orações afirmativas[38] e (*b*) envolvem elaboração de tópico-foco, são a fonte primeira de mudança da ordenação vocabular. É, pois, razoável esperar que as orações negativas, que são mais pressuposicionais e carregam menos informação nova no discurso, mostrem-se mais conservadoras com relação à mudança diacrônica elaborativa. Nesta seção, investigarei a evidência que apoia essa expectativa, assim como o *status* de alguns contraexemplos.

3.3.2.1 Elaboração nos sistemas de tempo-aspecto

Observa-se, com grande frequência, que o número de marcadores de tempo-aspecto no paradigma afirmativo é quase sempre maior, mas nunca menor, do que no negativo. As línguas, então, tendem a inovar a elaboração de tempo-aspecto na afirmativa, depois lentamente estendem-na para a negativa. O caso do aspecto foco no V em bemba, ruanda e zulu já foi discutido na Seção 3.2.3.

---

38. Para mais discussão, ver Hopper e Thompson (1973) e Givón (1973a), assim como o Capítulo 2.

Por razões *pragmáticas* óbvias, esse aspecto nunca se estendeu ao paradigma negativo.

Considere a seguir uma criação recente em bemba, em que, nos últimos vinte anos, foi introduzida uma elaboração adicional no tempo futuro, resultando na distinção entre 'amanhã' com *-kà-* em tom baixo, contra 'depois de amanhã' com *-ká-* em tom alto:[39]

(83) a) *n-kà-boomba*   'Eu vou trabalhar amanhã'
     b) *n-ká-boomba*   'Eu vou trabalhar depois de amanhã'

Na negativa, a distinção não foi introduzida, e o marcador futuro mais antigo, *-kà-* em tom baixo, ainda marca o tempo futuro 'amanhã e depois' não diferenciado, exatamente como costumava fazer na afirmativa antes da inovação:

(84) a) *nshi-kà-boomba*   'Eu não vou trabalhar, amanhã e depois'
     b) **nshi-ká-boomba*

A mesma neutralização na negativa também ocorre para o aspecto contínuo dos mesmos tempos futuros. Assim:

(85) a) *n-kà-láá-boomba*   'Eu estarei trabalhando amanhã'
     b) *n-ká-láá-boomba*   'Eu estarei trabalhando depois de amanhã'
     c) *nshi-kà-léé-boomba*   'Eu não estarei trabalhando, amanhã e depois'
     d) **nshi-ká-léé-boomba*

O próximo exemplo envolve inovações no sistema do tempo presente do suaíli. Em um certo momento, o marcador *-na-*, que provavelmente era um marcador de passado-perfectivo anteriormente,[40] moveu-se para o paradigma do tempo presente para criar a distinção potencial entre o presente-progressivo e o habitual:

(86) a) *ni-na-fanya kazi*   'Eu estou trabalhando'
     b) *n-a-fanya kazi*   { 'Eu estou trabalhando' / 'Eu trabalho' }

---

39. Para detalhes, ver Givón (1972a).
40. Para detalhes, ver Wald (1973).

O marcador de presente mais antigo -*a*- tornou-se ambíguo, com alguma tendência a especializar-se para o habitual. Mas o antigo padrão de sufixo negativo de ambos os tempos presentes -*na*- e -*a*- ainda é o antigo marcador negativo *sufixal* — que precede cronologicamente *ambos* os tempos:[41]

(87)   *si-fany-i kazi*   { 'Eu não estou trabalhando' / 'Eu não trabalho' }

Assim, embora tenha ocorrido elaboração posterior na afirmativa, na negativa isso não ocorreu.

O próximo exemplo é outra vez do suaíli. Nessa língua, a maioria dos marcadores de tempo-aspecto foi inovada a partir de verbos de modalidade que tomam complementos infinitivos, e o prefixo infinitivo na língua é *ku*-, como em:

(88)   *nataka **ku**-fanya kazi*   'Eu quero trabalhar'

O antigo marcador infinitivo *ku*- foi completamente apagado do item verbal à medida que os verbos foram reanalisados como tempo-aspecto e se fundiram na raiz seguinte, embora sobreviva em dois tipos de raiz verbal 'defectiva', monossilábica e iniciada por vogal, como em:

(89)   a)   *ni-na-**ku**-la*
           eu-PRES-INF-comer
           'Eu estou comendo'
       b)   *ni-na-**ku**-enda*
           eu-PRES-INF-andar
           'Eu estou andando'

Além disso, ele ainda sobreviveu em mais um ambiente, a *negativa* do tempo passado -*li*- (historicamente 'ser'), em que assumiu a função de 'forma negativa de -*li*-', como em:

(90)   a)   *ni-**li**-fanya kazi*   'Eu trabalhei'
       b)   *si-**ku**-fanya kazi*   'Eu não trabalhei'

---

41. O -*a* "presente" costumava ser um marcador de "passado recente", talvez com um tom mais alto (como em bemba). Mais tarde ele suplantou a forma de "presente zero". A negativa sufixal -*i* era provavelmente a forma correspondente ao antigo "presente zero".

O ambiente negativo — sem qualquer necessidade especial, já que um prefixo negativo existe e é viável em todos os paradigmas — preservou assim uma relíquia do paradigma verbal, que tinha sido apagada da afirmativa via reanálise.

O próximo conjunto de exemplos devo a Robert Hetzron (comunicação pessoal). Hetzron observa que as línguas etíopes tendem a ter mais elaboração de tempo-aspecto-modo na afirmativa, enquanto na negativa as distinções tendem a se neutralizar. Desse modo, por exemplo, em amárico, o perfeito *säbbärä* / 'ele quebrou' e o presente perfeito *säbroall* / 'sua quebra' compartilham a forma negativa do perfeito, *al-säbbärä-m*. De modo semelhante, em *chana* (*gurage*) há, na afirmativa, três formas distintas: para o presente *yɨsäbɨr* / 'ele quebra', o futuro-definido *yɨsäbɨrte* / 'ele quebrará sem dúvida', e o futuro-indefinido *yɨsbɨršä* / 'ele pode quebrar', mas as três formas compartilham apenas uma forma negativa — *esäbɨr*. Como observa Hetzron, as formas futuras em *chana* (*gurage*) são inovações, e a negativa compartilhada é a negação original do presente. De modo semelhante, em amárico, o presente-perfeito é uma inovação mais recente, compartilhando a negativa original do perfeito. Ambos são exemplos sólidos de como a mudança elaborativa prefere a afirmativa à oração negativa. Em ambos, o resultado líquido em termos de *distribuição* sincrônica é que um conjunto maior de formas pode aparecer na afirmativa, mas não na negativa.

3.3.2.2 Conservadorismo da ordenação das palavras

Não é muito comum surpreender uma língua no ponto em que as mudanças na ordenação neutra das palavras ocorreram na afirmativa, mas ainda não na negativa, ao menos não no nível categorial. O resultado é que relativamente poucas línguas usam a ordenação como principal recurso para distinguir orações negativas de afirmativas. Em contraste, o conservadorismo sintático de orações encaixadas é muito melhor documentado.[42] Alguns casos interessantes existem, todavia.

Considere primeiro o caso de kru, uma língua do congo nigeriano. Nessa língua, a sintaxe SOV antiga do Congo nigeriano desapareceu em grande escala, e na maioria dos tipos oracionais a ordenação de palavras é atualmente SVO.

---

42. Ver discussão no Capítulo 2.

Contudo, em alguns ambientes modais, que historicamente representam estruturas encaixadas, a sintaxe SOV sobreviveu. E um desses ambientes é a negativa.[43]

(91) nyeyu-na   bla   nyino-na
      homem-o   surrou   mulher-a
      'O homem surrou a mulher'   (SVO)

(92) nyeyu-na   **si**   nyino-na   bla
      homem-o   NEG   mulher-a   surrou
      'O homem *não* surrou a mulher'   (SOV)

(93) nyeyu-na   **jila**   nyino-na   bla
      homem-o   querer   mulher-a   surrar
      'O homem *quer* surrar a mulher'   (SOV)

(94) nyeyu-na   **um**   nyino-na   bla
      homem-o   ir   mulher-a   surrar
      'O homem *vai* surrar a mulher'   (SOV)

(95) nyeyu-na   **boe**   nyino-na   bla
      homem-o   M   mulher-a   surrar
      'O homem *pode* surrar a mulher'   (SOV)

(96) ni-pni   nyeyu-na   **boe**   nyino-na   bla
      eu-forçar   homem-o   M   mulher-a   surrar
      'Eu *fiz* o homem surrar a mulher'   (SOV)

Assim, a origem diacrônica encaixada da construção negativa ainda se reflete na ordenação conservadora que ela compartilha com construções encaixadas do mesmo tipo geral. E, se as mudanças na ordenação de palavras são, pelo menos em parte, motivadas por necessidades expressivas-elaborativas — particularmente em termos da relação tópico-foco —, então o conservadorismo sintático da negativa mais pressuposicional é somente uma consequência natural de ela veicular uma porção muito menor de conteúdos informacionais no discurso, em comparação com a afirmativa.

O próximo caso refere-se a inovações no sistema de marcação da definitude do objeto nas línguas banto orientais.[44] Nessas línguas, há uma tendência em

---

43. Para maiores discussões da comparação entre congo-nigeriano e kru, ver Givón (1975e).
44. Para detalhes ver Givón (1974b, 1976a). Para mais sobre luganda, ver Mould (1975).

progresso para o uso do pronome objeto prefixado como um marcador definido para objetos. Essa mudança progrediu em suaíli ao ponto em que esse marcador é o modo padrão de definitizar objetos não humanos, ao passo que objetos humanos — mesmo indefinidos — já mostram uma concordância pronominal obrigatória. Um estágio mais antigo é representado pela situação em luganda, em que a mudança do tópico para a esquerda é usada para definitizar objetos. Esse recurso é opcional na afirmativa.

(97) a) *nalaba omusajja*   'Eu vi *um/o* homem'
     b) *omusajja na-**mu**-laba*   '*O* homem, eu *o* vi'

Na negativa em luganda, a definitização pela mudança do tópico é obrigatória:

(98) a) *salaba musajja*
        'Eu não vi *nenhum* homem'   (NÃO-REF)
     b) *omusajja sa-**mu**-laba*
        ⎰ 'Eu não vi *o* homem'   ⎱
        ⎱ '*O* homem, eu não *o* vi' ⎰   (REF, DEF)

Ruanda, contudo, deu um passo adiante e permite o uso do pronome objeto para a definitização sem mudança do tópico, isto é, na ordenação normal SVO. Contudo, essa extensão aconteceu até agora apenas na afirmativa, enquanto na negativa ainda é obrigatória a mudança do objeto para tópico a fim de efetuar sua definitização:

(99) a) *yaboonya umugabo*
        'Ele viu *um* homem'   (REF, INDEF)
     b) *ya-um-boonye umugabo*
        'Ele viu *o* homem'   (REF, DEF)
     c) *nhi-ya-boonye umugabo*
        'Ele não viu *nenhum* homem' (NÃO-REF)
     d) **nhi-ya-**mu**-boonye umugabo*
     e) *umugabo nhi-ya-**mu**-boonye*
        ⎰ '*O* homem, ele não *o* viu' ⎱
        ⎱ 'Ele não viu *o* homem'   ⎰   (REF, DEF)

3.3.2.3 Realinhamento de caso em russo[45]

Há uma quantidade de verbos que tomam objeto direto em russo, incluindo *xotet* ('querer'), *iskat* ('procurar'), *prosit* ('pedir'), *videt* ('ver'), *tebovat* ('necessitar', 'exigir'), que costumavam ter seu objeto no caso genitivo, e não no acusativo. Na afirmativa, há uma tendência em progresso para substituir o genitivo pelo acusativo, exceto quando uma leitura partitiva motiva a retenção do genitivo e a preservação do contraste parte-GEN *versus* todo-ACUS. Nas orações negativas correspondentes, todavia, o genitivo é substituído mais lentamente, mesmo nas leituras não partitivas. Assim, se atribuímos às sentenças quatro graus de aceitabilidade, da mais aceitável (3) a menos aceitável (0), a reação dos falantes às sentenças afirmativas e negativas pode ser vista a seguir:

(100) (3) a) *ja xoču boršč* (ACUS)
  'Eu quero sopa de beterraba' (todo)
 (3) b) *ja xoču boršča* (GEN)
  'Eu quero um pouco de sopa de beterraba' (parte)
 (2) c) *ja ne xoču boršč* (ACUS)
  'Eu não quero sopa de beterraba' (todo)
 (3) d) *ja ne xoču boršča* (GEN)
  'Eu não quero (nenhuma) sopa de beterraba'

(101) (3) a) *ja išču sestru* (ACUS)
  'Eu estou procurando minha irmã'
 (0) b) *ja išču sestry* (GEN)
 (1) c) *ja ne išču sestru* (ACUS)
 (3) d) *ja ne išču sestry* (GEN)
  'Eu não estou procurando minha irmã'

(102) (3) a) *ja išču rabotu* (ACUS)
  'Eu estou procurando trabalho'
 (1) b) *ja išču raboty* (GEN)
 (0) c) *ja ne išču rabotu* (ACUS)
 (3) d) *ja ne išču raboty* (GEN)
  'Eu não estou procurando trabalho'

---

45. Pelos dados do russo estou em débito com Alan Timberlake (comunicação pessoal; mas ver também Timberlake, 1975).

(103) (3) a) *ona prosila den'gi*   (ACUS)
              'Ela pediu (o) dinheiro'   (parte)
      (3) b) *ona prosila deneg*   (GEN)
              'Ela pediu (algum) dinheiro'   (parte)
      (0) c) *ona ne prosila den'gi*   (ACUS)
      (3) d) *ona ne prosila deneg*   (GEN)
              'Ela não pediu o/nenhum dinheiro'

(104) (3) a) *ja videl etu ženščinu*   (ACUS)
              'Eu vi aquela mulher'
      (0) b) *ja videl etu ženščiny*   (GEN)
      (0) c) *ja ne videl etu ženščinu*   (ACUS)
      (3) d) *ja ne videl etu ženščiny*   (GEN)
              'Eu não vi aquela mulher'

(105) (3) a) *ja trebuju knigu*   (ACUS)
              'Eu preciso de um livro'
      (0) b) *ja trebuju knigi*   (GEN)
      (0) c) *ja ne trebuju knigu*   (ACUS)
      (3) d) *ja ne trebuju knigi*   (GEN)
              'Eu não preciso de um livro'

Embora os dados sejam muito claros com relação ao conservadorismo das negativas, pode-se perguntar por quê. E eu acredito que a resposta surge como uma consequência direta dos fatos discutidos na seção 3.2.1. Os verbos envolvidos são, com uma exceção (*ver*), não implicativos. Isto é, eles poderiam tomar — no tempo passado ou presente na afirmativa — objetos não referenciais, além de objetos referenciais indefinidos. A distinção partitivo-genitivo *versus* acusativo serve, na afirmativa, para diferenciar essas duas interpretações do objeto indefinido, isto é, "um todo específico" contra "algum membro da classe, não importa qual". Na negativa, porém, definidos são marcados por artigos ou demonstrativos, de modo que são suficientemente diferenciados dos indefinidos. E, como foi visto na Seção 3.2.1, o objeto indefinido que segue um verbo negado só poderia ser *não-referencial* — ou "partitivo". A necessidade de diferenciar as leituras referencial e não referencial dos indefinidos não surge, assim, na negativa. A extensão analógica, portanto, procede mais vagarosamente, já que tem menos motivação funcional. Logo, a marcação pressuposicional das negativas indiretamente medeia para tornar lento o processo de extensão analógica nesse caso.

3.3.2.4 Extensão de sentido dos modais em inglês[46]

Verbos auxiliares modais em inglês, como *should* ('dever'), *must* ('ter de'), *may* ('poder'), *let* ('deixar') e *have to* ('ter de'), são tidos como polissêmicos, de modo que, embora seus sentidos mais antigos envolvessem *obrigação* ou *preferência do falante para ação pelo sujeito*, eles todos desenvolveram sentidos de *probabilidade*, isto é, atribuição pelo falante de probabilidade para a proposição. Vamos rotular os dois sentidos de "raiz" e "epistêmico" (ou R e E), respectivamente.

Nesta seção, gostaria de relatar brevemente os resultados de um experimento que realizei com 100 sujeitos. Eles receberam as sentenças com modais na afirmativa e na negativa, como listado no Apêndice 1, no fim deste capítulo, e foi solicitado que, para cada sentença, atribuíssem um número inteiro de aceitabilidade de 0 (totalmente inaceitável) a 3 (totalmente aceitável) aos sentidos R e E de cada sentença [dados como (a) e (b) no teste, abaixo de cada sentença]. Os resultados para cada sentido de cada sentença, como pontuação agregada total para 100 sujeitos, estão listados no Apêndice 2. Na Tabela 3.3 os resultados estão expressos como proporções de aceitabilidade dos sentidos R e E de cada modal na afirmativa sobre sua aceitabilidade na negativa. Em todos os casos houve uma *queda* de 37% em média na aceitabilidade do sentido E na negativa. Em todos os casos, houve um *aumento* muito mais leve na aceitabilidade do sentido R dos cinco modais na negativa, de 12% em média. Esse aumento pode ser interpretado mais provavelmente como um resultado da aceitabilidade reduzida dos sentidos epistêmicos na negativa, isto é, por causa da menor interferência, indeterminação ou confusão que pode existir como um resultado da polissemia mais viável na afirmativa. Na Tabela 3.4, os resultados são apresentados como proporções da aceitabilidade dos sentidos epistêmicos sobre os de raiz para afirmativas e negativas. Em média, os sentidos epistêmicos são 84% tão aceitáveis quanto os de raiz na afirmativa, sugerindo que a polissemia é bastante viável. Na negativa, por outro lado, os sentidos epistêmicos são, em média, 47% tão aceitáveis quanto os de raiz. Em termos de proporções da aceitabilidade relativa dos sentidos epistêmicos sobre os de raiz na afirmativa em relação à aceitabilidade relativa dos sentidos epistê-

---

46. Pela ideia inicial que inspirou esse experimento, estou em débito com Kay Hannah. Minha sugestão original de que o fenômeno era detectável no nível da competência foi rejeitada por vários falantes nativos do inglês com base no fato de que, "sob reflexão, esses sentidos epistêmicos nas sentenças negativas parecem perfeitamente aceitáveis".

TABELA 3.3
Proporções de pontuações de aceitabilidade para os sentidos de raiz e epistêmicos de modais na negativa em relação à afirmativa

Modal	Sentido de Raiz	Sentido Epistêmico
Should	1.101	0,468
Must	1.218	0,593
May	1.033	0,819[a]
Let	1.063	0,746
Have to	1.229[b]	0,533
Média	1.218	0,631

[a] Dois sentidos epistêmicos, (b) e (c), foram listados no teste (ver Apêndice 2 no fim deste capítulo), e os resultados aqui representam uma média das pontuações desses dois.
[b] Dois sentidos de raiz, (a) e (b), foram listados, e os resultados são novamente uma média dos dois.

micos sobre os de raiz na negativa, a proporção média — que é uma indicação do grau de polissemia dos modais —, é 0,562, ou uma queda média de 44%.

Em Givón (1973c), argumentei que os sentidos epistêmicos dos modais são, diacronicamente, derivados semânticos naturais, por inferência indutiva, de sentidos de "habilidade" ou de "raiz". O único modal problemático dos cinco usados, em termos de argumentos diacrônicos, é *may* ('poder'). Isso se dá porque

TABELA 3.4
Proporções de aceitabilidade de sentidos epistêmicos sobre os de raiz de modais na afirmativa e na negativa

Modal	Afirmativa	Negativa	Proporção de Negativa/ Afirmativa
Should	0,769	0,327	0,425
Must	1.335	0,650	0,486
May	0,822	0,652	0,793
Let	0,666	0,468	0,702
Have to	0,606	0,267	0,440
Média	0,839	0,472	0,562

seu sentido mais antigo era "habilidade", "poder para agir", que se tornou obsoleto depois que ele desenvolveu um "sentido de permissão" semelhante ao *can* corrente hoje. Assim, o sentido epistêmico de *may* pode ter surgido diretamente do sentido mais antigo "habilidade", e então possivelmente precedeu o sentido de raiz.

De qualquer maneira, o experimento demonstra, de modo suficientemente claro, que a elaboração criativa de vários sentidos dos modais — um processo de grande universalidade e naturalidade — é realizado muito mais extensivamente nas sentenças afirmativas do que nas suas correspondentes negativas.

Há uma nota final com relação aos sentidos epistêmicos na negativa. No teste, dois sentidos epistêmicos foram listados para *may not*, um negando *may* (b), o outro negando o verbo encaixado (c). A proporção para o segundo — no qual a negativa é *rebaixada* e a expressão é interpretada como uma expressão de probabilidade afirmativa, e não uma rejeição — mostra aceitabilidade mais alta (0,846 *versus* 0,792 — ver nota para Tabela 3.3). Embora o incremento seja um tanto pequeno, ele pode ser uma indicação de que, de algum modo, uma "rejeição da probabilidade da afirmativa" é menos natural do que uma "afirmação da probabilidade da negativa". Embora para o lógico isso possa parecer equivalente, para o linguista talvez não o seja. Ao contrário, pode representar um outro caso em que uma expressão é, de algum modo, *pragmaticamente menos útil* na negativa.

3.3.2.5 Possíveis contraexemplos

Os aparentes contraexemplos discutidos na Seção 3.3.1.5. acima também são relevantes aqui, já que envolvem inovação de morfemas específicos à negativa. Além disso, relatei alhures (Givón, 1977a) um caso em que, na mudança diacrônica da ordenação de VSO para SVO, as orações negativas mudaram antes do que as orações afirmativas. Quando se examinam os detalhes mais cuidadosamente, porém, a força desses fatos como um contraexemplo apropriado é bastante fraca. Em geral, no hebraico bíblico (em que essas observações foram feitas), a mudança VSO-para-SVO é motivada pela *topicalidade mais alta* (pressuposicionalidade) do sujeito em comparação a outros argumentos (ver Givón, 1976a). O que também é verdadeiro é que a mudança — todas as outras coisas sendo iguais — parece caminhar mais rapidamente em orações pressupostas do que nas menos pressupostas. Isso se dá, creio eu, porque quanto mais pressuposta é uma oração, tanto mais tópico é seu sujeito. Logo, uma vez que as orações negativas são mais pressuposicionais do que as afirmativas, é precisamente essa base *substantiva* para a marcação de negativas que motiva seu aparente estatuto inovador em relação à mudança particular envolvida aqui.

3.3.3 Complexidade psicológica

Há muitas evidências sugerindo que os falantes demoram mais a processar as sentenças — e conceitos — negativas do que as afirmativas correspondentes. Assim, por exemplo, Herbert Clark (1971a, 1971b, 1974) mostra que o tempo de processamento de conceitos inerentemente negativos é maior, comparado aos seus antônimos afirmativos (*i.e.*, *presente-ausente, lembrar-esquecer*). Ele mostra também (1971b) que o tempo de processamento para a negação explícita, como em *not present* (*não presente*), é maior do que para a sua negação logicamente equivalente e mais profundamente encaixada como em *absent* (*ausente*), e argumenta que, quanto mais profundamente encaixado o operador for, tanto mais fácil será o processamento do enunciado. Sua explicação é bastante esclarecedora:

> Esses exemplos aludem ao fato de que um falante geralmente faz uma suposição sobre as crenças (ou crenças aparentes) do seu ouvinte sempre que ele produz uma negação. Especificamente, ele normalmente supõe que o ouvinte acredita ou poderia muito bem acreditar na verdade do que está sendo negado [...] (1974, p. 1312).

Finalmente, Herbert Clark (1969) também mostra que, para o âmbito total de pares de adjetivos antônimos em inglês, o membro positivo é mais fácil de processar do que o negativo. Eve Clark (1971) mostra que os membros positivos de pares de antônimos não são apenas mais fáceis de processar, mas também são adquiridos mais cedo pelas crianças. Em todos esses casos, não está envolvida complexidade estrutural ou "sintático-perceptual", mas apenas complexidade *conceptual*. Resultados semelhantes, mostrando latências mais longas no processamento de conceitos negativos, comparados aos seus pares antônimos afirmativos, são relatados por Hoosain (1973) e Hoosain e Osgood (1975). Esses estudos, outra vez, não envolvem fatores de complexidade sintática, apenas conceitual. Assim, mesmo descontando estudos que dizem respeito à aquisição "tardia" da *sintaxe* da negação comparada à sintaxe das sentenças afirmativas, como relatado em Klima e Bellugi (1973), isto é, estudos que se concentram na aquisição de recursos explícitos de sinalização para as sentenças negativas, e não na aquisição da negação *como um ato de fala*, deve-se concluir que a evidência psicológica apoia fortemente a visão de que as negativas são conceitualmente — ou, em meus termos, pressuposicionalmente — mais complexas.

Um último argumento salientará o fato de que a complexidade psicológica das negativas, em comparação a afirmativas, não tem nada a ver com a mera lógica da negação, e sim surge da sua *pragmática* ou uso na língua. Isso deve ser dessa forma pela seguinte razão: a distinção entre *mesmo versus diferente*, "do mesmo tipo" *versus* "de tipo diferente", "a mesma ocorrência individual" *versus* "uma ocorrência individual diferente", "em conformidade com o *fundo*" *versus* "quebrando a uniformidade do fundo e assim sendo a *figura*", é o primitivo perceptual e conceitual mais básico na cognição. Esse primitivo está *fundamentado* na noção de negação na *lógica*, isto é, nos axiomas básicos:

(106) $\sim (p = \sim p)$

Mas, como já argumentei, esses axiomas não caracterizam por si mesmos o uso da negação na língua. Além disso, como vou argumentar diretamente, a atribuição de valores negativos *versus* positivos a membros de pares antônimos na linguagem humana é totalmente arbitrária de um ponto de vista estritamente lógico. No que diz respeito à lógica, a reversão desses valores resulta em pares antônimos igualmente bem formados. No que diz respeito à linguagem humana, contudo, tal atribuição está longe de ser arbitrária. Ao contrário, reflete fatos pragmáticos e ontológicos profundos sobre o modo como o organismo humano percebe e interpreta o universo.

3.4 A BASE ONTOLÓGICA DA NEGAÇÃO

Nas seções precedentes vimos que a negação é um ato de fala distinto na língua que é amplamente usado para rejeitar as convicções dos ouvintes no contexto em que a afirmativa correspondente foi assumida, e não para transmitir informação nova no contexto de ignorância do ouvinte. Nesta seção, vou mostrar como a atribuição de avaliação negativa a certos membros de pares antônimos, e não a seus antônimos, assim como a atribuição de avaliação negativa a não ações e não eventos (e não a ações ou eventos, respectivamente), é motivada pela oposição perceptual de *figura versus fundo*.

3.4.1 A ontologia de propriedades negativas

Suponha que houvesse um universo no qual apenas uma distinção — *propriedade* — existisse. Além disso, suponha que houvesse apenas dois indivíduos abrangendo esse universo, distintos um do outro pelo fato de que um possuísse essa propriedade distintiva e o outro não. Vamos representar esse universo como:

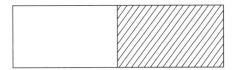

Uma vez que os dois indivíduos estão em equilíbrio, exceto com relação àquela propriedade binária, não há absolutamente nenhum modo pelo qual se possa decidir qual deles é marcado pela *presença* da propriedade e qual é marcado pela sua *ausência*. Se alguém fosse interpretar ou descrever esse universo e os indivíduos nele, ambas as estratégias produziriam o mesmo resultado, com exatamente o mesmo grau de eficiência. Em outras palavras, cada indivíduo é tão justificavelmente a *figura* quanto o *fundo* nesse universo.

Suponha agora que nós tenhamos um outro universo, no qual novamente a mesma distinção/propriedade binária única existisse, mas onde um único indivíduo fosse marcado por um dos seus antônimos, enquanto 24 indivíduos fossem marcados pelo antônimo oposto, como mostrado a seguir:

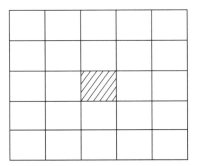

Nesse universo, em termos de saliência perceptual ou relações de figura-fundo, um único indivíduo *sobressai* no fundo dos outros 24. É uma *quebra no padrão*, tem *valor de surpresa*, pode ser *isolado*. Se alguém fosse interpretar ou relatar esse segundo universo, referindo-se aos 24 indivíduos que constituem o *fundo* perceptual como "tendo a propriedade" e ao único indivíduo que constitui a *figura* perceptual como não a tendo, seria um empreendimento antieconômico, se comparado ao procedimento inverso. Além disso, em termos de estratégias de recuperação, se os 24 indivíduos fossem designados pela "presença" da propriedade binária, enquanto o único indivíduo pela sua "ausência", então identificar esse único indivíduo *que é diferente* nesse universo seria uma estratégia extremamente custosa, já que se teria de proceder à eliminação dos outros 24 "presentes" primeiro. Por outro lado, se o único indivíduo for codificado com a "presença" da propriedade, o procedimento de procura será obviamente muito mais eficiente. Vamos tratar agora da gramática de pares antônimos de propriedades — ou adjetivos — na língua.

Vendler (1963), Bierwisch (1967), Givón (1970a), e muitos outros forneceram argumentos extensos de que, em pares antônimos de propriedades/adjetivos na língua, um membro é sempre designado como membro positivo; o outro, negativo. Além disso, o membro positivo também atua como o membro não marcado, no sentido de que ele dá o nome genérico para a própria propriedade, tem distribuição muito mais ampla e por todos os outros critérios se comporta como o caso não marcado. Em (107), abaixo, a lista desses pares antônimos é dada. A coisa mais surpreendente sobre eles é que o membro positivo — ou não marcado — de cada par é perceptualmente mais proeminente:

(107)

Positivo	Negativo	Propriedade perceptual
big ('grande')	*small* ('pequeno')	Facilidade de percepção visual
long ('longo')	*short* ('curto')	Facilidade de percepção visual
tall ('alto')	*short* ('baixo')	Facilidade de percepção visual
wide ('largo')	*narrow* ('estreito')	Facilidade de percepção visual
fat ('gordo')	*thin* ('magro')	Facilidade de percepção visual
high ('alto')	*low* ('baixo')	Facilidade de percepção visual
light ('claro')	*dark* ('escuro')	Facilidade de percepção visual

fast ('rápido')	*slow* ('lento')	Facilidade de percepção visual e de proporção de mudança
loud ('barulhento')	*quiet* ('silencioso')	Facilidade de percepção auditiva
sharp ('afiado')	*dull* ('cego')	Facilidade de percepção tátil
thick ('espesso')	*thin* ('ralo')	Facilidade de percepção visual
hot ('quente')	*cold* ('frio')	Facilidade de percepção de temperatura
heavy ('pesado')	*light* ('leve')	Facilidade de percepção tátil — de peso

Tanto Herbert Clark (1971a) quanto Eve Clark (1971) observaram a correlação entre o valor positivo atribuído na língua ao membro não marcado de pares antônimos e sua *proeminência perceptual*. Eles também sugeriram que, precisamente por essa razão, as crianças adquirem primeiramente os membros *positivos* de pares antônimos — visto que eles são mais fáceis de perceber.

Outros investigadores, como Boucher e Osgood (1969) e Osgood e Richards (1973) tentaram explicar a disparidade psicológica/de processamento entre membros positivos e negativos de pares antônimos com referência à *frequência de uso*, que, por sua vez, foi explicada pelo "Princípio de Pollyanna", descrito como: "os humanos descobriram que acreditar é mais reforçador do que duvidar, a certeza mais do que a incerteza, a plenitude mais do que a escassez, asseverar mais do que negar — e a congruidade (*e*) mais do que a incongruidade (*mas*) [...]" (Osgood e Richards, 1973, p. 411). O problema com essa explicação, parece-me, é que ela toma, de todos os pares antônimos na língua, apenas aqueles que têm *carga afetiva* óbvia, deixando sem explicação a mesma disparidade de comportamento de pares antônimos — tais como adjetivos de medida — em que não se pode facilmente postular preferência afetiva por parte dos humanos. Como um exemplo extremo, considere *loud* ('barulhento') e *quiet* ('silencioso'), em que, se for o caso, o membro negativo tem melhor carga afetiva, mas os humanos ainda classificam *loud* — o membro perceptualmente proeminente — como positivo. Uma outra coisa que o Princípio de Pollyanna não explica é a ontologia dos eventos/ações negativos. Desse modo, considere as duas sentenças seguintes:

(108)   *Birboim didn't kill his wife.*
        'Birboim não matou sua esposa.'

(109)   *Birboim killed his wife.*
        'Birboim matou sua esposa.'

Seguindo o Princípio de Pollyanna, as línguas deveriam considerar (109) como um evento negativo e (108) como positivo, mas, de fato, elas não o fazem. Como vou argumentar abaixo, exatamente a mesma ontologia figura-fundo que explica a atribuição de avaliação positiva-negativa a propriedades também explica essa atribuição a ações e eventos.

3.4.2 A ontologia de eventos negativos

Eventos, ou ações — que são eventos cuja *responsabilidade* é atribuída a algum *agente* — são *mudanças* no estado do universo através de um certo eixo temporal.[47] Um certo *estado A* do universo vigora antes do eixo temporal do evento. Então, dentro de um período de tempo mais ou menos condensado,[48] esse estado muda e, quando a poeira assenta, um estado de coisas diferente vigora — *estado B*. Ambos os estados A e B são razoavelmente estáveis, de outro modo não seriam considerados "estados", e o universo nesses estados está mais ou menos *em descanso*, em relação à habilidade de os humanos perceberem movimento. Por outro lado, durante o evento (ou ação), o universo está *se movendo* — rapidamente o bastante para que os humanos, dado o âmbito de seu aparato perceptual, possam perceber a mudança.

Na seção 3.3.3.3 listei um grande número de exemplos em que as sentenças negativas parecem, de algum modo, mais estranhas, mais bizarras do que suas afirmativas correspondentes. Nesta seção, gostaria de mostrar que a estranheza

---

47. Para o fenômeno do eixo temporal, ver Givón (1973c). Para uma caracterização mais geral de estados *versus* eventos/ações, ver Langacker (1975) e Chafe (1970), assim como o Capítulo 8.

48. Em última instância, o julgamento do que é um "estado estável", do que é uma "mudança rápida/instantânea" e do que é uma "mudança lenta" depende do refinamento da calibragem do aparato humano perceptor-*cum*-processador. A maioria das línguas, todavia, faz uma diferença entre pelo menos três possibilidades: *estado* "permanente" constante (*be a man* / 'ser um homem'; *be tall* / 'ser alto'), uma *ação prolongada* (*working* / 'trabalhando'; *talking* / 'conversando'; *writing* / 'escrevendo') e uma *ação compacta* (*shoot* / 'atirar'; *hit* /'bater'; *break the window* / 'quebrar a janela'; *arrive at the house* / 'chegar em casa'). Para maiores discussões, ver Capítulo 8.

das negativas em todos esses contextos é inerentemente pragmática, e que exatamente o mesmo princípio de figura *versus* fundo que explicou a atribuição de avaliação negativa no caso das propriedades também explica o caso das ações/ eventos. Mais especificamente, o que está envolvido aqui é o contraste entre *norma* e *contranorma*.

Considere primeiro a sentença (110):

(110)   ?*When John doesn't come, I'll leave.*
        '?Quando João não vier, eu partirei.'

A função da oração com *when* ('quando') na sua afirmativa correspondente é designar um ponto no tempo — em que a ação na oração principal acontece. Contudo, há um número infinito de pontos no tempo em que *João não vem*, mas apenas relativamente poucos — ou um — em que ele vem. O evento negativo é assim um *fundo* em que nenhuma mudança no estado do universo ocorreu. Nesse fundo, a vinda de João é um evento — *uma mudança*. É, então, estatisticamente mais fácil fixar um ponto no tempo pela ocorrência de um evento do que pelo número infinito de pontos no tempo em que o evento não ocorreu.

Considere agora a sentença (111) que, em face disso, constitui um contraexemplo ao argumento apresentado acima:

(111)   *When John didn't come, I left.*
        'Quando João não veio, eu parti.'

Contudo, note que (111) não designa um ponto em que *João não veio*, mas somente um ponto encerrando um período total durante o qual *esperava-se que João viesse mas não veio*. Se, de fato, (111) designasse um ponto específico como em (110), sua interpretação teria sido pragmaticamente estranha exatamente pelas mesmas razões. Assim, considere o seguinte:

(112)   *I left at all the (nondenumerably many) points in time at which John didn't come.*
        'Eu parti em todos os (inumeravelmente muitos) pontos no tempo em que João não veio.'

Considere agora a estranheza pragmática de:

(113)   ?*The man you didn't meet yesterday is a crook.*
        '?O homem que você não encontrou ontem é um canalha.'

Sobre o fundo de não encontrar a grande maioria de homens do mundo, a sentença (113) é uma descrição definida de um homem bastante malsucedida. Porém, suponha que as relações fundo-figura sejam revertidas, e a situação pragmática sob a qual (113) foi produzida é, ao contrário, que você esperava encontrar um número de pessoas, todas elas apareceram, *exceto uma*. Nesse fundo, (113) seria uma descrição definida bem-sucedida — e aceitável. Em outras palavras, o uso de modificadores restritivos para construir uma descrição definida de nomes exige destacá-los por meio de uma propriedade ou evento que os distingue de um grupo *maior*. Ou seja, designar o indivíduo como *figura* e o grupo maior como *fundo* é crucial para o uso de modificadores restritivos na descrição definida. Por essa razão, os eventos negativos são pragmaticamente menos úteis, visto que normalmente **não** destacam algo que aconteceu, isto é, uma *mudança*, sobre o fundo da *inércia* normal do universo.

Considere a seguir a estranheza de (114).

(114)   ?*A man didn't come into my office yesterday, and...*
'?Um homem não entrou no meu escritório ontem e...'

Uma vez que sua afirmativa correspondente é usada para introduzir uma nova história, (114) é obviamente um fracasso — a menos que a maioria das pessoas normalmente estivesse sempre entrando em meu escritório, isto é, a menos que as relações de figura-fundo fossem revertidas. De fato, a sentença (114) somente é aceitável como uma *rejeição* da afirmativa correspondente, isto é, *It is not true that a man came into my office yesterday...* ('Não é verdade que um homem entrou no meu escritório ontem...'), e requer um padrão de entonação muito marcado para ser bem-sucedida.

Considere as seguintes sentenças:

(115)   a)   *A woman with two arms came into my office and...*
'Uma mulher com dois braços entrou no meu escritório ontem e...'
b)   *A woman with one arm came into my office yesterday and...*
'Uma mulher com um braço entrou no meu escritório ontem e...'

Em nosso universo, (115a) é pragmaticamente bizarra, visto que falha em distinguir a figura do fundo. Em um universo onde as mulheres, como regra geral, tivessem apenas um braço, (115b) seria igualmente bizarra, ao passo que (115a) seria uma descrição definida bem-sucedida. De modo semelhante, considere (116):

(116)   a) *A woman who spoke English came into my office and...*
            'Uma mulher que falava inglês entrou no meu escritório e...'
        b) *A woman who spoke no English came into my office and ...*
            'Uma mulher que não falava inglês entrou no meu escritório e...'

Em um universo em que se fala inglês, (116a) será pragmaticamente bizarra, enquanto em um universo em que não se fala inglês (116b) seria igualmente bizarra.

Considere agora a sentença (117).

(117)   ?*Where didn't you leave the keys?*
        '?Onde você não deixou as chaves?'

A sentença (117) é pragmaticamente estranha porque, enquanto o lugar onde você deixou um conjunto de chaves pode ser designado, de forma única, a quantidade de lugares onde você não deixou as chaves é inumeravelmente grande. Contudo, se as relações figura-fundo fossem alteradas, e, ao contrário, (117) fosse produzida no fundo em que você me contou que não deixou as chaves em algum lugar, mas eu não o/a ouvi muito bem, sou então confrontado com a tarefa de descobrir que lugar — entre todos os muitos lugares possíveis — é aquele em que você disse que não deixou as chaves. Nesse fundo revisto, (117) é pragmaticamente apropriada.

Vamos considerar agora a sentença (118).

(118)   ?*It's Lincoln that I'm not going to talk about today.*
        '?É sobre Lincoln que eu não vou falar hoje.'

Sob as relações normais figura-fundo, isto é, em que o número de coisas sobre as quais eu *não* vou falar em qualquer período de tempo é potencialmente infinito, (118) é de fato bizarra. Porém, suponha que eu já tenha mencionado um número de temas sobre os quais não se espera que eu fale, e tenha excluído o tema de Lincoln, que presumivelmente era um membro natural do grupo. Desse modo, as expectativas dos meus ouvintes eram de que eu estava deliberadamente eliminando a discussão de *outros* temas (provavelmente com a inferência pragmática tácita de que eu poderia discutir Lincoln). Nesse novo fundo, (118) é um ato de fala melhor, embora ainda seja estranho. A estranheza surge do fato de que a estratégia normal de enumeração do que se pretende fazer é enumerar *eventos/ações* pretendidos, e não *ausência* de ações pretendidas. Isso se dá porque, no fundo de não mudança ou *inércia* do universo, uma ação constitui uma mudança, isto é, uma figura contra o fundo. Assim, toda a minha estratégia em construir um contexto de fundo apropriado para (118) ainda é bastante estranha.

Considere agora a estranheza do comparativo negativo em (119).

(119) *She was as fast as he was.*
'Ela era tão rápida quanto ele.'
?*She was not as fast as he was not.*
'?Ela não era tão rápida quanto ele não era.'
She wasn't as fast as he was.
'Ela não era tão rápida quanto ele.'

A comparativa afirmativa compara o grau de presença da mesma propriedade em dois indivíduos. A negativa normal nega a afirmativa. A comparativa-negativa teria comparado, presumivelmente, o grau de ausência dessa propriedade. Mas a ausência é absoluta, não tem grau e, portanto, não faz sentido comparar.

Finalmente, considere a sentença (120).

(120) *Someone didn't do the dishes yesterday.*
'Alguém não lavou a louça ontem.'

Como está, (120) é um contraexemplo ao argumento apresentado na Seção 3.2.1 de que, sob a negação, os sujeitos referenciais — exatamente como os objetos — tenderão a ser definidos. Todavia, o que torna (120) uma comunicação bem-sucedida é que ela é negociada no contexto onde *se esperava* que alguém lavasse a louça, mas esse alguém não o fez. Logo, a afirmativa é estabelecida como o fundo da expectativa. E, nesse fundo, o não evento relatado torna-se a nova *figura*, quebra a inércia da expectativa, *destaca-se*. Assim, a restrição sobre referenciais/indefinidos sob o escopo da negação não é uma restrição "gramatical" cega, ao contrário, deriva da pragmática da figura *versus* fundo na comunicação. Quando as relações figura-fundo são suficientemente manipuladas, sentenças que são normalmente estranhas tornam-se comunicação aceitável.

A ontologia de eventos negativos pode ser sumarizada como segue:

1. O fundo normal do universo é a *inércia, nenhuma mudança*. Essa não é uma propriedade logicamente necessária do universo, mas meramente a consequência do nível de refinamento para o qual nosso aparato perceptual e processador está calibrado.

2. O fundo normal de inércia pode ser designado como qualquer um de um número *infinito* de não eventos que não ocorrem quando o mundo está em descanso. De um ponto de vista estritamente *lógico*, pode-se atribuir a avaliação positiva a qualquer um deles. Mas, como uma estratégia de construção e recuperação, tal atribuição é claramente absurda, visto que o *designatum* não poderia nunca ser recuperado dentro do tempo finito.
3. Portanto, os humanos consistentemente atribuem a avaliação positiva, a de posse da propriedade ou ocorrência do evento, ao membro perceptualmente mais proeminente do par, ao polo que constitui uma *mudança*, uma *quebra na rotina*, um *movimento*, uma *raridade*, uma *surpresa*. Em outras palavras, eles a atribuem ao polo para o qual uma estratégia de recuperação finita pode ser construída.
4. As sentenças negativas, relatando não ações ou não eventos, são usadas na língua somente quando as relações normais de figura-fundo são revertidas, isto é, quando o evento/ação é estabelecido como o fundo, como a *norma esperada*. Nesse fundo novamente construído, nessa inércia revertida, o não evento relatado torna-se *informação* legítima, uma *raridade*, uma *surpresa*.

3.5 CONCLUSÃO

3.5.1 Lógica *versus* língua

Mostrei que a negação na língua não é meramente a negação na lógica proposicional, pois ela carrega um enorme componente pragmático que não pode ser previsto das propriedades lógicas estritas da operação de verdade envolvida.

3.5.2 A negação como um ato de fala

As sentenças declarativas negativas constituem um ato de fala diferente das afirmativas correspondentes. As afirmativas são usadas para transmitir informação nova, tendo como fundo a suposição de *ignorância* do ouvinte. As negativas são usadas para corrigir uma convicção equivocada, tendo como fundo a suposição de *erro* do ouvinte.

3.5.3 As pressuposições discursivas da negação

As negativas são consistentemente mais *marcadas* em termos das suas pressuposições discursivo-pragmáticas. Especificamente, elas são produzidas em contextos em que a afirmativa correspondente foi discutida, ou quando o falante assume que o ouvinte está inclinado a acreditar ou acredita na afirmativa correspondente — e assim está familiarizado com ela. Essa noção de pressuposição diverge fortemente da noção lógica normal, visto que não é a *verdade* da afirmativa ou o *conhecimento* do ouvinte dessa verdade que está em questão, mas sim a familiaridade do ouvinte com uma certa proposição afirmativa, ou a *probabilidade* de sua *crença* nela. Como em muitos outros casos em que se examina a língua cuidadosamente e sem um viés derivado da lógica, o sistema mostra-se muito mais *baseado na indução*, ou seja, muito menos dedutivo.

3.5.4 As consequências da marcação do discurso

Mostrei que diversas consequências comportamentais da marcação, tais como restrições distribucionais, conservadorismo diacrônico e complexidade psicológica são todas características de sentenças negativas. Também tentei mostrar como essas consequências comportamentais da marcação das negativas **não** são puramente formais, mas sim podem ser explicadas via referência à natureza substantiva do fenômeno de marcação envolvido, isto é, a pragmática discursiva da negação.

3.5.5 A ontologia da negação

Não é inteiramente inesperado que uma investigação epistemológica séria levasse rapidamente à pragmática, e que a pragmática então levasse à ontologia. O processo de explicação nada mais é que uma série de círculos concêntricos. Que os fenômenos sob investigação estejam encaixados no núcleo mais interno é meramente uma consequência da heurística de uma investigação particular, contingentemente reunida. Foi, assim, uma agradável surpresa para mim descobrir que, no âmago da negação, havia um princípio geral da percepção e cognição humanas, o da *figura versus fundo*. De fato, o sistema total de comunicação humana e processamento de informação, como é evidente do estudo da pragmática do discurso, é fundado sobre esse princípio. Nosso sistema de comunicação é, então, fundado no mesmo princípio geral que subjaz nossa percepção e construção de nosso universo, a saber, que a continuidade, a inércia, nenhuma mudança, a familiaridade é o fundo que não precisa ser relatado, que pode ser ignorado. Nesse fundo, as propriedades e os eventos se *sobressaem*; constituem uma *mudança* na inércia, constituem *informação*.

Já comentei acima sobre o fato de que a distinção entre *estado de inércia* e *mudança* não é uma distinção logicamente necessária, mas meramente reflete o nível de refinamento em que nosso aparato perceptual está calibrado. Duvido muito que esse nível de calibragem seja totalmente acidental em todos os outros aspectos. Ao contrário, parece-me que ele pode ser fortemente determinado pelas necessidades de sobrevivência da espécie. Pode ser também que cada organismo calibre seu sistema de percepção-construção — mesmo que rudimentar — de tal modo que uma diferenciação figura-fundo do universo fenomenológico seja obtida. Mas esse pode ser simplesmente um outro modo de definir a cognição em seu nível mais básico, isto é, como um sistema que impõe uma construção não fortuita sobre o universo.

Provavelmente está longe de ser acidental que, no âmago da oposição figura-fundo, esteja um princípio *probabilístico* simples: o *fundo* é um fenômeno com mais de 50% de ocorrência, a *figura* está abaixo de 50%. Dado um universo hipotético com uma única distinção binária, ter um sistema perceptual calibrado em um nível tal que a frequência de presença ou a frequência de ausência dessa propriedade única seja exatamente 50% seria o equivalente biológico de não ter absolutamente nenhum sistema perceptual. Isso se dá porque, quando calibrado em tal nível, o sistema fornece resultados que não transcendem a *ordem fortuita*. Contudo, enquanto não temos evidência de que o universo *per se* não seja nada **além de** fortuito, também não temos evidência do universo *per se*. A aparentemente vasta não casualidade que percebemos ao nosso redor pode simplesmente ser um outro modo de admitir que nossas ferramentas perceptuais e construtivas são — por definição — calibradas em um nível que nos permite o raro privilégio reivindicado por todos os organismos, o de viver em um universo não casual.

À luz do papel da inércia na física de Newton, sua estrutura em nossa percepção e cognição é menos do que surpreendente. Também não é surpreendente à luz da filosofia taoísta. Em seu *Tao Teh Ching*, Lao Tsé marca o polo ativo, grande, claro, duro e sonoro como o polo positivo ou *Yang*, e o polo passivo, pequeno, escuro, macio, silencioso como o negativo ou *Yin*. Uma vez que o *Tao* diferencia o par *Yin* e *Yang*, as propriedades *Yin* de passividade, inércia, não fazer são aquelas que se conformam ao *Tao*, indo com ele, ao invés de resistir a ele.

Desse modo, é confortador notar que essa investigação independente forneceu resultados que recapitulam tanto Newton quanto Lao Tsé.

3.5.6 Fechamento epistemológico

Este estudo também ressalta a unidade fundamental da percepção e da cognição, já que ambas parecem conformar-se ao mesmo princípio dominante de figura *versus* fundo. Pode-se, portanto, projetar uma teoria unificada da percepção-cognição em que a tradicional disputa epistemológica ocidental entre racionalismo e empirismo tem sido, em grande medida, obtida por preempção.

APÊNDICE 1
TESTE PARA UM EXPERIMENTO SOBRE A INTERPRETAÇÃO DOS MODAIS DO INGLÊS

Instruções: As 10 sentenças abaixo são tidas como *potencialmente ambíguas*. Isto é, alguns falantes de inglês acham que podem entendê-las de mais de uma maneira. Este teste tenta descobrir como você, enquanto falante nativo do inglês, aceita a interpretação mais comumente assumida como "possível" — *na sua própria fala cotidiana comum*. Sob cada uma das sentenças 1 a 10 abaixo, duas interpretações possíveis são listadas: (a) e (b). Marque, por favor, cada interpretação (a) / (b) com relação ao grau em que você a reconhece como uma interpretação legítima da sentença acima dela. Marque da seguinte maneira:

   0 = uma interpretação muito improvável para mim

   1 = ruim, mas possível para mim

   2 = parece boa para mim

   3 = perfeitamente boa para mim

Obrigado.

1.   John should get married next year. / 'João devia se casar no ano que vem.'
     (a)   I would prefer that he got married. / 'Eu preferia que ele se casasse.'
     (b)   I think that it is likely that he'll get married. / 'Eu acho que é provável que ele se case.'

2. John shouldn't get married next year. / 'João não devia se casar no ano que vem.'
   (a) I would prefer that he didn't get married. / 'Eu preferia que ele não se casasse.'
   (b) I think it isn't likely that he'll get married. / 'Eu acho que não é provável que ele se case.'

3. John must be there. / 'João deve estar lá.'
   (a) I would prefer that he should be there. / 'Eu preferia que ele estivesse lá.'
   (b) I think it is likely that he is there. / 'Eu acho que é provável que ele esteja lá.'

4. John mustn't be there. / 'João não deve estar lá.'
   (a) I would prefer that he not be there. / 'Eu preferia que ele não estivesse lá.'
   (b) I think it is likely that he's not there. / 'Eu acho que é provável que ele não esteja lá.'

5. John may enter the house alone. / 'John pode entrar em casa sozinho.'
   (a) John is permitted to enter the house alone. / 'João tem permissão de entrar em casa sozinho.'
   (b) I think it is likely that he will enter the house alone. / 'Eu acho que é provável que ele entre em casa sozinho.'

6. John may not enter the house alone. / 'João não pode entrar em casa sozinho.'
   (a) John is not permitted to enter the house alone. / 'João não tem permissão de entrar em casa sozinho.'
   (b) I think it is not likely that he will enter the house alone. / 'Eu acho que não é provável que ele entre em casa sozinho.'

7. Let John be their leader, then... / 'Deixe João ser o líder deles, então…'
   (a) I prefer that John becomes their leader, … (please don't block him.) / 'Eu prefiro que João se torne o líder deles, ... (por favor, não o impeça.)'
   (b) Suppose John becomes their leader, then... / 'Suponha que João se torne o líder deles, então…'

8. Don't let John be their leader, then... / 'Não deixe João ser o líder deles, então...'
   (a) I prefer that John doesn't become their leader, ... (so do block him.) / 'Eu prefiro que João não se torne o líder deles, ... (então impeça-o.)'
   (b) Suppose John doesn't become their leader, then... / 'Suponha que João não se torne o líder deles, então...'
9. John has to finish soon. / 'João tem de terminar logo.'
   (a) I strongly prefer that he finishes soon. / 'Eu prefiro mesmo que ele termine logo.'
   (b) John is obligated to finish soon. / 'João é obrigado a terminar logo.'
   (c) I think that it is likely that he'll finish soon. / 'Eu acho que é provável que ele termine logo.'
10. John doesn't have to finish soon. / 'João não tem de terminar logo.'
    (a) John is not obligated to finish soon. / 'João não é obrigado a terminar logo.'
    (b) I think it is not likely that he'll finish soon. / 'Eu acho que não é provável que ele termine logo.'

APÊNDICE 2

CONTAGEM TOTAL, PARA 100 SUJEITOS, DOS RESULTADOS DO EXPERIMENTO SOBRE OS MODAIS DO INGLÊS

Modal	Afirmativa Sentido de raiz	Afirmativa Sentido epistêmico	Negativa Sentido de raiz	Negativa Sentido epistêmico
Should	247	190	272	89
Must	197	263	240	156
May	270	222	279	176 (b) 188 (c)
Let	237	158	252	118
Have to	212 (a) 276 (b)	148	295	79
Média	239	196	267	124

4 Caso semântico e função pragmática
Promoção, acessibilidade e a tipologia de marcação de caso

4.1 INTRODUÇÃO[1]

Este capítulo é uma investigação preliminar sobre um certo número de interdependências que se baseiam na própria essência da definição tipológica de uma língua. Primeiro, vou tratar da interação entre marcação de caso *cum* tipologia da ordenação vocabular da língua e seu assim chamado comportamento transformacional. Também vou abordar a interação — nos sistemas de marcação de caso — entre função semântica e pragmática. Em menor grau, vou investigar o modo pelo qual considerações semânticas, pragmáticas e de complexidade conspiram para determinar o comportamento transformacional.

O leque de fatos discutidos é familiar. Envolve, primeiramente, as generalizações feitas por Keenan e Comrie (1972, 1977) em relação à *hierarquia de acessibilidade* dos vários casos/funções às regras transformacionais, mais especificamente à relativização. Essa hierarquia foi apresentada por Keenan e Comrie (1977) como:

(1)   SUJ > OBJ DIR > OBJ IND > OBLÍQUO > GEN > COMPAR

Eles observaram que o caso SUJEITO, translinguisticamente, é o mais acessível à relativização. E que, além disso, numa língua particular, quando uma certa estratégia$_i$ de relativização é usada, uma relação implicacional se dá entre

---

1. Estou em débito com Ed Keenan, Alexandre Kimenyi, David Perlmutter, Edith Moravcsik, Joseph Greenberg e Judy Gary por comentários e sugestões sobre versões anteriores deste capítulo.

o caso/função, tal que se o caso x é acessível a essa estratégia$_i$, então o caso y também deve ser acessível se ele está em uma posição mais elevada na hierarquia de acessibilidade do que o caso x.[2] Neste capítulo, vou tratar de duas restrições sobre a relativização. A primeira envolve línguas que obrigatoriamente promovem não sujeitos a sujeito (*i.e.*, *passivizam*-nos) antes de eles ficarem acessíveis à relativização. A segunda envolve línguas nas quais objetos preposicionados (ou "indiretos") devem primeiro ser promovidos a objeto direto (*i.e.*, sofrer a *mudança dativa*) antes que possam ser relativizados. Com relação às duas restrições, argumentarei que elas são motivadas por considerações de marcação de caso, especificamente pela necessidade de *recuperar a função semântica* do argumento correferente suprimido na relativização.

O segundo conjunto de fatos foi observado nos últimos anos por Perlmutter e Postal (1974), Johnson (1974), Chung (1975), Gary e Keenan (1975) e Kimenyi (1976), entre outros, dentro da abordagem geral da *gramática relacional*. Esses fatos dizem respeito a línguas em que objetos preposicionados (indiretos) não podem ser diretamente passivizados, mas devem, antes, ser promovidos a objeto direto (*i.e.*, mudança dativa). Vou argumentar que essas restrições são motivadas pela necessidade de recuperar a função semântica do argumento ex--objeto promovido.

No curso da investigação, sugerirei que se deve levar em consideração a natureza dupla dos sistemas de caso, isto é, o fato de que eles marcam tanto a função *semântica* dos vários argumentos com relação ao verbo ("evento", "ação") quanto — de maneira bem definida — sua função *pragmática* ou discursiva. Com relação ao caso SUJEITO/NOMINATIVO, essa observação é naturalmente bastante familiar, visto que ele há muito foi identificado como o argumento que desempenha a função de TÓPICO.[3] Quanto ao OBJETO DIRETO, uma categoria de circulação consideravelmente mais limitada, vou considerá-lo um caso pragmático também. Ele envolve, em línguas em que pode ser observado, relações de *topicalidade relativa* entre vários casos objeto. Vou, então, argumentar que a regra de mudança dativa envolve, pelo menos, o aumento da topicalidade do objeto não acusativo promovido em relação ao acusativo. Essa função da mudan-

---

2. A formulação de Keenan e Comrie (1977) é expressa em termos de "restrições de hierarquia", a qual eu tentei tornar mais acessível aqui.

3. Para uma discussão aprofundada da relação entre as noções de "sujeito" e "tópico", ver vários textos em Li (1976).

ça dativa pode ajudar a explicar sua interação com outros processos transformacionais na gramática.[4]

4.2 O PROBLEMA DA RECUPERABILIDADE DO CASO

Pode-se escolher argumentar que não existe nenhuma necessidade na língua de marcar, por meio de morfologia explícita, a função semântica ou pragmática dos vários argumentos com relação ao verbo. Tanto a especificidade semântica dos vários argumentos quanto o conhecimento pragmático do universo compartilhado e o contexto discursivo específico constituem um imenso corpo de *redundância* informacional a partir do qual os casos/funções dos vários argumentos podem ser presumivelmente recuperados. Isso é realmente atestado pelo fato de que muitas línguas têm apenas um sistema parcial de marcação de caso morfológico e várias línguas, como o chinês clássico ou alguns crioulos relativamente jovens, não exibem morfologia de caso. Ao mesmo tempo, também é verdadeiro que essas mesmas línguas, havendo tempo suficiente, desenvolvem morfologia de marcação de caso via trajetórias diacrônicas universalmente estabelecidas, denominais ou deverbais.[5] Além disso, estratégias de ordenação dos vocábulos de uma língua interagem com sua morfologia de marcação de caso, e é bastante comum, nas línguas em que a ordenação SVO se tornou rigidamente gramaticalizada, encontrar tanto o SUJEITO, quanto o ACUSATIVO ou OBJETO DIRETO não marcados morfologicamente. Pode-se dizer, pois, que em tais línguas a posição do argumento em relação ao verbo — pré-verbal para SUJEITO e pós-verbal para ACUSATIVO/OBJETO DIRETO — constitui a pista perceptual necessária para transmitir a função semântica ou pragmática daquele argumento. O fato de que, com o tempo, todas as línguas parecem gravitar em direção ao desenvolvimento de estratégias morfológicas ou sintáticas ou combinadas de marcação de caso é, por si próprio, uma forte atestação de que redundância se-

---

4. Enquanto a passivização envolve a promoção de um argumento não agente ao caso pragmático de TÓPICO/SUJEITO, a mudança dativa envolve relações de topicalidade dos objetos entre si, sem afetar a topicalidade do SUJEITO/AGENTE. Assim, nas línguas em que o caso pragmático "objeto direto" é um fenômeno demonstrável, os argumentos são ordenados em termos da pragmática da topicalidade, como: SUJEITO > OBJETO DIRETO > OUTROS. Há razões para acreditar que todas as línguas, no nível discursivo, diferenciam entre objetos — quando mais de um aparece *per* sentença — com relação a qual deles é mais "foco" de informação nova e qual é mais "tópico". Ver discussão adicional em Givón (1975c).

5. Para a discussão sobre a emergência diacrônica da morfologia de caso, ver Givón (1975e).

mântico-pragmática-contextual não é suficiente, nem mesmo no padrão sentencial *neutro*[6] da língua.

Embora possamos desejar não nos comprometer com qualquer modelo particular de descrição da relação entre os padrões sentenciais neutro e transformado da língua, podemos nos referir ainda assim à diferença entre um padrão neutro e um transformado como uma *operação transformacional*. Independentemente de como essas operações são formuladas atualmente, elas sempre tendem a interferir com a estratégia neutra de atribuição de caso/função aos argumentos. A interferência pode ser devida à supressão (mais comumente sob correferência), ordenação mista ou mudanças na morfologia de marcação de caso (via várias promoções, demoções, alçamentos, ou rebaixamentos). A substituição pronominal pode ocasionalmente envolver todas as três.[7] Desse modo, as operações transformacionais criam o problema da recuperabilidade de caso, que definirei como segue:

(2)   *Quando a estratégia usada no padrão sentencial neutro para o reconhecimento do caso/função dos argumentos em relação ao verbo é alterada por transformações, a língua recorre a* **estratégias corretivas** *para recodificar esses casos/funções.*

Há dois esclarecimentos que devem ser acrescentados à formulação em (2). Primeiro, não é o caso que **toda** língua em toda **instância** deve ter uma estratégia corretiva para se opor ao efeito disruptivo das transformações. A alternativa de contar com, ao menos em parte, redundâncias semântico-pragmático-contextuais permanece sempre presente, assim como a alternativa de tolerar menor eficiência comunicativa e maior ambiguidade potencial. Uma vez que estratégias alternativas estão frequentemente disponíveis e a língua frequentemente emprega uma mistura delas, não se pode predizer que uma língua de fato usará uma estratégia corretiva, mas apenas avaliar a *eficácia* de várias estratégias quando elas forem

---

6. Assume-se tradicionalmente que a tipologia sintática exibida na cláusula principal, declarativa, afirmativa e ativa é o padrão neutro. Para discussão adicional, ver Capítulo 2.

7. Assim, se os pronomes tendem a exibir mais marcação de caso do que os nomes, como frequentemente parece ser verdadeiro, então um pronome relativo objeto anteposto como *whom* ('de quem') exemplifica os três tipos de interferência com a estratégia neutra. Em termos morfológicos, há um *aumento* da transparência da marcação e, desse modo, um *aperfeiçoamento* em comparação ao padrão neutro. Pode-se desejar considerar a tendência geral de os pronomes serem mais marcados por caso do que os nomes como uma *compensação* pela "interferência" de supressão e de movimento (frequente) envolvida na pronominalização.

usadas. Segundo, deve-se lembrar que a dificuldade de processamento ou *complexidade* psicológica presumivelmente envolvida em cada alteração transformacional do padrão neutro deve ser vista como *relativa àquele padrão neutro*. Como um correlato, a eficácia de várias estratégias corretivas de recuperabilidade do caso/função também deve ser vista como relativa ao padrão neutro. Essas são complexidades que não estou em posição de resolver, mas que se deve ter em mente quando a resolução total do enigma da tipologia gramatical for contemplada.

4.3 RELATIVIZAÇÃO

Nesta seção vou considerar restrições sobre a relativização que foram sumarizadas na hierarquia de acessibilidade de Keenan e Comrie (1977). Vou começar esboçando as estratégias mais comuns de recuperabilidade de caso usadas na formação de cláusulas relativas na língua.

4.3.1 Estratégias de relativização

Alguns dos dados que serão discutidos também podem ser encontrados em Comrie (1975a) e Keenan e Comrie (1977), embora minha apresentação provavelmente seja diferente em detalhe e ênfase. Ao definir as orações relativas restritivas, seguirei a definição essencialmente semântica dada por Keenan e Comrie (1975, p. 1):

(3) "Qualquer objeto sintático [é] uma oração relativa se especifica um conjunto de objetos (possivelmente um conjunto único) em duas etapas: um conjunto maior é especificado, chamado o *domínio* da relativização, e então restringido a algum subconjunto do qual uma certa sentença, a sentença *restringidora*, é verdadeira. O domínio da relativização é expresso na superfície pelo *núcleo SN*, e a sentença restringidora pela *oração restringidora*, que pode parecer mais ou menos como uma oração superficial dependendo da língua [...]".

As estratégias de relativização a seguir são as mais comumente utilizadas nas línguas. Muitas línguas, provavelmente a maioria, fazem uso de uma mistura de estratégias. Além disso, uma língua pode empregar uma estratégia de recuperabilidade ambígua, e nesse caso a função de dois ou mais casos é codificada do mesmo modo e a desambiguação deve presumivelmente apoiar-se em várias redundâncias disponíveis. Ainda, uma língua pode ter uma estratégia de recuperabilidade para alguns casos/argumentos e nenhuma para outros, que se apoiam também em redundâncias disponíveis.

4.3.1.1 A estratégia de não redundância

Essa estratégia é parcialmente usada em hindi e bambara (Keenan e Comrie, 1977), e também é atestada em parte em diegeño (Gorbet, 1974), navajo (Gorbet, 1974) e mojáve (Munro, 1974), entre outros. O caso mais extremo provavelmente é o de hitite (Justus, 1976a). Há dois aspectos relacionados a essa estratégia. O primeiro envolve o fato de que o padrão neutro da sentença restringidora permanece intato, de modo que não surge nenhum problema de recuperabilidade. O segundo é que a sentença restringidora, que, em algum sentido abstrato, também "inclui" o nome principal, aparece numa posição *preposta* ou *tópica* em relação à sentença matriz (oração principal), e o nome correferente dentro da oração *principal* é pronominalizado ou mesmo suprimido. Assim, considere a seguinte sentença do hitite (Justus, 1976a):

(4)   *kw-iš   šaga-iš   kišari, ta   lugal-i   sallugal-ga*
       que-NOM sinal-NOM aparece, PRT rei-DAT rainha-E
         tarueni
         relatar-nos

⎰ 'Qualquer sinal que aparecer, nós o relataremos ao rei e à rainha' ⎱
⎨ 'Se qualquer sinal aparecer, nós o relataremos ao rei e à rainha' ⎬
⎱ 'Nós relataremos ao rei e à rainha qualquer sinal que aparecer' ⎰

Considere agora o seguinte caso de bambara,[8] em que o nome correferente na sentença restringidora permanece intato ("não reduzido"), e pode ser encaixado, como em:

(5)   *ne ye   ce   **min**   ye   muru   san   ye*
       Eu passado homem *REL* passado faca   comprar ver
       'Eu vi o homem que comprou a faca'

---

8. Pelos dados de bambara, estou em débito com Ibrahima Couldibali (comunicação pessoal).

Ou não-encaixado, como em:

(6) ce **mim** ye muru san,   n ye **o** ye
     homem REL passado faca comprar, eu passado o ver
     'O homem que comprou a faca, eu o vi'

Essas duas variantes também podem ser vistas na relativização do objeto:

(7) ce be n ye so **min** ye dyɔ
     homem PROG eu passado casa REL ver construir
     'O homem está construindo a casa que eu vi'

(8) n ye so **min** ye, ce be **o** dyɔ
     eu PASS casa REL ver, homem PROG o construir
     'A casa que eu vi, o homem a está construindo'

4.3.1.2 A estratégia de lacuna

No caso mais extremo, essa é uma estratégia em que o nome correferente dentro da oração restringidora é suprimido sem vestígio. Assim, considere os seguintes dados do japonês:[9]

(9) otoko-ga onna-ni tegami-o kaita
     homem-SUJ mulher-DAT carta-ACUS escreveu
     'O homem escreveu uma carta para a mulher'

(10) onna-ni tegami-o kaita otoko-wa
     mulher-DAT carta-ACUS escreveu homem-TOP
     'O homem que escreveu uma carta para a mulher'

(11) otoko-ga onna-ni kaita tegami-wa
     homem-SUJ mulher-DAT escreveu carta-TOP
     'A carta que o homem escreveu para a mulher'

(12) otoko-ga tegami-o kaita onna-wa
     homem-SUJ carta-ACUS escreveu mulher-TOP
     'A mulher para quem o homem escreveu uma carta'

---

9. Pelos dados do japonês, estou em débito com Katsue Akiba. O caso-sufixo de tópico -*wa* é uniformemente usado aqui para o núcleo fora do contexto das orações relativas.

Ao julgar a eficácia de tal estratégia, na qual nenhum material morfológico aparente é visível para a recuperação do caso/função do nome suprimido, pode-se supor que se faz uso total de informação semântico-pragmático-contextual redundante. Mas também pode ser que, especialmente em uma língua com uma ordenação neutra relativamente rígida, a presença de uma lacuna seja, por si só, uma pista perceptual, em contraste com a estratégia de ordenação neutra. Poder-se-ia esperar, em uma língua que emprega essa estratégia exaustivamente, uma ordenação rígida na oração relativa também. A interação entre ordenação e estratégias de lacuna na relativização pode, portanto, ser discutida como uma outra estratégia de recuperação.

4.3.1.3 A estratégia de ordenação dos vocábulos

Essa é uma estratégia usada parcialmente em dialetos do inglês contemporâneo. Assim, considere o dialeto em que tanto o subordinador relativo objeto quanto sujeito são dispensados, e a oração relativa é diferenciada da oração principal pela entonação:

(13) *the man saw John yesterday is a crook*   (SN-V-SN ...)
                                                                            (SUJ)
       'O homem que viu John ontem é um trapaceiro'
(14) *the man John saw yesterday is a crook*   (SN-SN-V- ...)
                                                                            (OBJ)
       'O homem que John viu ontem é um trapaceiro'

Essa estratégia é usada somente para a relativização de sujeito e objeto direto, numa língua em que a posição desses elementos como argumento antes e depois do verbo é rigidamente gramaticalizada. Pode-se argumentar que o inglês pode dispensar os pronomes relativos com marcação de caso aqui precisamente porque a ordenação sintática SN-V ... é uma pista para o caso SUJEITO, conforme acontece no padrão neutro, enquanto a ordenação sintática SN-SN-V ... é uma pista para o caso OBJETO DIRETO — em nítido contraste com o padrão neutro ... V-SN.[10]

---

10. Embora não se possa prever que todas as línguas com uma ordenação rígida SVO farão uso dessa estratégia, alguns fatos adicionais parecem salientar essa disponibilidade. No hebraico israelense, por exemplo, a estratégia de recuperabilidade normal envolve o uso de pronomes anafóricos (ver abaixo). A ordenação

4.3.1.4 A estratégia de nominalização

Em uma série de línguas, tais como turco ou yaqui, as orações relativas aparecem como nominalizações, nas quais pelo menos um dos argumentos é marcado por um afixo *genitivo*. O verbo da oração geralmente aparece em uma forma nominalizada, infinitiva. Em yaqui, por exemplo, o sufixo nominal-relativo no verbo é diferente na relativização de sujeito e de objeto. E o sujeito e o objeto nas orações relativas de objeto aparecem como genitivos. Portanto, considere:[11]

(13')   hu   o?oo   tuka   im   yepsa-k
        este homem   ontem   aqui chegar-AUX
        'O homem chegou aqui ontem'

(14')   hu   o?oo   tuka   im   yepsa-k-***ame***
        este homem   ontem   aqui chegar-AUX-*REL*
        'O homem que chegou aqui ontem'

(15)   empo   hu   kari   hinu-k
        você-NOM   esta casa   comprar-AUX
        'Você comprou a casa'

(16)   ha-***ka***   kari-***ta***   em   hinu-k-***a?u***
        este-*GEN*   casa-*GEN*   sua   comprar-passado-*REL*
        { 'a casa que você comprou' }
        { 'a casa da sua compra'   }

(17)   in-acai   hu   kari   hinu-k
        meu-pai   esta casa   comprar-AUX
        'Meu pai comprou a casa'

---

dos vocábulos nas orações principais pode ser VS ... ou SV ... Mas, na relativização do acusativo, a ordem é rigidamente SV, o pronome objeto anafórico-cópia pode ser opcionalmente suprimido, e, assim — como no inglês —, a diferença entre orações relativas de objeto e de sujeito é assinalada pela ordenação:

        ha-ish   she-Yoav raa etmol
        o-homem que-Yoav viu ontem
        'O homem que Yoav viu ontem'   (O-S-V = relativa de objeto)

        ha-ish   she-raa et-Yoav etmol
        o-homem que-viu ACUS-Yoav ontem
        'O homem que viu Yoav ontem'   (S-V-O = relativa de sujeito)

11. Para detalhes, ver Lindenfeld (1973).

(18)   *hu   kari   in-acai-**ta**   hinu-k-**a?u***
       esta casa eu-pai-*GEN* comprar-AUX-*REL*
       { 'a casa que meu pai comprou' }
       { 'a casa da compra do meu pai' }

A ordenação dos vocábulos nas orações principais em yaqui é mais comumente SOV, e tanto o sujeito quanto o acusativo são morfologicamente não marcados. O efeito da estratégia de nominalização-genitivo na relativização é aumentar a diferenciação de caso através da marcação nos nomes e no verbo.

4.3.1.5 A estratégia de pronome anafórico

Dentro do quadro de encaixamento mais redução na relativização, essa é, num sentido, a estratégia menos disruptiva, envolvendo a substituição do SN correferente dentro da oração restringidora pelo pronome anafórico marcado para o caso apropriado, e frequentemente na mesma posição sintática que o SN suprimido. Hebraico e árabe, entre outras línguas, empregam essa estratégia quase sempre, embora muitas línguas a usem parcialmente, sob certas condições gramaticais ou com casos/funções particulares. Como uma ilustração, considere os seguintes dados do hebraico de Israel:[12]

(19)   a)   *Miryam natna et-ha-sefer   le-Yosef*   (neutro)
            Maria   deu   ACUS-o-livro para-José
            'Maria deu o livro a José'

       b)   *ha-isha **she**-natna et-ha-sefer   le-Yosef*   (SUJ)
            a-mulher *que*-deu   ACUS-o-livro para-José
            'a mulher que deu o livro a José'

       c)   *ha-sefer **she**-Miryam natna **oto** le-Yosef* (ACUS)
            o-livro   *que*-Maria   deu   o   para-José
            'o livro que Maria deu a José'

       d)   *ha-ish **she**-Miryam natna **lo**   et-ha-sefer* (DAT)
            o-homem *que*-Maria   deu   para-o   ACUS-o-livro
            'o homem a quem Maria deu o livro'

---

12. Para detalhes, ver Givón (1973a, 1975a).

A oração relativa de sujeito em (19b) parece não ter pronome anafórico, mas isso é ilusório, já que o verbo está flexionado para a concordância com o sujeito (nesse caso, terceira pessoa, singular, feminino), que então funciona como um pronome anafórico.

4.3.1.6 A estratégia de pronome relativo

Essa estratégia é bem conhecida nas línguas indo-europeias, como inglês ou espanhol, e envolve pronomes marcados para caso que normalmente são atraídos para uma posição entre o nome principal e a oração restringidora.[13] O pronome relativo desempenha, desse modo, uma dupla função: carrega a marcação de caso do SN suprimido e também separa o nome principal da oração encaixada. O pronome relativo marcado para caso pode ser semelhante a, ou incluir, o pronome interrogativo correspondente. Essa estratégia é com frequência usada parcialmente, combinada com outras.

4.3.1.7 A estratégia do caso idêntico

Sob a aplicação mais rigorosa, se uma língua se limita a usar apenas essa estratégia na relativização, ela só pode modificar sujeitos da sentença matriz com oração relativa de sujeito, objetos com oração relativa de objeto etc. Essa precaução asseguraria, automaticamente, a recuperação do caso/função do nome correferente suprimido, e não do nome principal. Obviamente isso também poderia ser uma limitação desastrosa em termos de *poder expressivo*, e não é de admirar que nenhuma língua se apoie nessa estratégia exclusivamente. Contudo, muitas línguas tomam parcialmente vantagem dessa precaução, e alguns casos desse tipo serão discutidos adiante.[14]

4.3.1.8 A estratégia de codificação do verbo

Essa estratégia, tal como é usada em filipina e em outras línguas da Polinésia-Malaia oriental, será discutida com mais profundidade adiante neste capítulo.

---

13. Para uma discussão sobre a possível motivação para essa atração, ver Givón (1972b).

14. Na relativização de objetos preposicionais em hebraico, o pronome anafórico pode ser opcionalmente suprimido se sua preposição é idêntica à do nome principal (Givón, 1975a).

Uma variante dessa estratégia envolve o aparecimento do morfema de marcação de caso do SN suprimido como um afixo no verbo da oração relativa, como em inglês:

(20) a) *I worked **with** the boy*
 'Eu trabalhei com o menino'
 b) *the boy I worked **with***
 o menino eu trabalhei com
 'O menino com quem eu trabalhei'

Essa estratégia caracteriza a relativização de locativos nas línguas banto, como em bemba:

(21) a) *naaliile **ku**-mushi*
 eu-fui para-vila
 'Eu fui para a vila'
 b) *umushi **uo** naaliile-**ko***
 vila que eu-fui-para
 'a vila para a qual eu fui'

Essa e outras variantes banto serão discutidas em grande detalhe mais adiante em relação a regras de promoção.

4.3.2 Relativização e promoção a sujeito

Nesta seção, vou tratar de línguas que restringem a relativização ao sujeito, e por isso são, em grande parte, responsáveis pelo primeiro segmento da hierarquia de acessibilidade de Keenan e Comrie. Dito de outro modo, nessas línguas uma regra de sujeitivização, isto é, passivização, é um pré-requisito que *alimenta* a relativização de qualquer argumento não agente. Dados desse tipo podem ser encontrados em Keenan (1972b, 1976b) para malagásio, em Bell (1974) para cebuano, ou em Schachter (1976) para as línguas filipinas em geral. Segundo meu conhecimento, esse tipo de restrição foi relatado apenas para as línguas malaio-polinésias de tipo semelhante. Vou exemplificar com dados de bikol, uma língua filipina estreitamente relacionada ao tagalo e cebuano.[15]

---

15. Pelos dados, estou em débito com Manuel Factora (comunicação pessoal).

Nessa língua, o caso *semântico* do argumento SUJEITO/TÓPICO é codificado no verbo. No padrão neutro, o SUJEITO/TÓPICO carrega apenas sua marcação de caso *pragmático* como um prefixo. Todos os argumentos não TÓPICO são marcados para o seu caso *semântico* por um prefixo, embora um certo grau de ambiguidade seja tolerado na marcação de caso semântico.[16] O resultado desse sistema é que o argumento TÓPICO é codificado no verbo para seu caso *semântico*, e a passivização ou a topicalização envolve mudar o sistema de codificação de um argumento, de codificação nominal para codificação verbal do seu caso/função semântico. Como um exemplo, considere o seguinte:

(22) a) Agente/tópico:
  ***nag**-taʔó ʔang-lalake ning-líbro sa-babáye*
  AG-dar TOP-homem ACUS-livro DAT-mulher
  'O homem deu um livro para a mulher'

  b) Acusativo/tópico:[17]
  ***na**-taʔó kang-laláke ʔang-líbro sa-babáye*
  ACUS-dar AG-homem TOP-livro DAT-mulher
  { 'O homem deu o livro para a mulher'
    'O livro foi dado para a mulher pelo homem'
    'Quanto ao livro, o homem o deu para a mulher' }

  c) Dativo/locativo/tópico:[18]
  ***na**-taʔó-(h)án kang-laláke ning-líbro ʔang-babáye*
  DAT-dar AG-homem ACUS-livro TOP-mulher
  { 'O homem deu para a mulher um livro'
    'À mulher foi dado um livro pelo homem'
    'À mulher, o homem deu-lhe um livro' }

---

16. Mais comumente, os marcadores de AGENTE e GENITIVO são idênticos, o DATIVO e o LOCATIVO-DIRECIONAL são idênticos (frequentemente incluindo o BENEFICIÁRIO) e uma série de casos oblíquos pode compartilhar também sua marcação.

17. Além do marcador de acusativo tópico *na-*, o infixo pré-verbal *-in-* também é usado quando os acusativos são promovidos via definitização.

18. A codificação verbal do DATIVO/DIRECIONAL envolve o acréscimo do sufixo *-an* ao elemento que codifica o acusativo/tópico.

d) Instrumental/tópico:
   (i) Agente:
   nag-*putúl*   *ʔang-laláke*   *ning-tubú*
   AG-cortar   TOP-homem   ACUS-cana-de-açúcar
   gamit-ʔang-lanséta
   INST-faca
   'O homem cortou cana-de-açúcar com uma faca'
   (ii) Instrumento:[19]
   pinag-*putúl*   *kang-laláke*   *ning-tubú*   *ʔang-lanséta*
   INST-cortar   AG-homem   ACUS-cana-de-açúcar   TOP-faca
   { 'O homem cortou cana-de-açúcar com a faca'
   'A faca foi usada pelo homem para cortar cana-de-açúcar'
   'Quanto à faca, o homem cortou cana-de-açúcar com ela' }

e) Beneficiário/tópico:[20]
   (i) Agente:
   nag-*bakál*   *ʔang-laláke*   *ning-kandíng*   *para-sa-babáye*
   AGT-comprar   TOP-homem   ACUS-bode   BEN-mulher
   'O homem comprou um bode para a mulher'
   (ii) Beneficiário:[21]
   pinag-*bakal-**án***   *kang-laláke*   *ning-kandingʔ*   *ang-babáye*
   BEN-comprar   AG-homem   ACUS-bode   TOP-mulher
   { 'O homem comprou um bode para a mulher'
   'Para a mulher foi comprado um bode pelo homem'
   'À mulher, o homem comprou-lhe um bode' }

Como é evidente pelas glosas em (22), promover um não agente ao estatuto de tópico em bikol não é equivalente à passivização em inglês. Cobre, grosseiramente, o domínio da passivização, da mudança de tópico, do tópico contrastivo e da definitização do acusativo. A frequência, no discurso, de construções de não agente tópico nas línguas filipinas é muito mais alta do que a das passivas

---

19. O prefixo INSTRUMENTAL de codificação verbal *pinag* é formado pelo prefixo causativo *pag-* mais o infixo definido-acusativo *-in-*.

20. A codificação verbal para um tópico BENEFICIÁRIO envolve o acréscimo do sufixo *-an* ao verbo prefixado com o instrumental *pinag-*.

21. A descrição dos marcadores de caso semântico dada em (22) é um tanto simplificada. O marcador indefinido-acusativo *ning-* pode ocasionalmente ser usado para marcar dativo ou agente indefinido. O marcador dativo *sa-* também pode marcar o acusativo definido como uma alternativa para a topicalização com *-in*. O marcador de tópico *ʔang-* é sempre definido, a menos que o argumento seja genérico.

em inglês.[22] De nosso ponto de vista, contudo, o traço mais saliente desse sistema promocional é que ele resulta na *codificação verbal* do caso/função semântico do argumento tópico.

A relativização em bikol é restrita a argumentos sujeito/tópico. Em outras palavras, a promoção ao estatuto de tópico é um alimentador obrigatório para a relativização de qualquer argumento não agente. Assim, compare as orações relativas em (23) abaixo com os padrões neutros correspondentes em (22):

(23) a) Agente:
  *marái ʔang-laláke **na nag**-taʔó ning-líbro   sa-babáye*
  bom   TOP-homem *que* AG-dar   ACUS-livro DAT-mulher
  'O homem que deu um livro para a mulher é bom'
  marái ʔang-laláke **na na-taʔó ang-líbro sa-babáye*
                                        (*ACUS-tópico)
  marái ʔang-laláke **na na-taʔo-**hán** ning-líbro ʔang-babáye*
                                        (*DAT-tópico)

b) Acusativo:
  *marai ʔang-libro **na** na-taʔó   kang-laláke sa-babáye*
  bom   TOP-livro *que* ACUS-dar AG-homem   DAT-mulher
  'O livro que o homem deu para a mulher é bom'[23]
  marái ʔang-líbro **na nag-taʔó ʔang-laláke sa-babáye*
                                        (*AG-tópico)
  marai ʔang-líbro **na na-taʔo-**hán** kang-laláke ʔang-babáye*
                                        (*DAT-tópico)

c) Dativo/locativo:
  *marái ʔang-babáye **na** na-taʔo-**hán** kang-laláke ning-líbro*
  boa   TOP-mulher *que* DAT-dar   AG-homem   ACUS-livro
  { 'A mulher a quem o homem deu um livro é boa'
  { 'A mulher a quem foi dado um livro pelo homem é boa' }
  maráiʔang-babáye **na nag-taʔó ʔang-laláke ning-líbro*
                                        (*AG-tópico)
  maráiʔang-babáye **na na-taʔó kang-laláke ʔang-libro*
                                        (*ACUS-tópico)

---

22. Para uma discussão extensa do sujeito/tópico nas línguas filipinas, ver Schachter (1976). Em inglês, a porcentagem de orações passivas no texto escrito está entre 0% e 18% (ver Capítulo 2), e é provavelmente muito baixa no discurso informal, menos culto.

23. Também glosado: 'O livro dado para a mulher pelo homem é bom'.

d) Instrumental:

marái ʔang-lanséta **na pinag**-*putúl kang-laláke*
boa TOP-faca que INSTR-cortar AG-homem
ning-tubú
ACUS-cana-de-açúcar

$\left\{\begin{array}{l}\text{'A faca com que o homem cortou a cana-de-açúcar é boa'}\\\text{'A faca usada pelo homem para cortar a cana-de-açúcar é boa'}\end{array}\right\}$

marái ʔang-lanséta* **na nag-*putúl ʔang-laláke ning-tubú*
(*AG-tópico)
marái ʔang-lanséta* **na na-*putúl kang-laláke ʔang-tubú*
(*ACUS-tópico)

e) Beneficiário:

marái ʔang-babáye **na pinag**-*bakal-án kang-laláke*
boa TOP-mulher que BEN-comprar AG-homem
ning-kandíng
ACUS-bode

$\left\{\begin{array}{l}\text{'A mulher para quem o homem comprou um bode é boa'}\\\text{'A mulher para quem foi comprado um bode pelo homem é boa'}\end{array}\right\}$

marái ʔang-babáye* **na nag-*bakál ʔang-laláke ning-kandíng*
(*AG-tópico)
marái ʔang-babáye* **na na-*bakál kang-laláke ʔang-kanding*
(*ACUS-tópico)

Os dados do bikol acima representam um caso claro da estratégia de relativização pela *codificação do verbo*. A língua encaixa as orações relativas e suprime o SN correferente, de modo que a estratégia de não redução seja inaplicável. Embora a estratégia de omissão seja universalmente disponível, deve-se notar que, exceto por uma restrição forte de verbo inicial e uma fraca preferência pela ordem V-AG-DAT-ACUS, a língua permite considerável liberdade sintática na ordenação dos argumentos que seguem o verbo. Essas variações de ordem são presumivelmente usadas para indicar nuances mais sutis de topicalidade relativa dos argumentos, dado que o tópico principal é estabelecido via o prefixo *ʔang-*. Conforme já notei acima, o uso da estratégia de omissão envolve, mais frequentemente, a rigidez da ordenação dos vocábulos como uma compensação. A língua possui pronomes anafóricos flexionados para caso equivalentes a *ʔang-*, *kang-*, *ning-*, e *sa-* (tópico, agente, acusativo e dativo, respectivamente), mas eles não são usados na relativização. Mais, além das ambiguidades de marcação de caso notadas acima (cf. nota 16), o sistema pronominal anafórico representa uma redução adicional, já que apenas pronomes que representam os casos *semânticos* de agente, acusativo e dativo estão disponíveis. Uma estratégia completa de recuperação do pronome anafórico é, portanto, impossível.[24] Além do mais, línguas do tipo de bikol não desenvolveram pronomes relativos flexionados para caso, e o subordinador relativo é invariável. Mas, dadas todas essas "deficiências", essas línguas têm uma estratégia de codificação verbal embutida que é usada em seu sistema de promoção de sujeito/tópico. Dado que esse elemento existe *independentemente* na gramática, seu uso na relativização é mero aproveitamento de recursos gramaticais existentes na língua. A restrição sobre a relativização de sujeitos apenas é melhor compreendida, desse modo, no contexto da recuperabilidade de caso. Em termos da previsibilidade tipológica, podem-se fazer duas observações, expressas em termos de uma condição mais forte e de uma mais fraca:

(24) CONDIÇÃO TIPOLÓGICA I (*mais forte*). *Se uma língua não tem nenhuma outra estratégia viável de recuperabilidade na relativização, e se, além disso, ela tem um recurso de promoção a sujeito que envolve a codificação do caso semântico do sujeito no verbo, então a língua tende a explorar esse recurso na relativização através da imposição de uma restrição sobre o sujeito apenas, e assim recorre à estratégia de codificação verbal.*

(25) CONDIÇÃO TIPOLÓGICA II (*mais fraca*). *Somente as línguas em que a promoção a sujeito resulta na codificação, no verbo, do caso semântico do sujeito/tópico terão a restrição sobre sujeito apenas na relativização.*

Segundo meu conhecimento, a previsão expressa na CONDIÇÃO II (25), menos ambiciosa, não tem exceção. Nas línguas malaio-polinésias ocidentais, apenas aquelas em que a codificação verbal na passivização é mais extensa impuseram a restrição de relativização do sujeito apenas. A CONDIÇÃO I (24), mais forte, é mais interessante e mais problemática também. Primeiro, é difícil definir a noção de "estratégia alternativa viável", que é, inevitavelmente, uma

---

24. Compare com hebraico, em que *todos* os casos/funções no padrão neutro têm pronomes anafóricos que são usados na relativização.

questão de grau. É igualmente difícil definir o âmbito em que a codificação verbal na passivização tem de ser existente antes de ser considerada "disponível". Até o momento, não temos noção clara de como avaliar a eficácia perceptual ou psicológica de estratégias de codificação na gramática, especialmente quando comparamos estratégias diferentes.[25] Sinto, todavia, que o objetivo último do tipologista é elaborar e fornecer previsões mais fortes do tipo dado na CONDIÇÃO I.

4.3.2.1 Outras explicações funcionais

Como o aparato promocional nas línguas filipinas é melhor descrito como um avanço dependente do discurso de não-agentes para o *status* de *tópico principal* da oração, Schachter (1976) sugeriu que, dada a função de relativização na descrição definida e assim sua associação com topicalidade, talvez o SN correferente (suprimido) em uma oração relativa seja também mais tópico, e isso se refletiria na restrição sobre o sujeito apenas. Embora atrativa, essa explicação tem uma série de desvantagens. Para começar, as orações relativas também modificam núcleos nominais indefinidos, e nesse caso (a) o próprio núcleo é baixo em topicalidade e (b) a oração restritiva não pode ser tida como pressuposta. Além disso, embora orações relativas que modificam nomes definidos sejam pressupostas, encontram-se, dentro delas, SN indefinidos e, portanto, presumivelmente menos tópicos. Contudo, na medida em que o nome nuclear é definido e a oração relativa pressuposta, o nome correferente dentro da oração tem de ser de alta topicalidade. A sugestão de Schachter pode, então, ter mérito considerável, caso em que a explicação para a restrição sobre sujeito apenas na relativização deve envolver uma conspiração fortuita de duas explicações funcionais diferentes. Porém, como a CONDIÇÃO TIPOLÓGICA II (e talvez, em última instância, a CONDIÇÃO I também) parece ser válida, a explicação funcional sugerida por Schachter não poderia, por si mesma, ser a explicação crucial tipologicamente, já que se mantém verdadeira para todas as línguas. A explicação aqui oferecida e que envolve a tipologia de marcação de caso deve ser decisiva neste caso.

---

25. É muito mais fácil avaliar o grau de eficiência de uma *mesma* estratégia. A determinação final deve ser experimental e psicolinguística.

4.3.2.2 Outras explicações psicolinguísticas

Keenan e Comrie (1977) argumentaram que o processamento de orações relativas de sujeito é psicologicamente menos complexo do que o processamento de orações relativas de objeto. Eles citam evidência experimental de Hawkins e Keenan (1974), Legum (1975), Hatch (1971), Brown (1971), Sheldon (1974), Cook (1975) e Valli, Achard-Boule e Beretti (1972). Há uma série de problemas nessa explicação. Para começar, os estudos citados envolvem apenas francês e inglês, ambas línguas SVO fortes. Nas duas línguas, a relativização do sujeito preserva a estratégia neutra SVO, ao passo que a relativização do objeto envolve uma ordem que não é atestada no padrão neutro — OSV. Logo, embora a recuperabilidade da função de sujeito na relativização não requeira mudança do padrão neutro, a recuperabilidade da função de objeto requer um reajuste desarmônico em comparação com a estratégia neutra. Mas nem francês, nem inglês, nem qualquer outra língua SVO exibem, segundo meu conhecimento, a restrição de sujeito apenas na relativização. Não está claro para mim se nas línguas de verbo inicial, que de fato exibem a restrição sobre a relativização, as dificuldades de processamento vão se hierarquizar seguindo as mesmas linhas. Complexidade, como notam Keenan e Comrie (1975), não é um parâmetro independente, mas deve ser visto *em relação* ao padrão neutro.

Comrie (1975a) discutiu os seguintes dados do suaíli como possível suporte para a maior complexidade psicológica da relativização do objeto, se comparada à do sujeito. Quando o pronome relativo é preso ao verbo em suaíli, na relativização do objeto o sujeito do verbo tem de ser obrigatoriamente posposto. Atinge-se, então, uma ambiguidade potencial bem conhecida quando tanto o sujeito quanto o objeto são do mesmo gênero (1/2) e número:

(26)　　*mtoto*　　*a-li-ye-m-penda*　　　　*Hamisi*
　　　　criança　ele-passado-*REL*-o-amar　Hamisi

　　a) 'A criança que amou Hamisi'　　　(rel. suj.)
　　b) 'A criança que Hamisi amou'　　　(rel. obj.)

Comrie observa que, embora, em princípio, (26) seja ambígua, a maioria dos falantes pesquisados prefere a interpretação do *sujeito* (26a), e considera a interpretação do objeto em (26b) como a passiva:

(27)   mtoto   a-li-**ye**-pend-**wa**   na   Hamisi
        criança ele-passado-*REL*-amar-*PASS* por Hamisi
        'A criança amada por Hamisi'

Embora não se possa duvidar dos fatos, o argumento está longe de ser conclusivo. Primeiro, o suaíli tem uma relativização alternativa em que o pronome relativo é livre (e preso ao portador *amba-*) e o sujeito da oração relativa não precisa ser posposto:

(28)   mtoto   amba-**ye** Hamisi a-li-m-penda
        criança *REL*   Hamisi ele-passado-o-amar
        'A criança que Hamisi amou'

E a preferência pela passiva (27) não foi comparada à preferência por (28). Além disso, o suaíli tende para a estratégia sintática neutra SVO,[26] embora não no mesmo grau que o inglês e o francês. Desse modo, enquanto a interpretação de sujeito relativo em (26a) retém a estratégia neutra, a interpretação de objeto relativo (26b) requer a estratégia não neutra OVS, e o objeto relativo em (28) requer a estratégia não neutra OSV, como em inglês. Isso é razão suficiente para a maior complexidade de processamento, mas essa complexidade é relativa, outra vez, ao padrão neutro, e até aí não se diz nada sobre as línguas de verbo inicial em que a restrição apenas de sujeito é de fato encontrada. Para sumarizar, então, embora acredite que a evidência experimental citada por Keenan e Comrie seja válida, não está claro que ela seja capaz de explicar a restrição apenas de sujeito nas línguas que realmente a exibem. Finalmente, se a explicação é universalmente válida, então ela certamente não pode explicar por que somente línguas de uma dada natureza tipológica parecem exibir essa restrição.

4.3.3 Relativização e promoção a objeto direto

Nesta seção discutirei o tipo de dado que motivou o segundo elo na hierarquia de acessibilidade, isto é, OBJ DIR > OBJ INDIR. Os dados envolvem línguas

---

26. Suaíli, um tanto quanto espanhol (Bolinger, 1954) e hebraico (Givón, 1976b), permite tanto VS quanto SV no padrão neutro, com a variação governada pela pragmática discursiva. A preferência por VS é particularmente surpreendente quando não-sujeitos são topicalizados ou relativizados. Assim, a ordem OVS está realmente disponível nas orações principais de suaíli, embora seja um padrão "mais marcado", se assumimos que os sujeitos são tópicos mais prováveis do que os objetos (Edward Keenan, 1976a; Givón, 1976a).

que, em maior ou menor grau, exigem a promoção de um objeto preposicionado a "objeto direto" antes que ele possa ser relativizado. Em outras palavras, a regra *mudança de dativo* se torna um alimentador obrigatório na relativização de objetos não ACUSATIVOS. Tentarei mostrar que, assim como acontece no caso da restrição apenas de sujeito, as línguas que exibem a restrição *apenas de objeto direto* na relativização do não sujeito são aquelas que ganham codificação verbal do caso semântico do objeto preposicionado relativizado quando ele é transformado de dativo para o caso não marcado "objeto direto". Argumentarei, ainda, que se deve considerar o caso objeto direto — que é muito menos atestado universalmente do que o sujeito — como um outro caso *pragmático*, envolvendo topicalidade relativa dos argumentos objeto. O objeto mais à esquerda, pela tendência universal (ver Bolinger, 1952), é o mais típico. Aqui, de novo, pode existir uma conspiração entre considerações de marcação de caso e de topicalidade. Tentarei formular o mesmo tipo de previsão tipológica de (24) e (25) acima. Também vou tentar mostrar como, dentro da mesma língua — ou de um grupo estreitamente relacionado — variações na disponibilidade de morfologia de caso de codificação nominal e codificação verbal determinam a aplicabilidade ou não da restrição apenas de objeto direto.

4.3.3.1 A regra de mudança do dativo

Pode-se escolher definir formalmente a regra de mudança do dativo como aquela que muda um objeto indireto ou preposicionado em um objeto direto (como em Keenan e Comrie, 1977; Gary e Keenan, 1975; Perlmutter e Postal, 1974; ou Kimenyi, 1976; entre outros). Dois critérios referentes ao sistema de marcação de caso são geralmente considerados como associados a essa mudança:

1. O antigo objeto indireto perde seu morfema de marcação de caso durante a promoção.
2. A ordenação ACUS-INDIR é revertida.

Por exemplo:

(29)   *John gave the book to Mary*   (V-ACUS-DAT)   →
       'João deu o livro a Maria'
       John gave Mary a book   (V-DAT-ACUS)
       *'João deu Maria um livro'

O objeto acusativo "rebaixado" pode permanecer não marcado, como geralmente acontece quando o objeto preposicionado era DATIVO ou BENEFICIÁRIO. Mas ele também pode adquirir uma preposição à medida que se move para longe do verbo. Assim, considere:

(30)   *John sprayed the paint **on** the wall* (V-INSTR-LOC)
'João borrifou a tinta na parede'
*John sprayed the wall **with** paint* (V-LOC-INSTR)
'João borrifou a parede com tinta'
*He supplied the ammunition **to** the troops* (V-INSTR-LOC)
'Ele supriu munição às tropas'
*He supplied the troops **with** ammunition* (V-LOC-INSTR)
'Ele supriu as tropas com munição'

Uma das ordenações variantes pode envolver codificação verbal do caso/função semântico do objeto SN *mais próximo* do verbo, vejam-se os dados de banto e de indonésio apresentados a seguir neste capítulo. A mudança de ordem entre os dois objetos pode não envolver nenhuma mudança na situação da marcação de caso, conforme os dados de hebraico e de espanhol mais abaixo. Embora se possa preferir chamar algumas dessas variantes de "promoção a objeto direto" e descartar as outras como mera mudança de ordenação, a evidência me sugere que, em termos de *função*, todas as variantes compartilham um núcleo comum.

A regra de mudança do dativo é mais comumente descrita para as línguas SVO nas quais o SUJEITO e o ACUSATIVO não são marcados para seu caso. O fato de eles não serem morfologicamente marcados não está desvinculado dessa tipologia particular de ordenação, visto que se pode argumentar que sua posição em relação ao verbo — SN-SV ... *versus* ... SV-SN, respectivamente — constitui sua marcação de caso. Mas, em termos de função, as línguas *verbo inicial*, tais como bikol, permitem variações na ordenação entre os objetos ACUSATIVO e DATIVO-BENEFICIÁRIO-INSTRUMENTAL, e é mais sensato assumir que essas variações desempenham uma função idêntica. O que não se encontra associado a essas variações em línguas verbo inicial, contudo, são mudanças na morfologia de marcação de caso dos SNs ou do verbo. De modo semelhante, as línguas SOB, como amárico ou sherpa, também permitem variações na ordenação ACUS-DAT *versus* DAT-ACUS, e não há razão para supor que elas não desempenham funções semelhantes. Mas, novamente, como comumente ocorre nessa tipologia, nenhuma mudança na morfologia de marcação de caso está envolvida.

Gostaria de argumentar aqui que a função mais comum da regra de mudança do dativo envolve mudança da *topicalidade relativa* do acusativo em relação ao objeto preposicionado. Isso diz respeito ao princípio universal de ordenação de que o constituinte mais à esquerda é o *mais tópico*, isto é, o mais provável a *não* constituir informação nova, enquanto o constituinte mais à direita é o *foco* da informação nova (ver Bolinger, 1952).[27] Deixe-me ilustrar esse primeiro caso com alguns poucos exemplos do inglês. Considere a situação quando um dos SNs objetos se torna tópico via menção prévia em uma oração adverbial preposta tópica:[28]

(31) a) *When he found it, John gave the book to Mary.*
'Quando ele o encontrou, João deu o livro a Maria.'
b) ?*When he found it, John gave Mary the book.*
'?Quando ele o encontrou, João deu a Maria o livro.'

Assim, quando o objeto ACUSATIVO é estabelecido como tópico, a ordenação ACUS-DAT como em (31a) é mais natural, e DAT-ACUS, como em (31b), menos. Considere, agora, o caso oposto:

(32) a) *When he found her, John gave Mary the book.*
'Quando ele a encontrou, João deu a Maria o livro.'
b) ?*When he found her, John gave the book to Mary.*
'?Quando ele a encontrou, João deu o livro a Maria.'

Aqui, o objeto DATIVO é estabelecido como tópico e, como resultado, a ordenação DAT-ACUS é mais natural.

O contrário disso pode ser mostrado quando o *foco* é preestabelecido via uma pergunta com QU-. Considere, primeiro:

---

27. Não há sobreposição total entre as dicotomias tópico/foco, definido/indefinido e pressuposto/asseverado. Bastante frequentemente, um objeto definido pode constituir o foco da informação nova em uma comunicação particular. Veja discussão em Chafe (1976), Bolinger (1954) e Givón (1976b).

28. Há evidências sugerindo que as orações adverbiais são "mais tópicas" quando prepostas e "mais foco" quando pospostas. Além disso, nas línguas da Nova Guiné, em que as orações adverbiais são obrigatoriamente marcadas com uma modalidade de *tópico*, elas somente podem *preceder* a cláusula principal (Thurman, 1978).

(33) a) *To whom did John give the book?* (foco DAT)
'A quem João deu o livro?'
b) *He gave the book to Mary.*
'Ele deu o livro a Maria.'
c) ?*He gave Mary the book.*[29]
'?Ele deu a Maria o livro.'

(34) a) *What did John give to Mary?* (foco ACUS)
'O que João deu a Maria?'
b) *He gave Mary the book.*
'Ele deu a Maria o livro.'
c) ?*He gave the book to Mary.*
'?Ele deu o livro a Maria.'

Um fato relacionado em inglês é a relutância em mover o pronome acusativo anafórico para longe do verbo:

(35) a) *He gave it to her.*
'Ele o deu a ela.'
b) **He gave her it.*
'*Ele deu a ela o.'

Embora essa restrição não seja completamente simétrica e seja mais comumente descrita em termos "sintáticos", parece-me que ela deve refletir a tendência geral de manter o acusativo perto do verbo se ele é mais tópico, como os pronomes anafóricos certamente são.

Um reflexo interessante — e oposto — do mesmo princípio é encontrado em expressões idiomáticas do inglês, formadas pelo tipo verbal V-ACUS-DAT. Assim, considere:

(36) a) *He gave   her   a   kiss.*
         ele deu   a   um   beijo
'Ele deu-lhe um beijo.'

---

29. Ambas as variantes em (33) e (34) se tornam aceitáveis sob acento contrastivo no objeto mais próximo do verbo. Desse modo, o inglês faz uso tanto da ordenação quanto do acento para transmitir relações de topicalidade relativa. Outras línguas SVO (espanhol, hebraico, indonésio) não podem mover livremente o acento de foco da posição final na cláusula. Ver Shir (1979) para maior discussão sobre a natureza pragmática da mudança de dativo.

b) *He   gave   a   kiss   to her.
   *ele   deu   um   beijo   a ela
   '*Ele deu um beijo nela.'

c) He gave her   a   kick.
   ele deu a   um   chute
   'Ele deu-lhe um chute.'

d) *He   gave   a   kick   to her.
   *ele   deu   um   chute   a ela
   '*Ele deu um chute nela.'

e) He gave them   a   lecture.
   ele fez lhes   uma   repreensão
   'Ele lhes fez uma repreensão.'

f) *he   gave   a   lecture to them.
   *ele   fez   uma   repreensão a eles
   '*Ele fez uma repreensão a eles.'

Muito embora as expressões *give a kiss*, *give a kick*, *give a lecture* sejam lexicalizadas, a tendência de manter o acusativo indefinido — e, portanto, menos tópico — longe do verbo é mantida.

Evidências desse tipo são abundantes translinguisticamente. Neste ponto, deixe-me citar apenas duas evidências de ruanda, uma língua banto com uma tipologia SVO. Kimenyi (1976) observou que, quando a ordenação V-ACUS--INDIR é mantida, o objeto indireto preposicionado pode ser definido ou indefinido. Em contraste, se o objeto indireto é promovido via mudança do dativo, ele deve obrigatoriamente ser *definido* (ou genérico):

(37) a) *umagabo a-ra-tema   igiti   **n**-umupaanga*
        menino   ele-ASP-cortar   árvore   *com*-ferro
        'O menino cortou a árvore com { um ferro. / o ferro. }'

     b) *umgabo   a-ra-tem-**eesh**a   umupaanga igiti*
        menino   ele-ASP-cortar-INSTR ferro   árvore
        { 'O menino cortou a árvore com { o ferro. / *um ferro.' }
          'O menino usou o ferro para cortar a árvore.' }

Uma outra observação feita por Kimenyi (1976) é que, se o objeto acusativo é um pronome anafórico — e assim de alta topicalidade —, a promoção dos objetos preposicionados a objeto direto via regra de mudança do dativo é bloqueada. Logo:

(38)   a)   *umugabo y-a-taa-ye   igitabo **mu**-maazi*
              menino   ele-passado-jogar-ASP livro   *em*-água
              'O menino jogou o livro na água.'

       b)   *umugabo y-a-taa-ye-**mo**   amaazi igitabo*
              menino   ele-passado-jogar-ASP-*LOC* água   livro
              'O menino jogou o/um livro na água.'

       c)   *umugabo y-a-**gi**-taa-ye   **mu**-maazi*
              menino   ele-passado-*o*-jogar-ASP *em*-água
              'O menino jogou-o na água.'

       d)   **umugabo y-a-gi-taa-ye-mo   amaazi*
              *menino   ele-passado-*o*-jogar-ASP-*LOC* água

Pode-se mostrar também que a mesma regra de mudança do dativo, em termos funcionais, é associada apenas à ordenação relativa na marcação de caso, e não à mudança morfológica, em uma língua SOB. Assim, em sherpa, uma língua tibetana-birmanesa com sintaxe SOV rígida, encontra-se variação consistente na ordenação de acusativo e objetos preposicionados, como em:[30]

(39)   *tiki   kitabi čoxts-i-kha-la   žaz-sung* (S-ACUS-DAT-V)
        ele-ERG livro   mesa-GEN-sobre-DAT por-AUX
        'Ele pôs o livro sobre a mesa.'

(40)   *tiki   čoxts-i-kha-la   kitabi žax-sung* (S-DAT-ACUS-V)
        ele-ERG mesa-GEN-sobre-DAT livro   por-AUX
        'Ele pôs sobre a mesa um livro.'

Se o contexto precedente topicaliza o ACUSATIVO, como em *Eu perguntei-lhe o que ele fez com o livro, então ele disse que...*, a ordenação ACUS-DAT é preferida. Se o contexto precedente topicaliza o dativo, a ordenação DAT-ACUS é preferida.

---

30. Pelos dados, estou em dívida com Konchchok Lama (comunicação pessoal).

Uma observação deve ser feita neste ponto. Anderson (1970) apontou que, em relação a um caso especial de variação da mudança do dativo, em que mudanças na marcação de caso estão envolvidas, além da variação pragmática ("aquilo sobre o que se está falando"), diferenças *semânticas* de vários tipos também podem aparecer. Assim, considere:

(41)   *What did you do to the wall?*
       'O que você fez com a parede?'
   a) *I sprayed it **with** paint.*
       'Eu a borrifei com tinta.'
   b) ?*I sprayed paint **on** it.*
       '?Eu borrifei tinta nela.'

(42)   *What did you do with the paint?*
       'O que você fez com a tinta?'
   a) *I sprayed it **on** the wall.*
       'Eu a borrifei na parede.'
   b) ?*I sprayed the wall **with** it.*
       '?Eu borrifei a parede com ela.'

Anderson (1970) observou que em (41), onde *wall* é mencionada como tópico, a variante (a) com a ordenação WALL-PAINT é preferível, enquanto em (42), em que *paint* é o tópico, a variante (a), com a ordenação PAINT-WALL, é preferível. Além disso, contudo, as duas ordens variantes também diferem com relação à sua implicação semântica. "*Spraying paint on the wall*" não implica cobrir a parede *inteira* com tinta, enquanto "*spraying the wall with paint*" parece implicar cobrir a parede *inteira*. De modo contrário, "*spraying the paint on the wall*" implica borrifar **toda** a tinta, enquanto "*spraying the wall with paint*" não tem essa implicação. Neste ponto, encaminho o leitor a uma discussão geral esclarecedora em Bolinger (1952), em que é mostrado que, quando existem variações de ordenação inerentemente pragmáticas, muito frequentemente a variação semântica emerge como resultado. Em nosso caso particular, creio, é o fato de "falar sobre x" que faz surgir a inferência de "falar sobre *tudo* de x", e não vice-versa.

4.3.3.2 Línguas que fazem

Nesta seção vou resumir dados de línguas que requerem a aplicação de mudança do dativo como um alimentador obrigatório para a relativização de um objeto não-acusativo. Vou mostrar que dois parâmetros tipológicos principais caracterizam essas línguas:

1. Mudança do dativo resulta na *codificação verbal* do caso semântico do objeto não acusativo que perdeu sua marcação de caso morfológica.
2. A estratégia de relativização na língua **não** fornece um outro modo de diferenciar o não acusativo do acusativo na relativização.

Também vou demonstrar como, dentro da mesma língua, pode-se encontrar estratégias alternativas para objetos não acusativos diferentes, dependendo de se a codificação de caso está disponível. E que, novamente, os casos/funções que requerem mudança do dativo como um alimentador pré-requisito para sua relativização são caracterizados exatamente pelos mesmos parâmetros (1) e (2) acima.

4.3.3.2.1 Indonésio[31]

O indonésio é uma língua SVO com SUJEITO e ACUSATIVO não marcados morfologicamente e com os objetos não acusativos marcados por preposições. A mudança do dativo é uma regra independente nessa língua, e resulta da codificação, no verbo, do caso semântico de DATIVOS ou BENEFICIÁRIOS. Dessa forma, a língua satisfaz a condição (1) acima. Como um exemplo, considere os seguintes dados de Chung (1975):

(43) a) *Hasan mem-beli   badju* **untuk** *wanita itu*
          Hasan ACUS-comprar roupas *para*   mulher a
          'Hasan comprou roupas para a mulher.'
      b) *Hasan mem-beli-**kan**   wanita itu badju*
          Hasan ACUS-comprar-*BEN* mulher as roupas
          'Hasan comprou roupas para a mulher.'
      c) *Hasan meng-irim-**kan**[32] seputjuk surat* **kepada** *wanita itu*
          Hasan ACUS-escrever-*BEN*   uma-carta *para*   mulher a
          'Hasan escreveu uma carta para a mulher.'

---

31. Um exemplo mais extenso de dados similares é encontrado em uma língua relacionada (fijian; Foley, 1976).

32. O sufixo verbal beneficiário *-kan* não aparece apenas na promoção de beneficiários a objeto direto, como em (43b), mas também quando o objeto dativo é interpretado como "beneficiário" ao invés de simplesmente locativo/meta. A preposição *kepada* / 'para' por si própria indica a meta direcional/locativa.

d) *Hasan meng-irim-i*   *wanita itu seputjuk surat*
    Hasan ACUS-escrever-*DAT* mulher a uma   carta
    'Hasan escreveu uma carta para a mulher.'

Na relativização, o indonésio usa o subordinador invariante *jáng*, não flexionado para o caso semântico. A relativização do sujeito preserva a estratégia neutra SVO da língua, como em (outra vez de Chung, 1975):

(44) *wanita **jáng** mem-beli   badju **untuk** Hasan*
      mulher que   ACUS-comprar roupas para   Hasan
      'A mulher que comprou roupas para Hasan.'

A relativização do acusativo é diferenciada da relativização do sujeito primeiro pela estratégia de ordenação OSV, e segundo pelo fato de que o verbo perde seu prefixo de ATOR.[33] Mas nenhum desses fatos diferencia os objetos acusativos dos não acusativos, que compartilham a mesma estratégia até esse ponto. Assim, para o acusativo (Chung, 1975):

(45) a) *badju **jáng** Hasan beli   **untuk** wanita itu*
          roupa que   Hasan comprou para   mulher a
          'As roupas que Hasan comprou para aquela mulher.'

      b) *surat **jáng** Hasan kirim-**kan**   **kepada** wanita itu*
          carta que   Hasan escrever-*BEN* para   mulher a
          'A carta que Hasan escreveu para a mulher.'

A diferenciação do objeto dativo, ou beneficiário, do acusativo na relativização é realizada via estratégia de codificação verbal que se torna disponível quando a mudança do dativo torna-se um alimentador obrigatório para a relativização. Portanto, considere (dados novamente de Chung, 1975):

---

33. Suspeito que o prefixo *meN-* no indonésio é cognato ao prefixo de AGENTE-foco nas línguas filipinas (ver dados precedentes do bikol). Sua perda na relativização sugere que a estratégia usada no indonésio é semelhante à do filipino, isto é, uma restrição apenas de sujeito. Ao longo do tempo, o indonésio mudou para SVO com sujeito e acusativo não-marcados, e a restrição apenas de sujeito foi relaxada à medida que a língua se reajustou a uma nova tipologia de marcação de caso. O sistema de passivização-topicalização do indonésio (ver a seguir) é provavelmente um desenvolvimento posterior, que segue a perda do sistema de mudança de voz do tipo filipino.

(46) a) *wanita **jáng** Hasan beli-**kan** badju*
mulher que Hasan comprar-*para* roupas
'A mulher para quem Hasan comprou roupas.'

b) **wanita **jáng** Hasan beli badju (**untuk**)*
*mulher *que* Hasan comprar roupas (*para*)

c) *wanita **jáng** Hasan kirim-**i** surat*
mulher *que* Hasan escrever-*DAT* carta
'A mulher para quem Hasan escreveu uma carta.'

d) **wanita **jáng** Hasan kirim surat (**kepada**)*
*mulher *que* Hasan escrever carta (*para*)

A restrição apenas de objeto direto serve, desse modo, para resgatar a marcação semântica de caso dos objetos não acusativos na relativização via codificação verbal. Uma prova adicional de que essa é aqui, de fato, a função da regra de promoção pode ser vista nos dados seguintes. O indonésio recentemente desenvolveu — mais provavelmente através de empréstimo do inglês — uma estratégia de relativização alternativa em que as partículas QU- marcadas por caso são usadas *juntamente com* as preposições do padrão neutro. E quando essa estratégia é empregada,[34] não somente a restrição apenas a objeto direto é relaxada, mas é de fato impossível usar essa estratégia na variante de mudança do dativo. Assim, compare (46a) acima a (47a) (dados de Sandy Chung, comunicação pessoal):

(47) a) *wanita **untuk-siapa** Hasan mem-beli badju*
mulher *para-quem* Hasan ACUS-comprar roupas
'A mulher para quem Hasan comprou roupas.'

b) **wanita **untuk-siapa** Hasan beli-**kan** badju*
*mulher *para-quem* Hasan comprar-*BEN* roupas

Desse modo, quando uma estratégia de recuperabilidade alternativa está disponível, a estratégia de codificação verbal que motivou a restrição apenas de objeto direto é descartada.

---

34. Essa estratégia tomada emprestada ainda não é considerada "padrão", e a estratégia nativa preferida ainda é via promoção a objeto direto e codificação verbal.

4.3.3.2.2 Banto

Uma outra importante fonte de dados que substanciam o segmento DIR > INDIR na hierarquia de acessabilidade vem de várias línguas banto. Como em indonésio, a tipologia geral dessas línguas é SVO, com sujeito e acusativo (ou "objeto direto") não marcados morfologicamente. Como em indonésio, as propriedades codificadoras que envolvem ordenação dos vocábulos e pronomes relativos podem adequadamente codificar a diferença entre a relativização de sujeito e de objeto, mas não podem ir além e distinguir o caso semântico de vários tipos de objeto. Como em indonésio, a restrição parcialmente imposta de apenas objeto direto realiza a posterior diferenciação de caso desses objetos via *codificação verbal*. Há dois temas surpreendentes quando se examinam os dados do banto. Primeiro, a codificação verbal ou estratégia de promoção em uma língua é usada somente nos casos para os quais uma estratégia de codificação alternativa **não** está disponível. E segundo, à medida que as línguas perdem um tipo de codificação, elas fazem um uso maior da alternativa de promoção da codificação verbal.

4.3.3.2.2.1 BEMBA[35]

A regra de mudança do dativo é funcional em bemba, mas a promoção envolvida não cria, no padrão neutro, aumento da codificação verbal. Assim, para alguns objetos dativos-beneficiários, o sufixo verbal de BENEFICIÁRIO aparece obrigatoriamente em qualquer uma das ordenações variantes:

(48) a) *umukashi a-a-tum-**in**-e*   *icitabo **ku**-muana*
                                                                                                         (ACUS-DAT)
        mulher   ela-passado-mandar-*BEN*-ASP   livro   *para*-criança
        'A mulher mandou o livro para a criança.'

      b) *umukashi a-a-tum-**in**-e*   *umuana icitabo*
                                                                                          (DAT-ACUS)
        mulher   ela-passado-mandar-*BEN*-ASP   criança   livro
        'A mulher mandou um livro para a criança.'

---

    35. Os dados de bemba são derivados de minhas próprias anotações de campo (1968). Parte do material pode ser encontrado em Givón (1972a). A informação veio inicialmente de Peter Chilufya de Maholo, Chefe Chiti Mukulu, distrito de Kaasama.

Com outros verbos, o sufixo verbal BENEFICIÁRIO não aparece em nenhuma variante:

(49)   a) *umukashi a-a-moneshya   icitabo **ku**-muana* (ACUS-DAT)
           mulher   ela-passado-mostrar livro   *para*-criança
           'A mulher mostrou o livro à criança.'
       b) *umukashi a-a-moneshya   umuana icitabo*   (DAT-ACUS)
           mulher   ela-passado-mostrar criança livro
           'A mulher mostrou um livro à criança.'

Locativos não humanos não perdem sua preposição na mudança do dativo e, em geral, essa mudança parece menos natural aqui:

(50)   a) *umuana a-a-shya   icitabo **mu**-ngaanda* (ACUS-LOC)
           criança ele-passado-deixar livro   *em*-casa
           'A criança deixou o livro em casa.'
       b) ?*umuana a-a-shya   **mu**-ngaanda icitabo*
                                                               (?LOC-ACUS)
           criança ele-passado-deixar *em*-casa   livro
           'A criança deixou um livro em casa.'
       c) **umuana a-a-shya   ingaanda icitabo* (*LOC-ACUS)
           *criança ele-passado-deixar casa   livro

Quando um claro objeto BENEFICIÁRIO está presente, um que *não* se mistura com o DATIVO, ele é não marcado, deve aparecer perto do verbo e o verbo obrigatoriamente toma o sufixo beneficiário:

(51)   a) *umuana a-a-shit-**ila**   umukashi icitabo*
                                                               (BEN-ACUS)
           criança ele-passado-comprar-*BEN* mulher   livro
           'A criança comprou um livro para a mulher.'
       b) **umuana a-a-shit-**ila** icitabo (**ku**)mukashi*   (*ACUS-BEN)[36]

A mudança do dativo talvez seja possível, mas menos natural, com objetos associativos ou instrumentais, ambos marcados com a preposição *na*:

---

36. Visto que o dativo-direcional *ku*- também codifica 'de' (procedência), essa cláusula sem o sufixo beneficiário -*il*- é aceitável sob a interpretação: 'A criança comprou um/o livro da mulher'.

(52) a) *umuana a-a-lya   umukate **no**-omunaankwe*
                                        (ACUS-ASSOC)
       criança ele-passado-comer pão   *com*-amigo-seu
       'A criança comeu (o) pão com seu amigo.'
   b) ?*umuana a-a-lya **no**-omunaankwe umukate* (?ASSOC-ACUS)
   c) *umuana a-a-lya   umutake **ne**-ecimuti*
                                        (ACUS-INSTR)
       criança ele-passado-comer pão   *com*-a-varinha
       'A criança comeu (o) pão com uma/a varinha.'
   d) ?*umuana a-a-lya **ne** ecimuti umukate*   (?INSTR-ACUS)

No caso do objeto ASSOCIATIVO, ele pode ser promovido a *sujeito* justaposto, um processo que resulta na codificação de sua função semântica no verbo com o sufixo -*na*, como em:

(53) *umuana **no**-omunaankwe ba-a-lya-**na**   umukate*
      criança *e*-amigo-seu eles-passado-comer-ASSOC pão
      'A criança e seu amigo comeram (o) pão juntos.'

A mudança do dativo do tipo "borrifar x *em* y" *versus* "borrifar y *com* x", discutida antes [cf. (41), (42)], também é encontrada em bemba, como em:

(54) a) *aa-cimine inama **ne**-omuele*
          ele-golpeou animal *com*-faca
          'Ele golpeou o animal com uma/a faca.'
      b) *aa-cimine umuele **mu**-nama*
          ele-enfiou faca *em*-animal
          'Ele enfiou a faca no animal.'
      c) *aa-fwaanta umuana **ne**-ecimuti*
          ele-feriu criança *com*-vara
          'Ele feriu a criança com uma/a vara.'
      d) *aa-fwaanta icimuti **pa**-muana*
          ele-espetou vara *em*-criança
          'Ele espetou a vara na criança.'
      e) *aa-kaaka umuti **ne**-ekaamba*
          ele-amarrou árvore *com*-corda
          'Ele amarrou a árvore com a corda.'

f) *aa-kaaka   ikaamba **ku**-muti*
    ele-amarrou corda   em-árvore
    'Ele amarrou a corda em uma/a árvore.'

Na relativização em geral, a língua mantém a estratégia SVO para o sujeito e OSV para os objetos relativos. A relativização do sujeito envolve, ainda, uma mudança tonal no pronome de concordância do sujeito, como em:[37]

(55) a) *umuana **á**-a-lya   umukate*
        criança *ele*-passado-comer pão
        'A criança comeu (o) pão.'
    b) *umuana **ù**-a-lya   umukate*
        criança *que*-passado-comer pão
        'A criança que comeu (o) pão...'

Na relativização de objetos, um pronome demonstrativo é usado como um subordinador, juntamente com a estratégia de ordenação OSV. Mais comumente, esse pronome demonstrativo é flexionado de acordo com o gênero-número do nome suprimido, *não* com o caso. Assim, considere a relativização do acusativo:

(56) a) *umukate   **uo**   umuana   à-a-lya*
        pão   aquela   criança   ele-passado-comeu
        'O pão que a criança comeu...'

A relativização de objetos não acusativos ilustra como uma língua mistura estratégias, dependendo da disponibilidade de marcação de caso. Para os casos locativos *pa-*, *ku-*, *mu-*, existem demonstrativos flexionados de acordo com os gêneros comuns do nome.[38] Duas estratégias alternativas são, então, possíveis. Se há uma situação de caso idêntico, isto é, se o *núcleo* nominal também é pre-posicionado no *mesmo* caso, são usados os pronomes demonstrativos flexionados para o gênero preposicionado, como em:

---

37. Embora a mudança tonal se dê "fonemicamente" no pronome, ela resulta num deslocamento tonal complexo sobre todo o vocábulo verbal. Para todas as classes nominais, exceto humano singular, o pronome de concordância do sujeito é o mesmo (menos a diferença tonal) nas orações principais e relativas. A classe humano singular (classe 1) mostra, além das diferenças tonais, a variação *a/u*.

38. Esses casos preposicionados em banto tendem a se comportar como gêneros do nome, em termos do sistema de concordância pronominal, mas apenas até certo ponto. Os demonstrativos que correspondem a eles cobrem o campo semântico de *'aqui'*, *'lá'*, *'aqui dentro'*, *'para lá'* etc., embora os dêiticos espaciais sejam mais ricos (em sua codificação) do que em inglês.

(57) a) *naa-laadile **ku**-muana **uko** umukashi àa-peele*
 eu-falei com-criança para-quem mulher ela-deu
 icitabo
 livro
 'Eu falei com a criança a quem a mulher deu um/o livro.'
 b) *naa-li **mu**-ngaanda **umo** umunaandi àa-keele*
 eu-morei em-casa em-que amigo-meu ele-morava
 'Eu morei na casa em que um amigo meu morava.'

Contudo, se o núcleo nominal está num caso diferente do nome correferente na oração restringidora, essa estratégia não é possível, visto que em bemba o pronome relativo objeto deve concordar em gênero, número e caso com o *núcleo nominal*. Ao invés, o caso preposicionado do nome correferente é marcado, via uma estratégia de codificação verbal, como um sufixo, em um padrão reminiscente de variações semelhantes em inglês:[39]

(58) *naa-mweene umuana **uo** umukashi àa-peele-**ko** icitabo*
 eu-vi criança que mulher ela-deu-*para* livro
 'Eu vi a criança a quem a mulher deu o/um livro.'

(59) *naa-mweene ingaanda **iyo** umunaandi àa-keele-**mo***
 eu-vi casa que amigo-meu ele-morava-*em*
 'Eu vi a casa em que meu amigo morava.'

Ao relativizar os casos instrumental e associativo, a codificação do caso semântico do nome correferente (suprimido) é realizada através da estratégia do pronome anafórico, como em:

(60) a) *umuana áa-lya na-**o***
 criança ele-comeu com-*o/a*
 'A criança comeu com ele/ela.'
 b) *umuntu **uo** umuana àa-lya na-**o***
 pessoa que criança ele-comeu com-*o/a*
 'A pessoa com quem a criança comeu.'

---

39. Em inglês, essa variação parece "opcional" quando somente dados de competência são examinados. Isto é, *The child **to whom** I gave the book* versus *The child I gave the book **to***.

(61) a) *umuana áa-lya   na-o*
          criança ele-comeu com-*o*   (não-humano)
          'A criança comeu com ele.'
      b) *umuele **uo** umuana àa-lya   na-o*
          faca *que* criança ele-comeu com-*o*   (não-humano)
          'A faca com a qual a criança comeu.'

Finalmente, a *mesma* estratégia de codificação verbal que é usada para o beneficiário no padrão neutro também é usada na relativização:

(62) *umuana **uo** umukashi àa-shit-**ila**   icitabo*
      criança *que* mulher   ela-comprou-*BEN* livro
      'A criança para quem a mulher comprou um/o livro.'

Em resumo, o bemba usa codificação verbal do caso semântico em duas situações: beneficiário (completa) e locativo-dativo (parcial, alternando com a estratégia de caso idêntico), mas nenhuma delas fornece um bom argumento para considerar que esse seja um caso de promoção a objeto direto, já que o padrão ou é independente da mudança do dativo (como BENEFICIÁRIO), ou simplesmente não aparece no padrão neutro (como em LOCATIVO-DATIVO). Os dados de bemba poderiam, no entanto, servir como um excelente ponto de partida para se discutir tanto ruanda quanto suaíli, a seguir. Nessas duas línguas, uma erosão na morfologia de caso dos nomes objetos, somada a um aumento na codificação verbal na mudança do dativo, cria uma situação — mais surpreendentemente em ruanda — em que, ao tornar a mudança do dativo um alimentador obrigatório para a relativização do objeto não-acusativo, a língua ganha em termos de recuperabilidade de caso.

4.3.3.2.2.2 SUAÍLI

Em suaíli, o uso das preposições *pa-*, *ku-*, *mu-* com nomes desapareceu e, como uma compensação, o uso do sufixo de codificação verbal do BENEFICIÁRIO assumiu uma carga funcional extra. Em nenhum caso, essa transformação está ligada à mudança do dativo ou à promoção a objeto direto. Considere, primeiro, o uso do sufixo beneficiário para assinalar casos de PROPÓSITO, como em:[40]

---

40. Os dados aqui e em (64) são padronizados segundo Ashton (1944).

(63) a) *a-li-tia   mayai   bakuli-**ni***
    ele-passado-pôr ovos   bacia-*LOC*
    'Ele pôs os ovos na bacia.'
  b) *bakuli ya ku-til-**ia**   mayai*
    vasilha de para-pôr-*BEN* ovos
    'Uma bacia para pôr ovos.'
  c) *a-li-kula   **kwa** kisu*
    ele-passado-comer com faca
    'Ele comeu com uma faca.'
  d) *kisu cha ku-l-**ia***
    faca de para-comer-*BEN*
    'A faca para comer.'

A especificidade semântica do sufixo beneficiário nesses casos é bastante baixa, visto que poderia cobrir um largo campo de relações de objeto não acusativo. Além disso, o padrão em (63b, d) *não* é o padrão relativo *bona fide*. Em ambos os casos, contudo, há um intercâmbio entre a marcação de caso nominal no padrão neutro e a estratégia de codificação verbal no padrão transformado.

Um outro caso de codificação verbal no suaíli, dessa vez no padrão neutro, pode ser visto em:

(64) a) *a-li-tupa   mawe*
    ele-passado-jogar pedras
    'Ele jogou pedras.'
  b) *a-li-**wa**-tup-**ia**   watoto   mawe*[41]
    ele-passado-*as*-jogar-*BEN* crianças pedras
    'Ele jogou pedras **nas** crianças.'
  c) *a-li-panda   ile mibuyu*
    ele-passado-subir os baobás
    'Ele subiu os baobás.'
  d) *a-li-pand-**ia**   ile mibuyu*
    ele-passado-subir-*BEN* os baobás
    'Ele subiu os baobás até em cima.'

---

41. Nesse caso, o objeto preposicionado deve estar adjacente ao verbo, como o BENEFICIÁRIO estaria (ver dados precedentes do bemba). A concordância obrigatória com o objeto humano é evidente, como também o é em (64f).

e) *a-li-kimbia*
    ele-passado-correr
    'Ele correu.'

f) *a-li-**m**-kimbil-**ia***   mama   wake
    ele-passado-*a*-correr-*BEN*   mãe   sua
    'Ele correu **para** sua mãe.'

Finalmente, o suaíli também exibe o uso do sufixo verbal beneficiário na codificação da função de caso DATIVO na relativização, embora esse padrão seja específico do léxico. Assim, o verbo *pa-* /'dar' não admite o sufixo BENEFICIÁRIO nem no padrão neutro nem no relativo, e o objeto dativo-beneficiário deve estar adjacente ao verbo, como os beneficiários em geral:[42]

(65) a) *a-li-m-pa*   mwanamke   kitabu
          ele-passado-a-dar   mulher   livro
          'Ele deu à mulher um livro.'

      b) **a-li-m-p-**ea***   mwanamke   kitabu
          ele-passado-a-dar-*BEN* mulher   livro

      c) *mwanamke   a-li-**ye**-m-pa*   kitabu
          mulher   ele-passado-*REL*-a-dar   livro
          'A mulher a quem ele deu um livro.'

      d) **mwanamke   a-li-**ye**-m-p-**ea***   kitabu
          mulher   ele-passado-*REL*-a-dar-*BEN* livro

Com o verbo *-tuma* 'enviar', tem-se um caso *bona fide* tanto da mudança do dativo quanto do uso obrigatório do sufixo beneficiário na relativização. Assim, considere:

(66) a) *a-li-m-tuma*   baruwa   **kwa** mwanamke
          ele-passado-a-enviar   carta   para   mulher
          'Ele enviou uma carta para a mulher.'

      b) *a-li-m-tum-**ia***   mwanamke   baruwa
          ele-passado-a-enviar-*BEN*   mulher   carta
          'Ele enviou à mulher uma carta.'

      c) *mwanamke   a-li-**ye**-m-mtum-**ia***   baruwa
          mulher   ele-passado-*REL*-a-enviar-*BEN*   carta
          'A mulher a quem ele enviou uma carta.'

---

42. Devo o restante dos dados do suaíli a Mrisho Kivugo (comunicação pessoal).

d) *mwanmke a-li-**ye**-m-tuma   barawa
   mulher   ele-passado-*REL*-a-enviar carta

Desse modo, a marcação de caso dativo no padrão neutro alterna entre a preposição *kwa* (uma inovação do suaíli que pode também significar 'por', 'em'), quando o objeto dativo está longe do verbo (66a), e o sufixo verbal BENEFICIÁ-RIO, quando o objeto dativo está próximo do verbo (66b). Visto que o uso da preposição *kwa* é morfologicamente barrado na posição de pronome relativo ou como um pronome relativo anafórico, o único modo de resgatar a marcação de caso dativo é tornar obrigatória a variante sufixo verbal na relativização. Uma situação semelhante é encontrada na relativização de objetos direcionais locativos, em que (*a*) a ordem ACUS-LOC é rígida no padrão neutro, e (*b*) o uso do sufixo verbal beneficiário é obrigatório na relativização:

(67) a) *a-li-tuma   baruwa ofici-**ni***   (ACUS-LOC)
        ele-passado-enviar carta   escritório-*LOC*
        'Ele enviou uma carta para o escritório.'
     b) ?*a-li-tuma ofici-**ni** baruwa*   (?LOC-ACUS)
     c) *ofici   a-li-**yo**-tum-**ia**   baruwa*
        escritório ele-passado-*REL*-enviar-*BEN* carta
        'O escritório para o qual ele enviou uma carta.'
     d) **ofici a-li-yo-tuma baruwa*

Para sumarizar a situação do suaíli, vimos que a perda das preposições de locativo-dativo no nome resultou numa carga funcional maior para o sufixo de codificação verbal BENEFICIÁRIO no padrão neutro e na relativização. Mas, como esse sufixo não está envolvido na mudança do dativo *per se*, não há alimentação obrigatória da relativização de objetos não acusativos via promoção a objeto direto.

4.3.3.2.2.3 RUANDA[43]

Em termos do uso de codificação verbal como uma estratégia de marcação do caso semântico de objetos não acusativos, ruanda representa um caso extremo

---

43. A maioria dos dados de ruanda, chamada por seus falantes de kinya-ruanda, são de Kimenyi (1976, comunicação pessoal), mas também de Gary e Keenan (1975).

dentro do banto, provavelmente mesmo dentro do seu subgrupo mais próximo de lake-banto. Isso é evidente em **ambos** os parâmetros que juntos constituem a caracterização tipológica de uma língua com uma restrição apenas de objeto direto sobre a relativização do objeto:

1. Na mudança do dativo da maioria dos objetos preposicionados para uma posição próxima ao verbo, o nome objeto se torna morfologicamente não marcado e o verbo ganha um sufixo de codificação verbal que indica o caso semântico do objeto não acusativo.
2. A estratégia de codificação verbal, assim tornada disponível no padrão neutro, é extensivamente usada na relativização de objetos não acusativos.

Vamos considerar o padrão neutro e as possibilidades de mudança do dativo primeiramente.

A mudança do dativo no caso de objetos locativos usada em ruanda, por meio da qual a preposição se torna um sufixo verbal, como em (68), é sujeita a uma série de restrições específicas do léxico e outras:

(68) a) *umugore y-ooher-eje   umubooyi **ku**-isoko* (ACUS-LOC)
        mulher   ela-mandou-ASP cozinheira *para*-mercado
        'A mulher mandou a cozinheira ao mercado.'
    b) *umugore y-ooher-eje-**ho**   isiko   umubooyi*
                                                    (LOC-ACUS)
        mulher   ela-mandou-ASP-LOC mercado cozinheira
        'A mulher mandou para o mercado a cozinheira.'

O uso da preposição *ku-* para o SN objeto dativo foi eliminado nessa língua, embora em línguas relacionadas, como luganda, ele ainda seja atestado. Como resultado, a língua perdeu o sistema de marcação de caso DATIVO e BENEFICIÁRIO, com uma tendência a manter o objeto dativo-beneficiário mais próximo do verbo, embora presumivelmente a ordenação ACUS-DAT também seja aceitável. Logo, considere:

(69) a) *Yohani y-ooher-**er**-eje   Maria ibaruwa* (DAT-ACUS)
        João   ele-enviou-BEN-ASP Maria uma/a carta
        'João enviou uma/a carta a Maria.'
    b) ?*Yohani y-ooher-**er**-eje ibaruwa*   (?ACUS-DAT)

Um padrão semelhante é observado para o beneficiário, em que a tendência em manter o objeto beneficiário mais próximo ao verbo é até mesmo mais forte, e o sufixo de codificação verbal é usado em ambas as ordenações:

(70) a) *Maria y-a-tek-e-ye*   *abaana inkoko*
                                                                       (BEN-ACUS)
          Maria ela-passado-cozinhar-BEN-ASP crianças galinha
          'Maria cozinhou (a/uma) galinha para as crianças.'
      b) ?*Maria y-a-tek-e-ye inkoko abaana*   (?BEN-ACUS)

Um caso de alternação verdadeira de promoção ocorre com o objeto propósito/meta, em que, quando o objeto não acusativo está longe do verbo, ele toma a preposição *ku-* (direcional-dativo), ao passo que, quando ele está próximo ao verbo, é não marcado, mas o verbo ganha o sufixo de BENEFICIÁRIO. Assim:

(71) a) *Karooli y-a-fash-ije*   *abaantu **ku**-busa*
                                                                      (ACUS-META)
          Carlos   ele-passado-ajudar-ASP pessoas   *por*-nada
          'Carlos ajudou as pessoas por nada.'
      b) *Karooli y-a-fash-**ir**-ije*   *ubusa abaantu*
                                                                      (META-ACUS)
          Carlos   ele-passado-ajudar-*BEN-ASP* nada   pessoas
          'Carlos ajudou (as) pessoas por nada.'

Uma variação similar entre a codificação do SN e a codificação verbal na mudança do dativo é vista com objetos instrumentais:

(72) a) *umualimu a-ra-andika*   *ibaruwa **n**-ikaramu*
                                                                       (ACUS-INSTR)
          professor   ele-ASP-escrever carta   *com*-caneta
          'O professor está escrevendo a carta com uma/a caneta.'
      b) *umualimu a-ra-andik-**iish**a*   *ikaramu ibaruwa*
                                                                      (INSTR-ACUS)
          professor   ele-ASP-escrever-*INSTR* caneta   carta
          'O profesor está escrevendo uma/a carta com a caneta.'

Em advérbios de modo, um comportamento promocional semelhante é observado entre a preposição de codificação nominal *na-* e o sufixo de codificação verbal *-na*:[44]

(73)   a)   *Maria y-a-tets-e*   *inkoko* ***n****-agahiinda*
                                                                          (ACUS-MODO)
              Maria ela-passado-cozinhar-ASP galinha *com*-tristeza
              'Maria cozinhou a galinha com tristeza.'
   b)   *Maria y-a-tek-**an**-ye*   *agahiinda inkoko*
                                                                         (MODO-ACUS)
              Maria ela-passado-cozinhar-*ASSOC*-ASP tristeza   galinha
              'Maria cozinhou uma/a galinha com tristeza.'

Comparada a bemba e suaíli, então, ruanda desenvolveu um sistema extenso de codificação verbal do caso semântico do objeto não acusativo, especialmente quando ele é resultado de uma mudança de dativo para uma posição adjacente ao verbo — e, desse modo, é privado de sua marcação de caso original (se é que havia alguma). Embora esse sistema não seja absolutamente completo ou não ambíguo, ele representa, não obstante, a evolução gradual de uma nova estratégia coerente.

Na relativização (assim como na passivização, a ser discutida depois), ruanda faz um uso semelhante ao do indonésio desse bônus de marcação de caso, impondo — em muitos casos — a mesma restrição apenas do objeto direto.

A relativização do sujeito em ruanda envolve o mesmo tipo de mudanças tonais e dependência da estratégia de ordenação neutra SVO que em bemba, acima. A relativização de objetos acusativos (e de objetos SN em geral) envolve a estratégia de ordenação OSV, mas não se usa qualquer subordinador relativo. Esse aspecto deve ser considerado como um decréscimo nos traços de redundância da relativização (em comparação a bemba ou suaíli), visto que o pronome subordinador relativo em banto normalmente concorda em gênero e número — e também em caso para os locativos *pu-, ku-, mu-* — com o núcleo nominal. Assim, considere:

---

44. Provavelmente, o sufixo verbal *-na* tem etimologicamente a mesma origem que a preposição *na-*, e é o sufixo recíproco-associativo mais comum em banto.

(74) a) Sujeito: *umugabo u-a-kubis-e   abagore*
                  homem   que-passado-agredir-ASP mulheres
                  'O homem que agrediu as mulheres.'
    b) Acusativo: *abagore   Yohani y-a-kubis-e*
                   mulheres   João   ele-passado-agredir-ASP
                   'As mulheres que João agrediu.'

A estratégia de codificação verbal e, como um correlato, a promoção de objeto indireto a direto como pré-requisito à relativização, entra em jogo na relativização de todos os objetos não acusativos. Desse modo, das duas ordenações variantes em (68) acima, somente a variante (68b), com a ordenação LOC-ACUS e o sufixo locativo no verbo, pode sofrer relativização:

(75) a) *isoko   umugore y-oohere-je-**ho**   umubooyi*
        mercado mulher   ela-mandou-ASP-*LOC* cozinheira
        'O mercado para o qual a mulher mandou a cozinheira.'
    b) **isoko umugore y-oohere-je umubooyi **ku****

O sufixo verbal beneficiário deve ser obrigatoriamente usado na relativização tanto do objeto DATIVO quanto do BENEFICIÁRIO, embora, nesse caso, não se considere como uma promoção a objeto direto, já que o sufixo é obrigatoriamente usado na presença desses tipos de objeto em ambas as ordenações. Assim, para objetos dativos [compare com (69)]:

(76) a) *umugore Yohani y-ooher-**er**-eje   ibaruwa*
        mulher João   ele-enviou-*BEN*-ASP carta
        'A mulher a quem João enviou a carta'.
    b) **umugore Yohani y-ooher-eje ibaruwa*

De modo semelhante, para objetos beneficiários [compare com (70)]:

(77) a) *abaana   Maria y-a-tek-**e**-ye   inkoko*
        crianças Maria ela-passado-cozinhar-*BEN*-ASP galinha
        'As crianças para quem Maria cozinhou (a) galinha.'
    b) **abaana Maria y-a-tek-ye inkoko*

Na relativização de objetos instrumentais, somente a variante envolvida na ordenação INSTR-ACUS e na codificação verbal pode ser relativizada. Assim, compare (72) com:

(78) a) *ikaramu Yohani y-andik-**ish**-ije*   *ibaruwa*
         caneta   João   ele-escreveu-*INSTR*-ASP   carta
         'A caneta com que João escreveu a carta.'
     b) **ikaramu Yohani y-andik-ije ibaruwa* (**na-yo**)

Na relativização de objeto ASSOCIATIVO, que no padrão neutro toma a mesma preposição *na-* quando não sofre a mudança do dativo, uma outra estratégia de recuperabilidade é usada, a do *pronome anafórico*. Assim, considere:

(79) a) *umuhuungu a-ra-ririiba(-**na**)*   *urururiimbi **n**-umugore*
         menino   ele-ASP-cantar(-*junto*) canção   *com*-mulher
         'O menino está cantando uma canção com a mulher.'
     b) *umugore umuhuungu a-ririimba(-**na**) urururiimbi **na-ye***
         mulher menino   ele-cantar(-*junto*) canção   *com*-ela
         'A mulher com quem o menino está cantando uma canção.'

O INSTRUMENTAL e o ASSOCIATIVO se diferenciam, desse modo, na relativização, em que a estratégia do pronome anafórico não pode ser usada para instrumentais [cf. a inaceitabilidade de (78b)]. A direção dessa diferenciação pode estar mudando, porém, dado que o uso do sufixo verbal associativo *-na* já é opcional tanto no padrão neutro quanto no relativo [cf. (79)], e pode, com o tempo, substituir a estratégia do pronome anafórico e, então, expandir ainda mais o uso da codificação verbal.

Na relativização de advérbios de modo construídos com a preposição *na-*, que alterna com o sufixo verbal *-na*, apenas a variante com a ordenação MODO--ACUS e a codificação verbal pode ser relativizada. Assim, compare (72a, b) com o seguinte:

(80) a) *agahiinda Maria y-a-tek-**an**-ye*   *inkoko*
         tristeza Maria ela-passado-cozinhar-*ASSOC*-ASP galinha
         'A tristeza com que Maria cozinhou a galinha.'
     b) **agahiinda Maria y-a-tek-ye inkoko **na-ko***

Finalmente, um comportamento conflitante é encontrado no caso da relativização de objetos meta-propósito, em que nenhuma das variantes em (70) pode ser usada para a relativização, mas, ao invés, é usada uma variante morfologicamente não marcada, de modo que o caso semântico META-PROPÓSITO pode ser inferido. Assim, compare (70) ao seguinte:

(81) a) *imhaamvu Karooli y-a-fash-ije   abaantu*
           (sem codificação)
           razão   Carlos ele-passado-ajudar-ASP pessoas
           'A razão por que Carlos ajudou (as) pessoas.'
      b) **imhaamvu Karooli y-a-fash-ije-**ho**-abaantu*
           (*codificação verbal com BEN)
      c) **imhaamvu Karooli y-a-fash-ije-**ho**-abaantu*
           (*codificação verbal com LOC)

Poder-se-ia especular se esse comportamento inconsistente é possível. Para começar, o caso semântico "razão/propósito" já é codificado pelo próprio *núcleo nominal*. Além disso, o sufixo BENEFICIÁRIO já está sobrecarregado por relativizar outras funções, e o mesmo é verdadeiro para o sufixo locativo *-ho*.[45]

4.3.3.3 Línguas que não fazem

Nesta seção, vou contrastar brevemente os dados de indonésio e de ruanda apresentados acima com uma série de línguas que podem mudar a ordenação relativa de objetos que seguem o verbo para realizar o efeito pragmático da mudança do dativo. Em nenhuma dessas línguas a mudança do dativo resulta na codificação verbal do caso semântico do não acusativo alterado, e em nenhuma delas a mudança do dativo é um alimentador obrigatório da relativização.

---

45. Pode-se notar uma situação semelhante em inglês, em que *for* ('para') é usado no padrão neutro para codificar as orações BENEFICIÁRIO e RAZÃO/PROPÓSITO, como em *He did it for Joe* ('Ele fez isso para José') versus *He did it for money* ('Ele fez isso por dinheiro'). Mas as duas funções se distinguem na relativização, como em *the reason/why he did it...* ('a razão por que ele fez isso') versus *the person for whom he did it...* ('a pessoa para quem ele fez isso'). Acredito que dois princípios universais governam esse comportamento: (a) a relativização introduz mais complexidade na recuperabilidade das funções de caso, e isso é compensado pela marcação de caso menos ambígua; (b) os casos adverbiais oblíquos, tais como "modo", "propósito", "condição" e "tempo", podem, em geral, tolerar marcação de caso menos explícita, já que sua classe lexical é extremamente limitada e, por si mesmo, tende a fornecer fortes pistas semânticas do provável caso/função. Em contraste, a classe lexical potencial de sujeito, objeto direto, beneficiário, dativo e instrumental (e, num grau menor, locativo) é muito maior, e a especificidade de caso é muito mais baixa (*i.e.*, um nome pode ser qualquer um de muitos casos/funções), de modo que a previsibilidade é mais baixa.

4.3.3.3.1 Inglês

A mudança do dativo, através da qual o antigo objeto preposicionado perde sua marcação de caso, limita-se, em inglês, a apenas uns poucos verbos tais como *give, send, bring, present, tell* e *show* ('dar', 'enviar', 'trazer', 'apresentar', 'contar' e 'mostrar', respectivamente). O objeto também é mais comumente BENEFICIÁRIO, além de ser metadirecional. É obrigatoriamente humano. Na mudança do dativo, não há ganho de qualquer marcação de caso no verbo, ela simplesmente resulta em dois objetos SN não marcados. A recuperabilidade do caso/função do não acusativo na relativização é assegurada via pronomes WH--preposicionados, tais como *whom, for whom, with whom, with which etc.* ('a quem', 'para quem', 'com quem', 'com o/a qual' etc., respectivamente). Desse modo, não haveria qualquer ganho com uma restrição apenas a objeto direto na relativização, e de fato tal restrição não é evidente.

4.3.3.3.2 Hebraico

Essa língua, mais uma vez, está próxima da tipologia SVO de indonésio e de ruanda, embora o acusativo seja marcado por caso quando definido. A mudança do dativo é funcional, mas não envolve nem perda de marcação de caso nem ganho de codificação verbal, apenas variação na ordenação, como em:

(82)   hu   natan   et-ha-sefer   le-Yosef   (ACUS-DAT)
       ele   deu   ACUS-o-livro para-José
       'Ele deu o livro a José.'

(83)   hu   natan   le-Yosef   et-ha-sefer   (DAT-ACUS)
       ele   deu   para-José ACUS-o-livro
       'Ele deu a José o livro.'

A ordenação ACUS-DAT em (82) é uma resposta apropriada à pergunta com foco no DAT *A quem ele deu o livro?*, enquanto a ordenação DAT-ACUS em (83) é uma resposta apropriada à pergunta com foco no ACUS *O que ele deu a José?*. Na relativização, a recuperabilidade dos casos semânticos de todos os SNs objetos é assegurada via estratégia do pronome anafórico marcado por caso, de modo que não haveria qualquer ganho com a restrição apenas de objeto direto na relativização de objetos, e, de fato, tal restrição não é evidente.

4.3.3.3.3 Sherpa[46]

Essa é uma língua SOV estrita, com todos os casos marcados sufixalmente. No tempo passado, o sistema de marcação é *ergativo*, com o acusativo não marcado e o sujeito de verbo transitivo marcado pelo caso GENITIVO. Mas mesmo o sujeito não marcado de não passado ou de verbos intransitivos é bem diferenciado do acusativo não marcado. Isso se dá porque o sujeito normalmente carrega uma marcação de tópico sufixal (*-ti*, 'sg.', *-tua*, 'pl.'), mais frequentemente junto com um demonstrativo. Visto que os sujeitos são mais comumente definidos, eles assim contrastam com o acusativo indefinido, que é marcado pelo numeral *um*, ou com o acusativo, que é simplesmente não marcado.

Como podemos ver acima [(39), (40)], a mudança do dativo é funcional em sherpa, mas não envolve mudança na marcação de caso dos SN, nem qualquer ganho de codificação verbal. Embora nessa língua a estratégia de *lacuna* seja relativamente ineficiente na relativização, não haveria ganho com uma restrição apenas de objeto direto, e de fato essa restrição não existe. Assim, considere o seguinte:

(84) a) *pumpetsa-ti-ki   mi-la   tyeŋka   bin-sung*
       mulher-TOP-ERG homem-DAT dinheiro dar-AUX
       'A mulher deu o dinheiro ao homem.'   (neutro)

   b) *mi-la   tyeŋka   bin-dup   pumpetsa-ti*
       homem-DAT dinheiro dar-ING mulher-TOP
       'A mulher que deu ao homem o dinheiro.'
                                              (rel. do sujeito, DAT-ACUS)

   c) *tyeŋka   mi-la   bin-dup   pumpetsa-ti*
       dinheiro homem-DAT dar-ING mulher-TOP
       'A mulher que deu o dinheiro ao homem.'
                                              (rel. do sujeito, ACUS-DAT)

   d) *tii   pumpets-i   mi-la   bin-dup   tyeŋka-ti*
       aquela mulher-ERG homem-DAT dar-ING dinheiro-TOP
       'O dinheiro que aquela mulher deu ao homem.'   (rel. ACUS)

---

46. Pelos dados de sherpa, estou em dívida com Konchhok Lama (comunicação pessoal).

e) *tii   pumpetsa-ti-ki   ṭyeŋka   bin-dup   mi-ti*
    aquela mulher-TOP-ERG dinheiro dar-ING   homem-TOP
    'O homem a quem a mulher deu (o) dinheiro."   (rel. DAT)

4.3.3.4 Explicações

4.3.3.4.1 Tipologia de marcação de caso

Segundo meu conhecimento, a restrição apenas de objeto direto na relativização de objetos aparece somente nas línguas SVO. Além disso, são línguas SVO em que o objeto *acusativo* é não marcado. Mais ainda, são línguas em que a regra de mudança do dativo priva o objeto não acusativo do seu morfema de marcação de caso, neutralizando, de fato, seu caso com o do acusativo. Finalmente, são línguas em que a perda de marcação de caso do não acusativo na mudança do dativo é compensada pelo ganho na codificação verbal do caso semântico do objeto não acusativo promovido. Embora a conexão entre a tipologia SVO e o acusativo não marcado provavelmente seja um processo natural independente,[47] os outros parâmetros tipológicos que definem as línguas que observam essa restrição podem, novamente, ser expressos em duas condições alternativas — forte e fraca:

(85)   CONDIÇÃO TIPOLÓGICA III (*forte*). *Se uma língua não tem estratégia viável de recuperabilidade para diferenciar o objeto acusativo do não acusativo na relativização, e se, além disso, ela tem uma regra de promoção a objeto direto (ou "mudança do dativo") que resulta na codificação, no verbo, do caso semântico de objetos não acusativos, então a língua tende a explorar esse recurso na relativização através da imposição de uma restrição apenas de objeto direto na relativização de objetos não acusativos, recorrendo, desse modo, a uma estratégia de codificação verbal na relativização de argumentos objetos.*

---

47. Mais comumente, as línguas SVO tiram vantagem das posições de sujeito e de objeto em relação ao verbo, deixando-os morfologicamente não marcados, enquanto outros casos objetos são marcados com preposições ou posposições. Línguas SOV mais tipicamente tendem a ter o objeto ou o sujeito ou ambos marcados, muito frequentemente dentro de um padrão ergativo, como em sherpa (veja acima). A situação das línguas de verbo inicial não é clara, no sentido de que existem muitas subtipologias diferentes, e de fato não existe uma correlação simples entre o aspecto tipológico da ordenação e o grau de marcação de caso de objetos e sujeitos.

(86)   CONDIÇÃO TIPOLÓGICA IV (*fraca*). *Somente línguas em que (a) o objeto acusativo é não marcado, (b) a promoção de objetos não acusativos resulta em perda de sua marcação de caso, e (c) essa promoção resulta em codificação verbal do caso semântico do não acusativo, terão restrição apenas do objeto direto na relativização de argumentos objetos.*

Como no caso das CONDIÇÕES TIPOLÓGICAS I e II [ver (24), (25)], a CONDIÇÃO III (85), mais forte e mais vulnerável, é de maior interesse, já que poderia prever a evolução diacrônica da restrição, assim como fazer referência à sua função. A CONDIÇÃO IV (86), mais fraca, é, segundo meu conhecimento, sem exceção.

4.3.3.4.2 Topicalidade

Se a sugestão de Schachter (1976) relatada anteriormente (Seção 4.3.2.1) for correta, então da mesma maneira que explica a razão de ser da restrição apenas de sujeito na relativização, também explica a restrição apenas de objeto direto na relativização de objeto. Mas, novamente, embora sugestiva, essa explicação é universal e, portanto, não pode predizer se alguma língua irá ou não seguir essa possibilidade aparentemente natural.

Com o propósito de sugerir que os dois tipos de explicação funcional podem estar envolvidos aqui, gostaria de citar os seguintes dados do amárico.[48] Nessa língua SOV, a mudança tópica de não sujeitos para a esquerda do sujeito resulta em *concordância com o objeto* obrigatória no verbo. Assim:

(87)   a)   *Almaz   bet-u-n   bä-mäträgiya-w   tärragä-cc*
            Almaz   casa-o-OBJ   com-vassoura-a   limpou-*ela*
            'Almaz limpou a casa com a vassoura.'
                                                    (concordância com o SUJ)
       b)   *bet-u-n   Almaz   bä-mäträgiya-w   tärräga-cc-**iw***
            casa-a-OBJ   Almaz   com-vassoura-a   limpou-*ela-a*
            'A casa Almaz limpou com a vassoura.'
                                                    (concordância com o OBJ)

---

48. Para maiores detalhes, ver Haile (1970) e mais dados em Fulas (1974).

c) *bä-mäträgiya-w Almaz bet-u-n tärrägä-cc-**ibb-at***
com-vassoura-a Almaz casa-a-OBJ limpou-*ela-com-a*
'Com a vassoura Almaz limpou a casa.'
(concordância com o INSTR)

A mesma restrição é observada na relativização do objeto, de modo que seria possível argumentar que a *topicalização* do objeto é um alimentador natural para sua relativização. Dado que tanto a passivização quanto a mudança do dativo aumentam a topicalidade do objeto deslocado à esquerda, a restrição do amárico pode ser vista dentro do mesmo quadro funcional sugerido pela explicação de Schachter (1976). Os dados do amárico relevantes para a relativização de objetos correspondentes a (87) são:

(88) a) *Almaz bä-mäträgiya-w **yä-**tärrägä-cc-**iw** bet*
Almaz com-vassoura-a REL-limpou-*ela-a* casa
'A casa que Almaz limpou com a vassoura.'
b) **Almaz bä-mäträgiya-w **yä-**tärrägä-**cc** bet*
c) *Almaz bet-u-n **yä-**tärrägä-cc-**ibb-at** mäträgiya*
Almaz casa-a-OBJ REL-limpou-*ela-com-a* vassoura
'A vassoura com que Almaz limpou a casa.'
d) **Almaz bet-u-n yä-tärrägä-**cc** mäträgiya*

Deve-se notar, contudo, que os pronomes de concordância com o objeto em (88a) e (88c) também envolvem *marcação de caso*. Em outras palavras, a associação da concordância com o objeto — ou topicalização — como um alimentador obrigatório para a relativização do objeto resultou, mais uma vez, na *codificação verbal*. Como o subordinador relativo *yä-* no amárico é invariante, a concordância com o objeto na relativização torna-se, assim, a estratégia de recuperabilidade em amárico. Novamente, estamos diante de uma aparente conspiração entre duas explicações funcionais, a da topicalidade e a do caso/tipologia.

4.3.3.4.3 Complexidade e origem diacrônica

Além de restringir a relativização de objeto ao objeto direto e sua associação à mudança do dativo com um alimentador, Keenan e Comrie (1977) também notam que, em geral, os casos preposicionados oblíquos algumas vezes também resistem à relativização. Em Givón (1975a), sugeri que no hebraico moderno a relativização de objetos deve ser hierarquizada de acordo com a complexidade perceptual, sendo a hierarquia a seguinte:

(89)   ACUSATIVO   > OBJETO MARCADO COM
                     PREPOSIÇÕES PEQUENAS
                   > OBJETO MARCADO COM
                     PREPOSIÇÕES GRANDES

Suspeito que a questão envolvida aqui é a seguinte: os morfemas de marcação de caso são diacronicamente derivados de nomes ou de verbos. No caso de uma origem nominal, eles surgem mais comumente como reanálise de compostos genitivos (**no alto da** casa). No caso de origem verbal, eles tanto podem surgir diretamente da serialização verbal (como em mandarim ou kwa) quanto da mediação de compostos N-N (*considerando João*).[49] No entanto, embora esses morfemas complexos de marcação de caso percam sua complexidade no correr do tempo e encolham em tamanho, quando ainda estão próximos do ponto de inovação, eles se comportam, em grande parte, como estruturas complexas. Desse modo, ao relativizá-los, as línguas devem recorrer a estratégias que se aplicam a estruturas complexas, e essas podem não estar disponíveis em algumas línguas ou em alguns casos. Tomemos como exemplo os marcadores de caso que surgem dos compostos genitivos N-de-N. Em inglês, eles são relativizados por dois padrões:

(90)   a)   *I stood on top of the house.*
            'Eu fiquei de pé no topo da casa.'
       b)   *The house on top of which I stood.*
            'A casa no topo da qual eu fiquei de pé.'
       c)   *The house on whose top I stood.*
            'A casa em cujo topo eu fiquei de pé.'

Em hebraico, construções equivalentes são relativizadas via o recurso do pronome anafórico, que permite a relativização a partir de um modificador possessivo. Assim:

(91)   a)   *raiti   et-ha-isha   shel-o*
            eu-vi   ACUS-a-esposa   de-*ele*
            'Eu vi sua esposa.'

---

49. Para discussão, ver Givón (1975e).

b) *ha-ish   she-raiti   et-ha-isha   shel-**o***
   o-homem que-eu-vi ACUS-a-esposa de-*ele*
   'O homem cuja esposa eu vi.'

c) *amadti   al-yad   ha-bayit*
   eu-estava ao-alcance-de a-casa
   'Eu estava perto da casa.'

d) *ha-bayit she-amadti   al-yad-**o***
   a-casa   que-eu-estava ao-alcance-de-*ela*
   'A casa perto da qual eu estava.'

Há línguas que (a) têm marcações de caso complexas que ainda não foram reduzidas e (b) não possuem recurso viável para relativizar a partir de expressões genitivas complexas, e em tais línguas esperam-se dificuldades na relativização de objetos cuja morfologia de marcação de caso é ainda complexa. Deixe-me citar um exemplo de sherpa, que de fato consegue driblar a dificuldade, embora de forma não muito elegante. A estratégia de relativização normal nessa língua é simplesmente uma *lacuna*, com muito da carga de recuperabilidade apoiada na *redundância semântica* que envolve o verbo e argumentos. Desse modo, a diferenciação entre a relativização do ACUSATIVO e do INSTRUMENTO nos exemplos seguintes se baseia em grande parte em tais redundâncias:

(92) a) *tii   mi-ti-ki   daa kimbok-**thwani** soo-sung*
        aquele homem-TOP-ERG arroz colher-*com*   comer-AUX
        'O homem comeu (o) arroz com uma/a colher.'   (neutro)

  b) *tii-mi-ti-ki   kimbok-**thwani** so-up*
     aquele-homem-TOP-ERG colher-*com*   comer-ING
     daa-ti
     arroz-TOP
     'O arroz que o homem comeu com uma/a colher.'   (rel. ACUS)

  c) *tii-mi-ti-ki   daa   so-up   kimbok-ti*
     aquele-homem-TOP-ERG arroz comer-ING colher-TOP
     'A colher com que o homem comeu (o) arroz.'   (rel. INSTR)

Alguns casos simples podem, ocasionalmente, ser realmente codificados na relativização. Assim, considere o caso associativo:

(93) a) *tii-mi-ti-ki   daa   pumpetsa-tan-**mula***
       aquele-homem-TOP-ERG arroz mulher-CONJ-*com*
       soo-sung
       comer-AUX
       'O homem comeu (o) arroz com a mulher.'   (neutro)
   b) *tii-mi-ti-ki   **mula** daa   soup*
       aquele-homem-TOP-ERG *com*   arroz comer-ING
       pumpetsa-ti
       mulher-TOP
       'A mulher com quem o homem comeu (o) arroz.'   (rel. ASSOC)

Marcações de caso complexas, por outro lado, não podem ser acomodadas da mesma maneira e, desse modo, permitem ambiguidades potenciais. Logo, considere:

(94) a) *tii-mi-ti   khaŋp-i-**naŋ**-la   no*   (neutro)
       aquele-homem-TOP casa-de-*dentro*-DAT estar
       'O homem está dentro da casa.'
   b) *tii-mi-ti   khaŋpa-**la**   no*   (neutro)
       aquele-homem-TOP casa-*DAT*   estar
       'O homem está na casa.'
   c) *tii-mi   wo-tup   khaŋpa-ti*   (rel. LOC)
       aquele-homem estar-ING   casa-TOP
       'A casa onde (em que) o homem está.'

O único modo de obter especificidade completa de caso é atraves de repetição, que é possível, mas não é considerada elegante:

(95) *tii-mi   khaŋp-i-**naŋ**-la   wotup   khaŋpa-ti*
     aquele-homem casa-de-*dentro*-DAT estar-ING   casa-TOP
     'A casa dentro da qual o homem está.'   (rel. DENTRO)

Todas as outras coisas sendo iguais, o acusativo é o caso objeto menos marcado nas línguas, e inovações na morfologia de caso, particularmente por meio do canal de compostos genitivos, provavelmente envolvem os casos objeto "indireto" e "oblíquo". Desse modo, eles apresentam uma chance maior de envolver maior complexidade de estrutura e, em última instância, de apresentar dificuldades maiores na relativização.

4.4 PASSIVIZAÇÃO E PROMOÇÃO A OBJETO DIRETO

Nesta seção, vou tratar de línguas que restringem a sujeitivização de não agentes apenas a objeto direto e, além disso, promovem os objetos indiretos a diretos antes que eles possam ser passivizados. Como resultado, as mesmas línguas que requerem essa promoção para a relativização também a requerem para a passivização, e vou argumentar que as mesmas explicações de *caso/tipologia* devem ser invocadas aqui. Além disso, também vou esboçar uma série de explicações funcionais mais gerais envolvendo *topicalidade*, e vou argumentar que a restrição mais geral de passivização a objetos "diretos" ou acusativos deve ser vista no contexto dessas explicações funcionais. Visto que a função da passivização será invocada repetidamente, vou começar argumentando em favor de uma definição funcional de passivização.

4.4.1 Definindo "passiva"

Tanto Perlmutter e Postal (1974) quanto Edward Keenan (1975) argumentam contra uma definição puramente sintática de passiva e propõem, em seu lugar, uma definição *relacional*. A sugerida por Perlmutter e Postal (1974) é "(i) O caso SUJEITO ativo deixa de manter qualquer relação gramatical com o seu verbo, e (ii) o OBJETO DIRETO torna-se o sujeito".

Essa definição envolve uma série de desvantagens. Para começar, é tão puramente formal quanto a definição transformacional tradicional. Não acomoda casos em que um objeto não direto pode ser *diretamente* passivizado. Como Keenan (1975) aponta, deixa de fora um grande número de tipos de passivização conhecidos em várias línguas. Keenan (1975) vê a passivização primariamente como um processo de *rebaixamento do agente* da posição de sujeito, considerando a promoção de um não agente ao *status* de sujeito como uma consequência. Embora essa definição seja muito mais geral em termos de tipos translinguísticos de passivização, ela também desconsidera a função das passivas. Além disso, ignora a gradação completa — tanto sincrônica, em algumas línguas, quanto diacrônica, em outras — entre topicalização, definitização e passivização.

Como estou principalmente interessado, aqui, em explicações funcionais, vou considerar a passivização como uma regra funcional definida um tanto frouxamente como:

(96)   *Passivização é o processo pelo qual um **não agente** é promovido ao papel de **tópico principal** da oração. E, na medida em que a língua possui propriedades codificadoras*[50] *que identificam tópicos principais como **sujeitos** e os distinguem de tópicos, então essa promoção pode envolver também sujeitivização.*

4.4.2 A tipologia de passivas

Nesta seção, vou examinar brevemente os tipos mais comuns de passivização *não padrão* encontrados nas línguas, seguindo, principalmente, a tipologia dada por Edward Keenan (1975). O propósito desse exercício é ilustrar por que a definição funcional dada em (96) acima é mais adequada para uma caracterização universal desses vários tipos, assim como para a compreensão de seu surgimento diacrônico.

4.4.2.1 A tipologia filipina

Os dados de bikol citados em (22) ilustram essa tipologia, em que nenhum ajuste posicional ocorre, mas apenas vários ajustes morfológicos ou de codificação de caso. Todos os não agentes podem ser promovidos via o mesmo mecanismo, e o conceito de *objeto direto* não é viável na gramática. Em termos de função, esse tipo cobre três regras do inglês: *passiva, mudança de tópico* e (no caso de acusativos) *definitização*. Assim, considere:

(97)   a)   ***nag**-taʔó **ʔang**-laláke   ning-líbro   sa-babáye*
            AGT-dar   *TOP*-homem   ACUS-livro   DAT-mulher
            'O homem deu *um* livro à mulher.'

---

50. Edward Keenan (1975) lista essas propriedades como posição, marcação de caso e concordância verbal, das quais a primeira é tida como mais facilmente adquirida, enquanto as outras duas podem ser adquiridas depois. Como vou argumentar adiante, um não agente pode ser considerado "promovido a tópico" mesmo sem assumir a posição característica do sujeito-agente. Portanto, quando o agente é suprimido, o não agente que está mais próximo a ele "vence por *default*." Para uma discussão extensa de como princípios hierárquicos determinam o sujeito de passivas nas línguas austronésias, ver Foley (1976).

b) *t-**in**-aʔó   kang-laláke   **ʔang**-libro sa-babáye*
   ACUS-dar AGT-homem TOP-livro DAT-mulher

{ 'O homem deu *o* livro à mulher.'   } (ACUS DEF)
{ '*O livro*, o homem deu-o à mulher.' } (MUDANÇA DE TOP ACUS)

c) ***na**-taʔó kang-laláke?   **ʔang**-líbro   sa-babáye*
   ACUS-dar AGT-homem TOP-livro   DAT-mulher

{ 'O homem deu *o* livro à mulher.'   } (ACUS DEF)
{ '*O livro*, o homem deu-o à mulher.'   } (MUDANÇA DE TOP ACUS)
{ '*O livro* foi dado à mulher pelo homem.'   } (PASSIVA ACUS)

O sintagma TÓPICO (*ʔang-*) em bikol exibe a mesma restrição geral que as construções de mudança de tópico: pode ser definido ou genérico, mas *nunca* referencial indefinido.[51]

4.4.2.2 A tipologia de mudança de tópico

Além dos fatos das línguas filipinas discutidas acima, há outros motivos para acreditar que uma separação discreta entre regras de passiva e regras de mudança de tópico nem sempre é sustentável, mesmo em línguas de sujeito proeminente. Deixe-me citar aqui alguns poucos exemplos. Considere primeiro a passivização na língua bhasa da Indonésia (ver discussão adicional em Givón, 1976a. Os dados foram tirados de Chung, 1976b). Nessa língua, duas regras passivas surgiram historicamente a partir de construções de mudança de tópico (que ainda existem na língua). O padrão mais antigo não tem restrições quanto a agentes e permite sujeitos promovidos definidos e indefinidos, como em:

(98) a) *Ali **mem**-batjá buku itu*
        Ali ACUS-leu livro o
        'Ali leu o livro.'

   b) *buku itu **di**-batjá (oleh) Ali*
      livro o PASS-leu (por) Ali
      'O livro foi lido por Ali.'

---

51. Ver Givón (1977b, 1976a).

O prefixo passivo *di-* é etimologicamente o pronome sujeito de terceira pessoa do singular, atestando a origem de mudança de tópico da construção. No indonésio, a mudança de tópico por si precipita a remoção, do verbo, do prefixo ativo,[52] e requer a definitização:

(99) a) *Ali **mem**-batjá buku itu*
　　　　Ali　*ACUS*-leu　livro　o
　　　　'Ali leu o livro.'
　　b) *buku itu Ali batjá*　　　(tópico DEF)
　　　　livro o　Ali leu
　　　　'O livro, Ali o leu'
　　c) **buku Ali leu*　　　　　(tópico INDEF)
　　　　livro Ali leu

Mais tarde, o indonésio desenvolveu uma outra passiva via mudança de tópico, essa restrita a agentes de primeira e segunda pessoas. Esse padrão retém a restrição sobre a definitude, que é característica das construções de mudança de tópico:

(100) a) *buku itu saj**á**-batjá*　　(DEF)
　　　　 livro o　eu-li
　　　　 { 'O livro, eu o li.'
　　　　 　'O livro foi lido por mim.' }
　　 b) **buku **sajá**-batjá*　　　(*INDEF)
　　　　 livro　*eu*-li

Essa segunda passiva é, assim, intermediária entre passivização e mudança de tópico.

Um caso semelhante pode ser visto em um dialeto banto do grupo da fronteira Zâmbia-Congo-Angola, envolvendo línguas como lunda-ndembu, lovale, kimbundo e provavelmente outras. Esse grupo perdeu o padrão de passivização de sufixo verbal, e fez ressurgir um padrão de passiva via mudança do tópico. Assim, considere os seguintes dados de kimbundo:[53]

---

52. Mudança de tópico e passivização também compartilham a restrição do "objeto direto apenas"; ver adiante.
　　53. Ver Givón (1976a). Pelos dados, estou em dívida com Charles Uwimana (comunicação pessoal).

(101) Mudança de tópico:
    a) *aana   **a**-mono   Nzua*
        crianças *elas*-viram João
        'As crianças viram João.'
    b) *Nzua, aana   **a-mu**-mono*
        João, crianças *elas-o*-viram
        'João, as crianças o viram.'
    c) *Nzua, **ngi-mu**-mono*
        João, *eu-o*-vi
        'João, eu o vi.'

Passivização:
    d) *Nzua **a-mu**-mono   kwa   meme*
        João *elas-o*-viram por mim
        'João foi visto por mim.'
    e) *meme **a-ngi**-mono   kwa   Nzua*
        eu *elas-me*-viram por João
        'Eu fui visto por João.'
    f) *Nzua **a-mu**-mono   kwa   aana*
        João *elas-o*-viram por crianças
        'João foi visto pelas crianças.'

Nesse padrão, o pronome sujeito de terceira pessoa do **plural** *a*- (e não o singular, como em indonésio) tornou-se o marcador passivo invariante no verbo, enquanto o antigo pronome objeto, obrigatório na mudança de tópico em banto, tornou-se, efetivamente, a nova concordância de sujeito da passiva.

Considere, agora, o caso de um grupo de línguas banto do Congo, como dzamba, lingala e likila. Nessas línguas, a mudança de tópico de não agentes precipita a *posposição* do agente, realinhando, desse modo, a ordenação (para línguas SVO) AG-V-ACUS para a ordenação passiva característica (para línguas SVO) ACUS-V-AG. Um outro ajuste que traz o padrão para mais perto da passivização envolve a perda da concordância com o sujeito-agente nessa mudança de tópico. Assim, considere os seguintes dados de dzamba:[54]

---

54. Para os dados e mais discussão, ver Bokamba (1976). Tanto a posposição do sujeito quanto a perda de concordância do sujeito também são encontradas na relativização do objeto, sugerindo, novamente, uma ligação entre topicalização do objeto e relativização do objeto.

(102) a) *oPoso **a**-tom-aki*   *mukanda*   (neutro)
         Poso   *ele*-enviar-passado   carta
         'Poso enviou uma carta.'
     b) *oPoso a-**mu**-tom-aki*   (objeto pronominal)
         Poso   ele-*a*-enviar-passado
         'Poso a enviou.'
     c) *i-mukanda **mu**-tomaki oPoso*   (mudança de tópico/passiva)
         a-carta   *a*-enviar   Poso
         { 'A carta, Poso a enviou.'   }
         { 'A carta foi enviada por Poso.' }
     d) **i-mukanda oPoso **mu**-tomaki*   (*sem posposição do sujeito)
     e) **i-mukanda **a**-mu-tomaki oPoso*
                                          (*sem perda da concordância de sujeito)

Dados os critérios de Edward Keenan (1975) para as passivas, o padrão de mudança de tópico em (102) mostra claramente uma série de aspectos das passivas: (a) a ordenação é OBJ-V-AG, e (b) a única concordância no verbo é controlada pelo novo *tópico*. O campo ainda se torna mais confuso pelo fato de que dzamba também tem um padrão "mais normal" de mudança de tópico deslocado à esquerda, no qual (a) o agente retém sua posição pré-verbal e (b) também retém a concordância de sujeito:

(103)   *i-mukanda oPoso **a**-mu-tomaki*
         a-carta   Poso   *ele*-a-enviou
         'A carta, Poso a enviou.'

Outras línguas também exibem algumas propriedades passivas nas construções de mudança de tópico. Assim, mostrei (Givón, 1976b) que tanto no hebraico de Israel quanto no espanhol, a mudança à esquerda de objetos tende a ser acompanhada por *posposição* do agente à direita do verbo. Um verdadeiro caso desconcertante de obscurecimento da linha entre passiva e mudança de tópico (ou talvez até mesmo definitização) foi relatado por Trithart (1976) para uma língua banto chamada chicewa. Nessa língua, a promoção de um objeto a tópico via passivização ou mudança de tópico torna-o elegível para alçamento a objeto, um processo normalmente reservado apenas para sujeitos. Logo, considere:

(104) a) *Joni a-ma-lima cimanga* (neutro)
João ele-ASP-plantar milho
'João planta milho.'

b) *Joni a-ma-ci-lima* (pronome objeto)
João ele-ASP-*o*-plantar
'João o planta.'

c) ***a**-ma-**ci**-lima* (pronome sujeito e objeto)
ele-ASP-*o*-plantar
'Ele o planta.'

d) *cimanga **a**-ma-**ci**-lima* (mudança de tópico do objeto)
milho *ele*-ASP-*o*-plantar
'O milho, ele o planta.'

e) *cimanga **ci**-na-lim-**wa** ndi mkazi* (passiva)
milho *o*-ASP-plantar-*PASS* por mulher
'O milho foi plantado pela mulher.'

f) *ndi-**m**-ganiza (mkazi) kuti **a**-a-lima cimanga*
eu-*a*-achar (mulher) que *ela*-ASP-plantar milho
{ 'Eu acho que a mulher planta milho.'
  'Eu acho a mulher ter plantado o milho.' }
(sujeito-AG alçado)

g) *ndi-**ci**-ganiza (cimanga) kuti **ci**-na-lim-**wa** ndi*
eu-*o*-acho (milho) que *ele*-ASP-plantar-*PASS* por
mkazi
mulher
{ 'Eu acho que *o* milho foi plantado pela mulher.'
  'Eu acho o milho ter sido plantado pela mulher.' }
(sujeito-PASS alçado)

h) *ndi-**ci**-ganiza (cimanga) kuti (mkazi) **a**-na-**ci**-lima*
eu-*o*-achar (milho) que (mulher) *ela*-ASP-*o*-plantar
{ 'Eu acho que a mulher plantou *o* milho.'
  'Eu acho que, *o* milho, a mulher o plantou.'
  'Eu acho que *o* milho foi plantado pela mulher.' }
(objeto-TOP alçado)

O objeto alçado em (104g) e (104h) é obrigatoriamente *definido*, e os dados, mais uma vez, ilustram as dificuldades envolvidas em traçar fronteiras discretas entre passiva e mudança de tópico e, portanto, também entre sujeito e tópico.[55] O alçamento a objeto em chichewa deve ser definido com base na noção funcional "tópico", e não na noção gramatical "sujeito".

4.4.2.3 A tipologia da supressão do agente

Edward Keenan (1975) cita várias línguas em que o equivalente à passivização rebaixa ou suprime o agente e não há qualquer outra mudança. Essas línguas constituem a melhor evidência para sua definição *rebaixadora* de passivização. Alguns dos seus exemplos são:

(105) Latim: *curritur*
correr-PASS-3 sg.
'Houve corrida.'

(106) Turco: a) *Ahmet kadin-la kunuş-tu*
Ahmet mulher-com falar-passado
'Ahmet falou com a mulher.'
b) *kadin-la kunuş-ul-du*
mulher-com falar-PASS-passado
'A mulher com quem se falou.'

(107) Holandês: a) *De jongens fluiten*
os meninos assobiar-3 pl.
'Os meninos assobiam.'
b) *Er wort door de jongens gefloten*
ele era por os meninos assobiar-PARTICÍPIO
'Houve assobio pelos meninos.'

(108) Mojave: *injep ny-tapuy-c-m*
eu-ACUS 1 sg.-matar-PASS-passado
'Eu fui morto.'

Em todos esses casos, o verbo mostra alguma morfologia passiva, o agente foi rebaixado por supressão total ou remoção para um sintagma preposicionado (*por* SN), mas o novo tópico retém sua morfologia de caso de não agente. A

---

55. Para a inter-relação entre "sujeito" e "tópico", ver Li (1976).

concordância com o sujeito mais comumente se neutraliza na terceira pessoa do singular ou plural, embora em mojave ela se ajuste à concordância com o novo tópico. Para a definição de passiva como "alçamento a sujeito gramatical", essa análise é presumivelmente prejudicial, visto que o não agente não adquire todas as propriedades codificadoras do sujeito e pode até mesmo não adquirir sua posição característica. Os dados são muito menos problemáticos para a definição de passiva como "promoção do não agente a tópico" (96), já que, como Kirsner (1973, 1976 para o holandês) e Foley (1976, para um tipo semelhante de passiva malaio-polinésia) argumentam, a topicalidade é atribuída por uma regra geral de *preempção*, pela qual o argumento *mais alto na hierarquia de topicalidade* é interpretado como o tópico-sujeito. A supressão (ou remoção para um caso oblíquo) do agente automaticamente deixa vaga a posição de tópico principal, permitindo, desse modo, que ela seja ocupada pelo elemento licitante mais alto, por assim dizer.[56]

Há alguns dados interessantes de ute, uma língua com um tipo de passivização de supressão do agente que fornece evidência para essa visão de passivização. Nessa língua, o verbo "passivo" é marcado pelo sufixo *-ta* e pela supressão do agente. Não são observadas mudanças na marcação de caso de outros argumentos, e a interpretação semântica da construção é "ativa-impessoal", isto é, *Alguém matou João*, ao invés de *João foi morto (por alguém)*. Essa interpretação ativa é óbvia pelo fato de que a passiva pode ser encaixada sob verbos de comando (*mandar, forçar*), ou ser usada no imperativo. De qualquer modo, a passivização pode ocorrer contanto que haja *um outro argumento sobrando* depois da supressão do agente. Assim:

(109) ta?wóci   tųpų́yci   tiráabi-kya   (ATIVA)
      homem-SUJ pedra-OBJ atirar-PASSADO
      'O homem atirou a pedra.'

(110) tųpų́yci   tiráabi-ta-x̂a   (PASSIVA) (OBJ DIR)
      pedra-OBJ atirar-PASS-PASSADO
      'Alguém atirou a pedra.'

(111) pǫzǫ́-qwatį tiká?napų-? ubwán ?abí-kya   (ATIVA)
      livro   mesa-sobre   estar-PASSADO
      'O livro está sobre a mesa.'

---

56. Para mais sobre a *hierarquia de topicalidade*, ver Hawkinson e Hyman (1974) e Givón (1976a).

(112)   tika ʔnapɨ-ʔubwán   ʔabí-ta-x̂a   (PASSIVA) (OBJ INDIR)
        mesa-sobre   estar-PASS-PASSADO
        'Algo está sobre a mesa.'

(113)   taʔwóci   pɨ́ka   wɨ́ɨ́ka-x̂a   (ATIVA)
        homem-SUJ muito trabalhar-PASSADO
        'O homem trabalhou muito.'

(114)   pɨ́ka   wɨ́ɨ́ka-ta-x̂a   (PASSIVA) (ADVÉRBIO)
        muito   trabalhar-PASS-PASSADO
        'Alguém trabalhou muito.'

(115)   *wɨ́ɨ́ka-ta-x̂a   (*PASSIVA, SEM TÓPICO)

Assim, nesse tipo de passiva, contanto que haja *algum* argumento, seja ele oblíquo ou adverbial, para preencher a função de tópico, a passivização é possível, independentemente da transitividade ou das propriedades ativas-estativas do verbo. O único item que não pode ser deixado como tópico é o próprio *verbo*. Mas, de fato, em algumas línguas isso também é possível, como no exemplo do latim em (105) acima. Na verdade, o exemplo do holandês (107b) é do mesmo tipo, embora, ao invés de ter sido completamente suprimido, o agente apenas tenha sido removido para um caso oblíquo, não tópico.

A morfologia passiva não é um ingrediente essencial nessa tipologia. Assim, por exemplo, o hebraico de Israel perdeu as antigas passivas morfológicas como regras produtivas, embora elas ainda sejam encontradas lexicalmente. Para expressar a promoção do não agente a tópico primário, um dos recursos envolve a neutralização da concordância do verbo para a terceira pessoa do plural, como uma opção a mais de mudança de tópico:

(116)   a) *hi   raata   et-Yoxanan   barxov*   (ativa)
            ela   viu-3-fem-sg.   ACUS-João   em-a-rua
            'Ela viu João na rua.'
        b) *rau   et-Yoxanan   barxov   etmo...*   (supressão do agente)
            viu-3 pl.   ACUS-João   em-a-rua   ontem...
            'João foi visto na rua ontem...'
        c) *et-Yoxanan   rau   etmol   barxov*
            ACUS-João   viu-3 pl.   ontem   em-a-rua
            'João foi visto na rua ontem.'
                            (supressão do agente + tópico contrastivo)

d) *Yoxanan,   rau   oto   etmol   barxov*
   João,   viu-3 pl.   o   ontem   em-a-rua
   'João, ele foi visto ontem na rua.'
   (supressão do agente + mudança de tópico)

Pode-se dizer que processos semelhantes existem em inglês (*they say that...*), alemão (*Mann sagt...*), francês (*on dit...*).[57]

4.4.2.4 A tipologia reflexivo-passiva

Essa variante é encontrada em romance, eslávico e, provavelmente, em muitas outras línguas. Envolve uma reanálise diacrônica do reflexivo-ativo em um equivalente pragmático da passiva. A antiga morfologia reflexiva mais a concordância de terceira pessoa (do singular, em espanhol) no verbo codificam a forma passiva. E o antigo sujeito reflexivo — pelo menos em espanhol — reverte para um caso *objeto*. Assim, considere:[58]

(117) a) *se-curaron   los   brujos* (Reflexivo)
         REF-curaram-3 pl.   os   bruxos
         'Os bruxos se curaram.'
      b) *se-curó   a   los   brujos* ("Passiva", "Impessoal")
         REF-curou-3 sg. DAT   os   bruxos
         'Os bruxos foram curados.'
         'Alguém curou os bruxos.'

A "passiva impessoal" em (117b) certamente se qualificaria sob nossa definição (96), visto que, na ausência de um agente explícito, o objeto é o próximo da fila para ser interpretado como tópico. Pode-se, ainda, querer argumentar que, sob tais circunstâncias, a mudança do dativo pode assumir a função de passivização, já que, sem um agente, o objeto mais típico é também o tópico primário da oração. Logo, considere:

---

57. Ou português (*disseram que...*) [N.T.].
58. Para maior discussão dos dados do espanhol, ver Givón (1976a). Para uma curva diacrônica interessante em dados semelhantes do eslávico, ver Comrie (1975b).

(118) a) *se-dió   a   Juan   un   libro* (DAT-ACUS)
        REF-deu-3 sg. DAT João   um   livro
        'Deu-se um livro a João.'
        'Alguém deu um livro a João.'
    b) *se-dió   un libro   a   Juan* (ACUS-DAT)
        REF-deu-3 sg. um livro DAT João
        'Um livro foi dado a João.'
        'Alguém deu um livro a João.'

Embora em espanhol isso seja apenas uma possibilidade, o avanço da mudança do dativo para o *status* de regra de promoção *primária* na língua tem sido relatado para várias línguas malaio-polinésias, tais como mota (SVO) ou fijian (VOS) (Foley, 1976), em que a origem desse desenvolvimento claramente envolve (a) um tipo passivo de supressão do agente; (b) uma forma ativa do verbo; e (c) concordância verbal neutralizada para terceira pessoa do plural ou singular.[59]

4.4.3 O problema da recuperabilidade na passivização

Para as línguas em que a passivização envolve recodificação do não agente promovido com todas as propriedades codificadoras do sujeito definidas por Edward Keenan (1975), tais como caso, posição e concordância verbal, o problema da recuperabilidade que surge na passivização pode ser definido como segue:

(119) *Ao ser promovido ao caso* **pragmático** *de sujeito tópico, o não agente perde sua marcação* **semântica** *de caso/função, que não pode ser recuperada da ordenação ou da morfologia da oração passiva per se.*

O rigor de tal problema de recuperabilidade é universalmente mitigado por redundâncias pragmáticas/semânticas/contextuais. Além disso, o problema da recuperabilidade é mais sério em línguas em que o não agente promovido adqui-

---

59. Isso, novamente, ressalta a natureza pragmática da regra de mudança do dativo. Foley (1976) esboça uma situação paradoxal em línguas em que a posição de objeto direto assumiu um grande número das "propriedades do sujeito" de Edward Keenan (1976a), tais como posição mais à esquerda dos argumentos, definitude obrigatória e um escopo de quantificador mais amplo do que o de agente. Resta ver se essa é uma tipologia estável ou uma mudança em direção à ergatividade.

re **todas** as propriedades codificadoras do sujeito propostas por Keenan, mas pode ser menos sério nas línguas em que o não-agente promovido retém algumas das suas propriedades codificadoras de caso originais. Assim, Edward Keenan (1976a, 1975) relata que em kapampangan (filipino) o objeto promovido, embora adquira a concordância de sujeito, também retém sua concordância de *objeto* no verbo original. A passiva do kimbundo (banto), esboçada na Seção 4.4.2.2, representa um caso semelhante.[60] Nas seções seguintes, gostaria de mostrar que as línguas que exigem o avanço de um objeto não acusativo para objeto direto como pré-requisito alimentador para sua passivização são caracterizadas por dois aspectos tipológicos cruciais:

1. Todas são línguas em que o não agente promovido **não** retém sua morfologia codificadora de caso semântico.
2. Todas são línguas em que a mudança de dativo resulta em *codificação verbal* do caso semântico do não agente promovido.

Desse modo, a restrição apenas sobre objeto direto pode ser primariamente vista como uma *estratégia de recuperabilidade*, como na relativização. Outros fatores que podem explicar uma motivação mais universal para tal restrição também serão discutidos.

4.4.4 Línguas que não fazem

Embora seja bastante semelhante, a restrição apenas sobre objeto direto na passivização não deve ser confundida com a muito mais comum restrição apenas sobre objeto-*acusativo*. Enquanto aquela permite que objetos não acusativos sejam apassivados depois de promovê-los, primeiro, via mudança de dativo (e, assim, restringe a passivização ao caso *pragmático* de OBJ DIR), a última restringe a passivização ao caso *semântico* ACUSATIVO.

Em geral, nenhuma língua cuja tipologia passiva é do tipo supressão do agente exibe essa restrição, e a razão é obvia: o caso semântico do tópico não agente permanece codificado como era no padrão ativo neutro.

---

60. Sobre o uso de concordância gramatical no enriquecimento do sistema de marcação de caso, ver Givón (1976a).

Na tipologia filipina, o caso semântico do não agente promovido é codificado no verbo, de modo que não existe qualquer problema de recuperabilidade. Além do mais, o avanço para sujeito-tópico não envolve mudanças na ordenação, mas somente na morfologia e, na medida em que existe uma ordenação fixa, esta é *semanticamente* mais bem caracterizada como V-AG--ACUS-DAT ou V-ACUS-DAT-AG.

Em línguas em que a passivização pode ser sincronicamente caracterizada como sendo da tipologia de mudança de tópico, tais como kimbundo ou dzamba (ver Seção 4.4.2.2), a presença de concordância com o objeto expressa, em alguma medida, o caso semântico do objeto promovido.

A maioria das línguas com passivização "clássica", isto é, aquelas em que o verbo é marcado por morfologia passiva e todas as propriedades codificadoras do sujeito são adquiridas pelo não agente promovido, restringe a passivização, em grande parte, a objetos *acusativos*, com pequenas compensações aqui e ali. Pode-se, de fato, querer considerar essa restrição no contexto de uma *estratégia de recuperabilidade*: uma vez que essas línguas não codificam, de qualquer modo recuperável, o caso semântico do não agente promovido, o efeito da restrição apenas sobre acusativo na passivização é identificar a união das propriedades codificadoras do sujeito mais a morfologia verbal passiva como um exemplo de codificação do caso semântico *acusativo*. Em contraste, a união das propriedades codificadoras do sujeito mais morfologia verbal ativa codifica, então, o caso semântico *agente*. Isso não significa que essas línguas não podem alçar objetos não acusativos para tópico, visto que a maioria delas tem a via de avanço de mudança de tópico aberta, e muitas têm a via de supressão do agente aberta também. Elas, desse modo, dividem a promoção de objetos à topicalidade de acordo com a codificação. Acusativos são codificados como sujeitos mais morfologia verbal passiva, enquanto outros objetos retêm sua marcação de caso semântico original quando promovidos.

Uma variação interessante é relatada por Keenan (1975) para o alemão, em que a passivização do tipo "padrão" é restrita a acusativos, ao passo que dativos podem ser passivizados via o seguinte procedimento:

1. O verbo exibe morfologia passiva.
2. O verbo concorda com o dativo promovido.
3. O dativo promovido *retém* sua marcação de caso dativo.

O relaxamento da restrição apenas sobre acusativo, aqui, pode ser visto em termos de recuperabilidade: somente um objeto que retém sua marcação de caso semântico quebra a restrição. Do mesmo modo, a maioria das exceções à restrição apenas sobre acusativo na passivização em inglês e em banto pode ser vista como exemplos em que o caso semântico do objeto não acusativo promovido é, de algum modo, retido. Assim, considere:

(120) a) *John is listened **to** by his peers.*
'João é ouvido por seus companheiros.'
b) *This house was broken **into** yesterday.*
'Esta casa foi invadida ontem.'
c) *This matter has been looked **at** carefully.*
'Essa matéria tem sido examinada cuidadosamente.'
d) *The lock has been tampered **with**.*
'A fechadura foi forçada.'
e) *John is spoken **for**.*
'João é falado.' ('Fala-se de João.')

Todos esses casos preposicionais tornam-se irrecuperáveis na passivização quando também há um objeto acusativo. Assim, compare:

(121) a) * *The office was sent **to** a letter.*
* 'O escritório foi enviado para uma carta.'
b) * *The box was put **into** a letter.*
* 'A caixa foi colocada em uma carta.'
c) * *The station was left **at** Sheila.*
* 'A estação foi deixada em Sheila.'
d) * *The knife was cut **with** the meat.*
* 'A faca foi cortada com a carne.'
e) * *John was written **for** a letter.*
* 'João foi escrito por uma carta.'

A inaceitabilidade das passivas em (121), em comparação com (120), pode ser vista em termos de *confusão de caso*: o padrão superficial SUJ-V-PREP-SN tende a ser interpretado de acordo com o padrão *neutro*, isto é, com a preposição codificando o caso semântico do SN seguinte, ao invés do objeto promovido.

Uma situação semelhante em uma língua banto conservadora, como bemba,[61] produz um resultado inteiramente diferente. Assim, considere:

(122) a) ***a**-a-pona*   *icitabo* ***mu**-sanduku*
         ele-passado-por livro em-caixa
         'Ele pôs o livro na caixa.'   (neutro)
     b) *icitabo* ***ci**-a-pon-wa*   ***mu**-sanduku*
         livro   *ele*-passado-por-PASS em-caixa
         'O livro foi posto na caixa.'   (passiva ACUS)
     c) ***mu**-sanduku* ***mu**-a-pon-wa*   *icitabo*
         em-caixa   *la*-passado-por-PASS livro
         'Na caixa foi posto um livro.'
                              (passiva LOC, codificação do SN)
     d) *isanduku* ***li**-a-pon-**wa**-**mo***   *icitabo*
         caixa   *ele*-passado-por-PASS-*em* livro
         ⎧ 'A caixa foi posta dentro um livro.' ⎫
         ⎩ 'Na caixa foi posto um livro.'   ⎭
                              (passiva LOC, codificação verbal)

O padrão em (122b) é a passivização normal para acusativos. O padrão em (122c) é análogo ao da passiva DAT em alemão, discutida acima. O padrão em (122d) é o equivalente do padrão (121) não permitido em inglês, e a razão por que bemba o permite e o inglês, não, não é fácil de discernir: a preposição sufixada ao verbo em bemba não é uma palavra distinta, e tem uma forma fonológica diferente (unida à vogal *-o*) da forma preposicionada pré-nominal, de modo que não é possível surgir qualquer confusão de caso. Em bemba, os padrões passivos não acusativos em (122c, d) estão confinados às três preposições locativas *pa-, ku-, mu-*. Como veremos abaixo, ao aumentar sua capacidade de codificação verbal, uma língua banto poderia passivizar mais objetos não acusativos.

---

61. A passivização de locativos (incluindo dativos, se eles são marcados por *pa-, ku-* ou *mu-*) foi mantida em todas as línguas banto que retêm essas preposições e as suas formas pronominais correspondentes. Portanto, acredito que bemba representa uma situação conservadora em banto. Como veremos mais adiante, um decréscimo na carga funcional dessas preposições frequentemente resulta em um aumento no uso dos sufixos de *codificação verbal*, como em ruanda.

4.4.5 Línguas que fazem

4.4.5.1 Indonésio

Como na relativização, objetos não acusativos podem passivizar no indonésio, mas somente se eles são primeiro promovidos a objeto direto. Essa promoção resulta em codificação verbal da função semântica do objeto promovido. Assim, considere (dados de Chung, 1975):[62]

(123) a) *Hasan mem-beli   badju* **untuk** *wanita itu*
Hasan ACUS-comprar roupas *para*   mulher a
'Hasan comprou roupas para a mulher.'   (neutro)
b) *Hasan mem-beli-**kan**   wanita itu badju*
Hasan ACUS-comprar-*BEN* mulher as roupas
'Hasan comprou à mulher roupas.'   (mudança de dativo)
c) *surat itu **di**-irim-**kan**   kepada wanita itu*
carta a *PASS*-escrever-*BEN* *para*   mulher a
'A carta foi escrita para a mulher.'   (passiva ACUS)
d) *wanita itu **di**-irim-**i**   seputjuk surat*
mulher a *PASS*-escrever-*DAT* uma   carta
'À mulher foi escrita uma carta.'   (passiva DAT, com mudança)
e) **wanita itu **di**-irim(-**kan**)*   seputjuk surat*
mulher a *PASS*-escrever(-*BEN*) uma   carta
(passiva DAT, sem mudança)

4.4.5.2 Banto

Já ilustrei como nos dialetos mais conservadores de banto, tal como bemba, objetos marcados com a preposição *pa-*, *ku-* e *mu-* podem ser diretamente passivizados via duas estratégias alternativas: (a) retendo o caso preposicionado no novo sujeito e, assim, tendo efeito sobre a concordância do sujeito preposicionado, ou (b) recorrendo a uma nova estratégia de codificação verbal, com a concordância do sujeito então controlada pelo gênero-número do novo sujeito. Em

---

62. Sobre outras línguas austronésias com um comportamento tipológico semelhante, ver Foley (1976).

línguas como bemba, luganda ou shona, que usam *ku-* para marcar objetos dativos humanos, as mesmas duas estratégias também estão disponíveis para passivizar dativos. Em ruanda, por outro lado (ver discussão anterior), objetos dativos são morfologicamente *não-marcados*, normalmente permanecem adjacentes ao verbo e mais comumente exigem o sufixo verbal BEN (*-ir-/-er-*). Em outras palavras, eles de fato se fundiram com o caso *beneficiário*, que exibe essas características em todas as línguas banto. Embora se possa não querer caracterizar o sufixo BEN como "promocional" nesse caso, porque apenas a ordem DAT/BEN-ACUS é atestada, o mesmo uso obrigatório desse sufixo na passivização e na relativização é observado em ruanda:[63]

(124) a) *Yohani y-ooher-er-eje   Maria ibaruwa*
   João   ele-passado-enviar-*BEN*-ASP Maria carta
   'João enviou uma carta à Maria.'   (neutro)

b) *ibaruwa u-ooher-er-eie   Maria*
   carta   ela-passado-enviar-*BEN*-ASP Maria
   'A carta foi enviada à Maria.'   (passiva ACUS)

---

63. Quando o objeto acusativo está presente, a passivização de objetos "meta" é bloqueada, mesmo se o sufixo BENEFICIÁRIO está explícito. Há outras restrições de "preempção" desse tipo em ruanda e em outras línguas banto; por exemplo, algumas vezes, quando ambos os objetos estão presentes, aquele mais alto na hierarquia de topicalidade sofre passivização, topicalização, pronominalização e definitização. Para alguns detalhes de shona, ver Hawkinson e Hyman (1974). Um outro caso é visto em ruanda (Kimenyi, 1976), em que se o dativo é um pronome (*i.e.*, "altamente tópico"), o acusativo não pode ser promovido a sujeito via passivização. Assim:

   *y-a-**mu**-have   inkoko*
   ela-passado-*lhe*-dar galinha
   'Ela lhe deu uma galinha.'

   inkoko y-a-mu**-ha-we*
   galinha ela-passado-*lhe*-dar-PASS
   *'A galinha foi dada a ele.'

Em contraste, um pronome acusativo não bloqueia a passivização do objeto dativo:

   *umugabo y-a-**gi**-ha-we*
   menino ele-passado-*o*-dar-PASS
   'Ao menino foi dado isso.' (a galinha)

Temos aqui uma interação entre a hierarquia de tópico e dois processos de promoção à topicalidade mais alta: passivização e pronominalização.

c) *ibaruwa   y-ooher-eje*
    carta   ela-passado-enviar-ASP
    'A carta foi enviada.'   (passiva ACUS, sem dativo)
d) *Maria   y-ooher-**er**-ej-**we***   *ibaruwa*
    Maria   ela-passado-enviar-*BEN*-ASP-*PASS*   carta
    'À Maria foi enviada uma carta.'   (passiva DAT)
e) **Maria   y-ooher-e-**we***   *ibaruwa*
    Maria   ela-passado-enviar-ASP-*PASS*   carta
                                (*passiva DAT sem sufixo BEN)

(125) a) *Yohani   y-a-tek-**e**-ye*   *Maria   inkoko*
         João   ele-passado-cozinhar-*BEN*-ASP   Maria   galinha
         'João cozinhou uma galinha para Maria.'   (neutro)
      b) *inkoko   y-a-tek-**e**-y-**we***   *Maria*
         galinha   ela-passado-cozinhar-*BEN*-ASP-*PASS*   Maria
         'A galinha foi cozinhada por Maria.'   (passiva ACUS)
      c) *inkoko   y-a-tets-e-**we***
         galinha   ela-passado-cozinhar-*ASP-PASS*
         'A galinha foi cozinhada.'   (passiva ACUS, sem sufixo BEN)
      d) *Maria   y-a-tek-e-we*   inkoko
         Maria   ela-passado-cozinhar-BEN-ASP-PASS   galinha
         'Uma galinha foi cozinhada para Maria.'   (passiva BEN)
      e) **Maria   y-a-tets-e-we*   *inkoko*
         Maria   ela-passado-cozinhar-ASP-PASS   galinha
                                (*passiva BEN, sem sufixo BEN)

A passivização de objetos locativos em ruanda exibe os mesmos padrões de codificação de bemba [ver (122) acima], exceto por duas disposições: (a) os sufixos locativos são usados em objetos locativos de mudança de dativo e, assim, podem ser considerados "promocionais", e (b) quando o padrão de codificação do SN é usado, o sufixo verbal também pode ser usado opcionalmente, como em (126):

(126) a) *umugore   y-ooher-eje*   *umuooyi   **ku**-isoko*
         mulher   ela-passado-mandar-ASP   cozinheiro   *para*-mercado
         'A mulher mandou o cozinheiro para o mercado.'   (neutro)
      b) *umugore   y-ooher-ee-**ho***   *isoko   umubooyi*
         mulher   ela-passado-mandar-ASP-*para*   mercado   cozinheiro
         'A mulher mandou o cozinheiro para o mercado.'
                                (mudança de dativo)

c) **ku**-*isoko*   **k**-*ooher-ej-we(-**ho**)*   *umubooyi*
    para-mercado   *la*-passado-mandar-ASP-*PASS*(-*para*)   cozinheiro
    'Para o mercado foi mandado o cozinheiro.'
    (passiva LOC, codificação do SN)

d) *isoko*   *ry-ooher-ej-**we-ho***   *umubooyi*
    mercado   ele-passado-mandar-ASP-*PASS-para*   cozinheiro
    'O mercado foi mandado para o cozinheiro.'
    (passiva LOC, codificação verbal)

e) **isoko ry-ooher-ej-**we** umubooyi*
    (*passiva LOC, sem sufixo LOC)

Embora a estratégia de recuperabilidade de codificação do SN em (126c) seja possível, não é usada frequentemente, e o uso opcional do sufixo verbal promocional *-ho* /*-mo* sugere fortemente que ruanda está se movendo em direção ao uso exclusivo da estratégia de codificação verbal. Dado que também desenvolveu codificação verbal em locativos de mudança de dativo — e assim estendeu o padrão conservador de bemba, esse desenvolvimento não é inesperado.

As línguas banto, em geral, não podem passivizar objetos instrumentais. Mas ruanda — juntamente com outras línguas lake-banto, que desenvolveram o uso de um sufixo promocional nos instrumentais de mudança de dativo — pode passivizá-los. Mas a mudança de dativo é um alimentador obrigatório para a passivização de instrumentais:

(127)   a) *y-a-andits-e*   *ibaruwa*   ***n**-ikaramu*
            ele-passado-escrever-ASP   carta   *com*-caneta
            'Ele escreveu a carta com uma caneta.'   (neutro)

        b) *y-a-andik-**ish**-i je*   *ikaramu*   *ibaruwa*
            ele-passado-escrever-*INST*-ASP   caneta   carta
            'Ele escreveu a carta com a caneta.'   (mudança de dativo)

        c) *ikaramu   y-a-andik-**ish**-ij-**we***   *ibaruwa*
            caneta   ela-passado-escrever-*INST*-ASP-*PASS*   carta
            'A caneta foi escrita-com a carta.'   (passiva INST)

        d) **ikaramu   y-a-andits-**we***   *ibaruwa*
            caneta   ela-passado-escrever-ASP-*PASS*   carta
            (*passiva INST sem sufixo INST)

A extensão da mudança de dativo e da codificação verbal para outros casos objeto tornou-os também acessíveis à passivização. Assim, para *modo*:

(128) a) *y-a-koz-e   akazi   **n**-inkweeto mbi*
         ele-passado-trabalhar-ASP trabalho *com*-sapatos ruins
         'Ele fez o trabalho usando sapatos sujos.'   (neutro)
      b) *y-a-kor-**an**-ye   inkweto mbi (akazi)*
         ele-passado-trabalhar-*ACOMP*-ASP sapatos ruins (trabalho)
         'Ele usou sapatos sujos para fazer o trabalho.'
                                                       (mudança de dativo)
      c) *inkweto z-a-kor-**an-w**-e   akazi*
         sapatos eles-passado-trabalhar-*ACOMP-PASS*-ASP trabalho
         'Os sapatos foram usados para fazer o trabalho.'
                                                       (passiva MODO)
      d) **inkweto z-a-koz-**w**-e   akazi*
         sapatos eles-passado-trabalhar-*PASS*-ASP trabalho
                                    (*passiva MODO sem sufixo ACOMP)

Finalmente, para *meta*:

(129) a) *Karoli y-a-koz-e   **ku**-mafaranga*
         Carlos ele-passado-trabalhar-ASP *por*-dinheiro
         'Carlos trabalhou por dinheiro.'   (neutro)
      b) *Karoli y-a-kor-**e**-ye   amafaranga*
         Carlos ele-passado-trabalhar-BEN-ASP dinheiro
         'Carlos trabalhou pelo dinheiro.'   (mudança de dativo)
      c) *amafaranga ya-a-kor-**e**-w-e*
         dinheiro   ele-passado-trabalhar-*BEN*-PASS-ASP
         *'O dinheiro foi trabalhado por.'   (passiva META)
      d) **amafaranga ya-a-koz-w-e*
         dinheiro   ele-passado-trabalhar-PASS-ASP
                                    (passiva META sem sufixo BEN)

4.4.6 Explicação tipológica para a marcação de caso

Seguindo a discussão anterior, a definição tipológica de línguas que impõem a restrição apenas de acusativo ou a restrição apenas de objeto direto na passivização pode ser dada agora:

(130) CONDIÇÃO TIPOLÓGICA V (*restrição apenas de acusativo*). Línguas em que (a) a passivização envolve perda completa da codificação de caso semântico do objeto — e assim adoção de todas as propriedades codificadoras do sujeito — e (b) no caso de não haver quaisquer outras disposições para a codificação do caso semântico do objeto não-acusativo no verbo, tenderão a exibir a restrição apenas de acusativo na passivização. Ao contrário, línguas — ou casos objeto — que quebram a restrição são aquelas em que ou (a) o objeto não perde sua marcação de caso semântico na passivização, ou (b) disposições alternativas são feitas para preservar o caso semântico do objeto promovido.

As previsões feitas pela CONDIÇÃO V acima são boas tanto para línguas — se elas tratam os casos objeto de maneira uniforme — ou, alternativamente, para tipos individuais de objeto em uma única língua.

(131) CONDIÇÃO TIPOLÓGICA VI (*restrição apenas de objeto direto*). Somente línguas em que (a) a passivização envolve uma adoção completa das propriedades de codificação de caso do sujeito pelo objeto promovido (e assim perda completa da codificação de caso semântico desse objeto), e além disso (b) a promoção de objetos não-acusativos ao status de objeto direto resulta na codificação verbal do caso semântico do objeto promovido, exibirão a restrição apenas de objeto direto na passivização.

A CONDIÇÃO VI, novamente, aplica-se a línguas, quando todos os casos objeto são tratados uniformemente, ou a casos individuais em uma língua, se eles não forem tratados de modo uniforme. Acredito que ambas as condições caracterizam razoavelmente bem as classes de línguas que obedecem ou não a essas restrições. A essência do argumento é que, uma vez que nenhuma dessas condições é universal, uma explicação para elas é boa somente se consegue tornar as previsões tipológicas razoavelmente confirmáveis. O único contexto em que tais previsões podem ser feitas, para mim, é o da tipologia de caso e o da recuperabilidade de caso/função.

Dada a CONDIÇÃO TIPOLÓGICA VI, o inglês deve parecer, de início, um contraexemplo a ela, conforme casos (reconhecidamente limitados) do seguinte tipo, no qual parece que a variante de mudança de dativo é passivizada:

(132) a) *John gave a book **to** Mary.*
       'João deu um livro *à* Maria.'
   b) *John gave Mary a book.*
       'João deu à Maria um livro.'
   c) *Mary was given a book.*
       * 'Maria foi dada um livro.'
   d) ?*Mary was given **to** a book.*
       '?Maria foi dada *a* um livro.'
   e) ?*Mary was given a book **to**.*
       '?Maria foi dada um livro *a*.'

Contudo, já observamos que [cf. (120), (121) acima] o inglês pode passivizar muitos objetos indiretos, deixando sua preposição para trás, encalhada, como em (132d, e), e essa possibilidade é bloqueada na presença de um objeto acusativo não-marcado, mais provavelmente devido à *confusão de caso*. Logo, é possível ver (132c) como uma tentativa de evitar essa confusão de caso. Pode-se também notar que apenas um pequeno grupo semântico de verbos, tais como *give* (dar), *show* (mostrar), permite esse padrão, e que, mesmo com *bring* (trazer) e *send* (enviar), que permitem mudança de dativo do mesmo tipo, essa passivização é estranha. Além disso, essa estranheza aumenta quando o outro objeto é semanticamente próximo ao dativo. Assim, compare:

(133) a) ?*She was brought two pictures and was asked to...*
       '?Ela foi trazida duas gravuras e foi pedida para...'
   b) ??*She was brought two men and was asked to...*
       '??Ela foi trazida dois homens e foi pedida para...'

As limitações sobre esse padrão em inglês podem ser vistas como um reflexo do fato de que ele *não* envolve codificação verbal do objeto promovido e, desse modo, é extremamente vulnerável em termos de recuperabilidade de caso.

4.4.7 Explicações funcionais em termos de topicalidade

Visto que está claro que tanto a passivização quanto a mudança de dativo envolvem promoção à topicalidade mais alta, seu acoplamento na passivização faz sentido: se o acusativo é mais alto em topicalidade do que o dativo, então parece estranho que o dativo, e não o acusativo, seja promovido via passivização.

Por outro lado, se a mudança de dativo já promove o não acusativo um passo adiante, é mais natural usar a variante mudança de dativo para promoção posterior a sujeito-tópico. Casos de preempção, como em ruanda (ver nota 63) ou shona (Hawkinson e Hyman, 1974), tendem a reforçar esse ponto de vista, que também é compatível com a interpretação preemptiva de passivas do tipo supressão do agente (ver discussão na Seção 4.4.2.3; Kirsner, 1973, 1975; Foley, 1976). Embora se reconheça a plausibilidade dessa explicação, deve-se notar também que ela é, outra vez, inteiramente universal e, por esse motivo, tipologicamente neutra. Isto é, não nos pode ajudar a predizer que línguas tornarão ou não a mudança de dativo um alimentador obrigatório para a passivização. Pode-se ainda ver essa explicação como um "bônus conspiracional extra", e talvez notar também que ela prevê pelo menos a *ausência* de um tipo de comportamento gramatical: não há, em qualquer língua, um caso em que um objeto acusativo seja primeiro *rebaixado* via mudança de dativo como um pré-requisito para sua passivização.

4.5 SUMÁRIO

Mostrei que, seguindo a abordagem de estratégias de recuperabilidade de caso, podem-se fazer previsões bastante específicas quanto a que aspectos na tipologia de marcação de caso de uma língua determinam sua dependência a uma regra promocional, como passiva ou mudança de dativo, como um pré-requisito para outra regra, como relativização ou passivização. As condições tipológicas são repetidas aqui:

(134) CONDIÇÃO I/II (*passiva e relativização*). *Somente línguas em que a promoção a sujeito via passivização resulta em codificação verbal do caso semântico do não agente promovido exibem a restrição apenas de sujeito na relativização.*

(135) CONDIÇÃO III/IV (*mudança de dativo e relativização*). *Somente línguas em que (a) o acusativo é não marcado, (b) quando um não acusativo sofre mudança de dativo, ele perde sua marcação de caso nominal, e (c) o não acusativo que sofreu mudança de dativo ganha codificação verbal de seu caso semântico via mudança de dativo, exibirão restrição apenas de objeto direto na relativização do objeto.*

(136) CONDIÇÃO V (*restrição de acusativo apenas na passiva*). Somente línguas em que (a) a passivização envolve perda completa das propriedades codificadoras de caso semântico do objeto e uma adoção por ele de todas as propriedades codificadoras de caso do sujeito, e (b) não existem disposições adicionais para a codificação, no verbo, do caso semântico de objetos não acusativos promovidos, exibirão a restrição apenas de objeto direto na passivização.

A CONDIÇÃO V também se aplica a casos em uma língua individual, e prediria que, se para algum caso objeto, procedimentos de codificação alternativos estão disponíveis, a restrição sobre sua passivização será quebrada.

(137) CONDIÇÃO VI *(mudança de dativo e passivização)*. Somente línguas em que a passivização envolve (a) a adoção completa das propriedades codificadoras do sujeito pelo objeto promovido (e, assim, perda completa de sua codificação de caso original), e (b) a promoção de objetos não acusativos a objeto direto via mudança de dativo resulta na codificação verbal do caso semântico desses objetos, exibirão a restrição apenas de objeto direto na passivização.

Com efeito, então, a restrição apenas de objeto direto sobre a passivização constitui um tipo de *relaxamento* da restrição apenas de acusativo, que é muito mais geral. Tipos de passivização de supressão do agente ou mudança de tópico podem também ser consideradas como estratégias de codificação que, efetivamente, quebram a restrição apenas de acusativo. A tipologia de codificação verbal filipina de passivização-topicalização pode também ser vista como uma outra estratégia de codificação que permite quebrar a restrição apenas de acusativo.

Avaliei, também, outras explicações possíveis para as várias restrições em termos da função da passiva, da mudança do dativo e, talvez, da relativização na promoção a *topicalidade* nas línguas. Conquanto essas considerações sejam universais e, portanto, não possam por si predizer a classe de línguas que obedecerá a essas restrições, elas podem, não obstante, *reforçar* a naturalidade dessas restrições desde que os fatores de tipologia de caso estejam presentes. No mínimo, considerações funcionais de topicalidade podem motivar parcialmente as seguintes previsões *negativas*:

1. Não existe nenhuma língua em que o sujeito deva primeiro ser rebaixado (via passivização) para ser relativizado.
2. Não existe nenhuma língua em que um objeto acusativo deva primeiro ser rebaixado via mudança de dativo para ser relativizado.
3. Não existe nenhuma língua em que um objeto acusativo deva primeiro ser rebaixado via mudança de dativo para ser passivizado.

É de se esperar que essas previsões negativas não sejam totalmente independentes de considerações de marcação de caso.

Embora o caso/função de sujeito/tópico seja, há tempos, reconhecido como um caso *pragmático*, a função objeto direto frequentemente é confundida com o acusativo ou, de algum modo, rotulada de "gramatical". Embora esse seja um exemplo muito menos universal do que o sujeito-tópico, ele compartilha algumas das suas propriedades nas línguas em que existe: (a) objetos não-acusativos perdem sua marcação de caso semântico quando promovidos a objeto direto, como acontece frequentemente na passivização; (b) mudança de dativo envolve promoção à topicalidade mais alta, embora não a tópico-sujeito *primário*, como na passivização; (c) muito semelhante a alguns tipos de passivas, a mudança de dativo pode-se aplicar sem quaisquer mudanças na marcação de caso dos dois objetos. Um outro aspecto notável a respeito do objeto direto é que ele compartilha as propriedades marcadoras de caso do acusativo, mas apenas quando o acusativo é *não-marcado*. Não existem línguas, segundo meu conhecimento, em que o acusativo seja um caso marcado e objetos não acusativos ganhem essa marcação na mudança de dativo. Parece, desse modo, que é a não marcação do acusativo que o torna um caso promocional tão natural, e isso é apenas natural: ao promover outros objetos ao mesmo caso do acusativo não-marcado, eles perdem sua marcação de caso semântico original, mas não ganham um outro caso *semântico*. Mas isso é precisamente o que ocorre na promoção a *sujeito*: o caso sujeito é um caso puramente *pragmático*, e não envolve ganho na marcação semântica, mas somente perda. As duas regras de promoção são, nesse sentido, bastante semelhantes, e isso pode reforçar nossa consideração de ambas como pássaros da mesma plumagem *pragmática*.

5

Sintaticização
Do discurso para a sintaxe:
a gramática como estratégia
de processamento

5.1 INTRODUÇÃO[1]

Dada a discussão do Capítulo 2 sobre a relação entre discurso e sintaxe e o papel explanatório desempenhado pela pragmática discursiva na compreensão da sintaxe das línguas naturais, somos levados a perguntar: a sintaxe tem alguma existência independente do discurso? Conforme sugeri anteriormente, a abordagem gerativa tradicional da "sintaxe independente" é insustentável por duas razões: primeiro, ela é derivada de um conjunto de dados que é restrito e pré-sanitizado; segundo, não contribui para aumentar nossa compreensão de por que a gramática das línguas humanas é do jeito que é. No extremo oposto da escala ideológica, Érica García, em *Discourse without syntax* (1977), argumentou que a sintaxe *per se* de fato não existe, e que as línguas humanas podem ser descritas exaustivamente com referência a *princípios comunicativos* que subjazem à estrutura do discurso. Enquanto desenvolvia a pesquisa que formou a base para os Capítulos 2, 3 e 4, constatei que gravitava lentamente em direção a essa posição extremada, de rejeitar completamente a existência da sintaxe e de vê-la como *artefato* complexo, que emerge da interação de vários princípios e estratégias comunicativos, a exemplo dos discutidos nos capítulos precedentes. O próprio artefato parecia

---

1. Uma versão anterior deste capítulo foi apresentada no *Symposium on Discourse and Syntax*, na Universidade da Califórnia, Los Angeles, em novembro de 1977. Eu me beneficiei muito dos comentários e sugestões feitos pelos participantes do simpósio e gostaria de registrar minha dívida aqui. Em particular, gostaria de agradecer a Elinor Keenan, Manny Schegloff, Patricia Greenfield, Edward Keenan, David Zubin, Bob Longacre e Pete Becker por muitas sugestões úteis. O título do capítulo deve muito a "The origins of syntax in discourse", de Sankoff e Brown (1976).

estável o suficiente, pensei, porque as estratégias subjacentes, bem como as interações entre elas, eram também estáveis. O que proponho neste capítulo é, num certo sentido, uma *retirada tática* dessa posição extremada. Pretendo ilustrar, a seguir, que (a) há muitos fatos que apoiam a existência de um nível *estrutural* chamado sintaxe, mas que (b) para explicar as propriedades formais desse nível *estrutural* deve-se fazer referência a diversos parâmetros explanatórios *substantivos* da língua. Em lugar de eliminar um nível independente, formal e *autônomo* de organização estrutural na língua, estabelecemos que a sintaxe é uma entidade *dependente*, funcionalmente motivada, cujas propriedades formais refletem — talvez não completamente, mas em grande proporção — as propriedades dos parâmetros explanatórios que motivam seu surgimento.

O leque de dados sobre os quais construirei o argumento envolve quatro fontes cuja unidade subjacente não é difícil de perceber. Por razões que ficarão transparentes mais tarde, é possível interpretar as quatro como processos:

(1)   a) *Diacrônicos*: parataxe frouxa → sintaxe rígida
      b) *Ontogenéticos*: modo pragmático anterior → modo sintático posterior
      c) *Pidgins-Crioulos*: não-gramática → gramática
      d) *Registro*: discurso informal não-planejado → discurso formal planejado

Per se, vários dos processos listados acima têm sido tratados na literatura recente. Assim, (1c) foi discutido em Sankoff e Brown (1976), os paralelos entre (1b) e (1d) foram discutidos por Elinor Keenan (1977), e os paralelos entre (1a), (1b) e (1c) foram discutidos em Slobin (1977). Este capítulo, portanto, pretende fazer uma síntese.

5.2 O PROCESSO DIACRÔNICO DE SINTATICIZAÇÃO

Nesta seção descreverei diversos temas recorrentes na sintaxe diacrônica. Sugerirei que todos eles representam processos pelos quais estruturas discursivas "pragmáticas" frouxas, paratáticas, se desenvolvem — ao longo do tempo — em estruturas sintáticas rígidas, "gramaticalizadas". Para cada um deles pode-se preparar um balancete de *ganhos* comunicativos e *perdas* comunicativas. Os princípios que controlam esse equilíbrio de ganhos e perdas são, presumivelmente, o que estamos investigando.

Se as línguas constantemente condensam estruturas discursivas — via sintaticização — em estruturas sintáticas, é de se esperar, presumivelmente, que elas se tornem cada vez mais sintaticizadas com o tempo. Contudo, esse não é o caso. Na verdade, a estrutura sintática *se desgasta* com o tempo, via processos de *morfologização* e *lexicalização*. Tratei desse fim do ciclo alhures,[2] e os princípios que motivam a erosão da sintaxe não são necessariamente idênticos àqueles que motivam seu surgimento. Todavia, deve-se ter em mente que estamos lidando aqui com *ondas* cíclicas, que podem ser caracterizadas grosseiramente como:

(2)   Discurso → Sintaxe → Morfologia → Morfofonêmica → Zero

Os dois últimos passos são fortemente motivados por atrito fonológico e não serão mais discutidos aqui. Os dois primeiros passos, que frequentemente são *acoplados* (*i.e.*, ocorrem simultaneamente), são motivados por várias *necessidades comunicativas* e constituirão a maior parte dos casos a ser discutida.

5.2.1 De tópico a sujeito

Alguns trabalhos recentes têm tratado da relação entre a noção discursivo-funcional *tópico* e a noção "sintático-gramatical" *sujeito*.[3] Assim, Edward Keenan (1976a) mostrou que a maioria das propriedades do sujeito pode ser entendida em termos de propriedades do tópico.[4] Li e Thompson (1976) e Schachter (1976, 1977) ilustraram as consideráveis dificuldades envolvidas em decidir se em uma língua particular lidamos com sujeito ou tópico. Segundo Li e Thompson (1976), há ainda a possibilidade de que algumas línguas possam ter mais sujeitos gramaticalizados, enquanto outras possam ter mais tópicos discursivo-pragmáticos, embora somente um sério estudo distribucional de textos — tanto do registro formal quanto do informal — possa decidir essa questão conclusivamente.

Em Givón (1976a) apontei que uma das mais aclamadas propriedades do sujeito, a *concordância gramatical* no verbo, é fundamentalmente uma propriedade do *tópico*, e que ela surge diacronicamente via reanálise de tópico em sujeito e — simultaneamente — de pronome anafórico em morfema de concordância (nor-

---

2. Ver Givón (1971, 1975e, 1976a).
3. Ver vários artigos em Li (1976).
4. E um pequeno resíduo de propriedades de *agente*.

malmente preso ao verbo). Como ilustração, considere o seguinte exemplo do inglês americano não escolarizado, em que esse processo é correntemente endêmico:[5]

(3) *My ol'man, **he** rides with the Angels* →
TÓPICO   PRO V
'Meu pai, ele viaja com os *Angels*'
*My ol'man **he**-rides with the angels*
SUJEITO   AG-V
'Meu pai, ele viaja com os *Angels*'

Deve-se lembrar, contudo, que o inglês possui ambas as construções de SUJEITO e TÓPICO, e que elas normalmente servem a diferentes funções discursivas (ver Capítulo 2). Logo, a gramaticalização de tópicos em sujeitos não significa que a língua perdeu a construção de tópico, mas sim que ela ganhou concordância gramatical como uma *propriedade codificadora* morfológica adicional para seu sujeito gramatical[6] Como veremos adiante, há razões para acreditar que cada língua tem um amplo leque de *registros discursivos*, do solto-informal-pragmático ao fixo-formal-sintático.

Como também mostrei em Givón (1976a), línguas não relacionadas e tipologicamente diferentes passam pelo desenvolvimento esquematizado em (3) acima do mesmo modo, deixando as mesmas marcas indeléveis em termos de concordância gramatical. Em outro caso, Sankoff (1976) verificou três ciclos consecutivos do mesmo processo ocorrendo em uma língua (tok pisin, língua pidgin da Nova Guiné) no período de cem anos. O equilíbrio comunicativo para tal processo pode ser dividido como segue:

1. *Tempo de produção.* As construções de sujeito são pronunciadas mais depressa e sem quebra entonacional, enquanto as construções de tópico tipicamente tomam mais tempo.
2. *Codificação.* As construções de sujeito são *mais bem codificadas* morfologicamente do que as construções de tópico (ver Keenan, 1976a), com a concordância verbal sendo um exemplo típico de tal codificação, mas com a marcação de caso possivelmente sendo outro e a rigidez na ordenação de palavras ainda outro.

---

5. Esse exemplo foi ouvido numa sala de espera do County General Hospital, Los Angeles, por Jean Tremaine. Apenas a forma gramaticalizada à direita foi atestada, embora sua origem à esquerda seja transparente.

6. Como Pete Becker (comunicação pessoal) aponta, o processo diacrônico é realmente de *tópico* + *sujeito* para *sujeito* + *concordância*.

3. *Resolução*. Em termos de identificação do tópico do discurso, as construções de tópico obviamente exibem uma correlação de 100% entre forma e função. Embora seja verdadeiro que os sujeitos no discurso *mais comumente* também são o tópico, há provavelmente um resíduo entre 10%-20% em que o tópico não coincide com o sujeito gramatical.[7]

Se a perda comunicativa (3) é ou não real, permanece um problema, visto que as redundâncias pragmáticas e lexicais presentes no contexto discursivo presumivelmente poderiam compensar tal perda. Além disso, como a maioria das línguas retém tanto as construções de tópico quanto as de sujeito, uma certa divisão de tarefas entre as duas é normalmente observada (ver discussão no Capítulo 2). Desse modo, as construções de sujeito são tipicamente usadas quando *o mesmo* tópico é mantido, *i.e.*, quando ele é razoavelmente fácil de identificar; e as construções de tópico são tipicamente usadas quando o tópico discursivo é *mudado*, *i.e.*, quando é mais difícil identificá-lo.[8] Assim, pode-se conceber a estratégia de SUJEITO como a de *processamento automático*, para ser usada quando a continuação é fácil, quando se mantém o mesmo sujeito em uma cadeia de orações e quando a economia de tempo é, assim, possível e facilitada pelas propriedades codificadoras do SUJEITO. Finalmente, como veremos mais adiante, a combinação de sintaticização com emergência de morfologia (codificação) é um tema recorrente na mudança diacrônica e exibe muitos paralelos em outras áreas que se valem de bancos de dados, especificamente no desenvolvimento da linguagem da criança em direção ao modo adulto de comunicação.

5.2.2 De topicalização para passivização

Em Givón (1976a), citei dois exemplos desse processo diacrônico, um do kimbundo, o outro do indonésio. É obviamente um processo estreitamente relacionado ao que acabamos de discutir. Contudo, aqui um *tópico objeto* (objeto deslocado à esquerda) torna-se gramaticalizado em *sujeito da passiva*, com o

---

7. O percentual 10%-20% se baseia numa estimativa aproximada derivada do fato de que, em geral, na narrativa humana sequenciada, cadeias de sujeitos idênticos são longas, com cerca de 5-10 verbos. Em algumas línguas (Nova Guiné), essas cadeias tendem a ser mais longas (até 50 verbos por cadeia, terminando com um verbo finito). Assim, o discurso humano tende a ser multiproposicional e a manter o tópico. Isso faz da estratégia de usar sujeitos bem codificados e mais rapidamente processados um meio viável de produzir cadeias de sujeitos idênticos. Ver a discussão adiante neste capítulo e também o Capítulo 7.

8. Para maiores detalhes, ver Keenan e Scheffelin (1977) e Duranti e Keenan (1979).

surgimento simultâneo de certas consequências em termos de codificação. Como ilustração, considere esse processo em kimbundo, uma língua banto:

(4)   CONSTRUÇÃO DE   CONSTRUÇÃO
      OBJETO-TÓPICO   PASSIVA
      Nzua, a-mu-mono   Nzua a-mu-mono (kwa meme)
      João eles-o-viram   João eles-o-viram (por mim)
      'João, eles o viram.'   'João foi visto por mim.'

O equilíbrio comunicativo entre ganho e perda é o mesmo comentado na Seção 5.2.1. O ajuste morfológico no sistema de concordância é mais complexo, porém. A construção de tópico deslocado à esquerda em (4) apresenta concordância de sujeito na terceira pessoa do plural que pode ser totalmente viável (embora também possa ser "impessoal"), um fato que pode ser demonstrado inserindo-se um sujeito especificado:

(5)   *Nzua, a-ana   a-mu-mono*
      João crianças elas-o-viram
      'João, as crianças o viram.'

Na construção passiva em (4), por outro lado, o morfema *a-*, na posição de concordância com o sujeito, está cristalizado e não concorda nem com o novo sujeito-paciente nem com o agente, um fato que é óbvio a partir da agramaticalidade (de fato, o absurdo) de (6):

(6)   **Nzua a-ana   a-mu-mono   kwa   meme*
      João crianças elas-o-viram por mim

Além disso, a antiga concordância com o objeto (*-mu-*, 'o') do padrão neutro tornou-se a concordância com o sujeito da passiva, contribuindo, dessa forma, para a codificação morfológica especial da nova construção passiva.

5.2.3 De sentenças de tópico para orações relativas

Muitas línguas têm, ou costumavam ter, o que frequentemente é referido como orações relativas não encaixadas/não reduzidas.[9] Elas são basicamente

---

9. Isso foi observado em hitita (indo-europeu), bambara (mendeico, Nigéria-Congo), hindi-urdo (indo-europeu), wappo, navajo (atabascano), diegenho (yuman), japonês (altaico) e Nova Guiné, entre

sentenças de *tópico*, toscamente organizadas antes ou depois da oração principal de modo muito semelhante às orações adverbiais. Vou ilustrar esse padrão esquematicamente, parafraseando os exemplos de hitita dados em Justus (1976a, 1976b):

(7) a) *Se nós virmos **qualquer** homem, nós **o** denunciaremos ao rei.*
                                                                   (REL OBJ)
     b) *Se **um** homem vier, nós **o** denunciaremos ao rei.*
                                                                   (REL SUJ)

Justus (1976b) sugeriu que um certo tipo de oração relativa em germânico, romance e índico, em que um *marcador relativo* precede o substantivo núcleo, mas a própria oração o segue, é diacronicamente derivado da construção de sentença de tópico do tipo hitita, como parafraseado em (7). Para as orações relativas de sujeito — o tipo mais comum translinguisticamente e menos complexo psicolinguisticamente[10] —, tal desenvolvimento pode ser esquematicamente esboçado como:

(8) *um*   homem vem, nós *o relataremos ao rei* →
     INDEF   PRO
     um   homem **vier** *nós relataremos ao rei*
     Qualquer SN   REL
     '*Qualquer homem que vier nós denunciaremos ao rei.*'

Em hitita, uma língua SOV, tal reanálise não envolverá qualquer deslocamento no padrão sintático neutro. Nos dialetos germânicos e romances posteriores, uma reanálise como em (8) colocaria o objeto SN numa posição topicalizada, um deslocamento relativamente suave.[11] E na relativização do sujeito, em que o substantivo núcleo é também o sujeito da oração *principal*, não acontece nenhuma quebra do padrão neutro:[12]

(9) *um homem vem, ele visitará o palácio* →
     qualquer *homem vem visitará o palácio*

---

outras, e é provavelmente extensível a outros lugares. Esse padrão foi discutido no Capítulo 4, como um dos padrões disponíveis de relativização.

10. Ver discussão em Keenan e Comrie (1977).

11. Ver comentários no Capítulo 4, sobre a possibilidade de que nomes núcleo modificados por orações relativas tendem a ser "mais tópicos".

12. Hawkins e Keenan (1974) também citam evidência de que orações relativas de sujeito são psicolinguisticamente mais fáceis de processar, mas a evidência não é completamente conclusiva.

Finalmente, Justus (1976a, 1976b) aponta que o marcador "relativo" prenominal em hitita (*ku-*), romance (*qu-*) e germânico (*wh-*) é etimologicamente um *elemento* catafórico relacionado a pronomes *indefinidos*. Isso apoia a paráfrase dada à esquerda em (8) e (9).

Uma reanálise desse tipo também é relatada para yuman (Langdon, 1977), para tok pisin (um pidgin-crioulo; Sankoff e Brown, 1976) e para wappo (Li e Thompson, comunicação pessoal). As consequências morfológicas reais (ou "ganhos de codificação") da reanálise podem variar. Em bambara, por exemplo, a sentença tópico pode ser ou deslocada à esquerda ou encaixada. Quando ela é deslocada à esquerda, um pronome anafórico aparece na oração principal. Quando ela é completamente encaixada, nenhum pronome anafórico aparece. Mas, em ambos os casos, o substantivo correferente dentro da sentença de tópico/oração relativa é marcado por um sufixo especial (reminiscente do elemento *ku-* em hitita):[13]

(10) cę **min** ye mùru sàn, n ye o ye
      homem REL passado faca comprar, eu passado o ver
      'O homem que comprou a faca, eu o vi.' (NÃO ENCAIXADA)

(11) n ye cę **min** ye mùru sàn ye
      eu passado homem REL passado faca comprar ver
      'Eu vi o homem que comprou a faca.' (ENCAIXADA)

Com exceção do morfema *min*, o padrão em (10) é um padrão solto, paratático, indistinguível da concatenação da sentença. Embora isso não possa ser documentado para todas as línguas, é possível que *todas* as orações relativas encaixadas, "sintáticas" nas línguas emergiram diacronicamente de concatenações soltas, paratáticas.

O balanço comunicativo aqui é outra vez bastante óbvio: ganha-se processamento morfologicamente codificado, automático, rápido, enquanto a perda presumivelmente envolve os efeitos da supressão sob correferência e o surgimento do problema de recuperabilidade (ver discussão no Capítulo 4). Novamente, redundâncias lexicais, contextuais e pragmáticas gerais provavelmente preenchem a lacuna comunicativa, especialmente porque as orações relativas são majoritariamente informação pressuposta/de fundo.

---

13. Pelos dados de bambara estou em débito com Ibrahima Coulibali (comunicação pessoal).

5.2.4 De conjunção para subordinação no sintagma verbal

O primeiro tipo de caso a ser discutido aqui envolve os complementos infinitivos de verbos que impõem uma condição de SN idêntico, tanto aqueles com uma condição de sujeito idêntico (*want* / 'querer'; *try* / 'tentar'; *begin* / 'começar') quanto aqueles com uma condição de objeto idêntico (*order* / 'ordenar'; *force* / 'forçar'; *ask* / 'pedir'). O verbo complemento em muitas línguas é não finito, como em inglês, e isso envolve uma redução marcada na morfologia de tempo-aspecto, ausência de concordância com o sujeito e, frequentemente, alguma morfologia infinitivo-nominal especial. Em muitas outras línguas, contudo, o verbo complemento é ou *finito* ou ao menos exibe concordância pronominal com o sujeito. Isso pode ser constatado em árabe, grego, algumas línguas eslávicas e islandesas,[14] entre outras. Assim, considere o seguinte exemplo do árabe palestino:

(12)   *ana   biddi   i-mshi*
       eu   eu-querer   eu-ir
       'Eu quero ir.'

Já que o pronome de concordância com o sujeito, que marca o verbo complemento, é do mesmo tipo usado em *anáfora* simples do sujeito em concatenações de sujeito idêntico, é provável que, nessas línguas, construções sintáticas atuais, subordinadas, surgiram de concatenações soltas, paratáticas, via sintaticização. De fato, ainda há a possibilidade de que *todos* os complementos verbais com SN idêntico nas línguas emergiram via tal processo, que pode, portanto, ser esquematizado como:

(13)   a)   Para verbos de sujeito idêntico:

            *Eu quero **eu**-ir*   →   *Eu quero **ir***
            SUJ-FINITO   SUBORD-INFINITIVO
       b)   Para verbos de objeto idêntico:

            *Eu mando você **você**-ir*   →   *Eu mando você **ir***
            OBJ SUJ-FINITO   OBJ SUBORD-INFINITIVO

---

14. Para a última, ver Andrews (1976), em que a presença de vestígios pronominais no verbo complemento é usada como um argumento para uma derivação *sincrônica*. Como em muitos argumentos transformacionalistas sincronicamente orientados, creio que a significância real dos dados é *diacrônica*.

Um outro tipo de condensação de um padrão mais solto, paratático, para um padrão mais fixo, subordinado no sintagma verbal foi descrito, para o mandarim chinês, em Thompson (1973). Ele envolve compostos verbais resultativos, como em:

(14) tā lā-kāi le mén
ele puxar-aberta ASP porta
'Ele abriu a porta.'

(15) tā lā-de-kāi mén
ele puxar-poder-aberta porta
'Ele pode abrir a porta.'

Embora Thompson (1973) aponte que uma derivação transformacional sincrônica de sentenças como (14) e (15) a partir de conjunções mais soltas seja insustentável, é provável que de fato essa mesma derivação tenha acontecido diacronicamente, *grosso modo*, como no padrão esquemático:[15]

(16) *ele puxou a porta e (ela) abriu* → *ele abriu a porta*

Compostos verbais lexicalizados e semilexicalizados desse e de outros tipos são predominantes nas áreas linguísticas do Sino-Tibete, sudeste da Ásia e Nigéria-Congo. A origem mais provável de tais condensações são estruturas mais soltas, concatenadas.

Casos semelhantes são comuns em outras partes. Assim, por exemplo, Akiba (1978) sugere que as construções firmemente conectadas compostas por verbo auxiliar mais verbo em japonês se desenvolveram historicamente de estruturas concatenadas mais soltas.[16] Hyman (1971) sugeriu que as construções de verbo serial firmemente presas na Nigéria-Congo (especialmente em kwa) surgiram historicamente de concatenações soltas consecutivas.[17]

---

15. Em chinês, o padrão anafórico em tal concatenação estreita (*i.e.*, em que o argumento correferente é tanto sintática quanto pragmaticamente bastante transparente) é a supressão ("pronome zero"). Ver Li e Thompson (1979).

16. Para a condensação envolvida no desenvolvimento de verbos auxiliares em marcadores de tempo-aspecto-modo, ver mais adiante.

17. A condensação das construções de verbo serial e seu papel na emergência de marcação de caso serão discutidos mais à frente neste capítulo.

5.2.5 Causativização e o surgimento de verbos complexos

Um outro processo comum pelo qual construções sentenciais mais soltas tornam-se condensadas em sintagmas verbais "sintaticizados" mais fixos e, como resultado, predicados mais simples se tornam mais complexos,[18] é o processo de causativização lexical. Esse processo envolve, diacronicamente, *alçamento do predicado* pelo qual dois sintagmas verbais ("orações"), carregando seus próprios argumentos marcados por caso, tornam-se condensados em um único sintagma verbal. Os dois verbos se tornam um único verbo causativo-lexical, e o sujeito da oração mais baixa se acomoda como um *objeto* do composto verbal resultante.[19] Esse processo pode ser representado esquematicamente como:

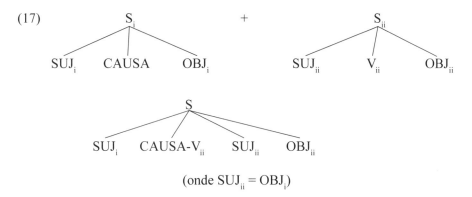

Esse tipo de condensação, assim como a que surge da reanálise de construções de verbo serial (ver adiante), são as que mais contribuem para o surgimento diacrônico de sintagmas verbais complexos, sintaticizados. Ambas aumentam o número de argumentos nominais por verbo lexical em uma oração. Ambas, em certo sentido, geram o problema de marcação de caso, isto é, o fato de que um número maior de argumentos nominais está presente por verbo, de modo que o próprio verbo não pode servir como indicador da função do substantivo. A língua, então, tem de recorrer à morfologia de marcação de caso nos próprios substantivos (ver discussão posterior). Esse fenômeno geral é uma ilustração de como o

---

18. A complexidade pode ser medida aqui em termos do número de argumentos nominais por verbo. Para uma discussão extensa de aspectos semânticos e pragmáticos sincrônicos da causativização, ver Shibatani (Ed., 1976) e Givón (1975d). Para mais aspectos diacrônicos, ver Givón (1971, 1976c).

19. Para os princípios que governam tal acomodação translinguisticamente, ver Comrie (1976) e Cole (1976).

modo/nível solto, paratático de linguagem é transparente o suficiente para exigir relativamente pouca codificação morfológica. O surgimento de morfologia gramatical nas línguas pode, portanto, ser visto como *acoplado* ao surgimento do modo sintático.

5.2.6 O surgimento de algumas construções genitivas complexas

Em diversas línguas existe uma construção genitiva aparentemente complexa que deve ter surgido, via sintaticização, de uma construção paratática mais solta. Como uma ilustração, considere a construção possessiva normal do krio, uma língua crioula:[20]

(18)   *Jọn* **hin**-*ós*
       João *sua*-casa
       'A casa de João.'

Visto que a história do krio, um crioulo relativamente recente de léxico baseado no inglês, é bastante transparente, a construção sintaticizada em (18), na qual o pronome genitivo anafórico normal é usado obrigatoriamente, deve ter surgido a partir de uma construção topicalizada (deslocada à esquerda) mais solta, a saber:

(19)   *João, sua casa.*

Uma situação paralela pode ser vista no nível mais literário do hebraico moderno, com a exceção de que aqui a ordem é diferente:[21]

(20)   *bet-o*   **shel**   *Yoav*
       casa-*sua que-para* Yoav
       'A casa de Yoav.'

A partícula genitiva *shel* é um composto do subordinador relativo *she-* (cuja forma mais antiga e maior é *asher*) mais a preposição dativa *l*. Aqui, a origem

---

20. Pelos dados estou em débito com Sori Yilla (comunicação pessoal).
21. Não pude atestar essa construção no hebraico bíblico, e tendo a suspeitar de que ela pode ter surgido durante o período mixnaico ou talmúdico. No hebraico moderno, ela não é usada no registro mais coloquial.

paratática foi provavelmente ou um tópico de pós-reflexão (deslocamento à direita) ou uma construção enfática do tipo:

(21) *bet-i*   *she-l-i*
       casa-*minha* que-para-*mim*
       'Minha **própria** casa.'

Se a construção tópica de pós-reflexão foi a origem, então (20) pode ser vista como a condensação-sintaticização da construção mais frouxa em (22):

(22) *bet-o,*   *shel*   *Yoav*
       casa-*sua* que-para Yoav
       'Sua casa, a que pertence a Yoav.'

Não é difícil de perceber a naturalidade desse processo: nas construções possessivas, o possuidor — normalmente humano — é *mais tópico* do que o possuído e, portanto, muito frequentemente acaba sendo topicalizado se a construção apresenta-o numa posição menos tópica.[22]

5.2.7 A emergência de construções clivadas e de perguntas com QU-

Um dos universais mais intrigantes da ordem das palavras é o da atração à esquerda do constituinte foco-asseverativo-enfático nas construções clivadas e perguntas com QU-. É particularmente intrigante encontrá-lo em muitas línguas com sujeito na primeira posição, em que é razoavelmente claro que o princípio pragmático geral que governa a ordem das palavras é o de que material mais tópico precede e material mais asseverativo segue. No passado, tentei explicar essa discrepância evidente apontando que, nas sentenças clivadas, o constituinte foco é, ao mesmo tempo, tanto tópico quanto asseverativo.[23] Parece-me, entretanto, que uma explicação muito mais simples e direta pode ser construída, uma que faça referência ao surgimento *diacrônico* dessas construções via sintaticização de uma construção paratática, mais solta.

---

22. Para uma discussão geral, assim como mais exemplos de reanálise de expressões existenciais e possessivas motivadas de modo similar, ver Givón (1976a).

23. Ver Givón (1974a). Esse é um outro exemplo em que uma explicação diacrônica dos detalhes de propriedades sincrônicas se mostra, penso eu, reveladora. Esse fenômeno geral é o tema do Capítulo 6.

É sabido que, nas construções clivadas e nas perguntas com QU-, um elemento — mais comumente um substantivo — é o *foco* da asserção (ou interrogação), enquanto o resto — o material que frequentemente se parece com a sintaxe de uma *oração relativa* — é o pressuposto. Assim:

(23)　　*It's John who left*
　　　　'Foi João que saiu.'
　　　　FOCO　　　PRESSUPOSTO

(24)　　*Who left?*
　　　　'Quem saiu?'
　　　　FOCO　PRESSUPOSTO

Em contraste, nos contextos discursivos reais no registro conversacional informal, muito frequentemente não há necessidade de pronunciar a construção inteira em (23) ou (24), já que a porção pressuposta não apenas é conhecida por ambos os participantes, mas também muito frequentemente foi mencionada no discurso diretamente precedente. A estratégia conversacional predominante é, assim, muito provavelmente:

(25)　　A:　*Mary did it.*
　　　　　　'Maria fez isso.'
　　　　B:　*No, **it was John**.*
　　　　　　'Não, foi João.'

(26)　　A:　*....... did it.*
　　　　　　'....... fez isso.'
　　　　B:　***Who**?*
　　　　　　'Quem?'

Se esse argumento for razoável, então pode-se compreender o surgimento dos padrões sintáticos em (23) e (24) como um resultado da inclusão da porção pressuposta no constituinte foco (25), e (26) como uma construção paratática, uma *pós-reflexão*, como em (27) e (28), respectivamente.

(27)　　***It was John**, (the one) who did it.*
　　　　'Foi João, (aquele) quem fez isso.'

(28)　　***Who (was it)**, (the one) who did it?*
　　　　'Quem (foi), (aquele) quem fez isso?'

A correlação com orações relativas observada por Schachter (1973) e Takizala (1972) encontra, desse modo, uma motivação diacrônica — isto é, sólida. Além disso, o fenômeno da oração relativa associado a construções de foco-QU em muitas línguas é pragmaticamente do tipo *não-restritivo*, que é totalmente compatível com a natureza parentética, de pós-reflexão das orações pressupostas.[24]

5.2.8 Os complementos sentenciais do hebraico bíblico

Em Givón (1974c), mostrei que as construções de complemento verbal no hebraico bíblico recente, que usam o antigo subordinador de oração relativa *she-/asher*, devem ter surgido via reanálise de uma construção "mesclada" mais paratática. O que aparentemente está envolvido é o fato de que verbos como *ver*, *pensar* ou *saber* podem — nas línguas em geral — tomar tanto complementos nominais objeto direto quanto complementos sentenciais. No hebraico bíblico antigo já se acham esses tipos de mescla, em que tais verbos tomam complemento nominal e sentencial. O complemento sentencial, por sua vez, pode ser do tipo normal V-comp, isto é, com os subordinadores *ki* ou *vehine*, como em:

(29) va-yar? ?elohim ?et ha-?or **ki** tov (Gen. 1:4)
 e-viu Deus ACUS a-luz que boa
 'E Deus viu a luz, que era boa.'

Mas o padrão mesclado pode também exibir o complemento sentencial em uma forma de oração relativa. E essa forma pode ser "sem núcleo", como em (30).

(30) shama'nu ?et **?asher** hovish Jhwh ?et mey
 nós-ouvimos ACUS que secou JHWH ACUS água-de
 yam suf
 mar-de Suf
 'Nós ouvimos isto, que Deus secou a água do Mar Vermelho.'

(Jó. 2:10)

---

24. Isto é, não há um modo pelo qual se possa concebê-las como "estreitando o domínio do núcleo SN", ou "funcionando para estabelecer uma descrição definida", que é a função normal de orações relativas restritivas.

Mas também pode ser uma forma "com núcleo", como em (31).

(31) *?al tir?u-**ni*** ***she**-?ani shxaxoret* (Cântico de Salomão)
não você-ver-*me que*-eu escuro
{ 'Não me veja, quem tem pele escura.' }
{ 'Não veja que eu tenho pele escura'. }

Os dados sugerem fortemente que as construções mais recentes V-comp, totalmente sintaticizadas como em (32)

(32) *yada'ti **she**-gam hu? r'ut ruax* (Ecl. 1:17)
eu-sabia *que*-também ele tolo-de espírito
'Eu sabia que ele também era tolo.'

de fato surgiram das mesclas paratáticas mais soltas descritas anteriormente. Naquelas, o falante de fato *se resguarda*: ele primeiro expressa o objeto nominal; então, percebendo que não é aquele substantivo *per se* o que pretendia expressar, mas sim uma proposição sobre aquele substantivo (*i.e.*, na qual o substantivo é um argumento), ele acrescenta a proposição como uma *pós-reflexão*. Um dos padrões mais naturais para ser usado em tal pós-reflexão é, obviamente, uma oração relativa não-restritiva, visto que um argumento da proposição já foi mencionado e pode, assim, ser suprimido sob correferência.

É provável que o tipo de reanálise que acabei de descrever seja muito mais difundido. Em aramaico, por exemplo, o subordinador das orações relativas e dos complementos verbais é o mesmo demonstrativo *di*, e é bastante provável que ele se estendeu ao paradigma V-comp via um padrão de mescla similar. Uma situação semelhante é observada no germânico, e Vennemann (comunicação pessoal) sugeriu que a reanálise procedeu em linhas semelhantes, esquematicamente:

(33) *I know **that**, (i.e.,) it is true* → *I know **that** it is true*
         OBJ   SUBORD
'Eu sei **isto**, (*i.e.*,) isto é verdadeiro' → 'Eu sei **que** isto é verdadeiro'

5.2.9 A emergência de morfologia gramatical ("flexional")

Nas seções precedentes mostrei que, em quase todos os casos em que uma estrutura paratática, solta, é historicamente condensada em estrutura sintática, rígida, a condensação envolve o surgimento simultâneo de morfologia gramatical para melhor codificar a sintaxe emergente. Nesta seção gostaria de prosseguir com esse tema. À guisa de ilustração, vou citar dois subsistemas maiores de morfologia flexional: um que usualmente surge como flexão nominal; o outro, como flexão verbal. Embora no passado[25] tenha analisado esses processos num contexto mais restrito, tratando da emergência da morfologia *per se*, parece-me agora que pode ser mais revelador tratar a sintaticização e a gênese da morfologia flexional como partes mutuamente dependentes do mesmo processo. Via sintaticização, a língua perde transparência na mensagem enquanto ganha velocidade de processamento. O surgimento concomitante de morfologia compensa as perdas, acrescentando *codificação* à construção, facilitando, dessa maneira, o modo emergente de processamento automático.

5.2.9.1 De verbos seriais a marcadores de caso

Esse assunto tem sido pesquisado em grande detalhe nos últimos anos. Alguns trabalhos tratam do *status* sincrônico dos verbos seriais.[26] Outros tratam de vários aspectos diacrônicos.[27] Em Givón (1975e), pesquisei o assunto sob a perspectiva do surgimento da morfologia de marcação de caso via o canal deverbal de verbos seriais. O que está envolvido, diacronicamente, é um lento processo de reanálise, pelo qual a descrição de um evento — isto é, uma proposição — é primeiramente realizada na forma de uma concatenação de pequenas proposições nas quais, aproximadamente, uma correlação um-a-um é mantida entre verbos e argumentos nominais, de modo que, em essência, a função de cada argumento nominal é marcada pelo verbo que o precede ou segue.[28] Com o correr do tempo, todavia, ocorre uma reanálise lenta e gradual, pela qual os verbos, exceto um, são gramaticalizados como marcadores de caso, tornando-se finalmente presos aos seus respectivos argumentos nominais. A expressão paratática, frouxamente concatenada, torna-se, então, uma única sentença, sob um único

---

25. Como em Givón (1971, 1973c, 1975a).
26. Stahlke (1970), Li e Thompson (1973b, 1973c), Hyman (1971).
27. Lord (1973), Li e Thompson (1973a).
28. O argumento sujeito-agente é normalmente o único a quebrar essa generalização, e pode-se argumentar que ele é marcado *posicionalmente*. Todas as línguas de verbos seriais são línguas de sujeito inicial (SVO ou SOV).

contorno entonacional, com *um* verbo complexo. Como ilustração, considere os seguintes exemplos:[29]

(34) *ū lá dùkū̀ là*
ele *tomar* pote *quebrar*
'Ele quebrou o pote.' (ACUSATIVO, Nupe)

(35) *ìywi* **awá** *òtsì* **ikù** *utsì*
menino *tomou* vara *fechar* porta
'O menino fechou a porta com uma vara.' (INSTRUMENTAL, Yatye)

(36) *ū* **bìcì** *lō dzūká*
ele *correu ir* mercado
'Ele correu para o mercado.' (LOCATIVO, Nupe)

(37) *ìywi* **awá** *ínyahwè* **awa** *ìtywi*
menino *tomou* livro *foi* casa
'O menino trouxe o livro para casa.' (LOCATIVO, Nupe)

(38) *mo* **mú** *ìwé* **wá fún** *ọ*
eu *tomei* livro *vir dar* você
'Eu trouxe um livro para você.' (DATIVO-BENEFICIÁRIO, Yoruba)

(39) *Zhāng-sān* **bèi** *Lǐ-si* **piping** *le*
Zhang-san *submeter* Li-si *criticar* ASP
'Zhang-san foi criticado por Li-si.'
(AGENTE DA PASSIVA, mandarim)[30]

O tipo de verbo que dá surgimento a um marcador de caso particular é surpreendentemente consistente em grandes áreas da África e sudeste da Ásia, onde esse fenômeno é registrado em seu estado mais elaborado. Além disso, esse fato ilustra do modo mais claro a conexão estreita entre sintaticização e emergência de morfologia gramatical. A expressão original, paratática, frouxamente concatenada não necessita de marcação de caso, visto que cada argumento nominal é suficientemente identificado, em termos do seu caso-função, pelo verbo ao qual ele é emparelhado em uma pequena oração atômica. Quando a cadeia serial é reanalisada como uma única sentença com um verbo complexo, surge, então, o problema da marcação de caso. Isso se dá porque o verbo pode marcar somente dois argumentos — tópico-agente e objeto — posicionalmente. Mas a sintati-

---

29. Esses exemplos são citados em Givón (1975e), no qual as fontes originais são reconhecidas.
30. Este exemplo é de Li e Thompson (1973a).

cização acrescentou mais argumentos objetos, e eles precisam ser marcados com relação ao seu caso-função. Daí os verbos "extras", que, em certo sentido, já estavam funcionando, em parte, para marcar o caso-papel dos seus argumentos emparelhados, agora assumirem essa função de marcação de caso como sua maior *raison d'être*. Portanto, o desenvolvimento de morfologia gramatical se torna necessário quando a língua muda do modo paratático para o modo sintático.

5.2.9.2 De verbos auxiliares a marcadores de tempo-aspecto-modalidade

Há um pequeno grupo de verbos "auxiliares" que, de um modo surpreendentemente uniforme ao longo das línguas, desenvolve-se em marcadores altamente específicos de tempo-aspecto-modalidade, sendo que os últimos comumente se tornam — mais cedo ou mais tarde — presos ao verbo. As mudanças mais comuns, translinguisticamente, são:[31]

(40) *want* ('querer') → FUTURO
 go ('ir') → IRREALIS → FUTURO
 come ('vir') → PERFECTIVO → PASSADO
 finish ('acabar') → PERFECTIVO → PASSADO
 have ('ter') → PERFECTIVO → PASSADO
 be ('ser', 'estar') → PROGRESSIVO → HABITUAL → FUTURO
 start ('começar') → FUTURO
 know ('saber') → *can* ('poder') → HABITUAL–POSSÍVEL–PERMIS-
                                           SÍVEL
 lack ('faltar') — *fail* ('falhar') — *refuse* ('recusar') → NEGAÇÃO
 one ('feito') → PERFECTIVO → PASSADO

Na maioria dos casos, a construção na qual tais mudanças acontecem é a construção de sujeito idêntico já discutida na Seção 5.2.4. Diacronicamente, o processo, então, envolve a condensação-sintaticização de duas orações frouxamente concatenadas, com a segunda exibindo anáfora do sujeito sob correferência (por *zero*, pronome anafórico ou concordância pronominal do sujeito no verbo), em uma única oração sob um único contorno entonacional. Invariavelmente, o verbo "principal" se torna morfologizado, mais comumente como um

---

31. Para discussão adicional, ver Givón (1973c).

marcador de tempo-aspecto-modo, enquanto o segundo verbo — semanticamente mais específico ou "pesado" — permanece como o único verbo da construção sintaticizada. Outra vez mais, então, a sintaticização e o surgimento de morfologia gramatical parecem andar juntas.[32]

5.3 UM SUMÁRIO PROVISÓRIO

Nas seções precedentes, abordamos virtualmente todas as maiores construções sintáticas, fortemente vinculadas, "subordinadas" nas línguas. Em cada caso, mostrei que muitas línguas apresentam evidência de que tais construções surgiram diacronicamente, via processo de *sintaticização*, a partir de construções mais soltas, concatenadas, paratáticas. Desse modo, o processo rotulado pelos transformacionalistas de *transformações de encaixamento* prova ser uma mera recapitulação de mudanças diacrônicas atestadas. Gostaria de sugerir, agora, que esses processos diacrônicos deveriam ser apropriadamente vistos no contexto da **gênese da sintaxe a partir do discurso**. Além disso, gostaria de postular dois polos extremos de *modo comunicativo*: o modo *pragmático* e o modo *sintático*. Nos casos examinados acima, estivemos tratando do surgimento do último a partir do primeiro. Que cada língua humana que conhecemos tem *ambos* os extremos — bem como qualquer nível intermediário entre eles — ficará rapidamente óbvio a partir da discussão a seguir. Os polos extremos podem, todavia, ser caracterizados como tais em termos das suas propriedades estruturais. Essa caracterização é *provisória*, e será mais elaborada adiante. Em particular, tentarei investigar, nas seções seguintes, os *parâmetros funcionais* que restringem o uso desses dois modos comunicativos.

(41) | **Modo Pragmático** | **Modo Sintático**
a) Estrutura tópico-comentário. | Estrutura sujeito-predicado.
b) Conjunção solta. | Subordinação rígida.
c) Taxa lenta de articulação (sob vários contornos entonacionais). | Taxa rápida de articulação (sob um único contorno entonacional).

---

32. É muito provável que o verbo já codificava, quando principal — como uma de suas funções —, a sinalização de alguma noção de tempo-aspecto-modo. A universalidade surpreendente desse processo e a alta especificidade semântica dos verbos que contribuem para ele apontam nessa direção. Mas, na construção sintaticizada, o antigo verbo perdeu suas outras funções (anteriores) e se tornou especializado.

d) A ordenação das palavras é governada principalmente por um princípio *pragmático*: informação velha vem primeiro, informação nova segue.	A ordenação das palavras é usada para assinalar casos-funções *semânticos* (embora também possa ser usada para indicar relações pragmáticas de topicalidade).
e) Proporção aproximada de um para um de verbos para substantivos no discurso, com os verbos semanticamente simples.	Uma proporção maior de substantivos sobre verbos no discurso, com os verbos semanticamente complexos.
f) Sem morfologia gramatical.	Uso elaborado de morfologia gramatical.
g) Entonação/acento proeminente marca o foco da informação nova; informação tópica é menos proeminente.	Muito semelhante ao modo pragmático, mas talvez não exibindo uma carga funcional tão alta e, ao menos em algumas línguas, totalmente ausente.

Nas seções seguintes, tentarei mostrar que, em grande medida, essa dicotomia também caracteriza três outros pares contrastivos de comunicação humana: Pidgin *versus* Crioulo, Criança *versus* Adulto e língua Formal *versus* Informal.

5.4 PIDGINS E CRIOULOS

É apropriado discutir esse tópico neste momento, visto que, de um certo modo, ele envolve desenvolvimentos *diacrônicos* semelhantes aos apresentados acima, embora neste caso eles sejam muito mais rápidos. A diferença entre as línguas pidgins e crioulas foi frequentemente obscurecida em estudos anteriores. Mais recentemente mostrou-se[33] que os dois tipos de língua contrastam agudamente de algumas maneiras fundamentais. Resumidamente, parece que as línguas pidgins (ou pelo menos os tipos mais predominantes de pidgin das plantações) exibem uma enorme quantidade de variação interna e inconsistência, tanto na produção do mesmo falante quanto através da comunidade de fala. A variação é tão maciça a ponto de se justificar que se diga que o modo pidgin não tem

---

33. Bickerton (1975a, 1977), Bickerton e Odo (1976, 1977), Bickerton e Givón (1976).

sintaxe estável. Nenhuma ordenação "gramatical" consistente pode ser observada em um pidgin, e há pouco ou nenhum uso de morfologia gramatical. A velocidade da articulação é dolorosamente lenta e vacilante, com muitas pausas. As orações verbais são pequenas, normalmente exibindo uma proporção de um-para-um de substantivos para verbos. Enquanto a estrutura sujeito-predicado é virtualmente indeterminada, a estrutura tópico-comentário é transparente. Virtualmente não se pode encontrar subordinação sintática, e as orações verbais são frouxamente concatenadas, geralmente separadas por pausas consideráveis. Em outras palavras, a fala pidgin exibe quase um caso extremo do modo *pragmático* de comunicação.

Em contraste, o crioulo — aparentemente uma síntese *di novo* pela primeira geração de falantes nativos que recebeu o pidgin como seus dados de *input* e prosseguiu para "criar a gramática" — é muito parecido com línguas normais, na medida em que possui um modo sintático com todos os ornamentos descritos em (41) acima.[34] A quantidade de variação na fala crioula é muito menor do que no pidgin, e é indistinguível do nível comumente encontrado nas comunidades de língua "normal". Apesar de os crioulos exibirem certas características uniformes e altamente universais que os distinguem em grau, embora não em espécie de outras línguas normais,[35] eles certamente possuem o leque total de sinais gramaticais usados na sintaxe das línguas naturais, tais como ordenação rígida, morfologia gramatical, entonação, encaixamento e várias restrições.

O aspecto mais fascinante da fala pidgin é o fato de que, embora ela pareça "não ter qualquer sintaxe", sua pragmática no nível do discurso está virtualmente intacta. Desse modo, embora a identificação do sujeito e do predicado seja uma tarefa extremamente difícil, a identificação da mensagem — e em particular do tópico e do comentário — é muito mais fácil. Deixe-me ilustrar essa qualidade peculiar do pidgin com um exemplo extraído das transcrições coletadas por D. Bickerton de um falante japonês de pidgin inglês no Havaí.[36]

---

34. Bickerton e Odo (1977) argumentam que o crioulo do Havaí tem uma frequência mais alta de sujeitos topicalizados (em oposição a gramaticais) do que línguas naturais "normais". Contudo, eles comparam um registro extremamente *informal* do crioulo havaiano com o inglês americano educado padrão. Ver discussão na Seção 5.6.

35. Ver Bickerton (1975a), Givón (1975g), Kay e Sankoff (1974), Traugott (1977) e Slobin (1977).

36. O falante era um adulto japonês, de 90 anos, gravado na ilha do Havaí onde ele vivia desde 1907 — em torno de 70 anos. Os dados são cortesia de Derek Bickerton e sua coleção de fitas cassetes. Marquei com [...] pausas entonacionais interclausais e com espaçamento maior pausas mais longas. A ortografia foi ajustada para ficar próxima ao inglês padrão.

(42)   ... *Oh me?* ...
        Oh me over there ...
        nineteen-twenty over there say come ...
        store me stop begin open ...
        me sixty year ...
        little more sixty year ...
        now me ninety ...
        na ehm ...
        little more ...
        this man ninety-two ...
        yeah, this month over ...
        me Hawaii come [desu] ...
        nineteen-seven come ...
        me number first here ...
        me-[wa] tell ...
        You sabe guruméru? ...
        You no sabe guruméru?
        Yeah, this place come ...
        this place been two-four-five year ...
        stop, ey ...
        then me go home ...
        Japan ...
        by-m-by wife hapái ('carry') ...
        by-m-by ... little boy ... come ...
        by-m-by he been come here ... ey ...
        by-m-by come ...
        by-m-by me before Hui-Hui stop ...
        Hui-Hui this ...
        Eh ... he ... this a ... Manuel ... you sabe [ka]? ...

        ... Oh mim? ...
        Oh mim lá ...
        dezenove-vinte lá digamos vem ...
        loja mim parar começar abrir ...
        mim sessenta ano ...
        pouco mais sessenta ano ...
        agora mim noventa ...

na ... ehm ...
pouco mais ...
este homem noventa e dois ...
é, este mês mais ...
mim Havaí vem [desu] ...
dezenove-sete vem ...
mim número um aqui ...
mim-[wa] contar ...
Você sabe guruméru? ...
Você não sabe guruméru? ...
é, este lugar vem ...
este lugar estado dois-quatro-cinco ano ...
parar, ey ...
então mim ir casa ...
Japão ...
pouco-a-pouco futura esposa hapái ('carregar')...
pouco-a-pouco ... garotinho ... vem ...
pouco-a-pouco ele estado vem aqui ... ey ...
pouco-a-pouco vem ...
pouco-a-pouco mim antes Hui-Hui parar ...
Hui-Hui este ...
Eh ... ele ... este a ... Manuel ... você sabe [ka]? ...

A criação de uma língua crioula a partir de um pidgin representa, desse modo, um outro exemplo de sintaticização. O modo pidgin de comunicação é essencialmente nosso modo pragmático (41). O crioulo continuou a desenvolver o modo sintático a partir dele. A pergunta importante a fazer neste ponto é: quais são as condições que, no pidgin, governam o uso exclusivo do modo pragmático? Gostaria de sugerir três delas:

(43)   a)   Tensão comunicativa. *Uma comunidade falante de pidgin é agrupada* **sem uma língua comum**, *mas com tarefas urgentes para executar.*

       b)   Ausência de conhecimento pragmático comum. *Membros da comunidade pidgin procedem de comunidades culturais e raciais diferentes; eles* **compartilham relativamente pouco do conhecimento**

pressuposicional pragmático geral *que forma o contexto geral para a comunicação humana.*[37]

c) Contexto imediatamente óbvio. *As tarefas ou tópicos de comunicação na sociedade que usa o pidgin são imediatas,* **óbvias** *e* **não remotas**. *Elas estão* **bem ali**, *tanto no tempo quanto no espaço, envolvendo várias tarefas — em grande parte físicas — a serem executadas na plantação.*

A tensão comunicativa e a falta de conhecimento pragmático comum é o que mais contribui para a *taxa lenta* de comunicação. Mas, em alguma medida, a obviedade do *contexto* e das *tarefas imediatas* é o que faz esse modo de comunicação possível.

A sociedade crioula, por outro lado, cresceu lentamente da situação pidgin. As crianças levaram os 5-7 anos normais para criar uma gramática, o leque de assuntos, contextos e tarefas a serem tratados se expandiram até o âmbito social normal. Anos de vida juntos criaram um corpo de conhecimento pragmático comum e suposições culturais comuns, bem como um conhecimento crescente de membros da comunidade, sua personalidade e motivação. Nesse fundo facilitador, o modo sintático de comunicação, com sua condensação, economia de tempo e procedimentos de codificação estruturalizados, automatizados, pode evoluir.

5.5 LINGUAGEM INFANTIL *VERSUS* LINGUAGEM ADULTA

Algumas pistas que sugerem que a linguagem infantil inicial é basicamente do modo pragmático aparecem tão cedo quanto em Gruber (1967b), com a sua agora esquecida observação de que a linguagem infantil inicial parece ser rica em *tópicos*, em detrimento de sujeitos. Por certo tempo, esse *insight* pioneiro foi enterrado sob uma verdadeira avalanche de estudos puramente sintáticos, que se propunham a documentar a aquisição de *estrutura* sem referência a habilidades comunicativas. Nesse meio tempo, o pêndulo voltou-se para o outro lado, e um

---

37. Como sugerido nos Capítulos 2 e 3, a comunicação acontece num vasto fundo de um universo compartilhado (pressuposto) de conhecimento, incluindo conhecimento do mundo real, convenções culturais, estrutura social, motivação provável do(s) interlocutor(es) etc. O conhecimento do discurso precedente é um subconjunto desse fundo.

número crescente de estudos mostra que as crianças primeiro adquirem um *sistema comunicativo* e que, de todos os modos fundamentais, esse primeiro sistema comunicativo exibe as características do nosso modo *pragmático* (41).[38] Sua taxa de articulação é lenta, é concatenada e não encaixada, falta morfologia gramatical, a proporção de substantivo para verbo aproxima-se de um para um, os tópicos prevalecem sobre os sujeitos, a ordenação das palavras é predominantemente pragmática e um dos primeiros princípios discerníveis é o de atribuir contornos de entonação mais altos ao foco da informação nova.

Em termos das características da situação comunicativa que prevalece nos primeiros estágios da linguagem infantil, encontramos um paralelo notável com o que foi descrito para os pidgins (43) acima:

(44) a) Tensão comunicativa. *A criança é lançada no mundo com funções urgentes a serem realizadas e nenhum modo de comunicação para compartilhar com a comunidade humana vizinha.*

b) Ausência de conhecimento pragmático comum. *A criança obviamente não tem o conhecimento comum compartilhado para entender o mundo, a cultura, a estrutura social e a motivação provável dos seus interlocutores.*

c) Contexto imediatamente óbvio. *A comunicação infantil primeira envolve tópicos e tarefas imediatamente óbvios e contextos do aqui- -e-agora, dos quais o mais imediato e óbvio é claramente a própria criança.*

Como apontou Elinor Keenan (1977), o que acontece no desenvolvimento subsequente das habilidades linguísticas adultas a partir do modo infantil é uma mudança gradual nos parâmetros que governam a situação comunicativa (44). A tensão comunicativa é aliviada lentamente, à medida que a criança adquire habilidades linguísticas. Porções cada vez maiores de conhecimento pragmático comum são adquiridas. O leque de tópicos, tarefas e contextos lentamente se alarga do imediato para o menos imediato, do óbvio para o menos óbvio, do concreto para o mais abstrato. Isso encontra um paralelo na mudança do modo comunicativo, do modo totalmente *pragmático* no início em direção à aquisição gradual

---

38. Alguns estudos nesse campo, que cresce rapidamente, incluem Elinor Keenan (1974a, 1974b, 1975a, 1975b, 1977), Keenan e Schieffelin (1976), Bates (1974, 1976), Scolon (1974, 1976), Greenfield e Smith (1976) e Bloom (1973).

do modo *sintático*. A criança nunca perde o modo primeiro e, como adulto, controla uma *escala* inteira, do modo pragmático extremo para o sintático extremo. A síntese do último é o modo formal, *escrito* (ver discussão na Seção 5.6). Mas o adulto sempre pode, sob situação comunicativa apropriada, reverter para um modo largamente *pragmático*. O tipo de comunicação usado por adultos aprendendo uma *segunda língua* é, em grande parte, do modo pragmático, como é o registro *pidgin*. O tipo de comunicação aprendido mais cedo, então, permanece conosco ao longo da vida. De alguns modos fundamentais, ele deve ser considerado nossa forma de comunicação *embrionária, rudimentar*.[39] Além disso, apesar de o estudo de universais da linguagem ter-se confinado, nas escolas transformacional e não transformacional, quase exclusivamente ao modo sintático, é bastante provável que o modo pragmático seja realmente o componente *mais* universal de nossas habilidades comunicativas, o registro final compartilhado por todos os humanos.

Para sumarizar, então, no desenvolvimento do modo linguístico adulto a partir do modo da criança, observa-se um paralelo notável com os processos diacrônicos discutidos nas Seções 5.2 e 5.3, bem como com o desenvolvimento do modo crioulo a partir do pidgin. Em cada caso, o modo sintático evoluiu, ao longo do tempo, do modo pragmático. O processo de sintaticização é surpreendentemente semelhante nesses três casos. Na seção seguinte, discutirei as consequências de tal desenvolvimento no falante adulto de língua não pidgin, isto é, a coexistência de um *leque* de registros ou modos comunicativos, cujos extremos são nossos modos sintático e pragmático.

5.6 DISCURSO INFORMAL *VERSUS* DISCURSO FORMAL

Um dos maiores choques administrados à psique de um linguista gerativo devoto é provavelmente chegar aquele raro dia em que ele faz um movimento infeliz em direção a manejar fala natural, viva, informal e não solicitada. Tal experiência pode resultar no colapso total do arcabouço intrincado de gramaticalidade e competência, um edifício que foi erigido inicialmente para insular o linguista gerativo de, precisamente, tal confronto desencorajador com

---

39. As implicações filogenéticas óbvias disso, em termos da evolução da linguagem humana, serão discutidas no Capítulo 7.

o mundo real dos dados linguísticos. Se um linguista é honesto sobre suas responsabilidades empíricas, então em algum ponto na sua carreira ele/ela tem de enfrentar a diferença profunda — e perturbadoramente *escalar* — entre os registros formal e informal da linguagem adulta. O primeiro, o registro formal, tem sido o capital de comércio tradicional do linguista e quase sua única entrada de dados. Nesse sentido, o transformacionalista e o gramático tradicional têm compartilhado um preconceito comum, embora, enquanto o tradicionalista tende a ignorar o registro informal por causa de preconceitos prescritivistas profundamente arraigados, o transformacionalista descarta os dados como caóticos, degenerados, que refletem fatores de "desempenho". A natureza aparentemente caótica, não gramatical da fala informal, não planejada[40] tende a ser paralela à situação encontrada na linguagem infantil primeira, e estudos tratando das propriedades estruturais e restrições comunicativas na fala informal são relativamente recentes. Estudos anteriores tenderam a enfatizar os aspectos sociointeracionais da transação, prestando menos atenção à transação da informação e à estrutura gramatical.[41] Mais recentemente, vários estudos relacionados focalizaram a diferença entre o registro informal e o formal.[42] Esses estudos foram sumarizados por Elinor Keenan (1977, 1979), que comenta o paralelismo espantoso entre os registros discursivos da criança *versus* o do adulto, e planejado *versus* não planejado.[43] Sumarizando, o discurso não planejado informal tende a:

1. Apresentar construções mais topicalizadas (deslocadas à esquerda); essas estão quase inteiramente ausentes do registro formal-planejado.
2. Favorecer a coordenação solta sobre a subordinação firme, isto é, menos encaixamento.
3. Envolver mais repetição, pausas e, em geral, maior tempo de articulação.

---

40. Os termos discurso "planejado" *versus* "não-planejado" foram introduzidos por Elinor Keenan (1977a). Eles se sobrepõem à minha distinção "formal" *versus* "informal".

41. Ver Sacks, Schegloff e Jefferson (1974), Schegloff (1973, 1979), Schegloff, Jefferson e Sacks (1977).

42. Em uma coleção editada por Keenan e Bennett (1977), com os trabalhos relevantes de Elinor Keenan (1977), Bennett (1977), Kroll (1977), Shimanoff e Brunak (1977).

43. Aparentemente, a pesquisa que subjaz a esse capítulo e o trabalho de Elinor Keenan foram realizados independentemente em linhas semelhantes. Estou mais do que encantado em reconhecer essa feliz convergência.

4. Envolver redução e simplificação consideráveis da morfologia gramatical, isto é, sistemas de tempo-aspecto reduzidos, morfologia de caso menos complexa, dispensando morfemas subordinadores para os complementos verbais e orações relativas, um uso maior de anáfora zero sobre pronomes anafóricos.
5. Exibir orações verbais menores, com poucos argumentos nominais por verbo.
6. Exibir uma estrutura de tópico-comentário muito mais proeminente, contra o uso mais proeminente de sujeitos gramaticais no registro planejado-formal.

Como aponta Elinor Keenan em seu sumário, o adulto nunca esqueceu sua habilidade comunicativa primeiramente adquirida, nosso modo *pragmático*. Ele simplesmente a expandiu, via o surgimento gradual do modo *sintático*. Embora seja improvável que um adulto, em conversação informal relaxada entre pessoas que compartilham seu código cultural e linguístico, reverta todo o caminho para o modo pragmático *extremo*, as similaridades são, entretanto, bastante impressionantes. Além disso, sob situações de tensão comunicativa extrema, tais como aquelas que prevalecem na situação pidgin ou sob uma necessidade premente para se comunicar em uma língua estrangeira, o adulto de fato retrocede quase todo o caminho[44] para o registro pragmático extremo na escala.

Quando nos voltamos para a consideração da situação comunicativa sob a qual o discurso informal não planejado é usado, encontramos um quadro muito mais complexo, com muitos parâmetros interagindo entre si de um modo intrincado. No momento, parece- me que ao menos o seguinte pode ser dito:

1. *Tensão comunicativa.* Um tipo muito comum de comunicação informal se dá sob condições relaxadas sem pressão de tempo, em que o planejamento é simplesmente *desnecessário*. Por outro lado, sob condições extremas de emergência, quando não há absolutamente tempo para planejar, a fala pragmática (não planejada), e não a sintática, também é usada.[45]

---

44. Dado que o adulto já é um falante maduro de *alguma* língua, com um vasto léxico, uma visão de mundo organizada e codificada e muitas pressuposições sobre o universo e a sociedade, motivação humana e interação, é improvável que ele reverta todo o caminho para o modo de comunicação da criança.
45. Devo essa sugestão a Patricia Greenfield (comunicação pessoal).

2. *Pressão do tempo*. Enquanto o modo pragmático mais comum parece não envolver *pressão de tempo*, situações de emergência — incluindo, talvez, em grau menor as situações de pidgin e língua estrangeira — também parecem precipitar o uso do modo pragmático.
3. *Grau de planejamento*. Aqui a caracterização de Elinor Keenan é bastante apropriada. O modo pragmático é, por alguma razão (tempo demais ou nenhum tempo), um modo não planejado, isto é, *você planeja à medida que prossegue*;[46] o exemplo supremo do modo planejado é a língua escrita escolarizada, rígida.
4. *Monitoramento face a face*. Como apontou Manny Schegloff (comunicação pessoal), a comunicação face a face pode ser menos planejada, menos firmemente organizada, mais repetitiva, e aparentemente mais descuidada *precisamente* por causa do monitoramento constante do interlocutor, seu acompanhamento do tópico, seu grau de compreensão e sua reação às pressuposições sob as quais a comunicação flui. Isso proporciona ao falante a oportunidade de reparo instantâneo, de repetição, de relaxamento, de simplificação e clarificação enquanto ele segue as pistas faciais, gestuais e interjecionais emitidas pelo ouvinte. Tais repetições, reparos e relaxamento são parte das características do discurso pragmático.
5. *Conhecimento pragmático geral compartilhado*. Aqui, outra vez, encontramos uma interação complexa com um outro fator, a saber, o *grau de contexto imediatamente óbvio*. Em geral, a fala informal é encontrada primeiro entre *familiares* que compartilham um vasto conhecimento das suas pressuposições pragmáticas sobre o universo e sobre si mesmos. Sob tais condições, o tópico, contexto ou tarefa para a comunicação podem ser menos imediatamente óbvios. Por outro lado, esse modo também é encontrado entre *estrangeiros*, em encontros superficiais. Mas aí o tópico, tarefa ou contexto tendem a ser muito mais imediatamente óbvios. Esses dois fatores tendem a formar, então, um agregado de conhecimento compartilhado. Os casos da criança e do falante de pidgin caem no mesmo extremo aqui. Isto é, enquanto o conhecimento pragmá-

---

46. Em termos do tempo total gasto em planejamento e articulação, pode-se suspeitar que um certo equilíbrio prevalece, de modo que quanto mais tempo se gasta no *pré*-planejamento, menos se gasta na elocução real. As situações de emergência extrema (*Fogo*!) não correspondem a nenhum dos extremos aqui, visto que há pouco tempo para pré-planejar ou articular.

tico geral é mínimo, a comunicação é estritamente face a face e envolve, em grande parte, o imediatamente óbvio, o aqui-e-agora, os próprios interlocutores, tendendo, assim, a *excluir* terceiras pessoas, tempo passado e futuro e espaço não visível.

O caso extremo do polo formal-planejado é a língua escolarizada, livresca, escrita, e é, portanto, de grande interesse acessar os parâmetros comunicativos sob os quais ela é usada. Eles podem ser sumarizados como:

1. Há planejamento extremamente cuidadoso, com correções, reescritura e reformulação.
2. Pressão de tempo considerável é, por um lado, óbvia em termos de economizar espaço e reduzir custos de impressão. Por outro lado, um tempo muito mais longo é gasto no pré-planejamento.
3. Há uma ausência quase total de tensão comunicativa, visto que a mensagem geralmente é escrita para leitura posterior.[47]
4. Há uma ausência total de monitoramento face a face.
5. Uma quantidade relativamente menor de conhecimento pressuposicional é assumida de saída, visto que se está, de fato, escrevendo para *estranhos*.[48] Entretanto, o conhecimento pressuposicional é então construído gradualmente, de um modo cuidadosamente planejado, com cada nova linha expandindo-o, a ponto de a porção expositiva dar lugar ao corpo principal da narrativa.
6. Não há virtualmente contexto imediatamente óbvio, tópico ou tarefa. Tipicamente, escreve-se sobre outras épocas, outros lugares e pessoas não presentes.

O registro escrito, muito parecido com o registro formal de endereçamento ao público, é, assim, o modo extremo de comunicação na *massa da sociedade de estranhos*. É um produto da necessidade: está lá por um propósito. Ao contrário, já que a linguagem evoluiu como uma ferramenta oral, inicialmente em contextos imediatamente óbvios, tratando de tópicos e tarefas imediatamente óbvios, envol-

---

47. Ao se escrever sob pressão de tempo, as características do registro mudam claramente em direção ao modo pragmático, como pode ser visto em Janda (1976).
48. Obviamente a redução não poderia ser completa aqui, já que, como o contexto, a tarefa e o tópico não são imediatamente óbvios, e a comunicação não poderia prosseguir a menos que houvesse *algum* conhecimento compartilhado.

vendo comunicação face a face entre pequenos grupos de íntimos que compartilhavam muito das pressuposições pragmáticas sobre seu universo e sua estrutura social e motivacional, uma conclusão inevitável é que, na evolução da linguagem, o modo pragmático foi o *primeiro* tipo de comunicação humana, enquanto o modo sintático é um fruto dele.[49] Retornarei a esse tópico no Capítulo 7.

5.7 DISCUSSÃO

5.7.1 Diacronia e desenvolvimento da criança

Parece haver uma conexão inevitável entre a diacronia e o desenvolvimento da criança no sentido de que os processos que parecem ocorrer quando a criança modifica seu modo pragmático primeiro, via sintaticização, são idênticos aos processos que dão origem às estruturas sintáticas na língua ao longo do tempo. Isso provavelmente envolve uma interação ativa, criativa entre o *input* adulto corretivo, instrutivo e as necessidades em expansão da situação comunicativa. Mas a relação causal está longe de ser clara, e é possível que a linguagem evolua diacronicamente do modo como o faz *precisamente* porque as crianças cedem à sintaticização sob restrições, necessidades e exigências comunicativas específicas.

5.7.2 O ciclo diacrônico

Enquanto a pragmática dá surgimento à sintaxe, a sintaxe, por sua vez, dá surgimento à morfologia gramatical, que então se deteriora via atrito fonológico.[50] Ao menos no seu estágio presente, parece, as línguas humanas continuam renovando sua sintaxe via sintaticização do discurso.

---

49. Não há comunidades linguísticas que eu conheça em que somente o modo pragmático seja usado. Dessa maneira, obviamente, a espécie humana, onde quer que esteja, evolui a tal ponto que contextos, tópicos e tarefas não imediatamente óbvios podem ser tratados, e que podemos nos comunicar com estrangeiros bem como com — algumas vezes predominantemente — familiares. Na medida em que a língua escrita representa o ápice do modo sintático, a maioria das sociedades (e dos falantes) não exibe esse extremo.

50. Aqui o *desbotamento semântico* das palavras lexicais em morfemas gramaticais anda passo a passo com o desbotamento fonológico (redução), isto é, perda de acentuação, cliticização e erosão assimilatória.

5.7.3 Universalidade e evolução

Parece bastante claro que o modo pragmático de comunicação humana, como definido previamente em (41), é ontogenética e filogeneticamente anterior e, em termos de comprovação translinguística, mais universal do que o modo sintático. No nível sintático, as línguas tendem a divergir enormemente. No nível pragmático, elas tendem a ser surpreendentemente semelhantes. O fato de que esse modo é sempre usado sob condições mais tensas de ausência de língua comum — como no pidgin ou em conversa com estrangeiros — faz ressaltar seu *status* como o *denominador comum universal*.

5.7.4 Registros coexistentes

Um falante maduro não perdeu seu modo primeiro, ao contrário, adquiriu lenta e progressivamente registros mais sintaticizados. Enquanto os extremos nessa escala são atestados na primeira fala infantil e na língua escrita educada, formal, uma complexa interação de parâmetros comunicativos — como discutido anteriormente — determina a escolha (ou necessidade) do ponto adequado na escala de registro.

5.7.5 Modalidades codificadoras na sintaxe

Das quatro maiores modalidades codificadoras usadas no modo sintático — ordenação rígida, morfologia gramatical, restrições[51] e entonação —, as três primeiras surgem ao mesmo tempo via processo de sintaticização e devem ser vistas como seus correlatos necessários. A entonação, por outro lado, permanece bastante pragmática e pode ou não ser usada no modo sintático.[52]

---

51. Por "restrições" refiro-me a condições como correferência, identidade de caso, estrutura paralela etc., que são normalmente associadas às assim chamadas transformações sintáticas.

52. Mais tipicamente, as línguas com tom lexical altamente produtivo, assim como aquelas com um uso altamente produtivo do princípio pragmático da ordenação de tópico-comentário, tendem a fazer menos uso da entonação como um sinal para as relações de tópico-foco. O chinês mandarim e o yoruba são exemplos do primeiro tipo, e o espanhol corrente do segundo. O inglês, por outro lado, é um dos exemplos mais extremos de ordenação rígida e uso altamente evoluído da entonação pragmática. Para maiores detalhes, ver Bolinger (1958, 1972, 1977a, 1977b, 1977c).

5.7.6 Explicando a sintaxe sincrônica

Acontece frequentemente de a estrutura da sintaxe sincrônica não poder ser entendida sem referência a processos diacrônicos ou desenvolvimentais. Em ambos os casos, o processo de sintaticização, que faz surgir a sintaxe, não pode ser entendido sem referência a seu ponto de partida inicial, o modo pragmático, assim como aos parâmetros comunicativos que governam sua evolução, ontogenética e diacronicamente.

5.7.7 Gramática como uma estratégia de processamento automático

Pode-se ver a emergência de ordenação rígida, de construções sintáticas condensadas — fixas, subordinadas —, de morfologia gramatical rica e de regras/restrições sintáticas firmes como a emergência de *processamento automático* da fala. O modo pragmático é analítico e lento, e tem um alto grau — para propósitos práticos, 100% — de fidelidade comunicativa, uma correlação um-a-um entre código e mensagem. Mas ele também é um modo incômodo, que requer um alto grau de interação face a face e é frequentemente limitado quanto a tópicos, tarefas e contexto que não sejam muito distantes do aqui, agora e nós. No modo sintático, podem-se compreender os recursos codificadores mais evoluídos como as *ferramentas* do processamento automático. Mas, enquanto se ganha em velocidade, perde-se em resolução, já que na sintaxe a correlação entre forma e conteúdo é tipicamente menor do que 100%. O modo sintático é, dessa maneira, usado somente quando outros parâmetros que governam a situação comunicativa tornam possível *compensar* tal perda. A sintaxe existe, então? Sim e não. Existe como um modo de comunicação linguística e tem propriedades estruturais altamente específicas. Portanto, a posição extrema representada por García (1977) parece um tanto insustentável. Por outro lado, a sintaxe não pode ser entendida nem explicada sem referência *tanto* à sua evolução a partir do discurso *quanto* aos parâmetros e princípios comunicativos que governam seu surgimento a partir do modo pragmático e seu uso seletivo ao longo da escala de registro da comunicação humana. Logo, a outra posição extrema, aquela da ortodoxia gerativo-transformacional, parece até mesmo mais insustentável.

6

Mudança linguística
De onde vem a sintaxe louca:
restrições diacrônicas sobre
gramáticas sincrônicas

6.1 INTRODUÇÃO[1]

No Capítulo 5, foi sugerido que as características sincrônicas das estruturas sintáticas não podem ser compreendidas sem referência aos processos diacrônicos que as geraram. As estruturas sintáticas cuja origem discursiva investigamos eram todas de um tipo muito geral. Eram, de fato, as estruturas sintáticas mais padronizadas *universalmente*, mais comumente encontradas na linguagem humana. Os dados que me proponho a investigar neste capítulo, por outro lado, são, de um ponto de vista puramente sintático, um pouco loucos. Ou seja, em cada caso, eles envolvem uma flagrante transgressão dos princípios gerais que governam a comunicação humana, como transparência da mensagem, correlação um-para-um entre forma e significado, consistência das convenções de codificação, ou facilidades de processamento. Esses princípios, deve-se acrescentar, raramente se manifestam na estrutura de qualquer língua de maneira *absoluta*. De fato, já vimos que sintaxe (ou "a gramática"), na melhor das hipóteses, é um instrumento de comunicação imperfeito, com menos de 100% de fidelidade. Esse tipo de "sintaxe louca" discutido aqui é, portanto, *relativo* ao nível atestado de eficácia comunicativa na sua melhor condição. O que argumento aqui é que, em cada exemplo, um estado sincrônico louco da gramática surgiu através de mudanças diacrônicas

---

1. Estou em débito com Dwight Bolinger, Robert Hetzron e Winfred Lehmann pelas sugestões e pelos comentários à versão preliminar deste capítulo. Também gostaria de registrar o trabalho de Larry Hyman (LSA Winter, San Diego, 1973) "How do natural rules become unnatural?" (Como regras naturais se tornam não naturais?), que me levou a ver os óbvios paralelos entre fonologia e sintaxe.

que são altamente *naturais* e, presumivelmente, motivadas independentemente por vários fatores comunicativos.

Dado que uma língua — qualquer língua — se encontra, em um determinado ponto do tempo, no meio de numerosas mudanças diacrônicas em curso em sua gramática, pode-se levantar uma questão fundamental concernente à nossa noção de *naturalidade* em linguística. Se a gramática sincrônica é, de fato, eternamente uma função ou um reflexo de mudança diacrônica, e se, além disso, estados sincrônicos loucos ou não naturais[2] na gramática podem e, de fato, resultam, de maneira massiva, da mudança diacrônica natural, comunicativamente motivada, então de que área de nossos dados linguísticos deveríamos derivar nossa compreensão do que é natural na linguagem humana?

A questão proposta acima reside bem no coração de uma interação complexa entre o objeto estável que a língua presumivelmente é para seu *falante* em qualquer ponto durante a comunicação, e a linguagem como um fenômeno no meio do fluxo interior do *mesmíssimo* falante no *mesmíssimo* tempo durante a comunicação. É claro que não é um acidente que os dados de variação sincrônica na fala tanto do indivíduo quanto da comunidade acabam se sobrepondo aos dados da mudança diacrônica. Esses dados embaraçosos insistem em se introduzir, repetidamente, no mundo seguro do estruturalista. Assim, Saussure e os bloomfieldianos insistiram em que os fatos relativos à mudança diacrônica, ou seja, como a língua chega a seu estado sincrônico atual, deveriam ser estudados em uma disciplina distinta, isto é, na linguística diacrônica. Até onde se sabe, não havia nada de dogmático em relação a essa separação no *Cours* de Saussure, onde ele reconhece que a distinção entre "fluxo" e "estado" na língua só pode ser realizada através de um certo grau de abstração.[3] De fato, Saussure chega perto, em alguns de seus comentários, de reconhecer a unidade fundamental entre as linguísticas sincrônica e diacrônica.[4] Na prática, entretanto, ele foi responsável

---

2. A noção "não natural" na linguagem pode ter duas leituras distintas: (a) "Menos comumente encontrado nas línguas", e (b) "Que produz ruptura comunicativa". Por motivos que serão apresentados adiante neste capítulo, os dois sentidos nem *sempre* coincidem.

3. "Na prática, um estado de língua não é um ponto, mas um breve período de tempo no qual a soma das modificações que se seguiram é mínima. [...] Estudar um estado de língua significa, na prática, desconsiderar mudanças de pequena importância. [...] Em linguística estática, como na maioria das ciências, nenhuma sequência de raciocínio é possível sem a usual simplificação dos dados" (Saussure, 1915, p. 101-102). Saussure não explicita se a simplificação é apenas uma preliminar metodológica sobre a qual um edifício *teórico* permanente não deve ser construído.

4. Ao se referir à identidade sincrônica de uma mesma forma como representante do mesmo significado, ao contrário da identidade diacrônica de um elemento de forma/significado com seu antecedente

por separar os dois subcampos da linguística, uma separação adotada pelos bloomfieldianos como um julgamento metodológico *apriorístico* importante e, como tal, absorvido completamente pelos transformacionalistas.[5] Sob a tradição seguinte, assume-se que "a língua" constitui um objeto estático manipulado ou "aprendido" pelos falantes (*i.e.*, a *langue* de Saussure e a *competência* de Chomsky), e não um sistema dinâmico de comunicação em que uma estratégia está sempre em processo de ser modificada em direção a outra.

A relevância da história da língua até seu estado presente obviamente depende dos objetivos adotados pelo linguista. Se sua análise se limita a *descrever* o que o falante sabe sobre sua língua, são altas as chances de que a diacronia seja irrelevante para a habilidade do falante de manipular seu sistema comunicativo. Entretanto, se o linguista se empenha em *compreender* por que a estrutura da língua é do jeito que é,[6] então — como pretendo demonstrar — o surgimento diacrônico dessa estrutura, assim como os princípios comunicativos que a governam se tornam enormemente pertinentes.

6.2 FONOLOGIA SINCRÔNICA LOUCA

Nesta seção, gostaria de ilustrar brevemente como, em outras áreas da gramática, por exemplo, a fonologia, existem precedentes — em grande quantidade — em que a mudança diacrônica natural gerou estados sincrônicos bizarros. O argumento segue Hyman (1973) e vou ilustrá-lo com dados de suaíli. Nessa língua, observa-se uma regra de glide, que é bastante difundida em banto, e uma de suas realizações é:

(1) $i \to y \,/\, \underline{} \, V$

---

diacrônico, Saussure escreveu: "Por isso eu poderia afirmar que saber como *Gentlemen!* retém sua identidade quando repetido várias vezes durante uma palestra é apenas tão interessante quanto saber por que *pas* (negação) é idêntico a *pas* (nome) em francês, ou ainda, por que *chaud* é idêntico a *calidum*. [...] O segundo problema é na verdade apenas uma extensão e uma complicação do primeiro [...]" (1915, p. 182).

5. Novamente, não há nada no próprio *Language* de Bloomfield que sugira a irrelevância da relação entre as análises sincrônica e diacrônica. Ao contrário, ele parece argumentar por uma prática mudança de ênfase, da preocupação altamente diacrônica dos neogramáticos em direção a um trabalho mais descritivo: "Podemos estudar a mudança linguística apenas comparando línguas correlatas ou diferentes estágios históricos de uma mesma língua [...]" (1933, p. 16-17).

6. É claro que se pode dizer, com Chomsky, que a estrutura da língua é *inata*, ou seja, prevista no nosso aparato neural. Mas isso equivale a pôr fim à investigação prematuramente, com todas as questões interessantes deixadas sem respostas, ou nem mesmo formuladas.

A motivação para essa regra, de cunho universal, é uma motivação dissimilatória transparente, a saber, a resolução de sequências VV em sequências WV (quando as duas vogais são diferentes), e se enquadra no arcabouço da distribuição idealizada CVCV de vogais e consoantes nas línguas, uma distribuição com motivações tanto acústicas quanto articulatórias. Em seguida, uma outra mudança ocorreu na língua, desta vez uma de natureza assimilatória, de palatalização:

(2)   k → c / ——— y

A motivação articulatória natural para a regra (2) é bastante transparente e constitui uma das mudanças assimilatórias mais comuns nas línguas. Finalmente, uma terceira mudança ocorreu, com uma provável combinação de motivação assimilatória e dissimilatória, que pode ser rotulada "absorção de glide":

(3)   cy → c / ——— V

A regra (3) pode ser vista como uma regra de simplificação de feixes, ou seja, converter sequências CGV em sequências CV e, portanto, motivada pela distribuição universal idealizada CVCV. Entretanto, ela tem um componente assimilatório, a saber, apenas se o glide e a consoante precedente são articulados no mesmo ponto, a regra (3) ocorre. Tal restrição é, naturalmente, familiar no inglês, e deve se relacionar com a necessidade de assegurar a recuperabilidade da supressão.[7] O resultado da aplicação de todas as três regras na ordem histórica para sequências /ki-V/ em suaíli pode ser ilustrado em:

(4) | Forma antiga | Forma nova | Glosa |
|---|---|---|
| | *ki-engo | c-engo | 'moradia' |
| | *ki-ama | c-ama | 'associação' |
| | *ki-upa | c-upa | 'garrafa' |
| | *ki-o ki-ote | c-o c-ote | 'algum' (classe 7/8 sg.) |
| | ki-ini | ki-ini | 'semente' |

Já que muitas das mudanças são atestadas em posição interna à raiz, o que temos aqui, de fato, é uma cisão fonêmica, em que o fonema antigo /k/ deu lugar a /k/ e /c/. Mas a distribuição dos dois fonemas sincronicamente é bastante bizarra: /k/ ocorre antes de todas as cinco vogais, ou seja, sequências como /ka, ko, ku, ke, ki/ são atestadas. Mas /c/ ocorre apenas antes de quatro das vogais, de

---

7. Ver Hudson (1974) para maiores discussões.

modo que sequências como /ca, co, cu, ce/ são atestadas. Mas sequências como /*ci/ ou /*cy/ não são atestadas atualmente. A loucura sincrônica desse estado de coisas é bastante óbvia, com /ki/ sendo atestado e /*ci/, não atestado. De modo mais evidente, esse fenômeno contraria previsões universais que dizem respeito a quais vogais vão palatalizar consoantes e quais não. Mas, apesar disso, esse tipo de estado sincrônico não natural surge da concatenação — em ordem histórica — de três mudanças fonéticas altamente naturais. Se um linguista tomasse os fatos sincrônicos em suaíli pelo seu valor aparente como representando naturalidade em fonologia, ele chegaria a conclusões bastante bizarras. Por outro lado, estudando a sequência diacrônica das mudanças que levou ao estado de coisas corrente, o linguista certamente obterá uma melhor compreensão do que é natural e universal. O que proponho fazer no resto deste capítulo é ilustrar a variabilidade de um argumento similar em sintaxe.

6.3 INCONSISTÊNCIAS TIPOLÓGICAS ENTRE MORFOLOGIA E SINTAXE

No seu artigo pioneiro, Joseph Greenberg (1966) observou uma correlação entre a ordenação morfêmica e sintática das línguas, segundo a qual línguas OV tendem a exibir morfologia presa sufixal, e línguas VO, morfologia prefixal. Como apontei em outros trabalhos,[8] essa correlação é, em essência, de origem diacrônica. Ou seja, certos tipos de palavras em construções sintáticas específicas tendem a se desenvolver em tipos específicos de morfemas, e a ordenação sintática preponderante nessas construções no momento da cliticização necessariamente determina a ordenação morfotática de um composto que surge a partir dessas construções.[9] Greenberg também observou que muitas línguas VO, com o inglês sendo um exemplo representativo, não sustentam essa correlação muito consistentemente, e exibem, na maioria das vezes, morfologia sufixal. Como já demonstrei (Givón, 1971), essas inconsistências surgem por causa de uma sequência de mudanças diacrônicas naturais:

1. Uma camada de morfologia surge e nesse momento "se acomoda" à tipologia sintática predominante das línguas.

---

8. Givón (1971, 1975e).
9. Para alguns exemplos, ver a Seção 5.2.9.

2. Devido a processos altamente naturais,[10] a sintaxe da língua muda, enquanto a antiga morfologia — sendo presa — permanece como uma relíquia congelada.

Como resultado de tal concatenação de mudanças diacrônicas independentes, todas presumivelmente motivadas por fatores comunicativos, a língua, portanto, se torna sincronicamente "de tipologia mista". Não existe nenhuma evidência psicolinguística sólida de que os falantes de uma língua VO com uma morfologia sufixal predominante tenham consciência dessa "inconsistência". Nem há evidência sólida que sugira que, de alguma forma, por causa da ordenação VO, eles esperem processar a fala através do uso de sinais morfêmicos prefixais ao invés de sufixos "inconsistentes". Embora experimentos cruciais ainda devam ser planejados e executados, existem, entretanto, razões para assumir, tentativamente, que, quando o *mesmo* fenômeno na gramática é *codificado de modo inconsistente* pela morfologia, tal situação pode, de fato, constituir um exemplo de sintaxe "comunicativamente louca". Nesta seção, gostaria de discutir dois exemplos ilustrativos desse tipo.

6.3.1 Pronomes objetos congelados

Em vários grupos de línguas que são atualmente VO, ou estão mudando em direção a VO, mas costumavam ser tipologicamente OV em um período anterior, pode ser constatado o fenômeno da sintaxe OV para objetos pronominais, mas uma sintaxe VO para objetos nominais. Em todos os casos, os pronomes envolvidos são clíticos, ou seja, presos como prefixos aos vocábulos verbais e, portanto, sem liberdade. Como há base para se acreditar que objetos diretos nominais são o padrão neutro em sintaxe,[11] pode-se argumentar que uma situação desse tipo meramente exibe a utilização de diferenças de ordenação vocabular para codificar o padrão mais marcado de objeto pronominal, em oposição ao padrão não marcado dos objetos diretos nominais. Além disso, em línguas VO que costumavam ser OV, como as línguas românicas, o banto ou o iroquês, a posição pré-verbal do pronome objeto clítico na verdade está em conformidade com um

---

10. Para uma discussão das causas naturais da mudança sintática, ver Vennemann (1973a), Givón (1975e), Haiman (1975), Ard (1976) e Givón (1977a).

11. Ver Capítulo 2.

princípio pragmático muito geral que governa a ordenação vocabular, segundo o qual a informação *mais tópica* ("velha", "pressuposta") vem primeiro.[12] O princípio pode ser ilustrado independentemente em inglês, em que os objetos pronominais *não* são presos, mas, apesar disso, apresentam a tendência de preceder objetos nominais e, portanto, ocorrer mais próximos ao verbo. Assim, considere:[13]

(5)   a)   *John gave a book to Mary.*
               'João deu um livro a Maria.'
       b)   *John gave her a book.*
               'João deu-lhe um livro.'
       c)   *John gave a book **to hér**.*
               'João deu um livro a ela.'
       d)   **John gave a bóok to her.*
       e)   *John gave **it** to Mary.*
               'João o deu a Maria.'
       f)   **John gave Mary it.*

Embora haja uma diferença entre pronomes acusativos e dativos, o padrão aparentemente aceitável (5c) apenas é aceitável sob acento contrastivo. Contudo, embora os objetos pronominais do espanhol, do banto ou do iroquês sejam *congelados* em posição pré-verbal, pode-se, apesar disso, afirmar que eles se congelaram na sua posição pragmática *natural*, de modo que a discrepância atual entre a sintaxe nominal VO e a sintaxe pronominal OV, nessas línguas, é, na verdade, comunicativamente justificada e, portanto, não é absolutamente louca. Para mostrar que esse não é o caso, observemos o que as línguas com essa discrepância estão fazendo atualmente com sua sintaxe pronominal.

Em espanhol, em situações anafóricas simples, não enfáticas, apenas o objeto clítico pré-verbal é usado:

(6)   la   ví   a   Maria
        PRO   vi   PREP   Maria
        'Vi Maria.'

(7)   la ví
        'A vi.'

---

12. Para uma discussão geral, ver Bolinger (1952).
13. Para discussão aprofundada acerca desse fenômeno em inglês e mais evidências para considerá-lo como governado por aspectos discursivos/pragmáticos, ver Shir (1979).

Além disso, para objetos diretos humanos, assim como para objetos dativos (humanos), o pronome clítico pré-verbal é obrigatório, e, portanto, se tornou realmente um marcador de concordância do objeto no verbo:[14]

(8) a) *vi a Maria
 b) le dí el libro a Juan
  'Dei o livro a João'
 c) *dí el libro a Juan

Os pronomes enfáticos se conformam ao padrão VO:

(9) a) la dí el libro **a élla**
  'Dei o livro a ela.'
 b) *dí el libro **a élla**

Portanto, se um pronome não é preso, ele está em conformidade com a sintaxe nominal não-marcada VO. Aqui, pode-se ainda argumentar que esse fato está de acordo com o princípio discursivo/pragmático já mencionado, uma vez que pronomes enfáticos/contrastivos representam mais informação nova do que pronomes anafóricos não acentuados. Há uma boa razão para acreditar que, quando um pronome anafórico se cliticiza no verbo como um elemento de concordância gramatical, e então o pronome independente mais enfático é usado enfaticamente, mais cedo ou mais tarde, a função anafórica do morfema clítico de concordância desaparece, devido ao atrito fonológico, e o outrora pronome enfático independente então se torna *desmarcado* em direção à função simples/anafórica. Relatei um processo semelhante nos pronomes *sujeito* do hebraico bíblico, em que, no hebraico bíblico antigo, os pronomes sujeitos independentes são usados apenas de modo enfático/contrastivo, mas no hebraico bíblico tardio, assim como no hebraico moderno, há cada vez menos o uso da combinação sujeito/concordância na anáfora, e, consequentemente, os pronomes independentes agora funcionam tanto como anafóricos quanto como enfáticos.[15] Um fenômeno similar pode ser reportado em relação ao pronome objeto do hebraico. No hebraico bíblico, os pronomes sufixais presos são usados para a anáfora, mas no hebraico moderno esse uso é considerado *arcaico*, e apenas os pronomes objetos inde-

---

14. Ver discussão em Givón (1977a). Em alguns dialetos do espanhol, esse pode ser um processo "menos obrigatório". Ou seja, pode não ser totalmente categórico no nível de análise da "competência". Mas, mesmo nesse caso, apresenta frequência muito alta na "performance", ou seja, em textos reais.

15. Ver Givón (1977a).

pendentes são usados anaforicamente.[16] Pode-se, até certo ponto, prever esse desenvolvimento no espanhol, em que, quando uma ambiguidade de interpretação é possível, o pronome objeto independente se torna quase obrigatório, com uma interpretação menos do que enfática.[17] Portanto, considere:

(10) a) *laví sentando en el jardín*
 PRO vi sentando em o jardim
 $\left\{ \begin{array}{l} \text{?'Eu a vi quando ela estava sentando no jardim.'} \\ \text{'Eu a vi quando eu estava sentando no jardim.'} \end{array} \right\}$ (falante mulher)

b) *la ví **a ella** sentando en el jardin*
 PRO vi PREP ela sentando em o jardim
 $\left\{ \begin{array}{l} \text{'Eu a vi quando ela estava sentando no jardim.'} \\ \text{'Eu a vi quando eu estava sentando no jardim.'} \end{array} \right\}$ (falante mulher)

c) *lo ví ayer hablando con María*
 PRO vi ontem falando com Maria
 $\left\{ \begin{array}{l} \text{'Eu o vi ontem quando ele estava falando com Maria.'} \\ \text{'Eu o vi ontem quando eu estava falando com Maria'} \end{array} \right\}$

d) *lo ví **a él** ayer hablando con María*
 PRO vi PREP ele ontem falando com Maria
 $\left\{ \begin{array}{l} \text{'Eu }o\text{ vi ontem quando ele estava falando com Maria.'} \\ \text{?'Eu o vi ontem quando eu estava falando com Maria.'} \end{array} \right\}$

Fatos como os apresentados em (10), acima, representam o movimento lento e gradual de transferência da função anafórica dos clíticos pré-verbais para os pronomes independentes pós-verbais, eventualmente trazendo a língua de volta à consistência tipológica.

---

16. Hetzron (comunicação pessoal) ressaltou que no hebraico bíblico pode-se encontrar também o estado intermediário — como no espanhol — em que o pronome objeto sufixal coocorre com o pronome pessoal enfático independente (e, provavelmente, também com o nome pleno enfático). Isso representa, ao menos em princípio, um potencial para o desenvolvimento de concordância obrigatória com o objeto — ao menos para objetos definidos ("mais tópicos"). Os dialetos mais modernos não apresentam tal desenvolvimento e, de fato, esses dados parecem ser raros no Velho Testamento. Pode-se, portanto, dizer que esse potencial foi, de algum modo, "abortado".

17. Essa sugestão foi feita primeiramente a mim por Hector Morales (comunicação pessoal).

Uma tendência similar pode ser atualmente observada na área dialetal banto. A situação mais conservadora pode ser demonstrada em suaíli, em que os pronomes independentes pós-verbais são usados apenas enfaticamente:

(11)   a)   *ni-me-mu-ona*   (ANAFÓRICO)
            eu-ASP-o-ver
            'Eu o vi'

     b)   *ni-me-mu-one* ***yéye (mwenyewe)***   (ENFÁTICO)
            eu-ASP-o-ver   ele   (se)
            'Eu o vi'

Uma situação mais avançada é encontrada em zulu.[18] Aqui o contraste entre o clítico pré-verbal anafórico e o pronome enfático independente é ainda evidente, como em:

(12)   a)   *u-ya-yi-shaya*   (ANAFÓRICO)
            ele-ASP-o-golpeou
            'Ele o golpeou'

     b)   *u-shsya*   ***yona***   (ENFÁTICO)
            ele-golpeou o
            'Ele golpeou *aquéle*'

Além disso, entretanto, encontram-se várias outras combinações com uso contrastivo "mais sutil" do pronome pós-verbal independente. Assim:

(13)   a)   *u-shsya*   ***yona imbongolo***
            ele-golpeou o   *jumento*
            'Ele o golpeou, o juménto'

     b)   *u-ya-**yi**-shayna*   ***yona***
            ele-ASP-*o*-golpeou *o*
            '... (mas) ele ó golpeou (ao invés)'

     c)   *u-ya-**yi**-shayna*   ***yona imbongolo***
            ele-ASP-*o*-golpeou *o*   jumento
            '... (mas) ele *ó* golpeou, o *juménto* (ao invés)'

---

18. Para os dados, ver Kunene (1975).

A situação em zulu é, portanto, intermediária, reminiscente do espanhol, em que a frequência crescente de casos em que o pronome clítico coocorre obrigatoriamente ou com o pronome independente ou com o próprio objeto nominal cria o *background* para a reanálise, por meio da qual (a) o pronome clítico será analisado como uma marca automática de concordância com o objeto (como já é o caso para objetos humanos e definidos em zulu e em suaíli[19]), e (b) a função anafórica será transferida do pronome clítico para o pronome independente, anteriormente enfático.

Finalmente, pode-se encontrar na área noroeste do banto a situação mais avançada, em que o pronome objeto clítico não existe mais e funções anafóricas (assim como enfáticas) são assumidas pelo pronome anteriormente independente — que aparece em posição *pós-verbal*. Assim, considere os seguintes dados provenientes do dualla:[20]

(14)   a) *esukudu y-emedi   wa*
            escola   ela-aceitou *você*
            'A escola aceitou você.'
        b) *a-sengen-e   mo*
            ele-escutar-DAT o
            'Ele o escuta.'
        c) *diboa   di-bó   mó*
            doença   ela-matar o
            'Uma doença o matou.'

Parece, portanto, que independentemente da força do princípio discursivo/pragmático analisado anteriormente, quando línguas VO renovam seus pronomes objetos, elas os alinham à ordenação nominal VO. Tal evidência diacrônica apoia fortemente a sugestão de que a inconsistência tipológica entre a sintaxe pronominal OV e a sintaxe nominal VO não é apenas evidente para o linguista, mas também, em certo sentido, "comunicativamente desconfortável" para os falantes, que eliminam essa inconsistência de sua gramática com o passar do tempo.

O próximo exemplo envolve o amárico, uma língua ex-VSO, que mudou, através do contato com seu sólido substrato kuschitic, para SOV. Aqui encontra-

---

19. Ver discussão em Givón (1976a).
20. Os dados são de Epée (1975).

mos, no que diz respeito a pronomes objetos, a situação oposta, em que objetos nominais são pré-verbais ao passo que os pronomes anafóricos clíticos são pós--verbais. Assim, considere:[21]

(15) a) *Kassa borsa wạssạdạ*
Kassa carteira pegou
'Kassa pegou uma carteira.'
b) *Kassa borsa-w-n wạssạdạ-w*
Kassa carteira-a-OBJ pegou-*a*
'Kassa pegou a carteira.'
c) *Kassa wạssạdạ-w*
Kassa pegou-*a*
'Kassa a pegou.'
d) *Kassa borsa-w-n lạ-Mulu sạtta-at*
Kassa carteira-a-OBJ para-Mulu deu-*lhe*
'Kassa deu a carteira para Mulu.'
e) *Kassa borsa-w-n sạṭṭ-at*
Kassa carteira-a-OBJ deu-*lhe*
'Kassa deu-lhe a carteira.'

Quando um pronome enfático independente é usado em amárico, entretanto, ele se adapta à ordem não marcada SOV, característica da sintaxe nominal. Assim:

(16) a) *Kassa borsa-w-n lạ-sswa sạṭṭa-at*
Kassa carteira-a-OBJ para-*ela* deu-*lhe*
'Kassa deu a carteira para *ela*.'

E já que o pronome objeto clítico funciona como uma concordância quase[22] obrigatória com o objeto definido (ou tópico), a situação é toda ajustada em di-

---

21. Alguns dos dados estão sumarizados em Givón (1976a), mas ver também Haille (1970) e Fulas (1974).

22. Hetzron (comunicação pessoal) assinalou que a concordância do pronome objeto sufixo é obrigatória apenas se o nome objeto definido/tópico é "apresentativo", ou seja, se ele vai se tornar um tópico importante no discurso subsequente (Haile, 1970). Entretanto, como objetos humanos/dativos tendem a ter alto grau de topicalidade e, portanto, ter probabilidade de ser mencionados por longos trechos narrativos (Givón, 1976a), a concordância com objetos dativos tópicos/definidos — embora não 100% categórica — provavelmente apresenta frequência muito alta no discurso.

reção à eventual desmarcação do pronome independente, como no espanhol, hebraico ou banto. Aqui, entretanto, o novo pronome, apesar de ser enfático, se adapta à atual sintaxe OV dos objetos nominais, e não ao princípio discursivo/pragmático discutido acima. Em outras palavras, os falantes da língua estão, mais uma vez — lentamente, mas com certeza —, alinhando a sintaxe do objeto pronominal à sintaxe do objeto nominal. Qualquer que seja o princípio comunicativo natural que motive esse movimento, é óbvio que ele é independente da distinção tipológica OV-VO, assim como do princípio pragmático geral que favorece uma posição anterior para os pronomes anafóricos no discurso. Portanto, a inconsistência tipológica da sintaxe do objeto pronominal e nominal de fato constitui um exemplo de sintaxe sincronicamente louca que surge via mudança diacrônica natural.

6.3.2 Codificação morfologicamente mista da função de caso

Aqui se pode, mais uma vez, citar o amárico como um dos vários exemplos nos quais a função de caso é codificada por um arranjo misto de prefixos e sufixos.[23] Em todos os casos, os prefixos pertencem ao período do estágio VSO do pré-amárico, enquanto os sufixos são inovações mais recentes ocorridas durante o atual estágio SOV. Em geral, poder-se-ia esperar que uma situação desse tipo criasse dificuldades de processamento, em relação a uma situação em que todas as noções de caso fossem marcadas pela mesma estratégia de codificação, digamos, apenas sufixos (como no japonês) ou apenas prefixos (como no hebraico). Exemplos semelhantes na outra direção diacrônica tipológica são abundantes, como no latim ou no alemão, em que os velhos sufixos se combinam com as preposições mais novas para criar um sistema de codificação complexo. O congo nigeriano, o árabe clássico e o akkadiano também apresentam situações desse tipo. Em todos os casos, uma situação sincronicamente menos natural[24] surgiu via mudança diacrônica natural. Em todos os casos, a língua lentamente elimina a irregulari-

---

23. Para detalhes, ver Hetzron (1970) e Givón (1971).

24. Há boa evidência psicolinguística para se entender a inconsistência morfológica da codificação da função/caso como representando complexidade de processamento para o falante. Assim, Slobin e Bever (1978) relatam que crianças turcas adquirem a morfologia de caso extremamente consistente da sua língua com relativa facilidade, embora tenham dificuldade com a ordenação das palavras. Por outro lado, para crianças servo-croatas é muito mais difícil fazer generalizações sobre a complexa morfologia de caso mista de sua língua, ao passo que as generalizações sobre a ordenação são fixadas bem mais cedo.

dade através do atrito fonológico da morfologia antiga e do surgimento simultâneo da morfologia nova, que é tipologicamente consistente. Se, então, se quer derivar a ideia sobre o que é natural ou comunicativamente preferido nas estratégias de codificação de caso em uma língua a partir dos fatos sincrônicos que prevalecem, como sumarizado acima, pode-se obter uma perspectiva altamente confusa dos princípios comunicativos que governam a linguagem humana.

6.4 CLIVAGEM E PERGUNTAS QU- REVISITADAS

Um dos padrões mais frequentemente observados na sintaxe é o chamado "movimento QU-" de partículas interrogativas, através do qual — independentemente da posição original de vários casos argumentais no padrão sentencial neutro — pronomes QU- correspondentes a argumentos nominais ou adverbiais parecem ser "atraídos para o início da pergunta QU-". Em um momento ou outro, essa "regra de movimento" foi tratada como um *universal formal* da linguagem, e seu paralelo com uma regra semelhante em construções clivadas devidamente observado. Várias tentativas têm sido feitas para explicar a correlação entre as duas construções no que diz respeito a esse aspecto, através da observação das semelhanças em sua estrutura pressuposicional.[25] Em ambos os casos, a explanação é um tanto insatisfatória, já que a ordem dos elementos em construções clivadas e perguntas QU- realmente viola a ordem pragmática universal, com o elemento foco *precedendo* a porção pressuposta. Tentativas similares propostas por Hudson (1972) e Creider (1979) tropeçam precisamente na mesma contradição.

Na Seção 5.2.7, sugeri que a naturalidade dessa regra de movimento para a esquerda em construções clivadas e perguntas QU- apenas pode ser compreendida no contexto do processo diacrônico de sintaticização que dá origem à sua formação, assim como à das construções paratáticas originais que serviram como ponto de partida para essa mudança diacrônica. Recapitulando resumidamente:

(17) *It's John, the man who killed Mary.* →
   It's John *who killed Mary.*
   'Foi João, o homem que matou Maria.' →
   'Foi João quem matou Maria.'

---

25. Ver, por exemplo, Takizala (1972) ou Schachter (1973).

(18)   *Who is it, the man who killed Mary?* →
                                   ***Who** killed Mary?*
       'Quem foi, o homem que matou Maria?' →
                                   'Quem matou Maria?'

Os estágios intermediários, no processo de sintaticização, não são atestados em todas as línguas. Em algumas, entretanto, pode-se encontrar a cadeia inteira. Uma delas é kihung'an, uma língua banto (ver Takizala, 1972). Nessa língua, encontra-se a seguinte cadeia de alternativas para construções clivadas de foco:

(19) a) *kwe Kipés, muut wu ka-khoonin ku-suum kit zoono*
       SER Kipés pessoa quem ele-falhou para-comprar cadeira ontem
       'Foi *Kipés*, ... a pessoa que não comprou uma cadeira ontem.'

   b) *kwe Kipés, wu ka-khoonin ku-suum kit zoono*
       SER Kipés quem ele-falhou para-comprar cadeira ontem
       'Foi *Kipés*, ... quem não comprou uma cadeira ontem.'

   c) *kwe Kipés wu ka-khoonin ku-suum kit zoono*
       SER Kipés quem ele-falhou para-comprar cadeira ontem
       'Foi *Kipés* quem não comprou uma cadeira ontem.'

   d) *kwe Kipés ka-khoonin ku-suum kit zoono*
       SER Kipés ele-falhou para-comprar cadeira ontem
       'Foi *Kipés* quem não comprou uma cadeira ontem.'

   e) *Kipés ka-khoonin ku-suum kit zoono*
       Kipés ele-falhou para-comprar cadeira ontem
       '*Kipés* não comprou uma cadeira ontem.'

A sentença (19a) constitui uma estrutura paratática, com uma oração relativa não restritiva com antecedente. A sentença (19b) é ainda paratática, mas com uma oração relativa não restritiva sem antecedente. As sentenças (19c, d, e) são todas "condensadas" ou sintaticizadas, sob o mesmo contorno entonacional, com a progressiva eliminação da morfologia da oração relativa, assim como da cópula característica do constituinte foco. Como Takizala (1972) demonstrou, dois fatos permanecem constantes em todas as variantes: (a) o padrão entonacional característico de foco; e (b) o padrão negativo especial (com o verbo auxiliar *falhar*) que é encontrado em orações relativas, mas não em orações principais.

Em contraste, a sentença (19e) pode ser ligada ao padrão de acentuação/foco em inglês, que não interfere com a ordenação vocabular neutra.

Uma gradação similar pode ser observada para a clivagem do objeto:

(20) a) *kwe kít, kiim ki ka-swiimin Kipés zoon*
SER cadeira coisa que ele-comprou Kipés ontem
'É uma *cadeira*, ... a coisa que Kipés comprou ontem.'
b) *kwe kít, ki ka-swiimin Kipés zoon*
SER cadeira que ele-comprou Kipés ontem
'É uma *cadeira*, ... que Kipés comprou ontem.'
c) *kwe kít Kipés ka-swiimin zoon*
SER cadeira Kipés ele-comprou ontem
'É uma *cadeira* que Kipés comprou ontem.'
d) *kít Kipés ka-swiimin zoon*
cadeira Kipés ele-comprou ontem
'É uma *cadeira* que Kipés comprou ontem.'
e) *Kipés ka-swiimin kít zoon*
Kipés ele-comprou cadeira ontem
'Kipés comprou uma *cadeira* ontem.'

Aqui uma regra adicional de *posposição de sujeito* é observada em (20a, b): uma regra característica da topicalização do objeto e da relativização em várias línguas banto (ver discussão adiante). Quando a morfologia da relativização é eliminada (20c), a regra de posposição de sujeito é suspensa, um outro vestígio da simplificação que ocorre aí. A estrutura tonal e o padrão negativo (quando usado) permanecem aqueles característicos da oração relativa, mesmo quando outros vestígios morfológicos da construção paratática original foram eliminados.

Finalmente, uma gradação similar é também vista com perguntas QU-. Assim:

(21) a) *kwe khí, kiim ki ka-swiimin Kipés zoon*
SER que coisa que ele-comprou Kipés ontem
'O *que* é, ... a coisa que Kipés comprou ontem?'
b) *kwe khí, ki ka-swiimin Kipés zoon*
SER que que ele-comprou Kipés ontem
'O *que* é, ... que Kipés comprou ontem?'

c) *kwe khí, ki   ka-swiimin   Kipés zoon*
    SER que que ele-comprou Kipés ontem
    'O *que* é que Kipés comprou ontem?'
d) *kwe khí, Kipés ka-swiimin   zoon*
    SER que Kipés ele-comprou ontem
    'O *que* é que Kipés comprou ontem?'
e) *Kipés ka-swiimin   khí zoon*
    Kipés ele-comprou que ontem
    'Kipés comprou o *que* ontem?'

Se a sugestão concernente à origem do movimento para a esquerda do constituinte foco em perguntas QU- e construções clivadas é, de fato, correta, então a naturalidade da ordem sincrônica — que é admitidamente bizarra — não deriva de nenhum princípio sincrônico universal. Ao contrário, a ordem sintática congelada atual reflete uma ordem *pragmática* paratática mais antiga. Ou seja, o fato de que a porção pressuposta da construção eventual era acrescida ao final como uma *pós-reflexão*, como uma oração relativa não restritiva.[26] E, embora tanto a ordem original paratática quanto o processo de sintaticização sejam universais naturais, a ordem sincrônica — embora predominante — é, de certa forma, louca.[27, 28]

---

26. Ainda está claro que a parte pressuposta das construções clivadas e com perguntas QU- não funciona como uma oração relativa restritiva no elemento "antecedente" em foco. Ou seja, ele não "estreita o domínio" com o propósito de estabelecer descrição definida única, como fazem normalmente as orações relativas restritivas.

27. Em várias línguas banto em que estágios intermediários do tipo de kihung'an não podem ser encontrados, uma relíquia congelada sugere, entretanto, um desenvolvimento diacrônico similar do padrão do movimento para a esquerda das perguntas QU-. Isso é um reflexo de uma antiga cópula **ni* como um elemento pré-nasalizado em muitas palavras de perguntas QU-. Para discussão mais aprofundada, ver Givón (1974b).

28. Por alguma razão, é difícil encontrar construções clivadas (e perguntas QU- com movimento para a esquerda) em línguas SOV. Mas elas claramente não estão totalmente excluídas dessa tipologia. Assim, Hetzron (comunicação pessoal) sugere que em amárico, uma língua SOV estrita, o mecanismo normal de focalização "reconhecido pelos gramáticos" é o da pseudoclivagem, ou seja, aquele em que o elemento focalizado vem no *final*, como em:

   mariam-in   yą-gąddąl-at   yohánnis nąw
   Maria-OBJ   REL-matou-a   João é
   'Aquele que matou Maria é *João*.'

6.5 ATRAÇÃO PRONOMINAL E RELATIVIZAÇÃO DE OBJETO

Em um trabalho anterior (Givón, 1972b), sugeri que existia um princípio sincrônico universal associado à morfologia das orações relativas, o princípio de *atração pronominal*, através do qual pronomes relativos ou morfemas subordinadores de orações relativas tendem a aparecer *adjacentes* aos nomes antecedentes modificados pela oração, e assim *separam-na* de seu antecedente. Sugeri que uma explanação plausível para esse fenômeno envolvia a necessidade de *recuperabilidade de caso*, ou seja, o fato de que o caso/função do nome antecedente pode ser diferente do caso do seu nome correferente dentro da oração relativa, e, portanto, se o nome antecedente não fosse mantido separado desta oração, sua marcação de caso de oração principal poderia interferir com a estratégia de recuperação através da qual o caso/função do nome suprimido dentro da oração relativa é determinado.[29] Para sustentar esse argumento, citei dados de línguas banto. Na relativização do objeto em várias línguas banto, o nome sujeito da oração relativa é *posposto*, de modo que, ao invés da ordem SV das orações principais, obtém-se a ordem VS nas orações relativas de objeto. Como exemplo, considere os seguintes dados de kihung'na:[30]

(22) PRINCIPAL: *Kipés ka-swiimin kit zoon* (SVO)
Kipés ele-comprou cadeira ontem
'Kipés comprou uma cadeira ontem.'

(23) REL: *kit ki-a-swiimin Kipés zoon* (VS)
cadeira REL-ele-comprou Kipés ontem
'A cadeira que Kipés comprou ontem...'

Entretanto, Hetzron ainda observa que, no registro coloquial, já se pode encontrar a versão clivada:

yohánnis nąw (,) *mariam-in yą-gąddąlą-w*
João é Maria-OBJ REL-matou-DEF
'É João (, aquele) que matou Maria.'

Como não há diferença entre orações restritivas e não restritivas em amárico, e como a sentença clivada acima é igualmente aceitável com uma pausa — e com a oração relativa interpretada como "sem antecedente" e não restritiva em relação a João, acredito que esses dados apresentam um outro exemplo de surgimento diacrônico de construções clivadas através da condensação de estrutura discursiva mais frouxa.

29. Ver discussão no Capítulo 4.
30. Para os dados, ver Takizala (1976).

Observei, também, que a posposição do sujeito em banto parecia ocorrer apenas em línguas em que o pronome relativo-subordinador estava preso ao verbo, como prefixo ou como sufixo. Então, sugeri que a posposição do sujeito deve ser motivada pela necessidade de separar o nome antecedente da oração relativa, ou seja, o princípio de *atração pronominal*. O argumento poderia ficar assim, com uma explicação sincrônica aparentemente clara. Mas fatos posteriores logo vieram à tona. Primeiro, Bokamba (1971, 1976) observou que em dzamba, likila e lingala, línguas banto tipologicamente próximas a kihung'na [ver (22) e (23)], não apenas ocorre posposição do sujeito (e, portanto, ordem VS) na relativização do objeto, mas também na *topicalização* do objeto. Em seguida, um paralelo semelhante entre uma ordenação VS na relativização e topicalização do objeto (fronteamento) foi observado no espanhol e no hebraico (Givón 1976b, 1977a), assim como no árabe (Russel, 1977), todas línguas em que o subordinador relativo não é preso ao verbo e, portanto, para as quais o princípio de atração pronominal não pode ser invocado como explicação para a posposição do sujeito. Parecia, então, que a explicação era inerentemente *pragmática*, e que a ordenação VS representava uma demoção do sujeito da posição mais alta/tópica, quando um outro elemento — não-sujeito — era promovido à topicalidade mais alta. Então, argumentei (ver Capítulo 4) que existem bons motivos para acreditar que, na relativização, o nome correferente na oração relativa é intensificado em topicalidade,[31] e a ordem VS observada na relativização do objeto em todas essas línguas reflete um rebaixamento do sujeito sob tais condições. Com base nisso, considere os seguintes fatos da relativização no alemão moderno.

Parece que o alemão segue o princípio de atração pronominal na relativização. Assim:[32]

(24) a) Sujeito: *der Mann **der** Kamm*
        o homem *quem* veio
        'O homem que veio...'
    b) Acusativo: *der Mann **den** ich schom lange*
        o homem *que* eu já há-muito-tempo
        keene
        conheci
        'O homem que eu conheço há muito tempo...'

---

31. Argumentos semelhantes, em diferentes dados, podem ser encontrados em Kuno (1976b, para dados do inglês e do japonês), Schachter (1976, para dados do filipino) e Russel (1977, para dados do árabe).

32. Pelos dados estou em débito com Theo Vennemann (comunicação pessoal).

c) Dativo: *der Mann* **dem** *ich das Buch gegebe haben*
o-homem *para-quem* eu o livro dado ter
'O homem a quem eu dei o livro...'
d) Genitivo: *der Mann* **dessen** *Frau mitkamm*
o homem *cuja* esposa com-veio
'O homem cuja esposa veio junto...'

Os pronomes relativos usados em (24) acima não são os tradicionais pronomes QU- usados na relativização de muitas línguas indo-europeias. Ao invés, eles são pronomes demonstrativos. Vennemann (comunicação pessoal) sugeriu que o padrão de oração relativa sintaticizada do alemão, como visto em (24), surgiu diacronicamente de um padrão paratático topicalizado no qual o pronome demonstrativo está, de fato, em uma posição topicalizada ("tematizada"). Ou seja, respectivamente:[33]

(25) a) Sujeito: *der Mann,* **der** *kamm*
'O homem, *ele* veio, ...'
b) Acusativo: *der Mann,* **den** *Ich schon Lange keene*
'O homem, *o* eu conheço há muito tempo'
c) Dativo: *der Mann,* **dem** *Ich das Buch gegeben habe*
'O homem, *para ele* eu dei o livro, ...'
d) Genitivo: *der Mann,* **dessen Frau** *mitkamm*
'O homem, *sua* esposa veio junto, ...'

Se a sugestão de Vennemann é correta, como acredito que seja, então o que vemos aqui é um clássico caso da vantagem suprema da explicação diacrônica sobre a sincrônica: em face disso, pode-se, de fato, invocar o princípio sincrônico da *atração pronominal* a fim de explicar a posição do pronome relativo adjacente ao nome antecedente no alemão. Entretanto, os fatos diacrônicos sugerem que os pronomes relativos não ocupam sua posição por causa do princípio de atração pronominal, mas por causa do princípio *pragmático* de *fronteamento do tópico*. Além disso, esse princípio pragmático exerceu sua influência *diacronicamente*. Ou seja, primeiro, ele operou dentro de uma expressão paratática parentética, como em (25) acima. Em seguida, essa construção foi sintaticizada para produzir o padrão corrente das orações relativas

---

33. Os dados aqui são hipotéticos e não necessariamente gramaticais, além de não significarem necessariamente a mesma coisa no alemão atual.

restritivas encaixadas (24). Portanto, o princípio pragmático sincrônico, universal, de fronteamento do tópico deve, de fato, ser invocado para explicar os fatos sincrônicos da relativização no alemão. Mas para entender como esse princípio universal realmente exerceu sua influência nesse caso particular, devemos recorrer à explicação diacrônica.

Hetzron (comunicação pessoal) chamou minha atenção para o fato de que o húngaro deve ter passado por um desenvolvimento diacrônico semelhante ao hipotetizado acima para o alemão. Isso fica evidente pela etimologia dos subordinadores relativos atuais, como *a-ki* / 'quem', que é etimologicamente *que-que', ou seja, 'aquele que'. Em outras palavras, a oração relativa era originalmente *não restritiva*, com a "atração pronominal" possivelmente motivada, originalmente, por considerações associadas a topicalidade/foco.

6.6 ALGUNS ENIGMAS DA RELATIVIZAÇÃO EM SUAÍLI

O suaíli apresenta uma certa complexidade desconcertante na morfologia e na sintaxe da relativização. Três estratégias diferentes parecem ser aplicadas:[34]

(26) a) *mtu   amba-ye   a-me-kuja*
        homem dizer-*quem* ele-PERF-vir
        'O homem que vem.'
     b) *mtu   a-li-ye-kuja*
        homem ele-passado-*quem*-vir
        'O homem que veio.'
     c) *mtu   a-soma-ye*
        homem ele-ler-*quem*
        'O homem que lê.'

Em (26a) a oração relativa está subordinada por um reflexo do verbo 'dizer' (-*amba*) ao qual o pronome relativo é sufixado. Essa estratégia, portanto, se conforma ao princípio da atração. Em (26b) o pronome relativo está infixado no vocábulo verbal, entre o marcador de tempo e o verbo, portanto, nem abrindo nem fechando a oração relativa. Em (26c) o pronome relativo é um sufixo do verbo. Além disso, sincronicamente, a estratégia (26a) pode ser usada para

---
34. Para mais detalhes, ver Givón (1972b, 1975e).

todos os tempos, a estratégia (26b) só pode ser usada nos tempos passado (-*li*-), futuro (-*ta(ka)*-) e progressivo (-*na*-). A estratégia (26c) está confinada ao habitual (-*a*-/-ϕ-). Esta é uma situação sincrônica admitidamente confusa, e há ainda alguma evidência de que os aprendizes da língua — tanto na aquisição de primeira como de segunda língua — acham a estratégia em (26a) a mais fácil de se manipular. A história diacrônica é muito mais direta, entretanto, e pode ser sumarizada da seguinte maneira:

1. A posição do pronome relativo do protobanto era mais provavelmente a posição *verbo-sufixo*.
2. O subordinador *amba-* em (26a) é um verbo ('dizer').
3. Os tempos que requerem o pronome relativo "infixo" em (26b) são todos ex-verbos:

    -li *'ser' → 'passado'

    -na *'ter' → 'progressivo'

    -ta(ka) *'querer' → 'futuro'

4. O banto, como um todo, fornece muita evidência para um antigo estágio pré-congo-nigeriano de sintaxe SVO.[35]

Portanto, a confusão da relativização atual em suaíli deriva de uma sucessão de mudanças diacrônicas naturais:

1. A cliticização do pronome relativo pós-verbalmente no antigo estágio SOV.
2. A mudança de SOV para SVO.
3. O desenvolvimento de marcadores de tempo/aspecto a partir de verbos.
4. A cliticização dos marcadores de tempo/aspecto deverbais como prefixos verbais durante o corrente estágio de sintaxe SVO.
5. O desenvolvimento do verbo 'dizer' como um marcador de subordinação, provavelmente primeiro em complementos verbais (ainda atestado como *ku-amba* / 'dizer') e então estendido para orações relativas.

Mais uma vez, não se consegue compreender ou explicar o estágio sincrônico sem referência a suas origens diacrônicas.

---

35. Ver discussão em Givón (1975e) e Hyman (1975).

6.7 TIPOLOGIAS MISTAS NA SINTAXE DO SINTAGMA VERBAL

Na Seção 6.3.1, discuti casos de sintaxe mista SV em que a posição do pronome objeto clítico não está de acordo com a posição dos objetos nominais. Nesta seção, vou discutir casos similares de sintaxe do SV louca advindos de vários tipos de mudança diacrônica, todos envolvendo discrepâncias entre posições sintáticas de vários tipos de objetos *nominais*.

6.7.1 Objeto direto *versus* indireto

Na família do congo-nigeriano, em que a mudança de SOV para SVO é evidente em todas as subramificações, alguns grupos, mais particularmente entre as ramificações mendeic e voltaic, exibem sintaxe SOV para objetos diretos nominais, mas SVO para todos os outros objetos.[36] Assim, considere os seguintes exemplos de kpelle:[37]

(27) è kâli kaa
ele enxada viu
'Ele viu a enxada.'

(28) è lì naa
ele foi lá
'Ele foi lá.'

(29) è wúru tèe à bóa
ele vara cortou com faca
'Ele cortou a vara com uma faca.'

(30) è sɛŋ-kâu tèe kàloŋ-pí
ele dinheiro mandou chefe-para
'Ele mandou o dinheiro para o chefe.'

Tal situação está longe de ser rara, embora não seja sempre estável. Assim, por exemplo, tanto Rybarkiewics (1975) quanto Canale (1976) notaram que, na mudança de SOV para SVO, no inglês arcaico, o objeto direto foi o último a se mover para a posição pós-verbal. Bickerton e Givón (1976) observaram a mesma tendência estatística no pidgin de base inglesa falado por japoneses no Havaí, como uma mudança da sintaxe SOV do japonês em direção à sintaxe SVO do

---

36. Ver mais detalhes em Givón (1975e).
37. Os dados são originalmente de Bill Welmers (comunicação pessoal).

inglês. Uma situação semelhante é reportada para o persa e o armênio moderno.[38] É tentador sugerir que esse tipo de situação é característico do *continuum* de mudança de SOV para SVO, e Hyman (1975), entre outros, tentou explicar a naturalidade desse fenômeno. Mas, independentemente da explicação final, é uma situação sincrônica muito complexa para os falantes, que não pode ser esclarecida sem referência à mudança diacrônica natural que a gerou.[39]

6.7.2 Objeto nominalizado *versus* objeto livre

Esta é, novamente, uma situação típica de línguas ex-SOV, em que se encontra ordem OV em nominalizações de SV congeladas, lexicais, mas a ordem VO mais recente em sentenças, como no inglês:

(31) OV VO
lion-tamer *He tames lions*
'domador de leão' 'Ele doma leões'
street-cleaning *They clean the streets*
'limpador de rua' 'Eles limpam as ruas'
fly-fishing *They fish with a fly*
'pescador de mosca' 'Eles pescam com uma mosca'
etc.

O mesmo pode ser encontrado na língua nupe, kwa (congo-nigeriano), atualmente uma língua SVO:[40]

(32) gbè elo elobbè
    caçar veado veado-caçador
    'caçar um veado' 'caçada de veado'

    pá eya eyapá
    dirigir carro carro-dirigir
    'dirigindo um carro' 'direção de carro'

---

38. Galust Mardirussian (comunicação pessoal). A situação do armênio é intrigante, uma vez que o armênio clássico já era predominantemente VO, de modo que na mudança em direção à aquisição de alguns traços OV (motivada ou internamente ou por contato com o persa), o objeto direto se moveu de volta para uma posição pré-verbal, enquanto que o objeto indireto permaneceu pós-verbal. Portanto, embora tenha mudado "para trás" quando comparado à mudança mais comum (SOV para SVO), o armênio, entretanto, acabou em um coerente estágio intermediário normalmente encontrado no *continuum* OV-para-VO.

39. Pode-se, é claro, escolher — como fez Heine (1975) — menosprezar a necessidade de explicação e simplesmente rotular isso como "outro importante tipo de ordenação".

40. Para mais dados ver Madugu (1978), assim como Hyman (1975) e Givón (1975e).

Essa situação é motivada, até certo ponto, pelos seguintes fatos:

1. Todos os compostos lexicais OBJETO-VERBO desse tipo envolvem objetos *não referenciais*.[41]
2. Em geral, objetos não referenciais tendem mais a *se incorporar* ao verbo, ao passo que objetos referenciais, não. Além disso, acusativos, instrumentais e advérbios de modo são normalmente os últimos objetos referenciais a se moverem da sintaxe OV para a VO.
3. A sintaxe da língua transformada de OV para VO foi estabelecida *depois* do padrão congelado de incorporação do objeto.

O caso oposto pode ser observado em akkadian, que mudou de uma sintaxe inicial VO para uma sintaxe posterior OV, presumivelmente via contato com o substrato sumeriano. Entretanto, nominalizações de SV lexicais retêm o padrão VO antigo e congelado:[42]

(33) **Sentencial (OV)** **Lexical (VO)**

a) *ina idi umma-nīya illakū* *ālikūt did umma-nīya*
   a lado-de tropas-minhas eles-ir os-que-vão lado tropas-minhas
   'Eles vão ao lado das minhas tropas' 'os que vão ao lado das minhas tropas', 'ajudantes'

b) *ana šarr-im ikrub* *ikrib sarr-i*
   para rei-GEN ele-orou oração-de rei-GEN
   'Ele orou para o rei' 'oração para o rei'

c) *dull-am ippeš* *epīš dull-im*
   trabalho-ACUS ele-faz fazedor-de trabalho-GEN
   'Ele faz trabalho' 'trabalhador'

d) *abull-am inaṣṣar* *maṣṣar abul-im*
   portão-ACUS ele vigia vigiador-de portão-GEN
   'Ele vigia o portão' 'vigia de portão'

Como situações desse tipo são comuns, o linguista se vê frequentemente tentado a assumir que a "regra" de permuta sincrônica para nominalizações SV

---

41. Portanto, um "limpador de rua" pode não significar quem, em um dia particular, limpou nossa rua *particular*, mas alguém que habitualmente limpa ruas. Ver discussão aprofundada na Seção 6.7.3, assim como em Mardirussian (1975).

42. Os dados referentes a akkadian são provenientes de Bucellati (1970) e, para discussões detalhadas, ver Givón (1977c).

pode ser formulada como VO → OV (para o inglês e o congo-nigeriano), ou OV → VO (para akkadian). O linguista, então, parte para discutir essa "regra" em termos de suas propriedades formais, de sua naturalidade e de supostos universais linguísticos. Mas, mais uma vez, a história real de universais naturais da linguagem humana reside na sequência de processos diacrônicos — incorporação de objeto (lexicalização) e mudança de ordenação vocabular — que deram origem a essa "regra" sincrônica.

6.7.3 Objeto referencial *versus* objeto genérico

Esse caso está estreitamente relacionado ao discutido acima. Em muitas línguas, objetos não referenciais (incluindo instrumentais e advérbios de modo) são incorporados ao verbo. Como exemplo, considere o ute do sudeste, cuja morfologia — perda de sufixo nominal — indica claramente quais objetos são incorporados e quais não. Além disso, a língua está no meio de uma mudança de sintaxe OV para VO. Objetos referenciais podem aparecer tanto em posição pré-verbal quanto em pós-verbal. Mas objetos não referenciais somente podem aparecer na posição pré-verbal, que é também obrigatória para advérbios de modo, independentemente de sua etimologia.

(34) a) *taʔwóci mamáci puníkyaay-kya* (objeto REF, SOV)
   homem mulher-ACUS ver-PASS
   'O homem viu uma/a mulher.'

 b) *taʔwóci puníkyaay-kya mamáci* (objeto REF, SVO)
   homem ver-PASS mulher-ACUS
   'O homem viu uma/a mulher.'

 c) *taʔwóci mamá-ʔástiʔi* (objeto NÃO-REF, SOV obrigatória)
   homem mulher-querer
   'O homem quer/ está procurando por uma mulher.'

 d) *taʔwóci mamáci ka-ʔásti-wa* (objeto REF, SOV)
   homem mulher-ACUS NEG-querer-NEG
   'O homem não quer a mulher.'

 e) *taʔwóci ka-ʔásti-wa mamáci* (objeto REF, SVO)
   homem NEG-querer-NEG mulher-ACUS
   'O homem não quer a mulher.'

f) *ta?wóci kac-á   mamá-?ásti-wa*   (objeto NÃO-REF,
    homem NEG-ele mulher-querer-NEG   SOV obrigatória)
    'O homem não quer uma/qualquer mulher.'

g) *máa   ta?wóci mamá-paĝáywạ-ri*   (MODO,
    aquele homem   mulher-andar-HÁBITO   SOV obrigatória)
    'Aquele homem anda como uma mulher.'

Já que o ute, como muitos outros membros da família uto-asteca, está mudando, de modo regular, da sintaxe OV para VO,[43] o resultado final dessa mudança, que segue a incorporação de objetos não referenciais em posição pré-verbal, seria uma situação sincrônica na qual objetos referenciais só aparecessem em posição pós-verbal e objetos não referenciais, em posição pré-verbal. Mas mais uma vez, para se compreender a naturalidade de tal estado sincrônico, deve-se levar em conta a explicação diacrônica.

6.7.4 Objeto definido *versus* objeto indefinido

No mandarim chinês, como resultado da reanálise de construções de verbos seriais como marcadores de caso (ver discussão na Seção 5.2.9.1), uma certa reestruturação da ordenação vocabular também ocorreu. Resumidamente: de uma predominante sintaxe SVO anterior para a sintaticização de verbos seriais, chega-se a muitas construções SOV, pelo menos no que diz respeito a muitos objetos diretos. Entretanto, o objeto pré-verbal, com ou sem o marcador *ba-* (o ex-verbo 'pegar') só pode ser definido, ao passo que os objetos indefinidos seguem o verbo. Assim:[44]

(35) a) *wŏ bă   zhuāngzi dă-pò   le*   (objeto DEF, SOV)
         eu ACUS janela   bater-quebrada ASP
         'Eu quebrei *a* janela.'

---

43. Em textos provenientes de narrativas naturais, não solicitadas, mais de 50% dos objetos referenciais já estão em uma posição pós-verbal (VO), como estão muitos — se não a maioria — dos nomes sujeitos. Portanto, no nível de contagem textual, pelo menos, a língua está começando a manifestar sintaxe VSO.

44. A situação sincrônica é altamente complexa. Para discussão aprofundada, ver Li e Thompson (1973a, 1973b, 1973c, 1975) e Givón (1977b). Pelos dados aqui apresentados estou em débito com Charles Li (comunicação pessoal).

b) wǒ dǎ-pò   le   zhuāngzi   (objeto INDEF, SVO)
   eu bater-quebrar ASP janela
   'Eu quebrei *uma/alguma* janela.'

c) wǒ yīnyuè tīng le   (objeto DEF, SOV)
   eu música ouvir ASP
   'Eu ouvi *a* música.'

d) wǒ tīng le yīnyuè le   (objeto INDEF, SVO)
   eu ouvir ASP música ASP
   'Eu ouvi *alguma* música.'

Sincronicamente, o chinês caracteriza-se, então, por uma sintaxe mista SOV/SVO. Além disso, a distribuição, apresentada em (35) acima, segue uma regra pragmática universal de ordenação, segundo a qual o elemento mais tópico (DEF) tende a preceder os elementos menos tópicos (INDEF). De fato, o mesmo princípio de ordenação pode ser visto na posição de sujeito no chinês:

(36) a) kèrén   zuhùo-gōng   (sujeito DEF-GENÉRICO, SV)
        hóspedes trabalhar
        { 'Os hóspedes trabalham.' }
        { 'Hóspedes sempre trabalham.' }

     b) yǒu kèrén   zhùo-gōng   (sujeito REF-INDEF, VS)
        ser hóspede trabalhar
        'Há algum(ns) hóspede(s) que trabalha(m).'

     c) kèrén   lái le   (sujeito DEF, SV)
        hóspede vir ASP
        'O(s) hóspede(s) chegou(aram).'

     d) lái kèrén   le   (sujeito REF-INDEF, VS)
        vir hóspede ASP
        'Um/alguns hóspede(s) chegou(aram).'

O que estamos vendo aqui é muito comum e pode ser resumido do seguinte modo:

1. Uma certa sucessão de mudanças diacrônicas naturais produziu um estado sincrônico potencialmente "louco" na sintaxe.
2. Entretanto, ocorre que — felizmente — por um outro princípio universal que pode não estar relacionado às mudanças originais, o estado sincrônico resultante, na realidade, nada tem de louco. Ele é bastante

natural e, de fato, está em conformidade com outras áreas da gramática sincrônica da língua.
3. Mais provavelmente, o falante tira partido de tal situação pela fixação de uma nova generalização.
4. Presumivelmente, o estado sincrônico resultante é potencialmente mais estável do que outros produtos "loucos" da mudança diacrônica.

No que diz respeito ao linguista, ele pode optar por concluir que a explicação para a variação funcional OV/VO em chinês é puramente sincrônica. Pode muito bem ser, entretanto, que o chinês jamais teria chegado a essa variação sem as mudanças diacrônicas que gramaticalizaram a construção serial com *ba*. Então, o que pode parecer ao linguista que restringe sua observação a dados sincrônicos como um universal da linguagem fortemente plausível (*i.e.*, o uso da variação OV/VO para marcar o contraste entre objetos DEF-INDEF), pode, de fato, ser um caso mais raro, que nunca ocorre a menos que uma cadeia particular de mudanças diacrônicas específicas e naturais dê origem a essa variação. Esse parece ser realmente o caso aqui. A situação sincrônica encontrada no chinês é rara, ao contrário do uso muito mais comum da variação OV/VO (incluindo incorporação/cliticização) para marcar o contraste NÃO REF/REF. Além disso, há bases para se acreditar que o chinês está em processo de eliminar esse traço de sua gramática, desenvolvendo um sistema alternativo que usa o numeral 'um' e o demonstrativo 'aquele' para codificar a mesma distinção em uma sintaxe invariante SVO (ver Givón, 1977b). A única outra área linguística em que um contraste remotamente similar pode ser encontrado é o congo-nigeriano, em que, no subgrupo kwa, *exatamente* a mesma cadeia de eventos diacrônicos (*i.e.*, a gramaticalização de construções com verbos seriais) deu origem ao fenômeno. Assim, considere os seguintes dados de nupe:[45]

(37) a) *Kúta wā   nyica bè   foma nyi*   (SVO)
          Kuta pegou peixe com rede *com*
          'Kuta pegou o peixe com uma rede.'
      b) *Kúta lá   foma wā   nyica*   (SVO)
          Kuta *apanhou* rede pegou peixe
          'Kuta usou a rede para apanhar um peixe.'

---
45. Isaac George Madugu (comunicação pessoal), e ver também Madugu (1978).

A sentença (37a) pode ser uma resposta para uma pergunta que tem o INSTRUMENTO como foco: *Com o que Kuta pegou o peixe?*, ao passo que (37b) pode ser usada como uma resposta para uma pergunta que tem o acusativo como foco: *Kuta usou a rede para pegar o quê?*. Em resumo, então, mesmo quando um estado sincrônico parece natural, pode acontecer que, para compreender a complexidade envolvida nessa naturalidade, tenha-se de recorrer à explanação diacrônica.

6.7.5 Oração principal *versus* oração subordinada de objeto

Como resultado de vários tipos de mudanças diacrônicas naturais, a sintaxe sincrônica das orações principais — normalmente mais inovadora — pode entrar em choque com a sintaxe das orações subordinadas, que são normalmente mais conservadoras.[46] No Capítulo 3, citei um exemplo desse tipo, retirado do kru, uma língua do congo nigeriano, em que a ordem SOV conservadora sobreviveu em orações modais encaixadas (sob *ordenar*, *querer* e IMPER, assim como *possível* e NEG), embora a sintaxe mais inovadora SVO prevaleça. Ao menos no nível estatístico,[47] pode-se observar no inglês arcaico, durante os primeiros estágios da mudança de SOV para SVO, uma alta preponderância de SOV em orações subordinadas. Um caso mais intrigante é o do alemão moderno. Em face disso, afirma-se normalmente que a sintaxe SOV foi reintroduzida nas orações subordinadas depois de um período anterior de sintaxe VO mais consistente. A situação sincrônica atual é, então, descrita como OV em orações subordinadas e VO em orações principais. Assim:[48]

(38) a) *Der Mann isst den Apfel* (PRINCIPAL, SVO)
'O homem come a maçã.'
b) *Der Mann der den Apfel isst* (REL, SOV)
'O homem que come a maçã.'
c) *Der Mann will den Apfel esen* (COMP, SOV)
'O homem quer comer a maçã.'

---

46. Para discussão sobre a naturalidade desse tipo de desenvolvimento, ver o Capítulo 2.
47. Ver contagens textuais em Rybarkiewics (1975), Canale (1976) e Stockwell (1977).
48. Pelos dados do alemão, estou em débito com Anna Meyer (comunicação pessoal).

d) *Ich weiss dass der Mann den Apfel isst*   (COMP, SOV)
   'Eu sei que o homem come a maçã.'
e) *Wenn der Mann den Apfel isst*   (ORAÇÃO ADV, SOV)
   'Quando o homem come a maçã.'

De certo modo, entretanto, a descrição do alemão como uma língua do tipo SVO em orações principais é enganosa. Na fala coloquial, a maior parte da categoria de tempo/aspecto é marcada por vários verbos auxiliares. E essa situação automaticamente acarreta a sintaxe OV no "complemento" desses auxiliares. Assim:

(39) a) *Der Mann ass den Apfel*   (PASS, não coloquial, SVO)
        'O homem comeu a maçã.'
     b) *Der Mann **hat** den Apfel gegessen*   (PASS, SOV)
        'O homem *comeu* a maçã.'
     c) *Der Mann **wird** den Apfel essen*   (FUTURO, SOV)
        'O homem *comerá* a maçã.'
     d) *Der Mann **ist** den Apfel am Essen*   (PROGRESSIVO, SOV)
        'O homem *está* comendo a maçã.'
     e) *Der Apfel **wurde** von dem Mann gegessen*   (PASSIVA, SOV)
        'A maçã *foi comida* pelo homem.'

Os auxiliares específicos usados para exprimir tempo/aspecto no alemão representam desenvolvimentos universais e naturais (*ter* → PERFECTIVO → PASSADO; *querer* → FUTURO; *ser* → PROGRESSIVO; *ser* → PASSIVA). Mas esse desenvolvimento natural conspirou — de novo inesperadamente — para *regularizar* a sintaxe do alemão coloquial, tornando-o, no nível do texto, um tipo SOV consistente. Porém, aqui está a dificuldade:

1. Em geral, a mudança de SOV para SVO é um processo natural fartamente atestado nas línguas, ao passo que a mudança oposta é rara e, na maioria dos casos, envolve contato.
2. Em geral, a sintaxe da oração principal é mais inovadora e a da subordinada é mais conservadora.

Mas, no alemão, tanto (1) quanto (2), acima, são violadas. Em outras palavras, através de um conjunto de mudanças diacrônicas altamente naturais (auxiliares se transformando em marcadores de tempo/aspecto), duas mudanças diacrônicas muito menos naturais também acontecem. Sem um exame cuidadoso da complexa interação entre todas as três mudanças diacrônicas, o linguista pode se sentir tentado a interpretar a "rerregularização" da sintaxe do alemão como um exemplo de algum *princípio abstrato*, tal como "as línguas tendem a gravitar em direção à consistência tipológica em sua ordenação vocabular".[49] Mas, embora tal princípio abstrato possa ser o *resultado* fortuito que aparentemente emergiu depois de uma complexa cadeia de mudanças diacrônicas, acaba sendo a explicação inadequada para aqueles que se interessam em compreender que princípios universais *de fato* desempenharam o papel crucial na determinação da sintaxe sincrônica do alemão coloquial.

6.8 RESTRIÇÕES SINTÁTICAS CONGELADAS

Em muitas línguas, a conjunção coordenativa *e* surge historicamente da preposição subordinativa *com* (e, em última instância, de um verbo serial como *estar em, estar com, juntar-se* etc.). Embora a reanálise da subordinação em coordenação possa ser demonstrada em termos da semântica, é muito frequente que restrições sintáticas aplicadas à coordenação ainda reflitam a situação prévia da subordinação. Um bom exemplo para isso é citado em Lord (1973), ao discutir a situação em gã, uma língua kwa. Nela, a conjunção *kẹ* ('e') é derivada etimologicamente de 'com' e, no final das contas, de 'estar em' ou 'juntar-se'. A situação de concordância verbal, entretanto, trata os SN coordenados e unidos por *kẹ* como singulares, ou seja, como se o segundo elemento fosse subordinado por 'com':

(40) mì tá
      eu SG-sentar
      'Eu sento.'

(41) wọ̀ ɪ́rà
      nós PL-sentar
      'Nós sentamos.'

---

49. Princípios abstratos similares foram sugeridos em várias épocas como "explicação" de mudança sintática, uma explicação de um certo modo relacionada a "analogia". Ver, por exemplo, Lehmann (1973), Vennemann (1973b) e Hawkins (1977), entre outros. Não há nada em Greenberg (1966) que sugira tal "explicação".

(42) mì kẹ̀ lẹ̀ tà
      eu e ele SG-sentar
      'Eu e ele sentamos."
      (Historicamente: 'Eu sento com ele.')

Além disso, Lord (1973) também notou que a conjunção *kẹ̀*, quando usada para unir pronomes, é sempre seguida por um pronome *objeto* e precedida por um pronome *sujeito*, independentemente de se o SN coordenado funciona como sujeito ou objeto dentro da sentença. Outrossim, Lord (1973) também observou que é possível em gã (assim como em outras línguas kwa com uma conjunção semelhante derivada de uma preposição subordinativa ou de um verbo) violar a restrição do SN coordenado de Ross (1967) e a clivar na frente de qualquer um dos dois membros da conjunção. Ou seja, nessas línguas podem-se obter sentenças equivalentes a sentenças inaceitáveis em inglês:

(43) a) *It's John who and Mary came.
          *'É João que e Maria veio.'
      b) *It's Mary who John and came.
          *'É Maria que João e veio.'

Historicamente, tais sentenças em gã são derivadas de, respectivamente:

(44) a) É João que veio com Maria.
      b) É com Maria que João veio.

Situações semelhantes podem ser encontradas na maioria das línguas banto, em que a conjunção subordinativa *na* ('com', *'estar-em') também desenvolveu o sentido da coordenativa 'e'. Assim, considere o seguinte caso de topicalização (deslocamento à esquerda) e clivagem em luganda:[50]

(45) a) omuzaki y-a-laba   omusajja **ne** omuana
          mulher ela-passado-ver homem   e   criança
          'A mulher viu o homem e a criança.'
      b) omusajja **ne** omunana, omukazi y-a-**ba**-laba
          homem   e   criança   mulher ela-passado-os-ver
          'O homem e a criança, a mulher os viu.'

---

50. Os dados são de Givón (1970b).

c) *omusajja, omukazi y-a-**mu**-laba   **ne** omuana*
   homem mulher ela-passado-**ele**-ver e criança
   $\begin{cases} \text{'O homem, a mulher ò víu com a criança'} \\ \text{*'O homem, a mulher ó viu e a criança.'} \end{cases}$

d) *omusajja **gwe**   omukazi y-a-laba   **ne** omuana*
   homem quem mulher ela-passado-ver e criança
   $\begin{cases} \text{'É o hómem que a mulher viu com a criánça.''} \\ \text{*'É o hómem que a mulher viu, e a criánça.'} \end{cases}$

e) *omuana **gwe**   omukazi y-a-laba   omusajja **ne**-yo*
   criança quem mulher ela-passado-ver homem e-o
   'É com a criança que a mulher viu o homem.'

Um outro caso de restrição congelada foi divulgado por Elimelech (1973) a respeito do yorubá. Nessa língua, a conjunção sentencial *'sì* surgiu diacronicamente do verbo *juntar/adicionar*. Isso ainda é evidente pelo fato de que essa conjunção toma o tom alto da concordância com o sujeito pronominal à sua frente. Também é evidente pela sua posição pós-sujeito na sentença justaposta:

(46) a) *Yémisi 'lè kọrin, yémisi 'sì lè jó*
         Yemisi pode cantar, Yemisi e pode dançar
         'Yemisi pode cantar, Yemisi também pode dançar.'
      b) *Yémisi 'lè kọrin, Barúk 'sì lè jó*
         Yemisi pode cantar, Baruch e pode dançar
         'Yemisi pode cantar, e Baruch pode dançar.'
      c) *Yémisi 'lè kọrin, ó 'sì lè jó*
         Yemisi pode cantar, ele e pode dançar
         'Yemisi pode cantar, e ele também pode dançar.'

A sentença (47), entretanto, não é admissível, já que o yorubá pode ter conjunção de SV e conjunção completa de SV:

(47) **Yémisi 'lè kọrin 'sì (lè) jó*
       Yemisi pode cantar e (pode) dançar

Logo, a conjunção sincrônica *'sì* ainda mantém a restrição de que só pode ser inserida após o sujeito, comportamento característico de um verbo. Por uma razão semelhante, a estratégia de lacuna (*gapping*) também é impossível no yorubá:

(48) *Yémisi jẹ   ẹ̀wà, Barúk ˈsì jẹ   ẹran*
 Yemisi comeu feijão Baruch e comeu carne
 'Yemisi comeu feijão, e Baruch comeu carne.'
(49) **Yémisi jẹ   ẹ̀wà, Barúk ˈsì ẹran*
 'Yemisi comeu feijão, Baruch e carne.'

Assim, a conjunção *sì* deve não somente seguir o sujeito, como um verbo, mas como um verbo *serial* — sua origem diacrônica — tem também de *preceder* um verbo. Por essa razão, a conjunção de dois SN objetos também é barrada em yorubá:

(50) a) *Yémisi jẹ   ẹ̀wà, ó ˈsì jẹ   ẹran*
  Yemisi comeu feijão ele e comeu carne
  'Yemisi comeu feijão, ele também comeu carne.'
 b) **Yémisi jẹ   ẹ̀wà ˈsì ẹran*
  'Yemisi comeu feijão e carne.'

Uma situação remanescente pode ser vista no amárico, em que a conjunção sentencial *dągm-* é uma forma de particípio do verbo *dąggąmą* 'repetir', e requer concordância pronominal possessiva com o sujeito precedente. Assim, considere:[51]

(50') a) *Kassa wąmbąr-u-n   ayya, Mihrat dągm-a   ayyą-cc-iw*
  Kassa cadeira-a-OBJ viu Mihrat repetindo-*sua* viu-ela-*a*
  'Kassa viu a cadeira, e Mihrat a viu também.'
 b) *Kassa wąmbąr-u-n   ayyą, ine dągimme-e   ayyą-hu-t*
  Kassa cadeira-a-OBJ viu eu repetindo-*meu* viu-eu-*a*
  'Kassa viu a cadeira, e eu a vi também.'
 c) *Kassa wąmbąr-u-n   ayyą, Tąklu dągm-o   ayyą-w*
  Kassa cadeira-a-OBJ viu Taklu repetindo-*seu* viu-*a*
  'Kassa viu a cadeira, e Taklu a viu também.'

Em todos os exemplos citados acima, os fatos sincrônicos são tanto bizarros quanto incompreensíveis. Contudo, eles são bastante diretos quando se tem acesso aos processos diacrônicos que levam — de modo universal — à reanálise gradual e lenta de verbos como preposições subordinativas e, daí para a frente,

---
51. Pela discussão e esclarecimento dos dados, agradeço a Robert Hetzron (comunicação pessoal).

como conjunções coordenativas. Embora no nível semântico/funcional a reanálise possa estar completa, muito frequentemente nos níveis morfológico, sintático e restritivo, encontram-se — como relíquias congeladas — as pegadas dos estados diacrônicos anteriores.

6.9 PADRÕES LEXICAIS CONGELADOS

Em muitas línguas banto, e mais provavelmente no protobanto, os prefixos nominais de adjetivos são idênticos aos de substantivos, mas os prefixos de concordância pronominal de verbos, numerais, quantificadores, orações relativas e modificadores possessivos são diferentes em certo grau e para algumas classes nominais.[52] Por exemplo, considere os seguintes dados do suaíli:

(51) *mi*-ji   *u*-angu   *m*-kubwa   *u*-me-jaa   watu
       CL-cidade CL-minha CL-grande CL-PERF-encher pessoas
       'Minha grande cidade era cheia de pessoas.'   (classe 3/4, sg.)
(52) *mi*-ji   *i*-angu   *mi*-kubwa   *i*-me-jaa   watu
       CL-cidade CL-minha CL-grande CL-PERF-encher pessoas
       'Minhas grandes cidades eram cheias de pessoas.' (classe 3/4, pl.)

Os adjetivos do banto são uma classe de palavras curiosa. O número de adjetivos inerentes (não derivados de outras palavras) que podem ser reconstituídos para o protobanto é muito pequeno, não mais do que dez. Todos eles codificam propriedades inerentes/permanentes, tais como *grande, pequeno, masculino, feminino, amargo, bom, mau, longo, curto, verde (não maduro), selvagem*. Essa situação está de acordo com a observação de Dixon (1970) de que as propriedades mais prováveis de serem codificadas pela classe "adjetivo" são propriedades mais *estáveis no tempo* (em contraste com os *estados temporários*). Em muitas línguas banto (cf. bemba; Givón, 1972a), todos os outros modificadores de estado (*quente, frio, corajoso, branco, preto, vermelho* etc.) são formalmente verbos. Em outras, são formalmente adjetivos derivados de verbos (*quebrado, curvado, sujado* etc.). De fato, vários dos adjetivos do protobanto supostamente "originais"

---

52. A variação somente se aplica às classes nominais com prefixos nasais, isto é, *um-/ mi-/ ma-/ n(i)-*, e tem origem fonética, muito provavelmente como resultado do *enfraquecimento* das consoantes nasais em certos ambientes intervocálicos, o que foi mais tarde interpretado como uma variação morfofonêmica.

podem ser considerados como uma derivação deverbal similar via um aspecto PERFECTIVO/PASSIVO, como: -*kulu* / 'grande' < -*kula* / 'crescer', -*bisi* / 'não maduro', 'verde' < -*bisa* / 'estar cru', 'verde', -*ipi* / 'pequeno' < -*ipa* / 'ser pequeno', -*lulu* / 'amargo' < -*lula* / 'ser amargo'. O pequeno resíduo irredutível dos adjetivos "originais" parece mais provavelmente ter sido originado de *nomes*, por meio do processo de *desbotamento semântico*, por exemplo:

(53)   *-*bi* 'criança' > 'jovem' > -*pya* 'novo'
*-*lume* 'homem' > 'masculino'

Pode-se, portanto, chegar à seguinte explicação para o comportamento morfológico semelhante dos adjetivos e dos nomes: os adjetivos começaram como nomes, adquirindo o prefixo nominal característico (em oposição ao prefixo modificador/predicativo de verbos, possessivos, numerais, quantificadores etc.). Finalmente, por meio do desbotamento semântico, essas raízes perderam algumas de suas especificidades semânticas, de modo que a antiga palavra *criança* podia modificar nomes de animais e, assim, tornou-se *jovem*, e, mais tarde, passou a modificar também inanimados e, então, tornou-se *novo*. De forma semelhante, o antigo vocábulo *homem* podia modificar nomes animados e, então, tornou-se *masculino*. Contudo, por se generalizarem dessa maneira, essas raízes também perderam seu *gênero nominal inerente*, já que nomes animados e inanimados não estão na mesma classe nominal dos humanos no banto, e os modificadores obrigatoriamente exibem concordância pronominal com seus núcleos, da mesma forma que os predicados concordam com os sujeitos. Assim, terminamos com as sementes de uma nova classe de palavra, "adjetivo", que (*a*) não tem gênero inerente, mas "concorda com o gênero do sujeito ou do núcleo"; (*b*) tem a distribuição sintática característica de predicado/ modificador de um adjetivo; (*c*) requer um verbo *ser/estar* para indicar tempo/aspecto; mas (*d*) exibe uma forma de prefixo *nominal* ao invés de modificador/predicado.

Ao abordar esse fenômeno *sincronicamente*, na melhor tradição transformacional de não saber nada, Heny (1972) sugeriu que os adjetivos banto "na estrutura profunda" são na verdade substantivos, já que eles apresentam prefixos do tipo nominal. O fato de os adjetivos, por outro lado, não se comportarem sintática ou semanticamente como substantivos não foi considerado significativo. Nem foi considerada interessante uma explicação *diacrônica* do fenômeno, embora, neste caso particular, a diacronia fosse a explicação mais óbvia. Heny, então, apresentou grandiosos argumentos universais sobre a estrutura lexical com base na situação do banto.

Há vários fatos que têm a ver com a legitimidade do empenho de Heny. Primeiramente, a classe "adjetivo" pode surgir diacronicamente ou da classe "substantivo", como em banto, ou da classe "verbo", como em algumas línguas nilóticas (Creider, 1976). O primeiro canal diacrônico resulta em relíquias *nominais* congeladas na morfologia dos adjetivos, enquanto o segundo resulta em relíquias *verbais* congeladas. Todavia, como foi discutido detalhadamente no Capítulo 8, a caracterização lexical das classes de palavras é surpreendentemente estável translinguisticamente, e pode ser sumarizada da seguinte forma:

1. Fenômenos que não tendem à mudança de suas identidades através do tempo tendem a se lexicalizar como *substantivos*; são, então, considerados *entidades*.
2. Fenômenos que mudam rapidamente com o tempo tendem a ser lexicalizados como *verbos*. Ou seja, são codificados como *eventos/ações*.
3. Fenômenos que mudam com o tempo numa certa razão intermediária são os que têm o maior potencial de se lexicalizar como *adjetivos*; ou seja, eles são considerados *estados*.
4. Entre estados, os mais *inerentes/permanentes* (tamanho, forma, cor, bondade/maldade, gosto, cheiro, textura) são os mais prováveis de serem os pioneiros da classe "adjetivo", enquanto os estados mais *temporários/ contingentes* (*quente, frio, irritado, triste, doente, quebrado, curvado* etc.) podem ainda manter-se como verbos (estativos) ou mover-se mais tarde para a classe "adjetivo".

O surgimento diacrônico da classe de palavras "adjetivo" é, assim, motivado, translinguisticamente, por considerações estáveis e universais, tendo uma grande proporção de previsibilidade. Mas a "análise" sincrônica cega à la Heny (1972) tende a obscurecer esse fato.

Um outro leque de fatos relevantes é encontrado na história subsequente da morfologia da classe "adjetivo" em muitas línguas banto, envolvendo uma tendência de alinhar a série de prefixos com a de outros modificadores/predicados, distanciando-a, assim, do tipo do prefixo nominal. Em bemba, por exemplo, esse fenômeno acontece por meio da simples queda das consoantes nasais na maioria desses prefixos (sendo a classe singular 1/2 a exceção conservadora), como em:

(53') *umu*-kate *u*-suma *u*-li kuno   (classe 3/4, sg.)
       CL-pão   CL-bom   CL-estar aqui
       'O pão bom está aqui.'
       imi-ti   *i*-kalaamba *i*-li kylya   (classe 3/4, pl.)
       CL-árvore CL-grandes   CL-estar lá
       'As árvores grandes estão lá.'
       ama-sabi yai-suma *ya*-li kuno   (classe 5/6, pl.)
       CL-peixe   CL-bons CL-estar aqui
       'Os peixes bons estão aqui.'
       in-koko *i*-bi   *i*-li kuno   (classe 9/10, sg.)
       CL-galinha CL-ruim CL-está aqui
       'A galinha ruim está aqui.'
       in-koko *ši*-bi *ši*-li kuno   (classe 9/10, pl.)
       CL-galinha CL-ruins CL-estão aqui
       'As galinhas ruins estão aqui.'

Uma estratégia diferente para alcançar o mesmo fim — ou seja, alinhar a morfologia prefixal dos adjetivos com outros modificadores/predicados — pode ser observada em lunda-ndembu, kimbundo, nyanja/chewa (em parte) e ruanda/rundi (em parte). Essa estratégia envolve nominalizar o adjetivo (*bom* → *bondade*) e então usá-lo no padrão *possessivo* (*um homem bom* → *um homem de bondade*), mudando-se, assim, a concordância prefixal de adjetivos para o padrão possessivo, que é um padrão de modificador/predicado. Portanto, do nyanja:[53]

(54) a) *ci*-manga *ci*-a-bwino   (classe 7/8, sg.)
         CL-milho   CL-de-bondade
         'milho bom'
      b) *n*-kuni   *y*-a-iwisi   (classe 9/10, sg.)
         CL-madeira CL-de-verde
         'madeira verde'
      c) *mw*-ana   *w*-a-mng'ono   (classe 1/2, sg.)
         CL-criança CL-de-pequena

---

53. Os dados do nyanja são de Price (1966).

'uma criança pequena'
d) ***zi**-patso   z-a-zing'ono*   (classe 9/10, sg.)
   CL-fruta   *CL*-de-pequena
   'fruta pequena'

(54b, c, d) apresentam certas características intermediárias no que diz respeito a esse desenvolvimento. Em (54b), a raiz adjetiva -*wisi* é precedida pelo prefixo *i*- de modificador/ predicado; em (54c) a raiz adjetiva -*ng'ono* é precedida pelo prefixo nominal *m(u)*-; e em (54d) a raiz adjetiva -*ng'ono* é precedida pelo prefixo *zi(n)*-, interpretável como um prefixo nominal ou um prefixo de modificador/predicado.[54] Então, de fato, nesses três exemplos, a construção adjetiva apresenta uma *concordância dupla* com o nome núcleo, e esta é certamente uma situação intermediária.

Para resumir, então, enquanto a "análise" sincrônica da situação do prefixo adjetival no banto não forneceria nem *insight* nem explicação, a investigação diacrônica esclarece o processo de surgimento da classe de palavras "adjetivo", traça seu desenvolvimento subsequente e coloca as peculiaridades morfológicas da estrutura sincrônica em seu contexto natural adequado. Seguimos o rastro, aqui, tanto de como a mudança diacrônica natural deu origem a um estado sincrônico louco, quanto de como a mudança diacrônica subsequente eliminou tal loucura.

6.10 DISCUSSÃO

Conforme vimos no Capítulo 2, as propriedades estruturais e "comportamentais" fundamentais da sintaxe não são arbitrárias, e sim refletem o uso de várias construções sintáticas na comunicação, ou seja, no discurso. É difícil ver como se poderia esperar que fosse de outro modo. Além disso, como foi mostrado no Capítulo 5, embora sendo comunicativamente motivada, a sintaxe não é um modo comunicativo ideal nem mantém uma estrita correlação um-a-um com o discurso. Ao contrário, é um modo de comunicação que surge — diacronicamente, ontogeneticamente, e mais provavelmente também filogeneticamente —

---

54. O prefixo nominal *zi-n*- da classe 9/10 pl. exibe a assimilação completa do elemento nasal antes de consoantes surdas (*zi-m-patso > *zi-patso*), ou antes de nasais (*zi-n-ngõno > *zi-ngõno*), de modo que a superfície para *zi-ng'ono* é ambígua diacrônica/derivacionalmente.

como resultado da gramaticalização/sintaticização do modo pragmático do discurso. Esse processo de sintaticização é motivado, ele mesmo, por vários fatores pertinentes à situação imediata na qual a comunicação acontece, o grau da pressão do tempo, o grau de planejamento prévio, a quantidade de fundo pressuposto etc. Além disso, tendo em vista os dados discutidos no Capítulo 5, pode-se ver a sintaxe sincrônica como reflexo das exigências comunicativas, de uma maneira razoavelmente clara, embora esse reflexo seja mediado por vários processos de desenvolvimento envolvidos na sintaticização. Os dados discutidos neste capítulo, entretanto, são, de certo modo, de um tipo radicalmente diferente, e são, assim, levantados para esticar, *ad absurdum*, o argumento estruturalista antidiacrônico. Em cada caso discutido, os processos diacrônicos que levaram a um estado de coisas sincrônico particular têm indiscutível motivação comunicativa de um tipo ou de outro. Ou seja, os princípios que governaram a mudança diacrônica documentada foram princípios universais absolutamente comuns que governam a comunicação humana onde quer que ela ocorra — na *produção* da fala, na *percepção* da fala, na *aquisição* de primeira ou segunda língua e na constante modificação do instrumento comunicativo que se dá interminavelmente durante a produção, a percepção e a aquisição. São princípios como "facilidade de produção", "diferenciação máxima", "facilidade de percepção/processamento", "redução de ambiguidade", "maximização da clareza na correlação código-significado" ou "elaboração criativa". Entretanto, muito frequentemente tais princípios, transparentemente racionais, via mudanças diacrônicas motivadas por eles, acabam produzindo resultados sincrônicos loucos ou contracomunicativos. Como isto pode acontecer? A resposta pode se tornar óbvia se revertemos à situação comparável na fonologia, em que os parâmetros são em menor quantidade e relativamente mais transparentes. O que se vê aí é a concatenação de mudanças motivadas por princípios comunicativos *conflitantes*. Grosso modo, as regras assimilatórias são motivadas pela "facilidade da produção da fala", a saber, a velocidade e a suavidade das transições articulatórias. Seu resultado final é, geralmente, a erradicação das distinções de codificação agudas. Por outro lado, regras dissimilatórias são motivadas, primariamente, pela "facilidade de percepção da fala", a saber, clareza do processamento auditivo/acústico. Seu resultado final é, geralmente, um aumento na distinção codificadora. As mudanças assimilatórias, desse modo, aumentam a ambiguidade, ao mesmo tempo em que aumentam a velocidade de produção. As mudanças dissimilatórias aumentam a fidelidade da mensagem, ao mesmo tempo em que diminuem a velocidade de produção. Além disso, frequentemente mudanças subsequentes — por si próprias, de motivação comunicativa indiscutível — conspiram para destruir a motivação original (assimilatória ou dissimilatória) para as mudanças precedentes (ver Seção 6.2). O estado sincrônico resultante é, assim, uma entidade *mista*, um *compromisso comunicativo* entre exigências comunicativas conflitantes, refletindo as pegadas congeladas de sucessivas voltas e contravoltas do pêndulo comunicativo.

    Embora os princípios comunicativos que governam a morfologia e a sintaxe possam ser mais complexos e — no momento — menos óbvios para o linguista, a situação é essencialmente do mesmo tipo. Assim, os dados citados neste capítulo representam a mera ponta de um *iceberg* gigantesco. Dados como esses estão em todos os lugares; é absolutamente impossível estudar qualquer área da gramática (ou do léxico) de qualquer língua humana sem ter de confrontar a massa de dados que deixam o linguista tonto. Embora alguns dos estados sincrônicos resultantes na gramática sejam relativamente raros, muitos outros são comuns e *estáveis*. Aqui está a principal cilada para uma metodologia que tenta derivar nossas noções de *naturalidade* na linguagem humana com base *somente* em dados sincrônicos. Vamos supor que uma certa sequência de mudanças diacrônicas seja altamente natural e, portanto, bastante difundida, por exemplo, a cliticização de pronomes objeto seguidos pela mudança na ordenação de palavras de OV para VO. O linguista ingênuo então descobrirá muitas línguas nas quais, sincronicamente, a mesmíssima discrepância existe entre a sintaxe pronominal e a nominal. Logo ele estará formulando uma regra universal do *pulo dos pronomes*,[55] que ele julga ser um dos universais (formais?) da pronominalização do objeto na linguagem humana. Tal exemplo não é colocado aqui como uma caricatura. De fato, a literatura da linguística transformacional das últimas duas décadas está cheia até a borda de tais enredos, em que processos diacrônicos produziram *igualmente* fenômenos sincrônicos estáveis e altamente comprovados (isto é, "universais") na gramática, e em que esses fenômenos sincrônicos, então, servem como o único *input* na formulação de "universais linguísticos" dúbios — na maioria das vezes, absurdos. Os universais linguísticos reais, entretanto, devem ser princípios que explicam *por que* a gramática é sincronicamente da maneira que ela é. Esses, acredito eu, acabarão sendo largamente *mediados* ou *manifestados* no processo sempre presente da mudança diacrônica.

---

55. Sombras do pulo dos afixos...

7
LÍNGUA E FILOGENIA
O mistério SOV e a
evolução do discurso

7.1 INTRODUÇÃO[1]

> Quase não faz sentido levantar o problema de explicar a evolução da linguagem humana a partir de sistemas mais primitivos de comunicação que aparecem em níveis mais baixos de capacidade intelectual...
>
> Noam Chomsky (1968, p. 59)

> É uma ofensa à credulidade simular que a linguagem, como a conhecemos, despontou como uma invenção cultural na ausência de pré-adaptação cognitiva e comunicativa...
>
> John Lamendella (1976)

Nos Capítulos 5 e 6, sugeri que há fortes motivos para acreditar que a estrutura sincrônica da linguagem humana não pode ser entendida sem referência aos estágios desenvolvimentais anteriores que deram surgimento a ela. Primeiro, mostrei que esse deve ser o caso no que diz respeito à mudança diacrônica em qualquer língua. Sugeri, ainda, que isso também deve ser verdadeiro em referên-

---

1. Devo a Harry Whitaker, Dwight Bolinger, Elinor Keenan e John Lamendella muitas sugestões, comentários e críticas úteis a uma versão anterior deste capítulo. Sobretudo, gostaria de registrar minha gratidão a Shaggy-Dog Givón (1969-1976), que despertou meu interesse pela evolução da linguagem, forneceu muitos dados relevantes e deu-me a ideia de escrever este capítulo. *Requiescat in pace*, príncipe encantado.

cia ao desenvolvimento gradual das habilidades comunicativas pela criança durante a aquisição da primeira língua. Tanto a *diacronia* quanto a ontogenia, assim parece, deixam suas marcas na linguagem humana adulta corrente.

O que proponho fazer, neste capítulo, é seguir o elo menos comprovado e mais controverso na cadeia de evidência e argumentação desenvolvida até aqui. Isto é, proponho mostrar que a *filogenia* também deixou sua marca na linguagem humana existente. Ao fazer isso, levantarei — tão fortemente quanto possível — objeções ao viés cartesiano de Chomsky com relação à legitimidade de se entender a linguagem humana como o último elo no longo e gradual desenvolvimento dos sistemas comunicativos via muitos estágios intermediários na evolução hominídea.

Há duas coisas surpreendentes sobre a rejeição de Chomsky à investigação séria da filogenia da linguagem humana. Primeiro, foi realizada *por decreto*, em um vácuo empírico, sem qualquer fragmento de evidência. Segundo, desafia a extensa evidência evolucionária em todos os outros subsistemas funcionais-estruturais do organismo humano, *incluindo* a neurologia e a cognição. Desse modo, Chomsky nos convidou, tacitamente, a aceitar a anatomia, a fisiologia e a neurologia humanas como produtos de um processo evolucionário complexo, prolongado e gradual, mas, por outro lado, a rejeitar uma visão desenvolvimentista semelhante da cognição e da linguagem. Se tomada seriamente, tal posição não é nada além de uma versão ressuscitada do dualismo corpo-mente de eras passadas.[2]

Quando se convida o linguista a rejeitar o viés cartesiano com relação à evolução filogenética da linguagem humana, deve-se confrontar abertamente as dificuldades envolvidas em decidir que evidência é admissível e favorável a uma interpretação filogenética de, pelo menos, *alguns* aspectos da linguagem humana corrente. Primeiro, não temos evidência *direta* da capacidade cognitiva e do comportamento comunicativo dos hominídeos intermediários que preencheram a lacuna evolucionária entre o ancestral comum de pongídeos e hominídeos, e o existente *Homo sapiens*. Contudo, certamente temos evidência direta a respeito da anatomia, fisiologia, estrutura social *e* neurologia dos estágios hominídeos intermediários. Temos, de fato, um grande corpo de evidência sobre o comportamento, estrutura social, neurologia, cognição e comunicação de nossos parentes mais próximos, os pongídeos ("grandes macacos"). Finalmente, também temos

---

2. A doutrina religiosamente inspirada de Descartes sobre a singularidade do Homem entre os seres conscientes é admitidamente uma versão mais clara desse dualismo. Uma versão mais atualizada com essencialmente o mesmo viés pode ser encontrada em Adler (1967).

um corpo crescente de evidências relevantes com relação à *ontogenia* neurológica, cognitiva e comunicativa dos humanos. E, embora parte da evidência seja experimental, indireta e exija considerável *extrapolação*, é, todavia, difícil imaginar por que, dado o estágio presente de nosso conhecimento, deva-se acatar o viés antievolucionário de Chomsky *a priori*.

Neste capítulo, discutirei vários aspectos da evidência disponível, concentrando-me primeiramente em três:

1. Evidência do desenvolvimento da linguagem infantil (ontogênese).
2. Extrapolações sobre o comportamento comunicativo de mamíferos superiores e, subsequentemente, de pongídeos.
3. Possíveis relíquias congeladas ("vestígios") de sistemas comunicativos filogeneticamente mais antigos que sobreviveram nos dados atestados da linguagem humana existente.

Nas importantes áreas de evolução comportamental, cognitiva, comunicativa e neurológica, assim como na área de cognição e de comunicação de pongídeos, vou apoiar-me primariamente nos sumários admiráveis dados em Dingwall (1979) e Lamendella (1976, 1977a, 1977b, [19__]), bem como em vários outros relatórios publicados. Embora o leque total de dados seja um tanto fragmentado, e embora a cadeia de argumentos que leva dos dados à conclusão seja frequentemente frágil, não vejo razão para interromper uma discussão importante. Este capítulo não é um tratamento nem final nem completo do assunto, e deve ser tomado simplesmente como um elo a mais em uma cadeia a ser posteriormente fechada.

7.2 ARGUMENTOS PARA UMA VISÃO NEORRECAPITULACIONISTA

Se o desenvolvimento ontogenético da linguagem humana na criança deve ser citado como evidência indireta que apoia a filogênese da linguagem, deve-se justificar *alguma* versão de uma tese recapitulacionista. Os argumentos sumarizados abaixo foram obtidos de Lamendella (1976). Eles envolvem uma refocalização da observação de Haeckel (1874) de que estágios no desenvolvimento ontológico de organismos fornecem evidência — tanto em sequência quanto em tipo — de estágios na evolução filogenética da espécie. Lamendella destaca inicialmente que três aspectos da formulação original de Haeckel não foram empiricamente confirmados:

1. A suposição de que estágios ontogenéticos recapitulam estágios filogenéticos no ancestral *adulto*: foi demonstrado que, na verdade, eles recapitulam estágios no ancestral *imaturo* no *nível correspondente* de maturação.
2. A suposição de que a correspondência entre ontogenia e filogenia é *completa*. Na verdade, embora muitos traços recapitulem, alguns não o fazem (de Beer, 1951).
3. A suposição de que a recapitulação é expressa no nível do *organismo inteiro*: a evidência sugere que o domínio relevante para traçar a recapitulação é *cada subsistema funcional per se*.

Lamendella, então, observa: "A maioria dos estudiosos não tem problema em aceitar a noção de recapitulação filogenética para sistemas *anatômicos* e *fisiológicos* no *embrião*, mas parece haver uma recusa geral a considerar a ideia de que estágios subsequentes ao nascimento de processamento de informação humana *cognitiva* ou *linguística* possam ser também uma repetição da história da nossa espécie [...]" (Lamendella, 1976; todos os itálicos são meus). Ele, então, aponta que a maturação pós-natal que recapitula a filogenia nas áreas de anatomia, fisiologia, neurologia e desenvolvimento sensorial foi observada em mamíferos superiores, que compartilham com os humanos o traço de nascimento imaturo[3] (Noback e Montagna, 1970). Além disso, há fortes motivos para acreditar que a evolução de habilidades motoras, cognitivas, socioculturais e comunicativas ocorreram juntas "em uma série de estágios que se apoiam mutuamente [...]" (Lamendella, 1976; ver também Geertz, 1962; D'Aquili, 1972). O argumento é, então, sumarizado:

> A existência ou a inexistência de sequências recapitulativas pós-natais é uma questão empírica que deve ser indagada e respondida para cada domínio desenvolvimental. Quaisquer que sejam as dificuldades para obter evidência clara, a recapitulação filogenética desempenha um papel tão forte na ontogenia de todos os outros sistemas funcionais que seria insensato ignorar seu possível papel nos domínios cognitivos e linguísticos simplesmente porque o tempo de nascimento passou [...] (Lamendella, 1976).

---

3. "Se examinamos a escala filogenética, observamos uma relação geral inversa entre o nível de complexidade organizacional atingida pela forma adulta de uma dada espécie e o grau em que o novo indivíduo se aproxima do adulto. Alguns invertebrados mais inferiores não passam por qualquer período maturacional, e para muitos daqueles que assim o fazem, apenas o crescimento — o mero acréscimo de tecido — está envolvido [...]" (Lamendella, [19__], p. 47).

Um outro aspecto do problema que deve ser enfatizado (Lamendella, comunicação pessoal) é a interação entre o desenvolvimento — filogenético e ontogenético — dos sistemas neurais relevantes para o suporte da cognição e da comunicação, por um lado, e o desenvolvimento do sistema comunicativo culturalmente criado que é sustentado pelas subestruturas neurológicas relevantes, por outro. Tanto ontogeneticamente quanto filogeneticamente esses dois sistemas surgem juntos, *interativamente*, embora um possa *ultrapassar* o outro em qualquer estágio particular — e, de fato, *estimular* ou *facilitar* seu desenvolvimento posterior. Nesse contexto, deve-se levar em consideração a importância crucial da maturação pós-natal em abrir espaço para o processo de *aprendizagem culturalmente mediada*:

> A explicação da utilidade biológica de estágios desenvolvimentais imaturos está parcialmente na relação inversa adicional que existe entre o estado de maturidade no nascimento (ou incubação etc.) e o potencial de uma espécie para avançar acima das *respostas estereotipadas, automáticas* a um campo limitado de estímulos sensorias específicos. Imaturidade de Sistemas Neurofuncionais que são, não obstante, funcionais fornece ao indivíduo em desenvolvimento *flexibilidade* e a oportunidade de adaptar-se com sucesso como um indivíduo a um nicho ecológico em um *ambiente altamente variável* que pode não ser previsível com antecedência. Maturação concomitante com *experiência individual* conduzindo o crescimento organizacional para a direção apropriada não apenas libera o código genético de uma carga pesada de especificidade detalhada, mas também permite que a *aprendizagem* assuma um papel primário na adaptação tanto do indivíduo quanto da espécie [...] (Lamendella, [19__], p. 47; ênfase acrescentada).

7.3 O MISTÉRIO SOV

Nesta seção introduzirei uma série de fatos sobre as línguas humanas que, argumentarei, representam um caso provável de uma *relíquia* de um estágio evolucionário anterior da linguagem humana que sobreviveu na era presente. Na maioria das línguas humanas existentes hoje, o aspecto particular em questão ainda é atestado. Na maioria das outras, pode ser reconstruído via uso criterioso de métodos internos e comparativos, para um período geralmente não anterior a 6000-7000 a.C. Somente para uma pequena minoria das línguas do mundo, evidências para essa relíquia não estão claramente presentes e, tanto quanto se pode dizer, elas podem representar línguas com um tempo de distanciamento do suposto estágio mais anterior, ou talvez apresentem uma taxa mais acelerada de mudança. Os fatos, conforme os vejo, podem ser resumidos como segue:

1. Parece que a maioria das famílias de línguas por nós conhecidas exibe sintaxe SUJEITO-OBJETO-VERBO (SOV) e, tanto quanto pode ser dito, elas sempre foram SOV[4] (altaico, turco, caucásio, dravídico, sino-tibetano, todas as ramificações da Papua-Nova Guiné, cuchítico, *khoisan*, atabascano, uto-asteca, *hokan* e muitas outras).
2. A grande maioria de línguas e famílias de línguas que não exibem sintaxe SOV correntemente[5] pode, não obstante, ser reconstruída, via métodos internos e comparativos, a um estágio SOV anterior. Em outras palavras, ou a sua sintaxe ou — no mínimo — sua morfologia presa exibe relíquias coerentes do estágio SOV mais anterior (indo-europeu, semítico,[6] fino-úgrico, mandarim, congo-nigeriano,[7] nilo-saara, afro-asiático,[8] iroquês, mayan, e, de fato, todas as línguas ameríndias atualmente não SOV, com talvez uma exceção).
3. Somente muito poucas famílias parecem não mostrar evidência sólida de um estágio SOV anterior [austronésio, *salish*(?)]. Mesmo nelas, a evidência não é conclusiva.
4. A tendência natural mais comum na mudança da ordenação das palavras parece ser SOV > VSO > SVO, com uma mudança muito mais restrita de SOV > VSO > VOS também atestada em um número de casos. A mudança *para* SOV a partir de qualquer outra tipologia é relativamente rara.[9]

---

4. Isto é, não há evidência de relíquia sobrevivente encaixada na morfologia presa da língua (onde as relíquias sobrevivem mais tempo) para fundamentar qualquer reconstrução interna, exceto SOV. Para discussão da metodologia de reconstrução interna da sintaxe via morfologia presa, ver Givón (1971), assim como refinamento mais recente em Givón (1977c).

5. Em uma família, alguns membros podem ser atualmente SOV enquanto outros não, ou alguns ou todos os membros podem exibir traços de relíquia SOV embora sua sintaxe já não seja SOV.

6. Ver Givón (1977c).

7. Ver Givón (1975e) e Hyman (1975).

8. Kushítico é SOV e semítico pode ser reconstruído a SOV. Todo o grupo afro-asiático deve ter sido SOV, conforme uma análise detalhada da morfologia presa de chádico, berber e egípcio antigo pode mostrar.

9. Até agora, a maioria dos casos demonstráveis de mudança *para* SOV (etiópio-semítico, akkadiano, austronésio da Nova-Guiné) parece ter sido motivada pelo contato sólido com o substrato. Mas alguns casos de mudança natural *parcial* para SOV foram relatados, em que uma motivação *interna* é plausível, tais como alemão (ver discussão na Seção 6.7.5), mandarim (Li e Thompson, 1973a) e armênio (Mardirussian, 1978).

As peças mais recentes do quebra-cabeça SOV, em particular estudos dos vários caminhos de mudança natural a partir de SOV, estão lentamente tornando-se disponíveis. Assim, há um corpo crescente de evidência de que a mudança da ordenação de OV para VO, mais provavelmente via um estágio intermediário de V-inicial ou de sintaxe V-S, é *pragmaticamente* motivada (Hyman, 1975; Stockwell, 1977). Há evidência razoavelmente conclusiva de que a mudança de VSO para SVO é pragmaticamente motivada (Vennemann, 1973a; Givón, 1977a). Há também algumas indicações de que a mudança de VSO para VOS pode ser motivada por uma alteração no princípio pragmático subjacente da ordenação de palavras, de "tópico vai para a esquerda" para "tópico vai para a direita" (Creider, 1975; Foley, 1976; e discussão de ambos em Givón, 1977a).

Embora a evidência não seja absolutamente conclusiva, ela sugere, todavia, que uma mudança natural, internamente motivada de SOV para vários alvos tipológicos, é primariamente motivada — embora, talvez, não exclusivamente — por considerações *discursivo-pragmáticas*. Dito de outro modo, de alguma maneira a ordenação SOV, embora aparentemente a *mais anterior* atestada na linguagem humana, *não* é a mais *compatível* com o estágio evolucionário discursivo-pragmático atualmente existente da linguagem humana.[10] E, se esse for mesmo o caso, é um fato que exige explicação. Contudo, a questão central permanece: por que a ordenação mais antiga que pode ser reconstruída na linguagem humana é SOV? Isso é um mero artefato da erosão dependente do tempo de todas as relíquias que são vestígios de estágios ainda mais anteriores?

Embora a última questão levante uma possibilidade que não pode ser eliminada em bases *a priori*, escolhi, para o propósito desta discussão, desconsiderá-la. Ao invés, gostaria de refrasear a questão original mais ousadamente: como chegamos ao estágio evolucionário corrente[11] de capacidades neurológicas,

---

10. Já que a maioria das línguas humanas existentes é atualmente SOV, obviamente a incompatibilidade não é absoluta. Há algumas indicações de que a língua SOV mais estável (cf. as mais importantes ramificações de Nova Guiné ou algumas línguas sino-tibetanas) pode ter, na verdade, desenvolvido um *tipo discursivo* que pode ter *estabilizado* a ordenação SOV ou tê-la capitalizado. Isso envolve o uso de partículas de final de verbo que controlam o fluxo do discurso, tais como partículas de manutenção-mudança de tópico, partículas evidenciais, partículas de sequência *versus* simultaneidade, partículas de modais pressupostos *versus* asseverados etc. A posição final de um verbo finito no parágrafo temático (ou "cadeia verbal") nessas línguas torna-se uma necessidade estratégica crucial no processamento do discurso. (para uma descrição desse tipo de língua, ver Thurman, 1978). Somos, assim, defrontados com a possibilidade de que diferentes estratégias de processamento do discurso podem evoluir lado a lado na linguagem humana.

11. Evidência paleontológica e reconstrução neurológica concomitante sugerem que o estágio "corrente" de evolução cognitiva e intelectual do *Homo sapiens* pode ser rastreado 50.000-100.000 anos

cognitivas e linguísticas do *Homo sapiens* falando todos línguas SOV? Por que mudamos da tipologia SOV? Discutir tais questões de um modo coerente e responsável é um empreendimento delicado, nem sempre apoiado por um corpo completo de fatos e provas incontestáveis, que *frequentemente* envolvem saltos inferenciais. Não vejo razão por que isso deveria nos deter, enquanto dados mais completos não estão disponíveis, e enquanto algo de interessante pode ser obtido ao dar saltos.

7.4 EXTRAPOLAÇÃO NÚMERO 1: O SISTEMA COMUNICATIVO DOS CANINOS

O material relatado nesta seção representa o produto cumulativo de sete anos de observação contínua de um cão pastor belga macho entre 1º de outubro de 1969 e 20 de agosto de 1976. A observação foi informal mas extensa, e o comportamento comunicativo do sujeito, tanto com humanos como com outros caninos, foi notado. Não desejo justificar o método de coleta de dados, nem sugerir que o que faltou em projeto formal e controles explícitos foi mais do que compensado pelos ganhos provindos da observação da pragmática natural do contexto comunicativo, assim como da grande quantidade de contato pessoal íntimo.

O que é sumarizado abaixo representa apenas os aspectos mais globais, óbvios e estáveis do sistema de comunicação canino, aspectos que qualquer pessoa que já tenha interagido com um cão durante um longo período de tempo reconheceria imediatamente. Contudo, uma vez que argumentarei que tais dados podem ser legitimamente usados como um ponto de partida para a *extrapolação* do comportamento comunicativo primitivo dos humanos, fico certamente incumbido de justificar a escolha de um ponto evolucionário distante que não está diretamente no trajeto evolucionário de hominídeos (caninos), ao invés de escolher

---

atrás (Lamendella, [19___]; Dingwall, 1979). Isso não quer dizer que a evolução comunicativa necessariamente procedeu *exatamente* no mesmo ritmo. Conforme argumentarei mais adiante, o desenvolvimento sociocultural — que *motiva* o surgimento de sistemas comunicativos específicos — pode ficar para trás ou ultrapassar a evolução neurológica. Assim, por exemplo, chimpanzés e caninos estão, grosseiramente, no mesmo estágio de evolução social e comunicativa, embora os primeiros tenham demonstrado ser capazes de um comportamento cognitivo e comunicativo muito mais sofisticado do que os últimos, e são neurologicamente muito mais evoluídos.

citar nossos parentes mais próximos existentes, os pongídeos.[12] Além do fato de que esses são dados de que disponho, também resulta que minhas observações sobre a comunicação canina são bastante similares aos relatórios sobre o comportamento comunicativo — e estrutura social — de pongídeos *na selva* e, além disso, há bases para acreditar que a comunicação canina e pongídea *chez eux* apoia-se no mesmo subsistema neurológico *límbico* (Lamendella, [19__], comunicação pessoal).[13] Vou, portanto, sumarizar brevemente, na próxima seção, parte da literatura sobre pongídeos.

7.4.1 Aqui-e-agora, você-e-eu, esse aqui e aquele lá

O aspecto mais surpreendente da comunicação canina é que ela raramente é, se é que pode ser, sobre algo exceto a situação e o ambiente imediatos, perceptualmente acessíveis, em que o tempo é o tempo de fala — ou seja, *agora*[14] —, os sujeitos-agentes são *você* ou *eu*, e os objetos de que se fala ou são manipulados ou são objetos concretos, perceptualmente acessíveis, presentes na cena da interação comunicativa. Cada um desses aspectos será tratado separadamente.

---

12. Dingwall (1979) manifesta uma forte restrição contra a prática de citar evidência do tipo das que estou mencionando abaixo como homóloga a um estágio comparável de comunicação humana: "somente dados de representantes vivos de uma linhagem evolucionária comum [...] podem fornecer fundamento para inferências sobre o desenvolvimento filogenético de comportamento [...]".

13. Lamendella [19__] também aponta que o sistema de comunicação da criança durante o primeiro ano depois do nascimento apoia-se no mesmo subsistema neurológico *límbico*, e que padrões de comunicação límbica — e a estrutura neurológica que os suporta — continuam desempenhando um papel importante no comportamento comunicativo de adultos humanos.

14. Lamendella (comunicação pessoal) ressalta que "agora", nesse caso, deve ser interpretado como "infinito". Isso necessita verificação. Certamente um dos aspectos surpreendentes da comunicação canina (assim como dos pongídeos e das crianças pequenas) é que há pouca evidência para apoiar inferências sobre a codificação de conceitos temporais diferentes do tempo de fala. Quanto a isso, então, pode-se sugerir que o próprio conceito de tempo ainda não se diferenciou nos caninos. Conforme argumentarei abaixo, *alguma* noção — embora vaga — tanto do passado quanto do futuro imediatos pode ser postulada, ao menos experimentalmente, para os caninos, embora o argumento possa na verdade refletir mais a semântica do que a substância. É certamente verdadeiro no comportamento comunicativo humano adulto, em particular nos dados do sistema de tempo-aspecto, que, em certo sentido, "tempo de fala" é o parâmetro subjacente menos marcado, mais óbvio do sistema, e que "passado" e "futuro", assim como "sempre", são elaborações psicolinguísticas mais complexas (ver discussão, embora formal, em Givón, 1972a, Capítulo 4).

7.4.1.1 Tempo

Conforme ficará óbvio na Seção 7.4.2, o comportamento canino sugere que os cães devem ter alguma representação mental — embora vaga — de *futuro*, ou ao menos de futuro *imediato*. A observação de parte de seu comportamento de planejamento de longo prazo — a menos que ele seja descartado como sendo governado pelo instinto[15] — sugere que talvez eles possam ter alguma noção, provavelmente ainda mais vaga, de futuro menos-do-que-imediato. Observações sobre aquilo de que cães se recordam sugerem que eles possivelmente têm alguma representação — embora vaga — de *passado* (ver Seção 7.4.3). O que está claro, porém, é que se caninos de fato têm algumas noções internas, diferenciadas de tempo não presente, essas noções são deixadas *sem codificação* e não desempenham papel significativo nas transações comunicativas. Logo, a comunicação trata exclusivamente do presente ou do futuro mais diretamente prolongável.

7.4.1.2 Lugar

Está claro, tanto da observação do comportamento intencional quanto das implicações da memória, que cães têm alguma noção — embora vaga e mal codificada — de lugares *não-aqui* (*invisíveis, na colina, dentro de casa* etc.). Em algum sentido, então, eles devem ter alguma das fundações neurológicas para generalizar sobre a *permanência do objeto* no sentido de Piaget (1954).[16] Está

---

15. Há uma tradição inapropriada de descartar muitos padrões de comportamento complexo de vertebrados superiores como sendo instinto governado, sem justificativa neurológica suficiente. Embora os subsistemas neurológicos mais antigos nos mamíferos (e nos humanos recém-nascidos) sejam desse tipo, a neurologia dos caninos tem componentes muito mais avançados, que suportam comportamento intencional e algum planejamento também.

16. Lamendella [19__] aponta que "permanência do objeto" é um componente necessário à representação proposicional de eventos ou "mudança de estado", que envolvem tanto mudança de *lugar* quanto mudança em *propriedades perceptíveis*. Embora esteja claro que cães exibem alguma noção de permanência do objeto no que diz respeito à mudança de lugar, não está claro quanta modificação perceptual eles acomodam antes de deixar de tratar um objeto como sendo "o mesmo". Como ressalta Lamendella, o último tipo de conceito de "permanência do objeto" envolve uma quantidade considerável de sofisticação em inferência, conceitualização proposicional, memória e o conceito de tempo. Minhas próprias observações sugerem que cães têm uma capacidade relativamente pequena para essa sofisticação, e que uma alteração drástica nas propriedades perceptuais de objetos concretos, mesmo em um curto espaço de tempo e dentro do campo perceptual imediato, torna impossível para eles inferir "igualdade". Muito dessa inabilidade correlaciona-se com sua relativamente pouca habilidade de processar "causa" e "sequência"

igualmente claro, todavia, que, em geral, a maior parte do comportamento comunicativo dos caninos envolve objetos presentes na cena comunicativa, perceptualmente acessíveis a ambos os interlocutores.[17]

7.4.1.3 Objetos

Tanto quanto se pode afirmar, cães se comunicam sobre objetos concretos diretamente acessíveis a suas modalidades perceptuais na, ou perto da, cena comunicativa. Está claro que eles têm alguns *conceitos de objeto* nos termos de Lamendella [19__]. Isto é, eles não apenas reagem à percepção de *movimento*, mas também observam *propriedades* e, assim, generalizam, ao menos em alguma medida, sobre *tipos* de objeto. Além disso, está razoavelmente claro que caninos diferenciam entre objeto animado e inanimado, e que, ainda, seu critério inicial para animação é *movimento*. Além do mais, após uma investigação inicial de um objeto em movimento, os cães parecem ser capazes de diferenciar entre movimento *sob intenção própria* e movimento passivo/causado ou casual ("causado pelo vento", "causado pela água"). Conforme aponta Lamendella [19__], esses são exatamente os mesmos critérios (movimento e movimento-sob-causa-interna) que subjazem ao conceito em desenvolvimento que as crianças têm de entidades animadas. Conforme argumentado no Capítulo 8, esses são os critérios que devem subjazer à categoria "animado" na linguagem humana adulta.

7.4.1.4 Participantes

Está claro que o *agente* e o *recipiente* no sistema comunicativo dos caninos são sempre *você* e *eu*, mas nunca uma terceira pessoa. Em outras palavras, ao codificar e transmitir mensagens sobre ações-eventos, os cães lidam exclusivamente com transações executadas pelos dois interlocutores, "falante" e "ouvinte", e se uma terceira parte animada está presente, ele/a é relegado/a ao

---

em um nível além do imediato, e é razoável supor que isso, por sua vez, correlaciona-se a limitações de memória neurologicamente baseadas.

17. A maioria de minhas observações é sobre objetos acessíveis visualmente ou auditivamente, embora se deva conceder que acessibilidade olfativa possa ser também tão relevante na comunicação de caninos *chez eux*. Em termos de frequência, minhas observações sugerem que, no que diz respeito à comunicação, estas três modalidades são hierarquizadas como segue: visual > auditiva > olfativa.

status de "objeto". Logo, enquanto (1) é um ato de fala canino plausível, (2) e (3) não são:

(1) *(você) me dá esse osso.*
(2) **(você) faz ele me dar esse osso.*
(3) **(você) dá a ela esse osso.*

Além disso, tanto quanto posso garantir, o *beneficiário* de um ato de fala codificado por um canino nunca é outro exceto o "falante", de modo que (4) abaixo também é um ato de fala canino implausível:[18]

(4) **Eu quero dar este osso a você.*

7.4.2 Força ilocucionária dos atos de fala caninos

Na fala de humanos adultos, há três atos de fala mais comuns: declarativo, interrogativo e imperativo. Refiro-me a eles aqui como *funções*, não *estruturas*, uma vez que, em linguística, é sabido que uma função performativa pode ser disfarçada em uma estrutura que é *mais comumente* usada para codificar uma outra função performativa.[19] Os dois últimos atos de fala são *manipulativos*, isto é, planejados para elicitar *ação* por parte do ouvinte. Manipulações interrogativas são mais comumente usadas para elicitar *ação verbal*, mais especificamente, para obter *informação*. Manipulações imperativas são mais comumente usadas para precipitar *ação*, embora presumivelmente a ação também possa ser verbal. A função declarativa, por outro lado, é usada mais diretamente para fornecer *informação*, embora haja bases para suspeitar que o propósito último pode não ser necessariamente o ganho de informação *per se*, mas, ao contrário, a informação é um meio para um fim remoto.

---

18. Os cães tendem a voltar para casa com "tesouros" e orgulhosamente depositá-los a seus pés; assim, eles são claramente capazes de *comportamento* generoso. Mas, em seu sistema *comunicativo* codificado, a atribuição de recipiente-beneficiário parece ser 100% egocêntrica.

19. Assim, por exemplo, *Eu gostaria que você me trouxesse uma maçã* é, em termos de estrutura, uma sentença declarativa, embora, em termos de função, seja um pedido ou comando, isto é, um ato manipulativo. De modo semelhante, *Eu gostaria de saber quem fez isto!* pode ser uma estrutura declarativa mascarando uma interrogativa. É muito menos comum mascarar uma função declarativa em uma estrutura manipulativa.

Dos três maiores atos de fala usados na linguagem humana adulta, os caninos parecem usar primariamente uma — o imperativo. Isto é, a maioria dos seus atos de fala são manipulações, concebidos especificamente para obter ação não verbal (não informacional). Isso não deve sugerir que algum nível de "informação" não desempenhe um papel na estrutura cognitiva ("memória", "recuperação") e no comportamento comunicativo dos caninos, como é discutido na Seção 7.4.3. Mas grande parte do que se pode considerar atos de fala "que transmitem informação" dos caninos mostra ser um ato manipulativo disfarçado, como em:

(5)   a)   *Eu estou com fome → Me dê comida*
       b)   *Eu estou com dor → Faça alguma coisa com relação à minha dor*
       c)   *Eu estou deprimido → Me anime*
       d)   *Eu preciso urinar → Por favor me deixe sair*

Isso não deve sugerir que os cães não se envolvem em comportamento intencional a partir do qual, e com frequência, sistematicamente, outros cães colhem informação. Latidos, posturas e modo de movimento são pistas bastante acuradas que carregam informação, de fato, assim como o são **todas** as facetas do comportamento. Mas aqui deve-se distinguir entre comportamento do qual informação *pode* ser *inferida*, e comportamento concebido *primariamente* para codificar informação. Esses dois extremos não são descontínuos. Ao contrário, eles representam um contínuo, sincronicamente, ontogeneticamente e filogeneticamente (ver Lamendella, [19__]). É mais provável supor que a evolução do comportamento comunicativo *codificado* represente uma convencionalização, distilação, simbolização e abstração gradual do elemento informativamente mais saliente do comportamento simples. Nesse contínuo, contudo, os caninos estão no extremo menos codificado.

Há, todavia, um tipo de ato de fala informativo que se pode reconhecer nos caninos, um tipo que pode ser caracterizado como *afetivo-emotivo*. Ele envolve "expressões" bem codificadas que podem ser traduzidas como:

(6)   *Me sinto ótimo!*
        Eu gosto de você!
        Estou com medo!
        Estou todo agitado!

Há bases para acreditar que esses atos não representam manipulações disfarçadas, ao menos não primariamente ou mais *frequentemente*. Além disso, há evidência de que esses são os únicos atos de fala não manipulativos com *codificação vocal* relativamente não ambígua nos pongídeos (Dingwall, 1979), e que eles também são os primeiros na ontogenia da comunicação nas crianças (Lamendella, [19__]).

De outro modo, tanto quanto sei, um cão não domesticado pode, de fato, desejar comunicar informação do tipo:

(7) *Há um búfalo ferido do outro lado da colina.*

Na medida em que o comportamento comunicativo pode ser interpretado, ele mais provavelmente codifica (7) como o manipulativo (8):

(8) *Venha comigo por aqui!*

A estrutura conceptual que deve subjazer às manipulações imperativas na linguagem humana é altamente sofisticada. Para sumarizar brevemente, ela envolve pelo menos os seguintes elementos, os quais devem ser todos explicados pelo (ou "ter alguns análogos com o") comportamento manipulativo canino.[20]

1. *Estados e o eixo temporal.* Um estado$_i$ predomina no tempo de fala, e um estado desejado$_j$ (não estado$_i$) é "projetado" ou "pretendido" para um tempo seguinte ao tempo de fala, com o tempo de fala (ou "tempo do comportamento comunicativo") representando o *eixo temporal* da manipulação.[21] Tanto quanto é possível inferir a partir do comportamento, os caninos de fato têm alguma representação mental de *relações de objetos*, que, por sua vez, é a precursora direta da *conceptualização proposicional* (Lamendella, [19__]) de *estados*. Embora não esteja claro qual é o modo exato da codificação neurológica de estados nos cães, seu comportamento sugere consciência de estados desejados anteriores e subsequentes.

2. *Intenção e motivação.* Entre os humanos, falantes manipuladores têm uma noção de sua intenção, isto é, o estado futuro projetado/desejado, assim como de sua intenção de manipular o ouvinte para atingir o estado desejado. O comportamento comunicativo dos cães deve ter alguns análogos desses aspectos.

---

20. Para detalhe linguístico, ver Gordon e Lakoff (1971).
21. Givón (1973c). Até onde se pode dizer, o estado futuro subsequente/desejado pode significar apenas "diretamente seguinte". Embora se possa não querer descartar a possibilidade de que os cães sejam capazes de *planejamento* de longo prazo, seu *comportamento* comunicativo nunca pertence a um tempo diferente do *diretamente* seguinte ao tempo de fala.

Entre os humanos, o falante manipulador deve ter alguma *motivação* para tentar manipular um outro indivíduo para agir, ao invés de ele próprio executar a ação desejada. A motivação pode envolver *inabilidade* ou *relutância* para agir por conta própria. Tanto quanto pode ser dito com relação aos caninos, a percepção da inabilidade para atingir o objetivo desejado por sua conta é a única motivação adequada para manipular um outro indivíduo para aquele fim.[22]

3. *O contrato social e as probabilidades de ação*. Nos humanos, a manipulação verbal também envolve avaliar a motivação provável do interlocutor, isto é, se ele está *livre* para agir, *bem-disposto* para agir, inclinado a agir por laços pessoais, sociais ou físicos etc. Todos esses quesitos produzem uma probabilidade total para a manipulação — e a obtenção do estado desejado — ser bem-sucedida. Muitas dessas considerações envolvem conhecimento detalhado e *frequentemente* sutil da estrutura social e de convenções comportamentais dentro dela.

O comportamento observado dos cães sugere que eles têm realmente uma clara noção de *obrigação* e *autoridade*. Domesticamente, eles diferenciam bem entre pessoas com autoridade ("dono") e aquelas com menos autoridade. Suas intuições sobre hierarquia são bastante cautelosas, e eles prontamente inferem as hierarquias corretas da sociedade humana (*grande > pequeno*; *macho > fêmea*; *adulto > criança*; *seguro > inseguro*).[23] Na natureza (Van Lawick-Goodall e Van Lawick, 1971, Cap. 2), o mesmo parece ser verdadeiro.

4. *Causa e efeito*. Conforme será discutido no Capítulo 8, "causa" não é um fato observável, mas uma inferência sofisticada, complexa, *indutiva*, baseada na *sequencialidade temporal* e mais provavelmente mediada via o conceito de *condicionalidade* ("correlativa", *se-então*; ver Lamendella, [19__]). Nos humanos, qualquer planejamento e comportamento intencional, dos quais os atos de fala manipulativos são uma subparte, deve envolver um conceito subjacente de causa e efeito. Os cães certamente se comportam, em termos de suas ações/planos, como se eles reconhecessem *alguma* relação entre ação e consequência *imediata*. Se

---

22. Os cães parecem ser mais caridosos ou mais autossuficientes do que os humanos a esse respeito, e motivação socialmente sancionada do tipo muito comum entre os humanos, isto é, *Faça isto para mim porque eu sou muito preguiçoso/importante*, não é atestada. Contudo, limpar o pelo do companheiro e outras atividades afetivas podem envolver manipulações, tais como *Faça isto para mim para que eu possa apreciar o seu amor*.

23. Shaggy-Dog inferia a hierarquia de controle de assentos em uma caminhonete VW muito apropriadamente: assento do motorista > próximo do motorista > atrás, e sempre tentava ocupar o assento disponível mais alto na hierarquia. Embora ele pudesse ceder o assento do motorista a um adulto, ele não o faria a uma criança.

sua representação ou codificação interna de relações de causa e efeito é do mesmo tipo que nos humanos é uma questão que permanece em aberto. Lamendella (comunicação pessoal) sugere que eles têm apenas representação *correlativa* (*se-então*), e que seu desenvolvimento neurológico não acomoda o conceito de causalidade como o conhecemos. Minhas próprias observações do comportamento canino, planejamento e comunicação manipulativa sugerem que a diferença é fortemente uma questão de complexidade, abstração e não proximidade. Os cães parecem reconhecer causa *imediata, perceptualmente óbvia*, ao menos em alguns casos. Em termos de *tempo*, eles parecem entender conexões causais somente se a causa *precede diretamente* o efeito. Em termos de lugar, eles reconhecem somente causas *diretamente adjacentes*.[24] Em termos de concretude perceptual, os cães parecem reconhecer somente as conexões causais perceptualmente mais *óbvias*. Para concluir, então, as mesmas restrições sobre aqui-e-agora, você-e-eu, esse-aqui e aquele-lá aparentes na sua estrutura comunicativa em geral (cf. Seção 7.4.1) também se aplicam à sua representação de causalidade.

7.4.3 Passado, memória e informação

Até aqui, parece que os cães têm um conceito de permanência do objeto para objetos individuais, assim como alguma conceptualização geral de objetos. Além disso, eles parecem ter alguma — embora rudimentar — consciência de *estados*, e talvez também de *eventos* ("mudança de estados") e *ações* ("mudanças de estados iniciadas por agentes"). Os cães são certamente capazes de codificar ações físicas concretas, tais como *sentar, latir, comer, deitar, pegar* etc. Eles também parecem ter recordações, mais obviamente de objetos, lugares, cães e humanos individuais, e tais recordações podem ser de longa duração. A julgar por seu comportamento, eles também parecem recordar *experiências* específicas, ao menos em termos da reação *afetiva* que essas experiências produziram neles.[25]

---

24. Um cão preso por uma coleira sempre tentará morder a correia em um ponto *tão perto da coleira* quanto possível. Se essa parte da coleira é feita de corrente, mas a próxima parte é de couro mastigável, o cão desistirá sem tentar morder o couro. De modo semelhante, quando preso a um poste por uma corrente longa, um cão tentará deslizar de sua coleira, mas até mesmo o mais dedicado especialista em cavar túneis sob uma cerca não tentará cavar o poste visível, mas ligeiramente remoto, nem soltar do poste o laço da corrente.

25. Um local ou um indivíduo pode desencadear em um cão apreensão visível, que parece estar relacionada a uma experiência anterior desagradável a ele associada.

Parece, também, que cães são capazes de utilizar conhecimento armazenado no seu comportamento comunicativo e não comunicativo. O que é evidente é a ausência de *referência* a eventos ou a indivíduos-objetos passados ou memorizados em sua comunicação. Assim, conquanto experiência passada, conhecimento e memória possam formar o *background* pressuposicional para a comunicação canina, eles nunca são codificados explicitamente *dentro* da própria comunicação. Pode-se, portanto, postular um papel para "informação" na comunicação dos cães, mas em grande parte esse papel envolve o *background* para a transação comunicativa, e não os conteúdos da própria comunicação.

7.4.4 Discurso monoproposicional

A fala canina é monoproposicional (ou melhor, monoclausal, já que, tecnicamente falando, imperativos são orações, embora "envolvam" proposições). O próprio ato comunicativo não envolve tópico-comentário, nem cadeias de orações sobre o mesmo tópico, embora a comunicação claramente deva acontecer sobre um vasto *background* de informação-conhecimento pressuposto. Isso contrasta intensamente com o discurso humano adulto, que é *multiproposicional*, com cadeias de orações verbais (proposições) que compartilham ("expressam sobre"), todas, o mesmo tópico-sujeito (ver discussão no Capítulo 2). Além disso, mais *frequentemente*, o *tópico* de orações no discurso humano é o *agente*, com o tópico-agente (sujeito) constituindo, desse modo, o *elemento de continuidade* através de longas porções de narrativa. Edward Keenan (1976a) sugere que o agente-sujeito nas línguas humanas é o elemento mais consistentemente codificado em *sentenças*, mas há bases para suspeitar que essa generalização pode não ser verdadeira no nível do *discurso* humano real.[26] Desse modo, se o sujeito é o tópico-agente, então no discurso multiproposicional a supressão do sujeito — sob correferência anafórica — é um traço surpreendente do discurso humano.

---

26. Os argumentos de Keenan devem ser mitigados pelo fato de que, no discurso multiproposicional, que é a espinha dorsal da narrativa humana adulta, o agente tende a ser o tópico-sujeito, o tópico-sujeito é *mantido* através de uma longa cadeia de orações-proposições, e é, assim, *predizível* e tende a ser deixado sem codificação (mais comumente), ou é codificado por um pronome anafórico curto (menos *frequentemente*).

7.4.5 Codificação lexical e dêixis

7.4.5.1 Tópico-comentário-objeto-alvo

Tanto quanto se pode dizer, tópico, comentário, objeto e propósito da comunicação canina são uma coisa só. Quando diz respeito a um objeto desejado (*osso, frisbee*), a codificação é realizada via gestos dêiticos, isto é, *apontando* na direção do objeto. Os cães facilmente compreendem a codificação verbal de objetos — tanto animado quanto inanimado — pelos humanos, e reagem a ela do mesmo modo que o fazem com o ato de apontar. Ou seja, eles a interpretam como uma manipulação, isto é, *vá (me) buscar o osso, vá (me) buscar o frisbee*.

Quando o tópico-comentário-propósito da manipulação é uma ação concreta, perceptualmente transparente (*ir, sentar, levantar, deitar, ficar, buscar, pular, rolar, subir, comer*), os cães facilmente interpretam o código verbal humano. Porém, quando eles próprios são os manipuladores (*venha comigo, me deixe sair, me dê comida*), eles codificam sua comunicação novamente por gestos dêiticos. Eles podem apontar para o objeto mais perceptualmente saliente que figura no estado desejado (*porta, tigela de comida*), ou para a direção onde um objeto invisível está, ou uma atividade desejada deve acontecer. Um tanto inconsistentemente, eles podem "apontar" também para o interlocutor, o agente desejado da ação. Nesse último caso, procuram ganhar *atenção*, embora seja plausível que a codificação explícita de agentes deve ter evoluído — tanto ontogenética quanto filogeneticamente — desse traço dêitico ou de outras ações para atrair atenção (*latir, chorar*). Seja como for, o sistema de codificação dos cães é próximo ao modo infantil de *codificação de uma ordem* (Bruner, 1974).

7.4.5.2 Participantes

A estrutura imperativa na linguagem humana adulta tende a deixar o agente e o beneficiário-recipiente não codificado. Isso se dá porque — principalmente para o falante e o ouvinte de declarativas — o agente e o recipiente de um comando são óbvios pela situação interativa.[27] Dado que o agente no discurso humano

---

27. As sentenças absurdas *Eu, por meio dessa, declaro a você que ...* ou *Eu, por meio dessa, ordeno a você que ...* são brinquedos com que os *linguistas* às vezes brincam, *en lieu* de reconhecer o papel óbvio do contexto comunicativo. A esse respeito, Dwight Bolinger (comunicação pessoal) observou: "Ler este

tende a ser o tópico e, assim, ser *frequentemente* apagado sob anáfora-correferência, pode-se desejar dizer que na comunicação humana e na canina o *agente* é mais comumente deixado sem codificação. Contudo, na comunicação humana, a identidade do agente — na narrativa declarativa — é previsível do discurso *verbal*, ao passo que na comunicação canina o agente é previsível da *situação* comunicativa, isto é, a identidade dos participantes na manipulação. Ainda, ambos os tipos manifestam o mesmo princípio universal de codificação observada em todos os seres sensíveis (ver Capítulo 8), ou seja, o princípio de que o elemento mais surpreendente e imprevisível na comunicação é o mais fortemente codificado.[28]

7.4.5.3 Verbos

Conforme sugerimos na Seção 7.4.5.1, os cães podem facilmente codificar verbos de atividade intransitiva (*sentar*), atividades transitivas de dois argumentos (*pegar*) e também, aparentemente, verbos de atividade de três argumentos (*buscar, trazer*). Essas distinções são um tanto difusas para os cães, contudo. Para começar, o objeto dativo-recipiente de *trazer-buscar* é provavelmente inferido para todas as outras manipulações, quer dizer, *faça isso* **para mim**. Em outras palavras, a manipulação canina sempre identifica o falante como *beneficiário-recipiente*, igualmente presente, igualmente óbvio, e igualmente não codificado para todos os "verbos". Adicionalmente, conforme vimos acima, muito da codificação é inferida da situação imediata, óbvia, em que a codificação da atividade ("verbo") ou do objeto mais estereotipicamente associado a ela vai elicitar a mesma resposta. Pode-se, como uma tentativa, concluir, portanto, que a codificação de "verbo" não é um traço independente, distinto na comunicação canina, mas sim parte do complexo de codificação do tópico-comentário-propósito-objeto (ver Seção 7.4.5.1).

7.4.6 Estrutura social

Não faz sentido falar sobre um sistema comunicativo sem referência à estrutura social dentro da qual ele surge e cujas funções específicas ele é projetado

---

capítulo me fez perceber quão artificial é um processo de 'supressão', quando o tempo todo o que está acontecendo [ontogenética e filogeneticamente — TG] é acréscimo...".

28. Para uma discussão esclarecedora, ver Greenfield e Dent (1978).

para executar. Assim, "é altamente provável que a evolução cognitiva, sociocultural e comunicativa ocorreram juntas em uma série de estágios que se apoiaram mutuamente [...]" (Lamendella, 1976). Nesta seção, discutirei a estrutura social canina na natureza. Parece que os aspectos mais salientes da sua estrutura social relacionam-se estreitamente aos dos pongídeos, de modo que a discussão abaixo é pertinente a ambos. O que tentarei mostrar é que o tipo de sistema comunicativo descrito acima para os caninos — e, em grande parte, para os pongídeos — é predizível a partir de aspectos do contexto sociocultural em que esse sistema desempenha tarefas.

7.4.6.1 A sociedade de íntimos

Bandos de cães são, em sua maioria, uma sociedade fechada de membros relacionados por sangue, com mudanças de membros que ocorrem em grande parte por meios orgânicos — nascimento e morte. Em termos de caráter pessoal, estatuto social, motivação-intenção-propósitos-necessidades prováveis, assim como a sequência provável de atividades diárias, cada membro individual conhece todos os outros membros íntima e corretamente. É uma sociedade que admite estranhos como membros apenas sob circunstâncias especiais, e onde o tamanho da unidade social dentro da qual a interação e a comunicação acontecem é relativamente pequena, cerca de 10-15 adultos por bando (Van Lawick-Goodall e Van Lawick, 1971, p. 59). É, pois, uma sociedade com um modelo de universo altamente *compartilhado*. Comentando sobre a aparente ausência de lutas por *status* no bando, Van Lawick-Goodall e Van Lawick escrevem: "Os membros do bando geralmente se conhecem bem, e raramente surge uma situação que induz um ou mais dos cães a afirmar sua dominância [...]" (1971, p. 92). Mais adiante, eles comentam: "A situação pode talvez ser comparada a uma família com pais sensíveis que entendem um ao outro, e filhos adolescentes bem criados que se dão bem com os irmãos mais velhos [...]" (1971, p. 92).

7.4.6.2 Pequena diferenciação sociocultural

Bandos caninos têm uma estrutura hierárquica paralela — macho e fêmea —, largamente expressa em termos de *dominância* (Van Lawick-Goodall e Van Lawick, 1971). Porém, como na sociedade pongídea, não há diferenciação ocupacional *per se*. Alguma diferenciação funcional relacionada ao sexo está presente, notavelmente em termos de amamentar os mais novos ou tomar conta deles, e tal diferenciação é mais forte em pongídeos (Goodall, 1965; Van Lawick-Goodall, 1968; Sugiyama, 1973). A diferenciação do papel macho-fêmea, em termos de defesa e bem-estar, também é aparente para a maioria dos primatas, mas muito menos para os caninos (Michael e Crook, 1973; Van Lawick-Goodall e Van Lawick, 1971). Porém, no geral, o mesmo leque de atividades sociais diárias caracteriza todos os membros da unidade social. Além disso, comumente, habilidades especiais não estão confinadas a certos indivíduos, mas são adquiridas por todos os membros adultos, como um produto universal da maturação e experiência.

7.4.6.3 Tamanho pequeno

Bandos caninos oscilam entre 8-15 membros adultos (Van Lawick-Goodall e Van Lawick, 1971). Bandos de gorilas têm em média 15-20 membros (Schaller, 1963, 1965). Orangotangos podem viver em unidades ainda menores e são, talvez, até mesmo solitários (Schaller, 1961). Dos pongídeos, somente os chimpanzés parecem ter unidades maiores — e mais abertas —, de 60-90 membros, com "grupos de alimentação" menores movendo-se para dentro e para fora da "comunidade" maior (Sugiyama, 1973; Jay, 1965; Goodall, 1965). O pequeno tamanho da unidade social pode ser determinado por fatores ambientais (comida, predadores) e fatores sociais (tensões, rivalidades sexuais e baseadas no ego). Bandos ou rebanhos que ultrapassam o tamanho ótimo, controlável, geralmente se dividem. A sociedade de íntimos é, pois, necessariamente mantida.

7.4.6.4 Pequena diferenciação genética

O acasalamento nos caninos e nos primatas acontece primeiramente dentro da unidade social, o acasalamento exógeno é incomum, e a unidade social é pequena e composta em grande parte de parentes sanguíneos. O acasalamento entre irmãos e descendentes é comum e bastante irrestrito (Van Lawick-Goodall e Van Lawick, 1971, relatam que, entre cães selvagens, um macho aparentemente evita acasalar com sua mãe). O grupo é assim, forçosamente, muito *homogêneo* do ponto de vista genético, e isso certamente contribui para a homogeneidade sociocultural da comunidade.

7.4.6.5 Ausência de mudança social e ambiental

Embora tanto cães quanto primatas possam migrar consideravelmente no âmbito da sua moradia, predominantemente eles habitam o *mesmo* terreno toda sua vida, ou ao menos o mesmo tipo de terreno. Os caninos podem se mover 10-20 milhas em um dia, mas ainda estarão, geralmente, dentro do território *familiar* de sua casa. A rotina diária raramente varia, as hierarquias de dominância social são extremamente estáveis; a mudança sociocultural é mínima.[29] Para todos os efeitos, a vida é como sempre foi, e a mudança evolucionária é suficientemente lenta, de modo que não tem impacto na memória do indivíduo ou nos padrões culturais dentro do tempo de vida do indivíduo.[30]

7.4.6.6 O universo do conhecimento compartilhado

A estrutura social dos caninos e dos pongídeos é tal que, praticamente, o volume de conhecimento ("informação") pressuposto, *background*, é compartilhado por todos os membros da unidade social. Isso inclui conhecimento do caráter dos membros, posição social, habilidades e aptidões. Além disso, qualquer ação provável é relativamente *óbvia* para todos os membros dentro da unidade social, dadas a rotina diária invariável, a pequena diferenciação sociocultural e a mudança ambiental-cultural desprezível. Tudo isso, somado à alta homogeneidade genética, permite que qualquer membro do grupo social infira, com bastante precisão, a maioria das emoções, propósitos, medos, aspirações, atrações, modalidades perceptuais e atividades cognitivas de todos os outros membros no contexto familiar mais amplo. O comportamento comunicativo emerge sobre esse *background*.

7.4.6.7 Modo comunicativo e estrutura sociocultural

Um sistema comunicativo nunca surge em um vácuo sociocultural. Sua evolução está estreitamente conectada a, e motivada por, propriedades interacio-

---

29. Embora os chimpanzés pareçam ser os primatas não humanos mais socialmente móveis, essa estabilidade sociocultural ainda é característica da sua vida. Ver Jay (1965).
30. A homogeneidade genética deve se correlacionar com a estagnação evolucionária, assegurando paucidade relativa de mutantes que poderiam oferecer soluções socioeconômicas engenhosas para a mudança previsível e imprevisível. Uma estrutura sociogenética homogênea é, de fato, incapaz de adaptar-se a uma mudança rápida, mais radical.

nais do universo sociocultural que lhe deu surgimento. Logo, parece-me que, sob as condições socioculturais descritas acima tanto para caninos quanto para pongídeos, seu sistema comunicativo nada é além de uma consequência natural. Considere:

1. Toda informação *background* com relação ao terreno, à cultura e a atividades prováveis é *estável*, é *conhecimento comum*.
2. Toda informação *background* com relação ao interlocutor e a seus prováveis propósitos é conhecida por todos os membros.
3. Todos os tópicos-propósitos-participantes relevantes da comunicação estão dentro do campo perceptual imediato.

Sob tais condições, há pouca necessidade de um ato de fala *declarativo* ou *interrogativo*, uma vez que, em grande parte, não há muita novidade que possa ser acrescentada, com o conhecimento genérico *culturalmente* compartilhado e o conhecimento específico *contextualmente* óbvio. A única tarefa restante para a comunicação, parece, é a real *instigação* da ação via um ato de fala manipulativo, que pode ser obtido por codificação dêitica ou verbal do objeto-tópico-propósito da manipulação na *presença* — e depois de ganhar sua *atenção* — daquele que está sendo manipulado. O ato de fala manipulativo, de qualquer grau de especificidade codificadora, serve, assim, ao triplo propósito de:

1. Ganhar a atenção do manipulado;
2. Indicar que, neste momento, alguma ação é desejada;
3. Identificar o objeto mais saliente perceptual-inferencialmente no ambiente envolvido na ação desejada.

Tudo o mais é conhecido ou inferido.

7.5 COMUNICAÇÃO PONGÍDEA: BREVE SUMÁRIO

Todas as fontes disponíveis sugerem que a comunicação pongídea *na natureza* é geralmente do mesmo tipo da comunicação canina discutida acima (Jay, 1965; Goodall, 1965; Schaller, 1961, 1963, 1965; Sugiyama, 1973). Lamendella (comunicação pessoal) sugere que o comportamento comunicativo canino e pongídeo baseia-se no mesmo subsistema neurológico (límbico) (Lamendella, [19__]). Conforme já vimos acima, a estrutura social dos pongídeos é, em grande parte, a mesma dos caninos, ao menos em termos dos traços salientes já discutidos.

Seria provavelmente errado sugerir que nenhuma evolução neurológica e cognitiva significativa ocorreu entre o estágio canino e o pongídeo. De fato, uma pesquisa sobre estudos recentes a respeito das capacidades linguísticas de chimpanzés em *cativeiro* (Dingwall, 1979) sugere fortemente que ao menos os pongídeos mais evoluídos são capazes de comportamento discursivo proposicional — declarativo e interrogativo —, que está muito acima do nível obtido por caninos. Uma investigação dos atos de fala vocalmente codificados dos chimpanzés na natureza (ver sumário em Dingwall, 1979) também sugere que o mesmo leque de atos de fala não manipulativos *afetivo-emotivos*, descritos antes para os caninos, tais como ameaça, agressão, medo, dor, prazer, separação-ansiedade, reconhecimento de comida, reconhecimento de afins ou reconhecimento de *status* superior, são codificados nesse caso, embora haja algumas dúvidas se esses não são sistemas próximos, geneticamente programados. Com relação a isso, é significativo que, entre os pongídeos, os chimpanzés são genética e imunologicamente mais próximos dos humanos (Dingwall, 1979), capazes de comportamento comunicativo mais complexo (Dingwall, 1979), e exibem as maiores unidades sociais, a estrutura social mais fluida, a taxa mais alta de mobilidade social e o maior âmbito de mobilidade geográfica (Sugiyama, 1973; Jay, 1965). Pode-se suspeitar de que nos pongídeos em geral o desenvolvimento neurológico e cognitivo ultrapassou o desenvolvimento sociocultural, e que o sistema comunicativo na natureza permaneceu predominantemente correlacionado às necessidades funcionais e adaptativas impostas pelo — e mediadas através do — ambiente sociocultural.

7.6 EXTRAPOLAÇÃO NÚMERO 2: COMUNICAÇÃO INFANTIL PRIMEIRA

Muito da discussão sobre o comportamento comunicativo e o contexto sociocultural de caninos e pongídeos, acima, pode soar perturbadoramente familiar a qualquer um que conheça os fatos sobre a comunicação infantil inicial, particularmente durante o primeiro ano depois do nascimento. Esta seção é uma breve análise comparativa de alguns desses fatos, assim como uma tentativa de indicar pontos onde correspondências legítimas entre ontogenia e filogenia linguísticas podem se dar. Na ordem de apresentação, sigo o mesmo esboço geral da Seção 7.4.

7.6.1 Imediação

A comunicação infantil primeira é predominantemente sobre aqui-e-agora, você-e-eu, e objeto visível no campo perceptual imediato (Clark e Clark, 1977; Piaget, 1952, 1954; Carter, 1974; Werner e Kaplan, 1963; Bloom, 1973; Sconlon, 1974, 1976; Bates, 1974, 1976).

7.6.2 Força ilocucionária

O primeiro estágio de *choro diferenciado*, que começa em torno da idade de duas semanas após o nascimento, exibe a codificação de três estados internos: *fome*, *dor* e *raiva*. Pode-se facilmente sugerir que todos os três atos de fala *afetivo-emotivos* são criptodeclarativos. Contudo, a resposta elicitada dos pais logo encaixa esses atos criptodeclarativos em uma função *manipulativa*, a de elicitar ação dos pais para aliviar o estado indesejado. A inferência que o recém-nascido deve ter feito, isto é, que o ato expressivo pode produzir a resposta apropriada de um interlocutor, parece ser o primeiro ato de comunicação *interpessoal* do recém-nascido (Lamendella, [19___]).

O nível *afetivo* de informação continua a dominar a comunicação do bebê durante os primeiros seis meses, à medida que as emoções, atitudes e disposições dos pais são interpretadas via tom de voz, entonação etc. Esse é essencialmente um modo comunicativo límbico (Lamendella, [19___]).

Em torno do final do primeiro ano após o nascimento, a codificação verbal começa a acontecer, e parece que as mensagens mais comuns primeiramente codificadas são: *comida*, *querer geral*, *prazer* (Carter, 1974; Lamendella, [19___]). Das três, *comida* e *querer geral* são manipulativas, se não inicialmente, então ao final, enquanto *prazer* é, de novo, um ato de fala criptodeclarativo afetivo-expressivo.

Um estágio mais evoluído é relatado tanto por Carter (1974) quanto por Reed (1972), e envolve *complexos gestuais-vocais*. As funções codificadas parecem ser as seguintes (adaptado de Carter, 1974, e Lamendella, [19___]):

1. *Pedido de atenção*. Um pré-requisito manipulativo, embora presumivelmente um meio para um fim, para *qualquer* modo comunicativo.
2. *Pedido de um objeto*. Uma expressão manipulativa.
3. *Aversão à pessoa-objeto*. Inicialmente, talvez, uma expressão afetiva de desgosto com o objeto, que pode, ao final, codificar um ato manipulativo, a saber, um pedido de remoção.

4. *Pedido de atividade*. Mais comumente um ato manipulativo envolvendo um pedido para mover um objeto ou para ser movido.
5. *Aversão-rejeição*. Um ato afetivo-expressivo que tem subtons manipulativos óbvios (*Não me dê isto, tire daqui.*).
6. *Prazer-surpresa-reconhecimento*. O único ato claramente não manipulativo do conjunto, primariamente um ato de fala afetivo-emotivo.

Em essência, esses atos de fala são *primariamente* manipulativos, ao passo que a exceção, os atos criptodeclarativos, são *afetivo-emotivos*. Isso corresponde bem aproximadamente ao comportamento comunicativo relatado para os caninos e primatas na natureza. Finalmente, Bates (1978), Dore (1976) e Bates, Camaioni e Volterra (1975) traçam o desenvolvimento inicial de *protoimperativos* a um período anterior a nove meses depois do nascimento, e de *protodeclarativos* a um período subsequente. A criança humana, assim, claramente exibe um estágio desenvolvimental coerente que recapitula o dos caninos e pongídeos, em que o ato de fala dominante é manipulativo.

7.6.3 Passado, memória e informação

De modo muito semelhante aos caninos e pongídeos, a comunicação infantil inicial é primariamente sobre o presente, embora a experiência passada claramente lembrada forme um *background* pressuposicional e o futuro *imediato* esteja implícito no comportamento planejado, intencional e manipulativo. Mas mesmo no próximo estágio de desenvolvimento ontogenético, o estágio de uma palavra, a comunicação é primariamente sobre o presente (Bloom, 1973; Antinucci e Miller, 1976; Piaget, 1952, 1954).

7.6.4 Discurso monoproposicional

No estágio pré-verbal, manipulativo-afetivo, a comunicação da criança é monoproposicional do mesmo modo que a comunicação canina e pongídea. Não há vestígio de *continuidade* de tópico em tal discurso e, nesse sentido, não há estrutura de *coerência* discursiva maior do que a unidade de uma única oração. Esse traço é modificado drasticamente durante o estágio de uma palavra, quando a repetição do tópico torna-se um traço proeminente do discurso multioracional

(Elinor Keenan, 1974a, 1974b, 1975a, 1975b; Keenan e Schieffelin, 1976). Eventualmente, o compartilhamento de discurso multiproposicional entre o adulto e a criança pode ser observado (Bates, 1974, 1976; Sconlon, 1974, 1976; Ervin-Tripp, 1970; Keenan e Schieffelin, 1976). Mesmo no estágio de uma palavra, a criança logo desenvolve discurso multiproposicional, em que uma série de "comentários-asserções" são feitos em sucessão sobre o mesmo tópico (Bloom, 1973). Todavia, está claro que o modo discursivo inicial, altamente pré-verbal, é monoproposicional e aproximadamente do mesmo tipo que a comunicação grandemente não verbal descrita acima para caninos e pongídeos.

7.6.5 Codificação lexical e dêixis

No estágio pré-verbal (Reed, 1972; Carter, 1974), o sistema de codificação da criança é, em grande parte, como descrito para caninos e pongídeos, isto é, via apontar deiticamente para o objeto mais saliente envolvido na manipulação desejada. Nesse estágio monoproposicional, novamente, o tópico-comentário-alvo-objeto é embalado como uma coisa só, como na comunicação canina e pongídea.

Na medida em que o cenário comunicativo imediato permanece a arena principal da qual os tópicos comunicativos são extraídos, o agente e o recipiente ficam basicamente não codificados, visto que — de modo semelhante aos caninos e pongídeos — eles são óbvios a partir da situação interativa. Maior complexidade de ambiente e de tópicos resultam, eventualmente, na emergência de codificação do *agente*, primeiramente em contextos em que ele é o mais *saliente*. Assim, por exemplo, Bloom (1973) observa que a codificação do agente é mais comum primeiro nas expressões *estativas* ou *intransitivas*, em que não há paciente sofrendo uma mudança perceptualmente saliente.

A codificação de verbos, mesmo no estágio em que cerca de 20% dos enunciados gravados já são maiores do que uma palavra (16 meses e 3 semanas, Bloom, 1973), é mínima. Na Tabela 7.1, uma contagem derivada das primeiras 11 páginas das transcrições apresentadas em Bloom (1973, apêndice, p. 150-160) é sumarizada. Das 180 ocorrências ("palavras"), 18% podem ser interpretadas como possivelmente "predicativas", e *nem uma única* é um verbo ambíguo. Quanto à codificação do *agente*, 5% (9 ocorrências) poderiam concebivelmente referir-se a um agente, mas apenas em *um* caso a referência é, de modo não ambíguo, codificação do agente, e todas as outras podem ser interpretadas, perfeitamente bem,

TABELA 7.1
Lexicalização na idade de 16.3 meses

Categoria	Ocorrências	Porcentagem
Objeto	54	30,5
Locativo Preposição There ('lá') Total	 22 15 35	 19
Adulto Mama ('mamãe') Dada ('papai') Total	 7 2 9	 5
Predicativo Negativo Dirty ('sujo') Gone ('acabado') More ('mais') Total	 6 4 5 18 33	 18
Pivot -wid-	 36	 20
Interjeição oh, uh	 13	 7,5
Total	180	100

como *atraidoras de atenção*.[31] A categoria de OBJETO é codificada em 30,5% de todas as ocorrências, e LOCATIVO em 19%. Interjeições representam 7,5% das ocorrências e o "pivot", 20%.[32] Não houve, absolutamente, codificação do *recipiente-beneficiário*. A interação verbal foi um-a-um, e em todas as manipulações a criança automaticamente se contou como o recipiente.

Em suma, então, mesmo no primeiro estágio de codificação verbal, os participantes e o verbo permanecem basicamente não expressos, e a codificação vai

---

31. Conforme sugerido na Seção 7.6.2, a função codificadora de atração de atenção na manipulação imperativo-pedido poderia facilmente tornar-se a codificação do agente.

32. Bloom (1973) considera *iwidi* um "pivot" semanticamente vazio. De um total de 335 enunciados de Allison aos 16,3 meses, 78 eram maiores do que uma palavra, e desses 65 envolviam *iwidi* em combinação com — geralmente seguindo — uma outra palavra.

primariamente para o paciente-objeto e a locação-alvo, ambos concretos, traços perceptualmente salientes do ambiente. Além disso, enquanto os participantes são, no primeiro estágio, predominantemente duas pessoas — a criança e o pai ou a mãe — os objetos e locações no ambiente imediato são, de saída, *múltiplos*. Desse modo, os participantes são fundamentalmente predizíveis, mas os objetos e locações não. O primeiro comportamento de codificação da criança, portanto, manifesta o princípio comunicativo-pragmático universal da codificação mais forte para o elemento de *menor predizibilidade* (Greenfield e Dent, 1978).

7.6.6 Estrutura social

Embora o cenário familiar no qual a criança é criada durante o estágio em que o desenvolvimento da linguagem é paralelo a estágios filogenéticos mais antigos não seja semelhante, *per se*, à estrutura sociocultural de caninos e pongídeos, muitos dos traços definidores salientes estão, contudo, presentes. A criança adquire a linguagem durante seu primeiro ano fundamentalmente entre íntimos relacionados por sangue dentro da pequena família nuclear. O tamanho pequeno obviamente limita a diferenciação sociocultural aparente, embora diferenças macho-fêmea e gradações de autoridade sejam aparentes — e percebidas — cedo, de modo muito semelhante à sociedade canina e pongídea. A taxa de mudança é eventualmente rápida e a variedade ambiental física e humana relevante aumenta rapidamente, assim como o desenvolvimento cognitivo e linguístico.

Quanto ao universo de conhecimento compartilhado, encontra-se, aqui, basicamente a mesma tendência desenvolvimentalista que em outras espécies mamíferas mais elevadas que exibem nascimento imaturo e aprendizagem culturalmente mediada. Bem no início, o conhecimento *genérico* cultural não é compartilhado, mas a comunicação é exclusivamente sobre o ambiente *imediato*, de modo que o conhecimento *específico* é fundamentalmente compartilhado. À medida que a criança adquire mais conhecimento universal, genérico, compartilhado, então o escopo do ambiente se abre, e informação específica mais diversa, menos imediata pode agora ser comunicada (Greenfield e Smith, 1976).

No estágio mais anterior, o recém-nascido humano é totalmente egocêntrico em termos de conhecimento. Isto é, ele/a ainda não diferenciou o "ego" do "exterior" (Piaget, 1954). Seguindo tal diferenciação, a criança pequena ainda tende a assumir que a informação internamente disponível para ela é *compartilhada* por outros, e o discurso infantil inicial é caracterizado pelo lento aprendizado de estratégias para tornar o *tópico* óbvio para os outros — quando gradualmente a criança percebe que aqueles outros não estão a par do que está em sua mente (Keenan e Schieffelin, 1976; Elinor Keenan, 1974a, 1974b, 1975a, 1975b). A evolução do discurso multiproposicional, tanto ontogenética quanto filogeneticamente, deve, então, ser caracterizada por três processos interdependentes:

1. A *diversificação* do ambiente físico e social.
2. O surgimento de conhecimento específico e genérico *não compartilhado* que é, então, estocado pelos indivíduos.
3. A evolução de recursos comunicativos — a saber, discurso — designados para *nivelar o universo de conhecimento*, e assim criar o necessário *background* proposicional compartilhado sobre o qual a comunicação possa acontecer.

7.7 DISCURSO PRÉ-SINTÁTICO COMO UM ALVO FILOGENÉTICO

No Capítulo 5 (mas ver também Elinor Keenan, 1977, 1979), argumentei que o primeiro tipo de discurso desenvolvido pela criança, à medida que ela passa do estágio de uma palavra para o estágio de duas palavras e adiante, é o discurso multiproposicional pré-sintático que chamei de *modo pragmático*.[33] Esse já é um modo de discurso multiproposicional desenvolvido, e é mais provável que a evolução ontogenética do estágio mono-oracional para o estágio multiproposicional percorra um certo número de estágios sucessivos mais ou menos distintos. Pode-se argumentar que, contrariamente à afirmação de Lamendella [19__],[34] ao menos no nível fenomenológico-comportamental o desenvol-

---

33. É comum rotular os primeiros estágios da comunicação infantil de "pragmáticos", uma vez que eles dependem do *contexto imediato* do aqui-e-agora, você-e-eu, este-e-aquele objetos visíveis. O "modo pragmático" **não** é usado nesse sentido, mas, ao contrário, no sentido de pragmática *discursiva*, para contrastar com o modo sintático.

34. "A criança no estágio de uma palavra não obteve os 'traços iniciais de linguagem', mas um sistema de comunicação que é radicalmente diferente do sistema linguístico adulto [...]. Não há um único traço cuja posse qualifique a criança ou o chimpanzé como um membro do clube linguístico. A criança também não adquire um sistema linguístico pelo acréscimo gradual de pedaços e peças que finalmente se encaixam como linguagem [...]. A criança passa por uma transformação em cada estágio sucessivo, uma transformação durante a qual o ambiente pode ser redefinido, as necessidades e capacidades da criança podem mudar, e novos tipos de sistemas de comunicação podem se tornar disponíveis [...]" (Lamendella, [19__], p. 168-169, MS).

vimento é *gradual* e segue um *continuum* não discreto. Isso se dá porque, embora as estruturas neurológicas e capacidades cognitivas que emergem em sucessão sejam provavelmente discretas e bem definidas, modos anteriores de comunicação não são eliminados, mas persistem na competência comunicativa da criança em crescimento, de modo que a considerável *sobreposição* de estágios cria um *continuum* observável. Nesta seção, argumentarei que o "modo pragmático", pré-sintático de discurso, deve ser não apenas um intermediário ontogenético entre o discurso monoproposicional e o modo sintático, mas também um modo filogenético intermediário.

7.7.1 O modo pragmático: um sumário

Deixe-me recapitular brevemente as propriedades estruturais mais salientes do modo pragmático, pré-sintático, de discurso.

1. *Ordenação tópico-comentário*. O princípio de ordenação relevante é "tópico primeiro, comentário depois", em que as funções de papel semântico (sujeito, agente, paciente etc.) não desempenham qualquer função no controle da ordenação das palavras.
2. *Concatenação*. Nesse modo de discurso, não há qualquer subordinação rígida (orações relativas, complementos verbais, orações subordinadas), e a complexidade é atingida através de coordenação frouxa.
3. *Razão baixa de nome por verbo*. Orações verbais nesse modo tipicamente têm um argumento por verbo, de modo que, se a anáfora for descartada, a razão nome:verbo no discurso é aproximadamente 1:1.
4. *Ausência de morfologia gramatical*. Marcação de caso ou modalidades verbais não são usadas. O discurso não sintaticizado é suficientemente transparente, tanto sintática quanto semanticamente, de modo que a morfologia flexional parece desnecessária.
5. *Entonação*. Aplica-se o princípio universal de entonação pragmática, pelo qual os contornos entonacionais mais altos são atribuídos à afirmação de foco (comentário), e o contorno entonacional mais baixo é atribuído ao(s) elemento(s) tópicos pressupostos.
6. *Anáfora zero*. Como pronomes não são usados, a correferência que torna a identidade de um argumento óbvia meramente precipita a supressão do argumento correferencial repetido.

7.7.2 O contexto sociocultural

O modo pragmático de discurso é usado na *sociedade de íntimos*, em que toda informação *genérica* é compartilhada, ou na comunicação sobre o *contexto imediato*, em que toda informação específica é compartilhada. Esses são os dois contextos em que esse modo de comunicação é usado na linguagem humana existente, tal como em pidgins, na linguagem infantil, e no registro informal não planejado de adultos (ver Capítulo 5). A união dessas duas condições disjuntivas é precisamente a situação sociocultural que foi definida acima para os ancestrais imediatos do homem primitivo.

Desse modo, filogeneticamente, deve-se conceber um processo gradual e prolongado de ampliação do contexto comportamental e comunicativo:

1. *Área* geográfica expandida para a obtenção de comida, provavelmente relacionada — ao menos em parte — à mudança para obter caça.
2. Uma expansão correlata da *variedade* de ambiente físico.
3. O início da especialização de *modos socioculturais* de ganhar a vida, incluindo caça, fabricação de ferramentas etc.
4. Um aumento correlato na *diferenciação de papel* sociocultural.
5. Uma mudança — por qualquer motivação — em direção ao *acasalamento exógamo* e a instituição de vários tabus de acasalamento relacionados ao sangue.
6. Um aumento exponencial correlato no *tamanho* e *variedade* da unidade social relevante, e um contato maior — competitivo e cooperativo — com outros bandos hominídeos.
7. Um aumento correlato na *variedade* da experiência sociocultural.
8. Um aumento correlato na variabilidade *genética* da população.
9. Uma lenta dissolução correlata da sociedade de íntimos, e um movimento em direção à *sociedade* urbana *de estranhos* atualmente atestada.

O último estágio (9) é obviamente uma questão *relativa*, e pode-se observar, mesmo agora, como as sociedades tradicionais são dissolvidas sob o impacto da civilização urbana. Mas civilizações urbanas de tamanho considerável devem ser postuladas em certas áreas (meso-América, Mesopotâmia, Egito, Índia e China), tão remotas como talvez 9000 a.C. A variante atual meramente representa o ápice de um desenvolvimento que começou muito tempo atrás.

No desenvolvimento tanto do contexto sociocultural quanto do sistema comunicativo da criança humana, pode-se observar a mesma ampliação mutuamente dependente, com um aumento na variedade, complexidade e imprevisibilidade da experiência física e sociocultural, correlacionada ao surgimento de um modo comunicativo capaz de dar conta da interação no universo social de estranhos.

7.7.3 Coordenação como o modo primeiro de complexidade linguística

A coordenação (e não a subordinação) parece ser o modo primário de aumentar o tamanho e a complexidade do discurso na evolução ontogenética da linguagem (Elinor Keenan, 1977, 1979). Esse modo sobrevive no registro *informal* em todas as línguas existentes, ao menos no nível de frequência textual (Kroll, 1977). Também sobrevive na atividade de tomar notas sob tensão (Janda, 1976), apesar do fato de que o registro escrito está normalmente no ápice da linguagem sintaticizada. Além disso, há algumas línguas existentes até hoje — todas em sociedades pré-industriais, iletradas, com unidades sociais relativamente pequenas, homogêneas — com as quais se pode demonstrar que a subordinação realmente não existe, e que a complexidade do discurso narrativo ainda é atingida via "encadeamento" ou coordenação, embora com uma morfologia discursivo-funcional evoluída (Thurman, 1978).

Mais relacionada à evolução filogenética é a observação de que chimpanzés, quando aprendem a linguagem humana via LSA (Gardner e Gardner, 1969, 1974), *chips* magnéticos coloridos (Premak, 1977) ou console de computador (Rumbaugh e Gill, 1977), acham muito fácil lidar com coordenação, mas quase impossível lidar com subordinação. Toda a evidência, assim, indica a probabilidade de que o desenvolvimento de subordinação a partir de coordenação também deve ter sido um processo filogenético, correlacionado ao aumento da capacidade cognitiva e da complexidade sociocultural. Logo, o fato de que, diacronicamente, na linguagem humana existente, a subordinação *sempre* se desenvolve da coordenação frouxa mais antiga pode ser um outro elo na cadeia de evidências, e legitima a inferência.

7.7.4 Discurso multiproposicional e o surgimento de "tópico"

O modo pragmático de discurso já é complexo e multiproposicional. Nele, uma certa *estrutura de coerência* é evidente, com características hierárquicas gerais. A história ou narrativa tem um tema ou tópico global. Subpartes têm temas intermediários. Parágrafos têm seu próprio tópico (para detalhes, ver Longacre, 1979; Hinds, 1979; Chafe, 1979; entre outros). Aproximadamente no nível do parágrafo e abaixo, a noção de "tópico sentencial" começa a assumir relevância e realidade estrutural. Basicamente, é um dos argumentos — mais *frequentemente* um *agente humano* — que serve como "leitmotiv" ou "marcador de continuidade" para uma cadeia de asserções que são, em algum sentido, "feitas sobre o mesmo tópico" (ver Capítulo 2). Com relação a isso, gostaria de citar Lamendella [19__] sobre o desenvolvimento das *redes de coerência e redes proposicionais*, ontogenética e, implicitamente, também filogeneticamente:

> A maioria dos mamíferos parece possuir Sistemas Neurofuncionais capazes de construir categorias conceptuais que funcionam no *nível do objeto*. Alguns primatas infra-humanos aparentam ainda ser capazes de representar internamente o equivalente a conceitos de *atividade* e *relação*.[35] Contudo, é a criança humana que se torna cada vez melhor em organizar *schemata proposicional de nível alto*. [...] O domínio em que essa superioridade [da criança humana sobre o camundongo ou o chimpanzé em crescimento — TG] é mais perceptível começa a ser manifestado em torno do *final do primeiro ano* baseado em parte no conhecimento de *relações temporais*. A habilidade de representar e organizar internamente *séries complexas de ordenações temporais de proposições de eventos e estados* é uma das coisas especificamente humanas que é negada a outras espécies. [...] A criança começa a pôr schemata proposicional em *redes de recordação* e, em um novo nível de *aprendizagem proposicional*, a adquirir conhecimento de como as coisas acontecem. [...] Tal aprendizagem é baseada em uma representação interna de relações *entre proposições*, e não somente entre conceitos. Essas novas relações, que chamaremos de *relações de coerência*, não são definidas em termos de propriedades sensoriais concretas como o são as relações espaciais e temporais. Elas são *derivados conceptuais* [...] (Lamendella, [19__], p. 142-143, MS; ênfase acrescentada).

Nosso discurso multiproposicional é, assim, o veículo comunicativo que carrega aquelas "séries complexas de ordenações de proposições de eventos e estados". O *tópico leitmotiv* no nível do parágrafo sentencial é parte da estrutura de coerência que se manifesta hierarquicamente no nível mais alto do tema nar-

---

35. Isto é, em essência, uma representação *proposicional* de estados e eventos. Conforme sugeri acima, cães também "aparentam" ser capazes de representação proposicional semelhante, embora Lamendella (comunicação pessoal) questione a validade de considerar isso como "a mesma" capacidade presente nos humanos adultos.

rativo. Assim como a criança desenvolve tal estrutura de coerência ontogeneticamente, a espécie também deve ter desenvolvido filogeneticamente.[36]

7.7.5 O surgimento da ordenação tópico-comentário

Quando coerência, tema e tópico estão estabelecidos, o surgimento da ordenação pragmática universal que postula o elemento conhecido-compartilhado-previamente estabelecido em primeira posição, e a informação asseverada-surpresa-nova a seguir, é somente uma conclusão já antecipada. Para começar, o *contexto* em que "informação compartilhada" é construída muda radicalmente entre os estágios de comunicação monoproposicional e multiproposicional. Conforme foi visto acima, no estágio inicial, o contexto é principalmente de dois tipos: (a) conhecimento compartilhado genérico, globalmente disponível a todos os membros adultos da comunidade de fala e (b) conhecimento compartilhado *específico*, disponível igualmente bem a todos os interlocutores da situação de fala imediata. À medida que o discurso multiproposicional surge, um sentido diferente de contexto emerge, isto é, o *contexto prévio*. Em tal esquema, *automaticamente*, informação compartilhada, pressuposta, "mais tópica", deve aparecer *antes* do que informação mais nova, dadas as restrições de tempo-sequencialidade da transmissão da fala. Até agora, o modo mais comum em todas as línguas humanas de tratar de um argumento tópico óbvio, previamente mencionado, é por meio de anáfora zero. Isso é feito quando não há possibilidade de confusão sobre a identidade do tópico, mais comumente em cadeias de tópico idêntico (ver estudos translinguísticos em Li e Thompson, 1979; Hinds, 1979; Bolinger, 1979; assim como discussão no Capítulo 2 deste volume). O argumento tópico-pressuposto é mencionado apenas quando pode surgir possibilidade de confusão, isto é, vários correferentes disponíveis anteriormente ou uma longa lacuna entre menção anterior e subsequente (ver Keenan e Schieffelin, 1976, 1977; Givón, 1977a; Duranti e Keenan, 1979; assim como Capítulo 2 deste volume). Nesse contexto, a estratégia mais comum é interromper o fluxo de produção, restabele-

---

36. A inabilidade dos cães para desenvolver discurso para além do ato de fala mono-oracional deve estar relacionada à sua habilidade limitada de representar relações de cadeia temporal entre eventos-estados, acima e além da precedência direta e consequência direta mais imediata, perceptualmente óbvia (aqui e agora). Sobre a relação ontológica entre temporalidade, condicionalidade e causalidade, ver Capítulo 8.

cer ou remencionar o tópico, e então passar à próxima asserção. O tópico restabelecido aparece, assim, mais comumente, como um elemento *deslocado à esquerda*, isto é, o primeiro elemento, *seguido* pela asserção relevante. Daí a ordenação universal tópico-comentário.

7.7.6 O surgimento de acento pragmático

No primeiro estágio de uma única palavra (Bloom, 1973), assim como no primeiro estágio filogenético correspondente de discurso monoproposicional, a maior parte da mensagem codificada é a *asserção*, e o tópico ainda não é codificado. O agente pode já ser o tópico, mas, como vimos antes, tanto ontogenética quanto filogeneticamente, o agente nesse estágio tende a ser *não codificado*. Em essência, o mesmo princípio codificador subjacente é óbvio aqui como no acento pragmático (entonação), ou seja, que a informação menos previsível recebe a codificação perceptual mais proeminente (Greenfield e Smith, 1976; Greenfield e Dent, 1978). Com a evolução do discurso multiproposicional, o elemento tópico-pressuposto é *acrescentado* à estrutura linguística explicitamente expressa, e como ele *não* é a informação de primeiro plano, ele automaticamente recebe acento menos proeminente.

7.7.7 O surgimento de codificação do agente

Conforme vimos acima, no discurso monoproposicional da criança e muito provavelmente dos primeiros hominídeos, o agente — óbvio no contexto interacional — é deixado sem codificação. No discurso multiproposicional, contudo, a codificação do agente acontece, embora a tendência de deixá-lo sem expressão persista já que ele é mais comumente também o tópico. Mas isso agora é predizível do contexto *discursivo*, e não do contexto interativo. O surgimento da codificação do agente deve ter sido correlacionado, pelo menos, aos seguintes desenvolvimentos graduais:

1. A introdução de *terceiras pessoas não presentes* (no lugar e no tempo) como tópicos da comunicação, não apenas como objetos-metas, mas também como agentes. Logo, eles não podem ser inferidos do contexto interativo imediato.

2. O surgimento correlato do modo *declarativo*, *sobre* atores de terceira pessoa.
3. O surgimento de tempo e lugar *não imediato* como o domínio *sobre o qual* a comunicação é feita.
4. Eventualmente, o surgimento do ato de fala *interrogativo*, como um refinamento posterior de manipulativos orientados para a ação.

O equivalente ontogenético desse estágio desenvolvimental deve ser por volta do estágio de duas palavras, em que são encontradas sentenças rudimentares do tipo de (9) abaixo, com somente o agente e o objeto-meta verbalmente codificados.[37]

(9) *daddy chair*
'papai cadeira'

A força ilocucionária de tais sentenças em um certo estágio pode ser manipulativa ou declarativa:[38]

(10) a) *Daddy, you sit on the chair!*   (IMPER)
         'Papai, você senta na cadeira!'
      b) *Daddy, put me on the chair!*   (IMPER)
         'Papai, me ponha na cadeira!'
      c) *Daddy, put the chair here!*   (IMPER)
         'Papai, ponha a cadeira aqui!'

Mas também:

      d) *Daddy is sitting on the chair.*   (DECL)
         'Papai está sentado na cadeira.'

Além do mais, é plausível que o desenvolvimento da codificação do agente, ontogenética e filogeneticamente, seja simultâneo ao desenvolvimento do tópico discursivo. *Frequentemente* supõe-se que a ordenação agente-paciente emergente que aparece nesse estágio anterior (Bloom, 1973) deve ter sido motivada pela proeminência perceptual do agente sobre o paciente. Mas poderia igualmente

---

37. John Lamendella (comunicação pessoal) observa que, na criança, mesmo nesse primeiro estágio, a "ação-verbo" pode ser codificada gestualmente. Mas, claramente, a codificação de verbos vem depois da codificação de agentes e pacientes-metas.
38. Ver Bloom (1973).

refletir a ordenação emergente tópico-comentário e a identificação do agente com o tópico. Bloom (1973) observou que o agente tende a ser explicitamente codificado primeiramente em expressões estativas-intransitivas, isto é, aquelas em que não há paciente sofrendo uma mudança de lugar ou estado perceptualmente proeminente. Isso pode sugerir, quando muito, que o paciente é perceptualmente mais proeminente — ao menos nesse estágio de interpretação do universo — do que o agente.

7.7.8 O surgimento de codificação verbal

Verbos são uma entidade muito mais abstrata do que nomes concretos, são perceptualmente menos óbvios e, como já vimos, recebem codificação lexical mais tarde do que os nomes na ontogênese da linguagem humana. Não há razão para supor que esse também não foi o caso filogeneticamente. Na mesma linha do exemplo (10), pode-se então sugerir um estágio na evolução da linguagem humana em que o agente e o paciente-meta eram codificados por meio de apontamento dêitico, se presentes na cena, ou verbalmente, se não (e talvez por uma combinação de gesto-e-som),[39] mas o verbo era deixado sem codificação, para ser *inferido*. Suponha que um membro da comunidade desejasse informar aos outros o evento *Um leão matou uma gazela*, que aconteceu longe da cena comunicativa. Nesse estágio isso seria transmitido, aproximadamente, como:

(11)   *leão!* ... [apontando na direção do evento]
       gazela! ... [apontando na mesma direção]
       [gesto]

Em um universo que é bem compartilhado por todos os membros da comunidade, e onde ações possíveis de agentes sobre pacientes são altamente *estereotípicas*, é difícil conceber muitas outras interações entre um agente-leão e um paciente-gazela, exceto aquelas relacionadas a caçar, perseguir, matar ou devorar. Logo, a base sociocultural importante para o estágio no qual verbos *não* são codificados é que o universo de ação ainda não se ampliou, não se *diversificou*

---

39. Bloom (1973) sugere que, no estágio de uma palavra na ontogenia da linguagem, verbos podem ser codificados *gestualmente*. Dingwall (1979), seguindo Dore (1976) e Carter (1974), sugere que a codificação gestual precede a codificação vocal no desenvolvimento da linguagem infantil, e (seguindo Hewes, 1973a, 1973b) também que o mesmo deve ter sido verdadeiro filogeneticamente.

além do conhecimento *genérico*, largamente compartilhado de quem provavelmente faz o que a quem sob a maioria das condições.

À medida que o universo do discurso se expandiu, como a comunicação começou a relatar eventos-ações que *não* aconteceram aqui e agora, e como a diversificação de ações possíveis — particularmente de *humanos* — progrediu ao ponto em que era cada vez menos fácil inferir o verbo a partir do agente e do paciente via conhecimento genérico relacionado a comportamento estereotípico, a codificação verbal tornou-se uma necessidade comunicativa. Visto que é mais provável que verbos de *movimento*, perceptualmente mais óbvios, e outras atividades *físicas* tenham sido os primeiros a ser codificados (e de fato também os primeiros a ser "conceptualizados"), a origem *gestual* da codificação verbal é uma sugestão bastante viável, já que esse é precisamente o tipo de verbo que é passível de codificação gestual.[40] Finalmente, a diversificação do universo de ação possível, a desestereotipização gradual do comportamento humano e a conceptualização de verbos cada vez menos concretos deve, novamente, ter levado a uma mudança gradual em direção à codificação total de verbos. Nesse estágio, então, poder-se-ia esperar que o verbo fosse acrescentado à oração AGENTE-PACIENTE já codificada, de modo que agora esperar-se-ia orações-proposições do tipo geral AGENTE-PACIENTE-VERBO, como em:

(11)   *leão! ... gazela! ... matar! ...*

Assim como a menos concreta:

(12)   a)   *leão! ... gazela! ... olhar! ...*
       b)   *leão! ... gazela! ... querer! ...*

7.7.9 A identificação de agente com tópico

A linguagem humana, como a conhecemos, tende a tornar o humano-agente o tópico-tema mais provável do discurso, o participante sobre quem a história é contada, cujas ações e atitudes são descritas. Necessariamente, isso também torna o agente humano o argumento tópico-sujeito mais frequente de orações-sentenças (proposições) (Keenan, 1976a; Givón, 1976a; assim como Capítulo 2 deste volume). Em um nível evolucionário em que o discurso já é

---

40. Ver nota 39 antecedente.

multiproposicional e em que coerência e tópico emergiram, a ordenação clausal de AGENTE-PACIENTE-VERBO é também, ao menos em termos de frequência discursiva, mais provavelmente TÓPICO-PACIENTE-VERBO.

7.8 UM BREVE SUMÁRIO DO CENÁRIO EVOLUCIONÁRIO

O cenário evolucionário que cobre a lacuna entre a comunicação pongídea e a hominídea primeira e o discurso pré-sintático atualmente atestado pode ser agora sumarizado como segue:

1. *Ambiente físico.* Âmbito e diversidade crescentes.
2. *Estrutura sociocultural.* Diversidade, especialização e complexidade crescentes, e comportamento estereotípico-predizível decrescente.
3. *Universo experiencial.* Diversidade, complexidade e imprevisibilidade crescentes.
4. *Conteúdos comunicativos.* Uma mudança de tempo imediato, local e participantes presentes para a comunicação sobre terceiras pessoas remotas tanto no tempo quanto no espaço.
5. *Força ilocucionária.* Uma mudança de manipulativos para declarativos.
6. *Tipo de discurso.* Uma mudança de discurso monoproposicional para multiproposicional, e a emergência correlata de *coerência* no nível da "narrativa", e das noções "tema" e "tópico".
7. *Contexto comunicativo.* Uma mudança de apoio no conhecimento genérico-compartilhado e na informação específico-contextual apenas para a crescente atribuição de papel ao contexto discursivo, isto é, o que transpirou *verbalmente* na porção precedente da comunicação.
8. *Ordenação e codificação*:
   (a) OBJETO/META
   (b) AGENTE/TÓPICO-OBJETO/META
   (c) AGENTE/TÓPICO-OBJETO/META-VERBO

7.9 SINTATICIZAÇÃO COMO UM PROCESSO FILOGENÉTICO

A discussão acima leva-nos do estágio monoproposicional pré-discursivo da comunicação de pongídeos e hominídeos primitivos para o estágio do *modo pragmático* do discurso multiproposicional. Conforme mostrado no Capítulo 5, o modo pragmático é um traço da linguagem humana existente como a conhecemos, da comunicação infantil primeira, de pidgins e da "conversação estrangeira", e do registro informal, não planejado de todas as línguas humanas. O movimento do discurso monoproposicional para o modo pragmático foi, obviamente, o maior salto evolucionário do organismo humano em termos de capacidade cognitiva e de processamento da memória. A estrutura tópico-comentário, pressuposição-asserção de processamento da informação no modo pragmático é bastante característica da linguagem humana corrente.

No Capítulo 5, também sugeri que o *modo sintático* da linguagem humana surge do modo pragmático via processo de sintaticização, evidente na mudança diacrônica e no desenvolvimento ontogenético da linguagem. Nesta seção, vou esboçar brevemente os argumentos para considerar também o modo sintático como o último estágio *filogenético* na evolução da linguagem humana.

7.9.1 Do discurso pragmático para o sintático

Dado o sumário das maiores características do modo pragmático de discurso, Seção 7.7.1, o que segue é um sumário das mudanças associadas à sintaticização:

1. *Ordenação*. A ordenação pragmática de tópico-comentário se gramaticaliza na ordenação semântica de sujeito-predicado, isto é, uma ordenação definida com base no papel semântico dos argumentos (agente, paciente, sujeito).
2. *Modo de complexidade*. Coordenação solta se gramaticaliza em subordinação rígida sob contornos entonacionais unificados, dando surgimento, assim, a orações relativas, complementos verbais e outras orações subordinadas.
3. *Razão nome:verbo*. Via vários processos de condensação do SV, verbos mais complexos, multiargumentais, são criados.
4. *Morfologia gramatical*. Os vários processos de condensação envolvidos no surgimento de estruturas complexas, subordinadas, também dão surgimento à morfologia flexional, marcação nominal de caso-função, dêixis, pluralização, tempo-aspecto-modalidade verbal e pronomes clíticos.
5. *Anáfora*. Há uma mudança de pronominalização zero para pronomes marcados para gênero-número-pessoa.

6. *Modo de processamento*. Há uma mudança de processamento analítico para processamento rotinizado, automático.
7. *Velocidade de transmissão*. Há uma velocidade maior de transmissão.
8. *Contexto social*. Há uma mudança de comunicação entre *íntimos* ou sobre o contexto *imediato* para comunicação entre *estranhos* ou sobre tópicos remotos.
9. *Conhecimento de fundo compartilhado*. Há uma mudança em direção à comunicação sob a assunção de um grau relativamente menor de conhecimento compartilhado-*background*.

7.9.2 Argumentos

7.9.2.1 O *continuum* sociocultural

Em termos do ambiente sociocultural e do conhecimento compartilhado, vimos que a evolução do estágio pongídeo de comunicação monoproposicional para o modo pragmático envolve a *abertura* gradual da sociedade de íntimos, um aumento na variedade e imprevidibilidade da experiência, e um aumento na quantidade de informação não universalmente compartilhada. As condições socioculturais associadas ao uso do modo sintático como um registro *sincrônico*, assim como a mudança sociocultural associada ao surgimento ontogenético do modo sintático, extrapolam, na mesma curva de mudança gradual, da sociedade de íntimos para a sociedade de estranhos.

7.9.2.2 Complexidade linguística, cognitiva e neurológica

Um modo coordenado é um sistema menos complexo de mensagens multiproposicionais do que um modo subordinado, hierarquizado (Lamendella, em prep.), e isso deve ser verdadeiro cognitiva e neurologicamente. Se o desenvolvimento cognitivo, neurológico e comunicativo do *homo sapiens* deve ser visto em termos de aumento da complexidade de processamento de informação de que o organismo é capaz de controlar, o modo sintático claramente ocupa o topo do *continuum* de complexidade. De modo semelhante, verbos multiargumentais são cognitivamente mais complexos do que verbos de um único argumento, e o modo sintático registra uma razão maior de nome para verbo, como resultado do desenvolvimento de verbos multiargumentais.

7.9.2.3 Sintaticização e sociedades pré-industriais

Nos Capítulos 2 e 3, observei que há algumas construções sintaticizadas que tendem a ser encontradas nas sociedades literatas, mais complexas. Uma delas é o uso de *sujeitos indefinidos* sem verbos existenciais. Em inglês, hebraico, espanhol, japonês ou francês, entre outras, tanto a variante condensada como em (13a) quanto a variante triproposicional como em (13b) podem ser encontradas:

(13) a) *A man who had no clothes on was standing there.*
'Um homem que estava sem roupa estava em pé lá.'
b) *There was a man, he had no clothes on, he was standing there.*
'Havia um homem, ele não tinha roupa, ele estava em pé lá.'

Sociedades mais tradicionais, rurais, não letradas, pré-industriais, usam línguas que evitam a variante (13a) condensada, sintaticizada, em favor da variante (13b) frouxa, não condensada. Na mesma linha, inglês e hebraico permitem a introdução de argumentos referenciais-indefinidos no discurso em orações negativas (ver Capítulo 1), enquanto a maioria das línguas faladas nas sociedades pré-literatas menores não o permite, e prefere a coordenação solta (14b) à sintaticização condensada (14a):

(14) a) *She didn't read **a book** she was supposed to read.*
'Ela não leu um livro que deveria ler.'
b) *There was **a book**, and she was supposed to read it, but she didn't.*
'Havia um livro, e ela deveria lê-lo, mas ela não o leu.'

Além disso, à medida que abordagens tipológicas sérias, não enviesadas (*i.e.*, não eurocêntricas) de diversas línguas ficam disponíveis, torna-se gradativamente claro que um certo tipo de línguas — aquelas que só têm coordenação ("encadeamento de orações"), mas não subordinação (Longacre, 1979; Thurman, 1978) — é encontrado apenas em "sociedades de íntimos" pré-literatas.

7.9.2.4 Sistemas de escrita

A língua escrita é o registro mais sintaticizado de qualquer língua (ver Capítulo 5). Também é o registro que assume a menor quantidade de informação compartilhada entre os interlocutores, mais comumente usada na comunicação *entre estranhos*. É também o último registro acrescentado à linguagem humana na história. Mais particularmente, é um registro que evoluiu espontaneamente *apenas* em sociedades que cresceram além de um certo patamar de tamanho e complexidade sociocultural. É o produto direto da *explosão de informação*, e podem-se caracterizar sociedades que desenvolveram esse registro espontaneamente como "sociedades de estranhos", em que conhecimento culturalmente relevante tornou-se sólido e complexo demais para ser estocado na mente de cada membro individual igualmente, em que *não é compartilhado* por todos os membros da grande comunidade. No *continuum* evolucionário descrito, o registro escrito da linguagem humana está no ápice do *continuum* filogenético e, do mesmo modo, a sociedade que o produziu. Isso claramente aumenta a plausibilidade de considerar o processo de sintaticização como o último passo na evolução da linguagem humana.

7.10 SOBREVIVÊNCIA DE VESTÍGIOS DE MODOS LINGUÍSTICOS ANTERIORES

Conforme sugerido no Capítulo 5, o modo pragmático de linguagem não é perdido quando a criança adquire o modo sintático. Ao contrário, um leque completo de misturas de ambos os modos é mantido pelo adulto, que, desse modo, domina múltiplos registros ao longo de um *continuum* entre esses dois extremos, capaz de alternar adequadamente dado o contexto comunicativo apropriado. Mesmo no uso da escrita, foi mostrado (Janda, 1976) que o adulto letrado pode — apropriadamente — reverter para um registro bastante aproximado do nosso modo pragmático.

O mesmo pode ser dito sobre o modo inicial de comunicação monoproposicional. Sob situações de extrema tensão, esse é precisamente o modo comunicativo para o qual os falantes revertem com êxito. A tensão pode ser precipitada pela aprendizagem de uma língua estrangeira (Lamendella, 1977b), ou por dano cerebral e disordens de linguagem,[41] mas também por situações urgentes do mundo real. Assim, considere o seguinte:

---

41. John Lamendella (comunicação pessoal).

(15)   **Enunciado**   **Contexto**
   a) *Socorro!*   afogamento, estupro, assalto
   b) *Fogo!*   incêndio
   c) *Água!*   sede, choque de desidratação
   d) *Bisturi! ...*   cirurgia
       Fórceps! ...
   e) *Minha perna! ...*   ferimento

Ao caracterizar esses atos de fala e seu contexto, encontra-se uma semelhança notável com o estágio de discurso monoproposicional descrito acima:

1. São enunciados de uma palavra.
2. São manipulativos, e não declarativos.
3. O agente e o recipiente não são codificados, e são óbvios no contexto interativo.
4. O elemento codificado é tópico-objeto-meta, embalado como um.
5. Deve ser monoproposicional, senão o tempo se esgota.
6. O leque de conteúdos comunicados não excede o cenário comunicativo imediato dos objetos visíveis aqui-e-agora, você-e-eu.

Assim como há sobrevivência de vestígios de estruturas filogenéticas mais antigas na anatomia e na fisiologia de organismos,[42] estágios mais antigos de evolução linguística podem e, de fato, sobrevivem. Além disso, eles nem sempre sobrevivem como relíquias mortas, mas às vezes também como componentes *funcionais* no rico leque de modos comunicativos que pode ser manipulado com vantagem pelos humanos adultos.

7.11 CONCLUSÃO: O MISTÉRIO SOV REVISITADO

A razão por que SOV parece ter sido o tipo de ordenação mais antigo atestado na linguagem humana pode ser agora dada como segue:

---

42. Lamendella (1976) observa que órgãos que restam como vestígio *frequentemente* mudam de função nos descendentes em algum estágio ontogenético, se comparados à sua função original no estágio filogenético correspondente. Além disso, sua sobrevivência como vestígio é mais provável se eles retêm *alguma* função, ao invés de tornarem-se relíquias mortas.

1. Antes do estágio evolucionário do "modo pragmático", a evolução da ordenação na linguagem humana foi:
   (a) OBJETO/META
   (b) AGENTE-OBJETO/META
   (c) AGENTE-OBJETO-VERBO
2. Na evolução do modo pragmático de discurso, o agente foi reinterpretado como tópico-agente, e a ordenação então se tornou:
   (a) TÓPICO/AGENTE-OBJETO-VERBO
3. Na evolução do modo sintático, o tópico-agente foi sintaticizado em sujeito, e a ordenação então se tornou:
   (a) SUJEITO-OBJETO-VERBO

Por que, então, as línguas humanas parecem estar se afastando de SOV? A resposta parece ser, experimentalmente, como segue: SOV não surgiu como uma ordenação *pragmática* no contexto do discurso multiproposicional do tipo correntemente evidente na linguagem humana. Ao contrário, ela reflete a lexicalização de AGENTE-OBJETO/META do estágio inicial ou a ordenação AGENTE-OBJETO-VERBO de um estágio anterior no surgimento do discurso multiproposicional. Qualquer que seja a evidência que temos sobre os fatores que motivaram a mudança de SOV para VSO e SVO (Hyman, 1975; Venemann, 1973a; Stockwell, 1977; Givón, 1975e, 1977a), ela sugere que os fatores são *discursivo-pragmáticos* por natureza, envolvendo várias regras de movimento de topicalização e focalização. A ordenação AGENTE-OBJETO-VERBO pode ter sido a mais adequada no estágio do discurso monoproposicional, mas, de algum modo, parece que SVO ou V-inicial são mais compatíveis com o discurso multiproposicional orientado para o tópico. Tal discurso envolve agentes (tópicos) recorrentes, assim como pacientes. Quando a anáfora zero ou a concordância verbal é usada no contexto de um argumento recorrente, o único elemento estável que permanece na oração verbal é o próprio verbo. Se isso é feito no estágio evolucionário, sociocultural em que a sintaticização é provável, isto é, sob condições socioculturais em que as pessoas tenderão a *rotinizar* ou "automatizar" suas estratégias de processamento da fala, então uma preponderância de orações V-inicial no nível da frequência textual tornar-se-á o *input* para a sintaticização do adulto e da criança, e a ordenação V-inicial será então interpretada como "gramatical".

Logo, o mistério SOV é, acredito, uma relíquia do modo em que a evolução filogenética moldou nossas modalidades funcionais-comunicativas, a linguagem humana. Uma vez que alguns dos estágios intermediários parecem recapitular-se na aquisição da linguagem pela criança, pode-se de fato asseverar que na linguagem e na cognição — de modo semelhante à biologia e à neurologia — a ontogenia pode recapitular a filogenia.

NOTA RETROSPECTIVA DO AUTOR (JUNHO DE 2004)

Quando este capítulo foi escrito no final dos anos 1970, falar sobre a evolução da linguagem era considerado um empreendimento um tanto escamoso, indigno, nas margens mais distantes da linguística séria. Essa situação começou a mudar mais ou menos na última década dos anos 2000. E, embora os detalhes reais da florescente discussão atual possam ser *frequentemente* menos do que iluminadores, a discussão é, todavia, extensa, vigorosa e interdisciplinar. Ainda que eu ache que tanto o espírito quanto muitos dos detalhes das propostas evolucionistas que fiz neste capítulo sejam razoáveis, os últimos 25 anos deram-me a oportunidade de aprender mais sobre evolução biológica, neurociência cognitiva e abordagem adaptativo-funcional da linguagem, cultura e cognição. Explicações mais maduras, atualizadas da evolução linguística podem ser vistas em vários dos meus trabalhos mais recentes, mais especificamente em: (i) *Functionalism and Grammar*, Amsterdam: J. Benjamins, 1995, cap. 9; (ii) *Bio-Linguistics: The Santa Barbara Lectures*, Amsterdam: J. Benjamins, 2002; (iii) *Context as Other Minds*: *The Pragmatics of Cognition and Communication*, Amsterdam: J. Benjamins, 2005.

8 Língua e ontologia
Construindo um universo

8.1 INTRODUÇÃO[1]

> The world is all that is the case [....].
> The limits of my language means the limits of my world.
>
> Ludwig Wittgenstein
> (1918, p. 5 e 115, respectivamente)

É um tributo à pobreza conceitual de qualquer disciplina científica que um praticante se sinta compelido a desculpar-se cada vez que dá um salto inferencial e surge com uma ideia cujas bases fatuais e dedutivas sejam menos do que 100% seguras. Nos capítulos antecedentes, particularmente nos momentos em que senti que estava para apresentar pontos novos, sem precedentes, encontrei-me tentando aplacar as divindades iradas da ciência por causa de infrações reais e imaginárias. A força do hábito — particularmente **maus** hábitos — é, ai de mim!, forte. Portanto, gostaria de abrir este capítulo final de meu livro exorcizando maus hábitos, e não posso imaginar um modo melhor de fazer isso do que oferecendo a observação seguinte como um *mantra*, para ser entoado diariamente por um cientista aspirante:

(1)   *Embora fatos observados e fatos deduzidos de fatos sejam carne e osso da pesquisa científica, seu coração e alma é a especulação criativa sobre os fatos.*

---

1. Devo a Martin Tweedale, Tora Kay Bikson, Haj Ross, Derek Bikerton, Pete Becker, Dwight Bolinger e Joe Goguen muitos comentários úteis a versões anteriores deste capítulo, assim como muito encorajamento.

Aquilo a que eu me refiro como "especulação criativa" ou "salto inferencial" deve ser semelhante à *abdução* de Peirce (Peirce, 1955; Antilla, 1977), e a esse respeito gostaria de citar Antilla (1977):

(2) Abdução é sempre um jogo de azar, enquanto dedução, com pequeno risco e baixo retorno, nunca introduz nada novo [...] (p. 14).

Um lógico honesto com suas ferramentas seria o primeiro a reconhecer os limites da dedução, como o fez Wittgenstein em seu *Tractatus*, observando que um sistema dedutivo é, por si mesmo, um instrumento falho para se ganhar conhecimento, já que todas as suas proposições são, necessariamente, redutíveis a contradições ou tautologias.

Em uma palestra recente a que assisti, o palestrante[2] ofereceu, como parte das suas conclusões, a observação de que "a estrutura da descrição linguística de eventos *reflete* a estrutura dos próprios eventos". A observação seguiu no rastro de uma discussão das *Investigações filosóficas* de Wittgenstein e, em particular, do tema epistemológico "significado como uso". Conforme Wittgenstein aponta, ser capaz de identificar um "martelo" pelos seus atributos físicos, e assim ser capaz de identificar com êxito cada e qualquer martelo referencial no mundo, não garante nosso conhecimento do significado de "martelo", isto é, como uma ferramenta usada para bater pregos. Mas mesmo nesse contexto de discussão da natureza não referencial do significado, a observação do palestrante sobre "a língua refletindo eventos" não deu descanso a ninguém. A pressuposição invocada no uso de "refletir" — quer dizer, que de algum modo os eventos existem independentemente da nossa codificação cognitiva deles — foi executada com sucesso, sem qualquer murmúrio de protesto por parte da audiência.

As exortações de Wittgenstein são, até hoje, tomadas pelos cientistas cognitivos como se aplicando somente àqueles "casos especiais" em que um "elemento" do significado tem um conteúdo convencionalizado, menos referencial. Mas dificilmente essa foi a força pretendida pela discussão original de Wittgenstein, que tencionava ilustrar um aspecto fundamental da semiótica, a saber, que tão logo um conceito é formado e codificado — independentemente de quão concreto ele possa ser — o conceito ou "representação cognitiva" assume uma vida própria. É **essa** existência independente da referência que é o coração do

---

2. Robert van Valin (1978), "Remarks on meaning, language and culture", palestra proferida no Departamento de Antropologia, Universidade da Califórnia, Los Angeles, 27 de fevereiro de 1978.

significado na língua. Do mesmo modo que com os objetos, assim também com os eventos, só que com uma vingança.

Suponha que você fosse meu hóspede no sudeste do Colorado pré-colombiano, e suponha que estivéssemos caminhando nas colinas e víssemos um homem à distância, subindo uma colina baixa, depois sentando sobre uma pilha de pedras, levantando seus braços, rosto erguido, e mantendo essa posição. Suponha que mais alguém estivesse presente e nos perguntasse: "O que aquele homem está fazendo?", e suponha que discordássemos e você dissesse: "Ele está pranteando sua mãe morta", enquanto eu dissesse: "Ele está rezando para o grande espírito". Suponha que eu estivesse certo e você estivesse errado, mas, por sermos sensíveis ao homem sentado e sua dor-oração, nós nos refreássemos de perguntar a *ele*. Suponha agora que a terceira pessoa que nos indagou balançasse a cabeça e observasse: "Vocês dois não estão realmente em desacordo com relação ao *evento em si*, mas somente quanto à *interpretação* do evento no contexto cultural. Mas, tanto quanto *eu* posso ver, o que aconteceu — no mínimo — foi que (a) um homem subiu a colina; (b) ele se sentou sobre uma pilha de pedras; (c) ele levantou seus braços e ergueu seu rosto, e (d) ele ainda está mantendo essa posição. Parece-me", concluiria nosso observador, "que sentar em tal posição no topo de uma colina deve constituir uma parte necessária do significado de 'rezar' para um de vocês e de 'pranteár' para o outro".

Nosso observador expressou, desse modo, um equivalente aproximado da interpretação equivocada que os linguistas dão a "significado como uso" de Wittgenstein, ao permitir que, enquanto *alguns* componentes do significado possam ser totalmente não referenciais, uma grande porção irredutível permanece estritamente referencial, isto é, baseada na rocha sólida dos fatos observáveis. Todavia, no caso dos objetos concretos ("martelo") e dos eventos concretos ("homem sentado no topo da colina"), poderíamos agora prosseguir para levar ao nosso observador audacioso a discussão do fim do Capítulo 3. Essa discussão é compatível com fatos sólidos que dizem respeito à percepção humana, ou seja, que nós não percebemos "um martelo", nem "um homem sentado", mas sim *interpretamos* isso a partir de um universo de *input* que é por si — em princípio — aleatório.[3] O fato de que o

---

3. Kant talvez estivesse tanto certo quanto errado ao assumir que o mundo *am sich* fosse em princípio incognoscível. Se o mundo *am sich* é realmente casual, e se a cognição/percepção envolve *calibração* do organismo de modo que o mundo se mostra a ele como ordenado, então, embora se possa suspeitar que o mundo *am sich* é casual, não há como realmente *saber* isso, visto que nosso próprio modo de cognição *impede* a casualidade.

universo *tal como dado a nós* é aparentemente ordenado deve ser o resultado de nossa cognição/percepção ter-se calibrado para conceber/perceber o universo como não casual. Assim, o elemento aparentemente irredutível, observável, "objetivo" no significado de objetos e eventos é, por si mesmo, um *construto* elaborado, e não um "fato" independente que pode ser "refletido" em um espelho linguístico ou cognitivo. O "martelo" de Wittgenstein é, pois, a regra, e não a exceção.

Este capítulo examina evidências da linguagem humana com relação ao modo como o organismo humano interpreta seu universo. É uma investigação preliminar, que focaliza primariamente alguns dos parâmetros fundamentais de nosso mapa cognitivo do universo de indivíduos (nomes) e ações-eventos (verbos). Muito da fundação fatual sobre a qual tentarei construir minhas conclusões ontológicas não é nem novo nem original, mas as justaposições são, bem como as várias sugestões quanto ao que tudo isso pode significar. Por "significar" devo novamente recorrer ao sentido do pragmaticista,[4] ou seja, "adequar-se a um sistema ou contexto *mais amplo*" ou, seguindo I. Rabi, "relacionar-se a algo mais profundo".

8.2 ESPAÇO, TEMPO E SER

Há inúmeros fatos das línguas humanas que sugerem que os aspectos semânticos pelos quais classificamos o universo nominal são hierarquicamente organizados de modo a permitir uma *escala implicacional*. Aqui vou me ocupar somente do topo dessa escala, isto é, dos aspectos *mais genéricos* de "concreto", "temporal" e "abstrato". Além disso, é fácil mostrar que os três são traduzíveis em *existir no espaço, existir no tempo* e *existir*, respectivamente. A progressão ao longo dessa escala em direção ao polo mais genérico é a de *abstração* progressiva, e as relações implicacionais entre as três são como segue:[5]

(3)   *existir no espaço > existir no tempo > existir*

O que a hierarquia implicacional significa é que o que existe no espaço deve forçosamente existir no tempo, mas não vice-versa. O que existe no tempo tam-

---

4. Acredita-se que Peirce tenha cunhado o termo "pragmaticista" como um ato desesperado em face do risco de ser para sempre cooptado pelo termo ético "pragmatistas" (James e Dewey), ao observar que "se eu o tornar feio o suficiente, talvez eles desistam de roubá-lo [...]" (T. K. Bikson, comunicação pessoal).

5. O sinal implicacional ">" representa, aqui, o condicional unidirecional da lógica, ou seja, *se...,* *então...* .

bém deve forçosamente existir, mas não vice-versa. Uma *cadeira* é um exemplo de *existir no espaço*. Uma "ação", "evento" ou "período de tempo" não tem existência espacial, apenas temporal. Finalmente, as noções mais abstratas em nosso vocabulário nominal, tais como *ideia, amor, liberdade* etc., não têm existência nem espacial nem temporal.

Quando as entidades estão relacionadas umas às outras, em uma hierarquia implicacional, é apropriado atribuir-lhes a relação de *inclusão* da teoria dos conjuntos. Assim, os três aspectos classificatórios em (3) podem também ser representados como:

(4)
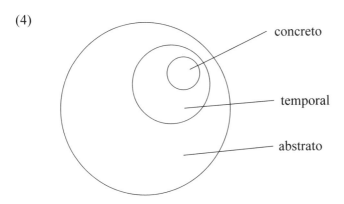

Em termos de *propriedades criteriais* que definem o atributo de ser um membro em classes que se relacionam via inclusão como em (4), pode-se dizer que temporal tem todas as propriedades de abstrato, mas, além disso, tem algumas propriedades (aqui, *existência no tempo*) que abstrato não tem. De modo semelhante, concreto tem todas as propriedades de temporal (aqui, *existir no tempo*), mas, além disso, tem outras propriedades (*existir no espaço*) que temporal não tem.

Há vários tipos de fatos sobre a linguagem que sugerem que tal relação de inclusão realmente existe. Primeiro, há o fenômeno de "restrições de seleção", que é um jargão fantasioso para "o tipo de *predicações-qualidades* que podem ser verdadeiras para as entidades nominais". Há uma série de predicados "não temporais", "não espaciais" que tem a ver com identidade, similaridade, ou a falta dessas, e que pode qualificar todas as entidades nominais. Assim, por exemplo:

(5) a) *Esta cadeira/evento/ideia é a mesma que nós discutimos há pouco.*
     b) *Esta cadeira/evento/ideia é diferente.*
     c) *Esta cadeira/evento/ideia é semelhante.*

Além disso, construções sintáticas que tratam apenas de *identificação* ou *existência* podem ser usadas com todos os três tipos de nomes. Assim:

(6)   a)   *Há um homem/evento/ideia que é importante aqui.*
                                                              (EXISTENCIAL)
         b)   *É esse homem/evento/ideia que é importante aqui.*
                                                                       (CLIVADA)

Finalmente, todas as três classes de entidades podem ser o objeto de *conhecimento, pensar sobre* ou *falar sobre*:

(7)   a)   *Nós falamos sobre esse homem/evento/ideia.*
         b)   *Pense sobre esse homem/evento/ideia.*

Há uma série de predicados temporais específicos para nomes temporais, de modo que eles não podem predicar nem nomes concretos nem abstratos. Eles são, por exemplo, *acontecer, ocorrer, ter lugar*. Mas há ainda um outro grupo de predicados que podem referir-se a nomes concretos e temporais, mas não a nomes abstratos — a menos que estes sofram uma *mudança figurativa* e sejam, então, interpretados *temporal* ou *espacialmente*. Assim, considere:

(8)   a)   *O campo começa aqui e termina lá.*
         b)   *O concerto começou às 8h e terminou às 10h.*
         c)   **Minha ideia de liberdade começa aqui e termina ali.*
         d)   **O conceito de relatividade começou às 8h e terminou às 10h.*

Uma palavra normalmente usada para tornar uma entidade abstrata pode, certamente, sofrer uma mudança figurativa e ser interpretada temporalmente, como em:

(9)   *O caos começa às 8h, quando eles fecham as grades.*

Contudo, é o *estado* de caos que é tratado como temporal aqui, não o *conceito*. Uma mudança figurativa também pode transformar uma palavra normalmente abstrata em espacial, como em:

(10)   *O caos começa no portão e termina na cerca de trás.*

Mas, novamente, *começar* e *terminar* aqui delimitam a *área* em que o caos pode reinar, não o conceito de caos.

Finalmente, há um grande leque de predicados, tais como 'be behind the barn' (*estar atrás do celeiro*), 'break-bend-get lost' (*ficar perdido*), 'appear on the scene' (*aparecer na cena*) etc., que só podem ser verdadeiros quando vinculados a nomes concretos, mas não temporais ou abstratos. Além disso, inúmeros verbos ('break' / *quebrar*; 'bend' / *inclinar*; 'touch' / *tocar*), no seu sentido original,[6] tomam apenas objetos concretos.

O segundo conjunto de fatores referentes à relação hierárquica, implicacional, dos nossos conceitos de espaço, tempo e ser envolve mudança diacrônica, mais especificamente, o processo de *desbotamento semântico* através do qual conceitos espaciais se desenvolvem em conceitos temporais, mas não vice-versa, e conceitos temporais em expressão de existência-identidade, mas nunca vice-versa. Isso é óbvio com a história dos verbos 'to be' (*estar*) em qualquer grupo de línguas. O que se descobre é que eles geralmente entram no paradigma 'be' como verbos concretos, significando *estar no espaço*, como *sentar, permanecer, deitar, dormir*. Desse modo, a cópula "mais jovem" *estar* do espanhol ainda é espacial e temporal, enquanto a cópula mais antiga *ser* já é atemporal, e é usada para a expressão de propriedades sem tempo (*ser alto, ser um homem*) ou identidade (*ser este homem*). Mas *ser* também é etimologicamente de origem *locativa*, como o 'be' germânico. Em banto, a cópula mais antiga *ni* frequentemente sobrevive apenas nas construções de clivagem ou em seus reflexos,[7] enquanto a cópula mais jovem *-li* ainda pode ser encontrada, ao menos em algumas línguas, com significados temporais ou locativos. O processo de desbotamento semântico na mudança diacrônica não está confinado a esses três aspectos hierárquicos apenas, mas a qualquer porção do sistema que tem uma estrutura hierárquica em termos de *grau de generalidade* dos aspectos. São os aspectos semânticos *mais gerais* que sobrevivem por mais tempo e, de fato, os morfemas que os veiculam tornam-se morfemas gramaticais-flexionais. Assim, por exemplo, a palavra relativamente abstrata para 'novo' em banto (-**pya*) é derivada de 'jovem' e, mais atrás no tempo, de 'criança' (-**bi*), com o processo de desbotamento eliminando primeiro o aspecto mais específico [humano], depois o aspecto mais específico seguinte [animado].

---

6. O processo de *extensão metafórica* muito frequentemente produz sentidos não concretos para tais verbos, como em 'We broke their spirit' / *Nós quebramos seu entusiasmo*; 'They broke the world record' / *Eles quebraram o recorde mundial;* 'Freedom is fragile' / *A liberdade é frágil* etc. Mas os sentidos originais eram concretos.

7. Ver Givón (1974b).

Um processo semelhante de *desbotamento em direção ao menos concreto* pode ser observado na história das expressões dêiticas espaciais (*este, aquela*), que sempre dão origem a expressões dêiticas discursivas temporais (*o*), mas nunca vice-versa. De fato, a origem mais comum para artigos definidos na língua é através do desbotamento do dêitico espacial *aquele*.

Um processo semelhante pode ser observado na história dos artigos indefinidos, que invariavelmente entram no paradigma como o numeral mais concreto ("referencial") *um*, então lentamente evoluem, através de um certo número de pequenos passos, em direção ao marcador indefinido mais abstrato ("não referencial"), como em inglês, alemão ou francês.[8]

Finalmente, Traugott (1974) apresentou evidências sólidas que mostram que, em geral, nossas expressões temporais se desenvolvem diacronicamente de expressões espaciais, nas áreas de marcação de tempo, advérbios de tempo e preposições que expressam tempo. Para sumarizar, a hierarquia implicacional de espaço, tempo e ser é, de fato, bem apoiada por dados de línguas naturais.

8.3 TAO E O UNIVERSO NÃO CONSTRUÍDO

Suponha, dada a casualidade do universo pré-conhecido, indiferenciado, que alguém tivesse de começar a tarefa cognitivo/perceptual de interpretar o universo, isto é, de trazer ordem ao caos.[9] Há duas preliminares de que se deve prescindir antes de prosseguir, ambas exprimíveis em termos de axiomas existenciais. A primeira é uma preliminar cartesiana familiar, recristianizada aqui como o AXIOMA DA AUTOEXISTÊNCIA:

(11) *Se um indivíduo tem de interpretar um universo, esse indivíduo deve necessariamente existir.*

O segundo axioma pode ser rotulado como AXIOMA DA EXISTÊNCIA DO UNIVERSO:

---

8. O primeiro estágio desse desenvolvimento pode ser atualmente observado no hebraico, turco, mandarim, sherpa, suaíli, todos os crioulos e provavelmente em várias outras línguas. Para uma discussão, ver Givón (1975b), Bickerton (1975a).

9. Aqui, as diversas metáforas usadas pelos místicos podem ou não ser acidentais, mas a metáfora bíblica do caos (Gen. 1:2), bem como o passo inicial em direção à ordem via uma distinção *binária* (Gen. 1:1), são certamente sugestivas. Neste capítulo, optei por seguir principalmente as metáforas taoístas.

(12)   *Se um indivíduo tem de interpretar um universo, então esse universo deve necessariamente existir.*

Esses dois axiomas existenciais são a fundação pressuposicional da indagação, percepção e cognição: eles *não* são, em princípio, dedutíveis de qualquer outro conhecimento, são *precondições* para o conhecimento.[10]

Embora o axioma (12) postule a existência do universo como um todo, ele não diz nada sobre a existência de indivíduos naquele universo, além do próprio sujeito-conhecedor estabelecido no axioma (11). Podem outros indivíduos ser interpretados, percebidos ou conhecidos nesse ponto? Vamos abordar tal questão com o critério que nos é disponível até então. O sujeito-conhecedor poderia presumivelmente tentar interpretar outros supostos indivíduos pela propriedade de *similaridade* que eles podem compartilhar um com o outro. Isto é, sendo membros do mesmo conjunto ("universo"), eles devem ter pelo menos uma propriedade criterial em comum, ou seja, sua *qualidade de membro* naquele universo. Mas logo surge uma dificuldade: tanto quanto sabemos, nesse ponto todos os indivíduos potenciais são *igualmente* membros do conjunto "universo", de modo que o critério de ser membro não nos fornece nada tangível por meio do que interpretá--los *separados* uns dos outros, isto é, como indivíduos. Sua qualidade de ser membro ou existência no universo — mesmo se verdadeira — deixa-os na mesma posição, não podemos dissociá-los.

Tendo pressuposto a existência do universo e mesmo suspeitando que as entidades individuais possam existir dentro dele, não temos *meios* de interpretar nada dentro desse universo. Estamos relegados a tratar dele no nível pré-conhecido, pré-percebido, pré-construído, em que ele deve ter todas as características bíblicas de casualidade, ou da "singularidade" não-diferenciada do universo *Tao* de Lao Tse. O que falta a tal universo, então, é algum tipo de *propriedade criterial* pela qual as entidades individuais possam ser diferenciadas.

---

10. Um outro axioma existe *tacitamente* na tradição da epistemologia ocidental, o qual pode ser rotulado "o axioma da *separação*" ou, alternativamente, "o axioma da impossibilidade de conhecimento *direto*". Embora os axiomas (11) e (12) estabeleçam a existência de um universo e de um sujeito-conhecedor, eles não proíbem a possibilidade — reconhecida por todos os místicos desde tempos imemoriais — de que o conhecedor possa estar em alguma "*unidade* fundamental" com o universo e, portanto, ter algum "acesso *direto*" ao conhecimento sobre o universo. No momento, a discussão aqui vai prosseguir sob o reconhecimento tácito do axioma da separação.

8.4 UMA PROPRIEDADE BINÁRIA NÃO ORDENADA: UMA TENTATIVA MALOGRADA DE INDIVIDUAÇÃO

Suponha que introduzamos em nosso universo até então não diferenciado qualquer das numerosas distinções/propriedades binárias pelas quais nós normalmente diferenciamos os indivíduos em nosso universo corrente, conhecido. Digamos, *preto-branco, comprido-curto, leve-pesado, barulhento-silencioso, bom-mau* etc. Essa propriedade binária única irá, agora, segregar o universo para nós em dois subconjuntos, um com as entidades que têm a propriedade, o outro com aquelas que não a têm. Mas, nesse sucesso momentâneo, a derrota está abrigada, visto que em cada subconjunto ainda estamos diante de membros não individuados que não podem ser diferenciados. Suponha, agora, que introduzamos mais e mais distinções binárias, não ordenadas e assim reduzamos nossos conjuntos a membros cada vez menores, mas suponha então — horror dos horrores! — que nosso universo seja *infinito*, isto é, há um número infinito de membros dentro dele. Esta suposição de infinidade não é advocacia do diabo, mas é bastante real. Isso acontece porque o universo não diferenciado *não tem membros*, ele tem apenas a *potencialidade* de ter membros individuados, uma potencialidade percebida somente através da cognição. Quanto mais distinções binárias, não ordenadas introduzimos, mais membros o universo terá, *ad infinitum*. Nós estamos, então, por questão de princípio, em um beco sem saída. Nossa primeira tentativa de interpretar um universo, através da ferramenta mais formalmente primitiva de uma distinção binária não ordenada, não produziu os resultados desejados.

8.5 A PRIMEIRA RELAÇÃO ORDENADA: TEMPO

Suponha que tentemos uma abordagem alternativa, introduzindo dessa vez a primeira dimensão no universo não diferenciado: uma *relação ordenada* chamada TEMPO. Formalmente, essa dimensão produzirá um conjunto ordenado por meio da propriedade PRECEDÊNCIA, pela qual todos os indivíduos no universo serão ordenados *de modo único*, só podendo preceder diretamente um outro indivíduo e ser diretamente precedido somente por um deles. A relação ordenadora de *precedência* tem as seguintes características formais:

(13) Transitividade: Se **a** precede **b** e **b** precede **c**, então **a** precede **c**.
(14) Não reflexividade: **a** não pode preceder a si próprio.
(15) Não reciprocidade: Se **a** precede **b**, **b** não pode preceder **a**.
(16) Singularidade: Se **a** diretamente precede **b** e **b** diretamente precede **c**, então não pode haver outro indivíduo tal que ele tanto preceda **c** quanto seja precedido por ele.

Ao introduzir uma relação binária *ordenada* ("precedência"), nós tivemos sucesso, de fato, em trazer individuação para nosso universo, isto é, atribuímos a cada indivíduo — *ad infinitum* — uma posição única dentro de nosso universo unidimensional. Esse é um feito que não poderíamos realizar usando a propriedade de *ser/existência/membro do conjunto*, nem por qualquer propriedade binária não ordenada. Poder-se-ia sugerir, então, que o primeiro passo cognitivo na interpretação de um universo depende da introdução de uma *relação ordenadora*.

Suponha que tenhamos tentado, ao invés disso, introduzir primeiro uma relação *não ordenada*, como "proximidade". Em outras palavras, a *ordenação* é um traço necessário, ou apenas a *relação*? Logo se tornará evidente que proximidade — e, do mesmo modo, todas as relações não ordenadas — fracassará na tarefa de produzir individuação. Isso acontece porque, mesmo em um universo unidimensional, *a* e *c* são igualmente próximos de *b*. Além do mais, o próprio *b* deve receber uma posição única antes de "proximidade de *b*" poder ser usada para individuar tanto *a* quanto *c*, e uma relação não ordenada não pode fornecer bases para realizar isso.

Finalmente, por que chamar nossa primeira dimensão ordenada "tempo", e não "extensão"? Certamente, *precedência* em nosso universo quadridimensional poderia ser temporal ou espacial. Embora isso seja verdadeiro, e embora haja fundamentos para acreditar que, no desenvolvimento ontogenético da criança, as dimensões *espaciais* mais concretas são reconhecidas primeiro e o "tempo", mais abstrato, seja extraído destas através de "desbotamento semântico" ou "generalização", acredito que há, não obstante, razões legítimas para assumir que a *primeira* dimensão da interpretação do universo é temporal, e não espacial. O argumento se desenvolve aproximadamente como segue: embora seja possível definir a singularidade experiencial de entidades por referência ao tempo, mas *sem* referência a espaço [como em (17)], é *impossível* definir a singularidade espacial de entidades sem referência a tempo [ver (27), (28)]. Em outras palavras, em nosso universo quadridimensional, tempo e espaço não são intercambiáveis, eles são, de algum modo, *de um tipo diferente*. Mas a mesma espécie de conclusão poderia ter sido tirada da discussão sobre tempo, espaço e ser, na Seção 8.2. Isto é, enquanto as entidades temporais existem fora do espaço, as entidades espaciais existem tanto no tempo quanto no espaço. Em outras palavras, enquanto tempo pode existir sem espaço, espaço não pode existir sem tempo. Tudo isso torna razoavelmente claro que a primeira dimensão — se existisse por si mesma — deve ter sido tempo.

8.6 UMA ONTOLOGIA DA EXPERIÊNCIA EM UM UNIVERSO DE TEMPO

A primeira dimensão, tempo, é a base para um de nossos primeiros critérios *experienciais* para "entidade individual". Esse critério pode ser dado como segue:

(17) O CRITÉRIO DA ESTABILIDADE TEMPORAL PARA AS ENTIDADES. *Uma entidade **x** é idêntica a si mesma se ela é idêntica **somente** a si mesma, mas não a qualquer outra entidade (**y**) em tempo **a**, e também em tempo **b**, que diretamente segue tempo **a**.*

Não há nada que seja lógica e dedutivelmente necessário no critério (17), contudo ele é um dos critérios experienciais mais fundamentais que usamos para identificar o eu, outros humanos e as entidades no universo fenomenológico. Além disso, há vários subcomponentes do critério (17) que são *relativos* à entidade particular interpretada e ao contexto/situação que serve como fundo para interpretá-la. Por exemplo, o *número de pontos* no tempo que deve transcorrer antes que uma entidade seja considerada "estável" e, assim, "idêntica a si mesma" pode variar enormemente de um contexto para outro.

Um grande corpo de evidências linguisticamente derivadas para sustentar nosso primeiro critério de identidade/estabilidade de uma entidade é encontrado nos fatos relativos às classes lexicais nas línguas humanas. Em geral, *não* se acham línguas sem duas classes maiores: *nomes* e *verbos*. Além disso, embora todas as línguas possuam nomes abstratos (*ideia, conceito* etc.), a maioria deles é *derivada* de verbos (ou adjetivos). Desse modo, o universo de nomes das línguas, no seu núcleo embrionário, codifica entidades "mais concretas", isto é, aquelas que existem no espaço e no tempo. A primeira modalidade do universo dos nomes é a *dêixis espacial*; nomes são caracterizados por demonstrativos indicadores de espaço, mais comumente situando o nome em relação à posição espacial do falante ou do ouvinte.

No outro lado do *continuum* lexical encontramos *verbos*, que mais comumente mapeiam ações ou eventos. Isto é, normalmente eles mapeiam entidades que são "menos concretas" do que os nomes, as quais tipicamente têm apenas *existência no tempo*. De fato, a modalidade linguística mais comumente associada a verbos envolve *dêixis temporal*, isto é, tempo-aspecto.

A classe lexical mais interessante, porém, é uma que não é universalmente atestada, a dos *adjetivos*. Essa é uma classe que é peculiar de vários modos:

1. Embora algumas línguas não tenham a classe de adjetivos, e conceitos que correspondem aos nossos adjetivos são encontrados no léxico nominal ou verbal, quando uma língua tem, de fato, uma classe de adjetivos, suas propriedades são altamente comparáveis translinguisticamente. Em especial, adjetivos têm uma morfologia de tempo/aspecto reduzida ou inexistente, se comparada à dos verbos. Eles geralmente exigem o "suporte" de uma cópula a fim de expressar tempo passado ou futuro, e por vários critérios morfológicos eles se posicionam entre nomes e verbos.
2. Dixon (1972a) observou que as qualidades mais prováveis de ser lexicalizadas como adjetivos são as qualidades mais *estáveis*, *permanentes*, como *tamanho*, *largura*, *gênero*, *cor*, *textura* etc. Assim, se uma língua tem apenas poucos adjetivos, esses serão as propriedades *estáveis no tempo*, enquanto qualidades menos duráveis como *quente*, *frio*, *quebrado*, *zangado*, *alegre*, *triste*, *nu* etc. serão expressas como verbos.[11]
3. Alguns dos conceitos que são lexicalizados como "adjetivo" em uma língua podem ser expressos como nomes em uma outra língua, e eles são invariavelmente conceitos de *extrema* estabilidade temporal, como *macho*, *fêmea*, *jovem*, *adulto*, *velho* etc.
4. Temos, assim, duas *categorias oscilantes* no léxico de adjetivos potenciais: os conceitos mais estáveis podem se lexicalizar como *nomes*, enquanto os conceitos menos estáveis no tempo podem se lexicalizar como *verbos*.

O que nós temos, então, é um *continuum de estabilidade temporal*: os objetos de percepção *mais estáveis no tempo*, aqueles que mudam lentamente no tempo, aqueles que provavelmente são idênticos a si próprios (em termos de

---

11. Bemba é uma língua assim e, de fato, na maioria das línguas banto, adjetivos "originais" são uma classe pequena, historicamente um ramo de nomes, que expressam qualidades mais estáveis no tempo.

propriedades), são lexicalizados como nomes. Os objetos de percepção, eventos, ações *menos estáveis no tempo*, que envolvem *mudança rápida* no universo, são lexicalizados como verbos, que, no geral, caracterizam *mudanças* de um estado estável para outro.[12] Objetos de percepção de *estabilidade temporal intermediária*, isto é, aqueles que descrevem estados de variados graus de duração intermediária, se lexicalizam como adjetivos. Entre os últimos, as qualidades mais estáveis no tempo ("permanentes") têm uma alta chance de serem lexicalizadas como nomes, ao passo que as qualidades menos estáveis no tempo ("temporárias") tendem a ser lexicalizadas como verbos.

Um dos fatos mais surpreendentes sobre as línguas é que, de modo geral, o universo de nomes é, aproximadamente, de extensão igual ao universo de *entidades*. Verbos ou adjetivos, para se "tornar entidades", precisam sofrer nominalização, isto é, tornar-se nomes lexicais (*comprido* → *comprimento*, *agir* → *ação*). Como a classe "nome" codifica nossos conceitos mais estáveis no tempo, parece, então, que nosso critério (17) de fato não é apenas um critério experiencial *plausível* para a individuação de entidades em nosso universo conhecido, mas também é um critério principal *atestado*, se nossa língua deve servir como evidência.

Há um outro tipo de evidência que indica o *continuum* de estabilidade temporal de nomes-adjetivos-verbos. Ela envolve, num caso específico, o uso das duas cópulas no espanhol. A cópula *estar* é usada para representar 'estar no lugar' ou 'ser temporariamente', e não pode ser usada com nomes, mas somente com *locação temporária* e *adjetivos temporários*. Assim:[13]

(18) a) *Está lá em casa.* (LOCAÇÃO, TEMPORÁRIA)
'Ele está lá em casa.'
b) *Está enfermo.* (ADJETIVO TEMPORÁRIO)
'Ele está doente (agora).'
c) **Está un hombre.* (*IDENTIDADE NOMINAL INERENTE)
'*Ele está um homem.'
d) **Está muy guapo.* (*ADJETIVO PERMANENTE)
'*Ele está muito bonito.'

---

12. Os estados estáveis precedente e seguinte — se comparados à ação — são extremamente importantes na caracterização semântica de verbos (Givón, 1973c). Por "objetos de percepção" entenda-se "*julgamento* perceptual", visto que, obviamente, não tratamos aqui de unidades de percepção não processadas, atômicas, à maneira empiricista, e há chances de que mesmo os objetos de percepção mais "primitivos" envolvam julgamento (Antilla, 1977, p.15).

13. A descrição aqui é um tanto simplificada; para uma descrição mais completa, ver Bolinger (1971).

Por outro lado, a cópula *ser* é usada com *nomes*, assim como com adjetivos de qualidade permanente. Desse modo:

(19)   a)   **Es en la casa.*   (*LOCAÇÃO, TEMPORÁRIA)
                '*É na casa.'
         b)   *Es enfermo.*   (ADJETIVO PERMANENTE)
                'Ele é um inválido.'
         c)   *Es un hombre.*   (IDENTIDADE NOMINAL INERENTE)
                'Ele é um homem.'
         d)   *Es muy guapo.*   (ADJETIVO PERMANENTE)
                'Ele é muito bonito.'

Quando o conceito locativo envolve lugar de origem, que é totalmente imutável, apenas *ser* pode ser usado:

(20)   a)   *Es de España.*
                'Ele é da Espanha.'
         b)   **Está de España.*

Na clivagem, que é a expressão copular mais orientada pela identidade, apenas *ser* pode ser usado. Assim:

(21)   a)   *Es mi amigo que vino.*
                'É meu amigo que veio.'
         b)   **Está mi amigo que vino.*

Finalmente, acontece um conflito quando a predição envolve a LOCAÇÃO PERMANENTE de entidades que normalmente não se movem, como *casa* ou *vila*. Aqui, enquanto "a gramática" diz para usar *estar*, os falantes empregam todos os seus esforços para usar *ser*, se possível via clivagem:

(22)   a)   *?Mi casa está en Ignacio.*
                'Minha casa está temporariamente em Ignacio.'[14]
         b)   *Mi casa, ... es en Ignacio.*
                'Minha casa, ... é em Ignacio.'

---

14. Isso é aceitável em referência a uma casa móvel, mas bem menos em referência a uma casa construída, bem fundada.

c) ?*Es en Ignacio donde está mi casa.*
'É em Ignacio que minha casa está.'
d) ?*Nuestra ciudad está al otro lado de las montañas.*
'Nossa cidade está no outro lado das montanhas.'
e) *Nuestra ciudad, ... es al otro lado de las montañas.*
'Nossa cidade, ... é no outro lado das montanhas.'
f) ?*Es al otro lado de las montañas donde está nuestra ciudad.*
'É no outro lado das montanhas que nossa cidade está.'

As sentenças (22b, 22e) são uma saída elegante, visto que *es* é deixado incompleto e poderia ser interpretado como uma clivagem abortada, isto é, que envolve um estado de coisas *permanente*. As sentenças (22a, 22d) permanecem pragmaticamente bizarras, de alguma forma concedendo instabilidade temporal à localização de uma casa ou cidade. As sentenças (22c, 22f) são problemáticas porque o planejamento de escape da clivagem é subvertido pelo uso de *estar*, que outra vez suscita temporalidade. Toda a força dos dados do espanhol, contudo, reafirma o *continuum* lexical de nomes-adjetivos-verbos como um *continuum* de estabilidade temporal. O que é temporalmente mais estável tem mais chance de ser lexicalizado como um nome em uma língua humana, e assim permitir o *status* experiencial de entidade.

8.7 A SEGUNDA, TERCEIRA E QUARTA DIMENSÕES: ESPAÇO

A primeira relação de ordenação, que resulta na construção/cognição de tempo, torna possível a individuação de entidades. Contudo, essas entidades são, necessariamente, apenas pontos na escala do tempo. Assim, se duas entidades concretas pudessem existir no mesmíssimo ponto da escala, o conhecedor, armado apenas com as ferramentas da primeira relação ordenada, seria, em princípio, incapaz de conhecer-interpretar ou individuar tais entidades como diferentes umas das outras. Ao introduzir dimensões adicionais ("parâmetros", "graus de liberdade"), pode-se, em seguida, interpretar um universo de entidades mais concretas. Desse modo, um universo de duas dimensões concede a cada entidade dois graus de liberdade, de maneira que ela pode variar ao longo de um *eixo temporal*, bem como ao longo de uma linha espacial. Com a introdução de uma outra dimensão, podemos ter entidades que existem no tempo e em um plano geométrico euclidiano simultaneamente, e assim ter três graus de liberdade. Com a introdução da próxima dimensão, temos entidades com quatro graus de liberdade, existindo no tempo assim como no espaço tridimensional.

8.8 PERCEPÇÃO ESPACIAL, JULGAMENTO PERCEPTUAL E CALIBRAÇÃO

Na Seção 8.6, sugeri que objetos de percepção ou *instâncias de julgamento perceptual* recebem codificação cognitivo/lexical na cognição/linguagem humana como nomes, adjetivos ou verbos, de acordo com o critério de *estabilidade temporal* ("mudança"). Sugeri (com uma referência bibliográfica a Antilla, 1977), ainda, que objetos de percepção, por si mesmos, não são unidades atômicas de fato, mas envolvem julgamento perceptual. Isto é, eles não descrevem a experiência *per se*, mas *constroem* a experiência. Poder-se-ia continuar a empurrar esse problema mais e mais longe até que finalmente chegasse ao seu reflexo mais rudimentar, mais básico, a saber, a pré-calibração de nosso aparato perceptual--cognitivo para um domínio em que a palavra fenomenológica é *não casual*, e no qual as distinções binárias podem ser feitas, de modo que um polo do traço binário é *mais frequente*, mais predominante na sua aparência para nós e, assim, se torna o *fundo* ou *ausência* da propriedade binária, enquanto o outro polo é *menos frequente*, assim, perceptualmente mais *saliente*, sobressaindo contra o fundo, isto é, é o polo da *figura* que se torna a *presença* do traço.

A relevância dessa formulação pode ser ilustrada pela investigação da ontologia de nossa experiência espacial. O julgamento de *densidade perceptual* é um dos critérios mais confiáveis pelo qual avaliamos que a entidade A começa no ponto A_1 e termina no ponto A_n, então o espaço vazio ("ausência de entidades") vem a seguir, e então a entidade B começa com o ponto B_1 etc. A densidade perceptual, por si mesma, deve ser *baseada no tempo*, e pode assim ser formulada como:

(23) Densidade perceptual é a frequência de encontros de nosso aparato perceptual com "objetos de percepção atômicos".

Assim, à medida que nosso aparato perceptual esquadrinha o espaço no tempo, áreas contíguas de estimulação perceptual rapidamente recorrentes serão julgadas como zonas contíguas dentro da *mesma entidade*, enquanto áreas com densidade perceptual relativamente baixa serão julgadas como *espaço vazio* entre entidades diferentes. Isso pode ser representado diagramaticamente como:

(24)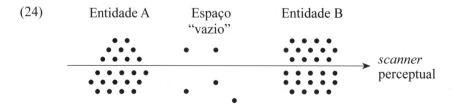

Agora, é necessário apenas um argumento simples para mostrar que — na fronteira de entidades densas e do espaço "vazio" — o julgamento quanto a que densidade perceptual ainda será considerada espaço vazio e que densidade mais alta será considerada *suficientemente alta* para ser incluída dentro da fronteira física de uma entidade densa é, *em princípio*, um julgamento *não* logicamente necessário. Ao contrário, é uma questão de *grau*, envolve um *continuum de densidade*, e assim depende da *delicadeza de calibração* do escaneador perceptual. Vivemos, desse modo, em um universo com entidades de certo tamanho relativo (em comparação umas às outras) e certa densidade relativa (dentro de entidades, assim como dentro do universo) precisamente porque nossas ferramentas de interpretação — percepção/cognição — calibram-se nesse nível.

A história da descoberta de partículas atômicas e mais e mais partículas subatômicas — cada vez menores — é uma boa metáfora concreta da relação entre o universo e nossa percepção calibrada. Nossas ferramentas naturais foram calibradas para uma escala em que corpos abaixo de um certo tamanho não podem ser interpretados. Nossas ferramentas científicas podem ser vistas como maneiras de obter artificialmente resolução mais fina de nossas ferramentas perceptivo-interpretativas. Assim, em princípio, estamos fadados a descobrir subpartículas cada vez menores, contanto que continuemos a calibrar nossas ferramentas perceptivas cada vez mais delicadas.[15]

8.9 O PARADOXO DE ORDEM E CAOS

Há dois paradoxos paralelos que surgem neste ponto. O primeiro é um paradoxo da cosmologia taoísta, o segundo presumivelmente da matemática. O

---

15. Isso não quer dizer que nossas ferramentas percebem as próprias subpartículas, mas sim que elas percebem algumas consequências do comportamento dessas subpartículas, a partir das quais prosseguimos e *abduzimos* sua existência.

termo taoísta normal para o universo não interpretado, não diferenciado é *tao*, o "um" inominável, impensável, indivisível. O princípio da *diferenciação* cognitivo-perceptual, subjacente ao mundo de formas, julgamentos perceptuais e indivíduos, no qual distinções são percebidas, indivíduos conhecidos e um universo inteiro é interpretado, é o princípio de *Yin e Yang*. Essa é a posição taoísta para diversidade, propriedades criteriais, relações, qualidades e, portanto, o pré-requisito para individuação. O princípio *Yin e Yang* é o pré-requisito cosmológico para julgamentos de semelhança e identidade. Agora, dada essa formulação, encontramos um sutra desconcertante no *Tao Te Ching*, que diz:[16]

(25)   *Do Tao um nasce,*
       De um, dois,
       De dois, três,
       De três, todos.
       (Sutra 42)

Uma vez que normalmente se faz referência ao Tao no Tao Te Ching como "um", por que, então, a transição redundante de Tao para um? Contudo, estritamente falando, Tao não é realmente "um", visto que no universo pré-construído a escala de *um, dois, três* etc., ainda não existe. Além disso, Tao é apenas "um" por recurso a um processo de eliminação *post hoc*, isto é, ele não é nem "dois" nem "três" nem "muitos". É, na verdade, "tudo o que há", mas o sentido em que "tudo" pode ser equacionado com "um" viola a primeira exortação de Lao Tse com relação à natureza inominável, impronunciável, inconcebível de Tao. O termo "um" para Tao é assim usado metaforicamente e imprecisamente para contrastar com "diversidade", e Tao, então, é "um" apenas por causa da armadilha cognitiva da linguagem humana que recorre à rotulação do inominável a fim de lidar com ele. Se isso for compreendido, então a transição de Tao para "um" se torna coerente: "um" é a primeira dimensão, a primeira relação de ordenação, o primeiro grau de liberdade, TEMPO. A transição de Tao para "um" é, assim, a transição do universo pré-dimensional para o universo unidimensional. É o verdadeiro salto *quantum* — como corretamente assevera Lao Tse — do universo não interpretável de *luz branca*[17] para o universo interpretável-perceptível-cognoscível. A partir daí, o enriquecimento do universo depende do acréscimo de

---
16. Essa formulação particular, como outras citações do Tao Te Ching neste livro, é minha.
17. "Luz branca" é uma metáfora budista comum.

mais dimensões, eventualmente muitas distinções binárias e eneárias mais, um processo de construção extensível *ad infinitum*.

O paradoxo matemático envolve uma armadilha linguística, ou melhor, uma insuficiência linguística. A teoria dos conjuntos normalmente assume que um *conjunto ordenado*, isto é, aquele em que a qualidade de ser membro é arbitrada por uma *relação ordenada*, é uma noção mais complexa do que um *conjunto não ordenado* (ou relação/propriedade não ordenada). Essa suposição obviamente tem algum mérito intuitivo, já que, embora tanto o conjunto ordenado quanto o não ordenado envolvam *qualidade de ser membro do conjunto* e, assim, uma *propriedade criterial* que determina tal qualidade de ser membro, é apenas o conjunto *ordenado* que envolve uma relação/princípio ordenador. Agora, o axioma da existência do universo (12) sugere que uma precondição para interpretar um universo deve ser a suposição de que um universo existe. Se existissem nesse estágio quaisquer membros individuais do conjunto "universo", não teria existido maneira de conhecê-los ou sua existência, já que no universo pré-construído de Tao os membros potenciais do conjunto universo apenas poderiam compartilhar uma propriedade primitiva — a de qualidade de ser membro daquele conjunto, isto é, de existir no universo. O universo Tao de caos pré-construído é, portanto, um universo de *conjunto não ordenado*, já que "qualidade de ser membro" não é *per se* uma relação ordenadora. Agora, considere a seguinte extrapolação:

1. Um universo unidimensional é aquele em que cada indivíduo tem *um* grau de liberdade. O comportamento de tal indivíduo é, desse modo, altamente regulado e previsível.
2. Um universo bidimensional permite aos indivíduos dentro dele *dois* graus de liberdade. Isto é, sua liberdade aumenta em relação ao universo unidimensional.
3. Em um universo tridimensional, a liberdade dos indivíduos é novamente aumentada em um grau.
4. Portanto, uma ordem *mais complexa* é uma ordem em que a liberdade ("imprevisibilidade") dos indivíduos é maior do que em um universo menos complexo.
5. Assim, se o número de dimensões/propriedades/distinções em um universo atinge o infinito, o grau de liberdade dos indivíduos nesse universo também deve atingir o infinito. Em outras palavras, eles são,

então, *capazes*[18] de *imprevisibilidade completa*, o que é uma outra maneira de dizer que o universo chegou ao *caos* ou à *casualidade* total mais uma vez.

Nosso paradoxo pode, portanto, ser formulado como:[19]

(26)   O universo infinitamente ordenado é um universo casualmente ordenado, ou Caos é meramente a forma mais complexa ("infinitamente complexa") de ordem.

Agora, o universo maximamente ordenado, com seu caos recentemente instituído, é também o universo de Tao? Obviamente não, visto que no universo de Tao *não* havia dimensões e, logo, *não* havia graus de liberdade. Mas, obviamente, também *sim*, já que os indivíduos dentro dos dois universos são igualmente impredizíveis. Uma leitura de impredizibilidade total é também *inescrutabilidade total* ou opacidade total em relação a nossas ferramentas perceptuais/cognitivas. Aqui, novamente, a linguagem parece-nos falhar, uma vez que o universo de Tao não era nem **não** ordenado nem **maximamente** ordenado, era **pre**ordenado, isto é, a noção de ordem era irrelevante para ele. Indivíduos dentro de tal universo não são **não** existentes, mas sim **pre**existentes, simplesmente tinham o potencial de existência, um potencial ainda não realizado. Somente através da construção-cognição-percepção o universo de fato saiu da sua potencialidade para a existência real. O teórico dos conjuntos deve, pois, estar certo sobre a natureza mais primitiva dos conjuntos não ordenados, mas o termo não ordenado é inaplicável ao universo de Tao pré-construído, preordenado. É a *incompatibilidade* total, imbuída de princípios, de nossa percepção/cognição com o estado de preexistência, pré-ordem, pré-distinção e pré-individuação de Tao, que criou a ilusão de um paradoxo.

8.10   LIMITES SUPERIORES E OTIMALIDADE

Nas Seções 8.4 e 8.5 vimos que há boas razões por que a individuação de fenômenos em um universo potencialmente infinito não pode ser efetuada sem

---

18. Não é necessário que cada indivíduo em tal universo tenha liberdade/imprevisibilidade, mas somente que *alguns* indivíduos *possam* ter.

19. Para uma conclusão semelhante apoiada matematicamente com respeito à ordem e à complexidade na música, ver Gougen (1975).

recurso a uma relação *ordenada*. Mesmo num universo menos do que infinito, muitas relações binárias serão necessárias para produzir a individuação de entidades, ao passo que *uma* relação ordenada pode efetuar a individuação de um número infinito de entidades. Assim, a primeira relação ordenada, a de PRECEDÊNCIA, não está apenas na própria base da matemática, mas também na fundação da nossa experiência do universo.

Contudo, uma outra questão deve ser levantada, e é uma questão de fato e não de princípio: como acontece de, na construção do universo, seres sensíveis usarem quatro relações ordenadas — nossas quatro dimensões espaciotemporais — e então desistirem e prosseguirem no aumento da complexidade do universo construído em grande parte através de relações/propriedades *binárias, não ordenadas*? Eu não vejo bases *lógicas* discerníveis por que isso deveria ser assim, todavia é um *fato* admirável. Esses fatos podem ilustrar um fenômeno de "limites superiores": talvez quatro coordenadas lineares sejam "suficientes" para um diagrama de mapeamento básico do nosso universo. Talvez, no presente nível de calibração do nosso aparato construtivo, quatro dimensões ordenadas pudessem dar conta da multiplicidade e diversidade fenomenológicas, de modo que uma grade espaço-temporal quadridimensional seja tudo de que realmente precisamos, com a ajuda de um número de propriedades não ordenadas menos poderosas, para colocar a diversidade limitada de nosso universo experiencial em um mapa perceptual/cognitivo. Como argumentarei na Seção 8.12.3, o tamanho e a complexidade de nosso universo experiencial não é uma função objetiva do ambiente, mas sim uma função *interativa* do comportamento de organismos dentro de nosso ambiente.

8.11 A ONTOLOGIA DA EXPERIÊNCIA EM UM UNIVERSO ESPAÇO-TEMPORAL

Na Seção 8.6, discuti nosso primeiro critério experiencial para a identidade individual, o de *estabilidade no tempo*. Tendo complicado nosso universo com mais três dimensões espaciais, estamos agora em posição de discutir critérios experienciais relacionados ao espaço. Considere, primeiro, o seguinte:

(27) EXCLUSIVIDADE ESPACIAL DE ENTIDADES EM UM TEMPO FIXO. Um indivíduo *a* é idêntico a si mesmo e não idêntico a qualquer outro indivíduo *b* se, no tempo em que *a* ocupa uma certa posição única

no espaço (como definida por nossas segunda, terceira e quarta dimensões), *b* não pode ocupar o mesmo espaço.

O critério (27) é atraente e intuitivamente característico do nosso julgamento experiencial de corpos concretos. Não é, porém, livre de problemas. Para começar, nossos conceitos de *clausura, inclusão, ser dissolvido em líquido, gravidez, multidão, massa* e *todo-parte* parecem violar esse critério. Além do mais, diante disso nosso sistema de dêixis codificado pela língua, pelo qual entidades são ditas como estando "no mesmo ponto" que outras entidades de ancoragem (falante, ouvinte), sugere que o critério (27), embora parcialmente revelador de nosso julgamento experiencial, é por si só insuficiente, forte demais.

Consideremos (28):

(28) O CRITÉRIO DA SINGULARIDADE NO ESPAÇO PARA ENTIDADES EM UM TEMPO FIXO. Um indivíduo *a* é idêntico a si mesmo se em um ponto único no tempo ele somente possa estar em um ponto coordenado unicamente definido no espaço, mas não em qualquer outro ponto.

É fácil ver que os critérios (27) e (28) se complementam. O critério (27) define, de um modo aproximado, nosso julgamento experiencial de entidades que são *diferentes* umas das outras, pela observação de que, *em geral*, elas tenderiam a ocupar espaço mutuamente exclusivo. Além disso, as objeções a (27), linguisticamente baseadas, são de uma natureza particular: elas envolvem, primeiro, pares de entidades (*mãe-embrião, água-sal, cômodo-mobília, garrafa-conteúdo*) que podem temporariamente ocupar o mesmo espaço e, assim, violar o critério (27), mas que também podem vir a ocupar espaços *diferentes* e, assim, ao menos em *algum* tempo, manter (27). Logo, se (27) é modificado para "*ao menos em algum ponto no tempo*" ao invés de "*no tempo*", ele então se torna mais reoperável. Isso deixa para trás, contudo, o caso cardinal, o das relações *todo-parte* e, desse modo, necessariamente, o da relação *tipo-ocorrência* também. O que se deve fazer aqui é reconhecer uma *hierarquia de inclusão* na qual a exclusividade espacial das entidades individuais é definida com respeito a entidades *do mesmo metanível*, isto é, no mesmo nível tipo-ocorrência. Logo, partes do todo serão de fato exclusivas no espaço entre si, mas não com relação ao todo. Ocorrências do mesmo tipo serão exclusivas no espaço entre si, mas não com o seu tipo. E membros de uma multidão serão exclusivos no espaço de outros membros da mesma multidão, mas não da própria multidão. Com essa ressalva universal, a dificuldade encontrada no critério (27) se dissolve. Então, ele é o critério para "ocupar um espaço físico diferente", enquanto (28) permanece o critério experiencial de "não ocupar mais do que um espaço no mesmo tempo".

É fácil ver que o critério (28) é também aquele que proscreve *movimento infinitamente rápido*, já que somente por esse meio um indivíduo pode ocupar mais do que um espaço único no mesmo tempo. Logo, embora nosso universo seja construído de modo que possamos estar no mesmo lugar em dois tempos diferentes, não podemos estar em dois lugares diferentes no mesmo *tempo*. Nossas quatro dimensões não estão, portanto, no mesmo pé de igualdade em nosso julgamento experiencial. Ao contrário, o uso que fazemos delas, ao construir nosso universo, é enviesado, com [tempo] ocupando uma certa posição privilegiada que [espaço] nunca poderia ocupar. Além do mais, nossa experiência de entidades espaciais não pode existir sem referência a [tempo]. Assim, em nosso primeiro critério experiencial (17), a estabilidade de tempo foi apresentada como um traço necessário para a individuação de entidades concretas e temporais, ao passo que nossos critérios (27) e (28), ambos pertinentes a entidades concretas, devem fazer referência a [espaço] e a [tempo] também.

8.12 ALGUNS CORRELATOS EVOLUCIONÁRIOS DO UNIVERSO TEMPO-ESPAÇO

Uma vez que, em certo sentido, não estou trazendo aqui apenas argumentos ontológicos logicamente necessários sobre o universo como ele *deve ser*, mas também sobre o universo fatual como ele *provavelmente é*, seria interessante investigar se há alguma evidência para a progressão Tao > Tempo > Espaço na evolução dos seres sensíveis.

8.12.1 Experiência puramente temporal

Os seres *sensíveis*[20] mais primitivos eram provavelmente semelhantes a bactérias, embora necessariamente sem a adaptação parasítica, visto que não havia organismos superiores naquele estágio com os quais contar. Em termos de

---

20. Embora não seja tão imediatamente óbvio, gostaria de contar como "sensíveis" apenas organismos que (a) metabolizam por si mesmos; e (b) reproduzem-se por si mesmos ou sexualmente. Isso exclui os

seu tamanho, tais organismos são tão pequenos que até mesmo a mais rudimentar experiência com espaço, a saber, a diferenciação *em cima-embaixo* devido à gravidade, não foi experienciada por eles durante o tempo de vida de um único organismo.[21] Tais organismos vivem em *solução*, suspensos, com seu movimento refletindo fortemente o bombardeamento casual das moléculas solventes, devido ao movimento induzido pelo calor dessas moléculas. Sua alimentação (absorção de substâncias químicas da solução) é feita em todas as direções, e não há indicação de que eles reajam de um modo proposital à luz ou ao som. Pode-se argumentar que a absorção seletiva de substâncias químicas através de suas membranas constitui uma percepção/comportamento olfativo ou ligado ao paladar, mas isso pode ser colocado em dúvida, e eu suspeito de que a absorção meramente constitui um pré-requisito *bioquímico* para o desenvolvimento final da experiência olfativa e do paladar.

É, claro, impossível, por razões de princípio, excluir a possibilidade de que as bactérias têm de fato algumas distinções perceptuais que passam despercebidas, mas, no estado presente de nosso conhecimento, manifestações comportamentais de que elas tenham tais distinções perceptuais não estão disponíveis. Contudo, há uma peça absolutamente não controversa de comportamento que as bactérias (e outros organismos monocelulares) de fato exibem: regularmente, pontualmente (dadas temperatura estável e concentração constante de substâncias químicas em seu meio), em intervalos de tempo precisos, as bactérias se dividem. Em outras palavras, embora elas possam não possuir modalidade perceptual coerente de espaço, luz, som, sabor etc., elas certamente parecem possuir alguma — ainda que rudimentar — *consciência de tempo*. Seu relógio pode, sem dúvida, ser quimicamente baseado, mas é certamente eficiente. E embora elas possam não ter modos perceptuais para interpretar o universo fora delas próprias de qualquer *outra* maneira, elas certamente interpretam a dimensão de tempo com bastante êxito, novamente a julgar pelo seu comportamento. Assim, elas consti-

---

vírus, que podem ter, de qualquer modo, *escapado* do núcleo de organismos mais elevados, e assim não representam um estágio evolucionário independente por direito próprio.

21. A questão de o que constitui "o mesmo" organismo para as bactérias é um tanto confusa, visto que elas se reproduzem através de divisão/clonagem e, então, pode-se argumentar que o todo anterior ainda vive nas partes subsequentes. Contudo, dado que decidimos aplicar nosso critério (27) de exclusividade no espaço somente no *mesmo* metanível de tipo-ocorrência, o problema não é sério. As bactérias também podem gravitar bastante vagarosamente, dentro de horas ou dias, em direção ao fundo da solução. Porém, no espaço de tempo da vida de uma bactéria individual (segundos), tal mudança lenta não tem consequências experienciais.

tuem um certo tipo de evidência de que nosso cenário para interpretar um universo pode também ter sido refletido no cenário evolucionário através do qual os seres sensíveis surgiram.

8.12.2 Espaço unidimensional

Não conheço um organismo que reflita precisamente o estágio complexo seguinte de construção, isto é, com tempo e uma dimensão espacial. Mas o que chega mais próximo é a *ameba*. O que foi dito acima com relação ao modo de divisão das bactérias também é verdadeiro para as amebas. Além disso, porém, seu peso relativo é suficientemente grande, de modo que elas podem afundar na solução, e assim ser encontradas "rastejando" em superfícies viradas para cima. Nesse sentido, elas podem ter alguma — ainda que rudimentar — diferenciação de uma dimensão espacial única, em cima-embaixo. Não obstante, sua compleição totalmente amorfa sugere fortemente que, em termos de consequências comportamentais e adaptação evolucionária, elas ainda estão primariamente adaptadas a um universo unidimensional. Todavia, embora elas não possam *construir* um universo quadridimensional, elas certamente possuem algumas distinções sensoriais binárias, como claro-escuro e toque-vazio. Logo, parece que a introdução de dimensões adicionais — além de tempo — no aparato construtivo de seres sensíveis não pode ocorrer diretamente após a introdução de TEMPO. Talvez o princípio de parcimônia esteja atuando aqui (ver Seção 8.10), de modo que, dado o escopo estreito de nosso universo experiencial, uma (ou duas) dimensão(ões) baste(m), e o resto seja tratado pelas distinções binárias menos poderosas.

A seguir, eu gostaria de contrastar a ameba e outros organismos que flutuam livremente com aqueles maiores que mantêm uma posição fixa no tempo. Consideremos, primeiro, as árvores. Elas mantêm uma posição fixa, mas seu comportamento certamente sugere consciência — em qualquer nível — do modo espacial *em cima-embaixo*. Suas raízes crescem para baixo, seus galhos crescem para cima, e elas certamente mudam no decorrer do tempo, embora lentamente. Assim, qualquer discussão séria sobre o seu aparato perceptual-cognitivo — que, se existir, muito provavelmente reside separadamente em células individuais — deve levar em consideração seu tempo de vida, taxa lenta de mudança e a calibração de seu aparato perceptual/cognitivo a tal escala temporal estendida. Certamente, seria tolice excluir os processos cognitivos/perceptuais nas árvores justamente porque seu senso de tempo é muito mais lento do que o nosso, e assim a mudança interna relevante é muito mais prolongada. Seguramente, seu comportamento apresenta evidência de que elas são conscientes da dimensão espacial em cima-embaixo, de que elas são conscientes de luz e escuridão, de temperatura, de umidade relativa e, ao menos para algumas espécies, também de toque. Contudo, sua posição estacionária e o modo como derivam seu sustento através da dimensão espacial única em cima-embaixo torna desnecessário para elas lidar com outras dimensões espaciais no nível da percepção/cognição, e sua simetria é obviamente neutra com relação às outras dimensões espaciais, sendo elas uniformemente *circulares*.

Organismos invertebrados estacionários ("relativamente estacionários"), como as *anêmonas-do-mar*, exibem a mesma indiferença que as árvores quanto à necessidade de mais de uma dimensão espacial no seu universo construído. Sua diferenciação distinta em cima-embaixo contrasta agudamente com a sua forma circular, não diferenciada em comparação ao resto do espaço. Como elas são estacionárias e presas a um chão que é relativamente estável no tempo, tanto sua comida quanto seu *input* perceptual vêm da água acima, e é aí, de fato, que se localizam seu orifício e seu equipamento perceptual.

8.12.3 Movimento e espaço tridimensional

O verdadeiro salto *quantum* em direção ao comportamento e à construção de espaço tridimensional parece ter ocorrido quando os organismos — em qualquer ponto evolucionário[22] — desenvolveram um modo de vida pelo qual começaram a se *mover sob sua própria vontade* em busca de alimento. Subitamente, seu universo mudou drasticamente:

1. A densidade de *input* perceptual é muito mais alta no lado que "encara" a direção do movimento, isto é, encara o universo até então inexplorado. Inversamente, a densidade de experiência perceptual é muito mais baixa no lado que encara o universo já explorado, onde os objetos de percepção emanam de entidades antigas, familiares.[23]

---

22. Esse movimento deve ter ocorrido em algum ponto entre o estágio de *celenterados* (hidra, anêmona-do-mar) e moluscos ou minhocas.

23. Outra vez, a distinção aqui *não* é logicamente necessária, mas sim uma questão de calibração experiencial, em que objetos de percepção "semelhantes" que se repetem a partir da "mesma" origem se tornam experiência de *fundo*, informação velha.

2. A densidade de fontes de alimento potenciais é provavelmente mais alta na direção do movimento, onde existem *novas* fontes de alimento. Por outro lado, o ambiente mais antigo foi deixado relativamente esgotado de nutrientes.

Está longe de ser acidental que os organismos que se movem em busca de sua comida desenvolvem uma outra dimensão em sua simetria corporal, a de *frente-costas*. Além do mais, tanto seu aparato perceptual quanto seus instrumentos para obter comida gravitam em direção da frente recentemente estabelecida, onde um bombardeamento mais denso de experiência e comida é de se esperar. O processo inverso também é bem documentado: espécies de peixe que se tornam novamente estacionárias no fundo do oceano rapidamente perdem sua diferenciação frente-costas, tornam-se circulares, seus olhos "migram" para o alto e para o centro, e assim eles perceptual, cognitiva e comportamentalmente se readaptam a um universo com apenas uma dimensão espacial, em cima-embaixo.

A implicação ontológica a ser extraída dessa discussão tem longo alcance: a evolução da consciência/construção da segunda e terceira dimensões espaciais, além da dicotomia em cima-embaixo, não foi estimulada por mudança ambiental *per se*. Ao contrário, foi o produto de uma mudança composta, *interativa* — em termos de densidade temporal da experiência perceptual — precipitada pelo envolvimento do organismo em *movimento autopropelido*. Desse modo, a introdução das terceira e quarta dimensões no universo construído dos seres sensíveis em evolução, e assim a construção do universo tempo-espaço conforme o conhecemos, tornou-se uma necessidade evolucionária por causa da mudança acelerada — isto é, bombardeamento perceptual aumentado pelo tempo — causada pelo movimento voluntário. Nosso universo fenomenológico, então, tornou-se *ampliado*, em termos da densidade temporal da experiência perceptual, como um resultado do movimento voluntário. A introdução da segunda e terceira dimensões espaciais em nosso esquema cognitivo pode ser entendida como uma adaptação a essa mudança. Isso reforça a sugestão feita na Seção 8.10 com respeito às razões para o limite superior de *quatro* em nosso sistema dimensional de interpretação do universo. Do ponto de vista evolucionário, parece, foram acrescentadas dimensões quando motivadas por um aumento no potencial para diferenciar entidades, conforme *julgado* pelo aumento na densidade de tempo ("frequência") da experiência perceptual.

A evolução da consciência não é, pois, cega ou indiferente, nem é um produto passivo da mudança ambiental *per se*. Ao contrário, deve ter sido motivada pela *interação* entre o ambiente e um organismo *ativo*, um organismo que exercia seu *propósito*, um organismo *criativo*,[24] um organismo que começou a *se mover sob sua própria volição*, um organismo que começou a se comportar como um agente.

8.13 AÇÃO, AGENTES, INTENÇÃO E CAUSALIDADE

Na seção precedente chegamos, através da investigação da ontologia da experiência de tempo-espaço, ao segundo maior tópico a ser investigado aqui, a saber, o feixe de propriedades semânticas e experienciais que definem nossos conceitos de *ação, volição, causalidade* e *agente*. Em resumo,[25] o universo de *ações* ou *eventos* — como conceitos — é mapeado na língua por meio do subléxico de *verbos*. Conforme vimos acima, alguns verbos denotam *estados* ao invés de eventos. Esses dois diferem um do outro pelo elemento de *mudança no tempo*. *Estados* não envolvem mudança no tempo e, conforme visto acima, eles podem durar porções de tempo mais curtas ou mais longas. Mas, à medida que são codificados na língua como estados, eles são construídos para não envolver mudança no tempo. *Eventos*, por outro lado, envolvem mudança no tempo. Assim, (29a) descreve um estado, enquanto (29b) descreve um evento:

(29) a) Estado: *A casa **ficava** na colina.*
b) Evento: *A casa **deslizou** colina abaixo.*

A codificação linguística de eventos sempre atribui a eles um estado inicial e um estado final. Desse modo, em (29b) a casa é descrita[26] como estando numa posição mais alta na colina antes do *eixo temporal*[27] de *deslizar*, e então durante o evento de *deslizar* ela chegou a um estado subsequente de estar em uma posição um tanto mais baixa do que sua posição inicial (talvez mesmo todo o caminho até o pé da colina), e esse é o estado *terminal*. Verbos que descrevem eventos podem ou não explicitamente caracterizar um estado terminal, e (29b) acima não descreve. Mas, em contraste, (30a, b) descrevem:

---

24. Para uma discussão sobre a natureza criativa, interativa da evolução biológica, ver Koestler (1967, cap. 11) e Lamendella (1976, [19___]).
25. Para maiores detalhes, ver Chafe (1970), Langacker (1975) e Talmy (1976), entre outros.
26. Mais comumente, verbos tendem a codificar ("asseverar") o estado final resultante do evento, ao passo que o estado inicial é deixado para ser inferido ou pressuposto.
27. Ver discussão em Givón (1973b).

(30) a) *A laranja **caiu** da árvore.*
 (i) Estado inicial: *na árvore*
 (ii) Estado final: *fora da árvore*
 b) *A laranja **caiu** no chão.*
 (i) Estado inicial: *acima do chão*
 (ii) Estado final: *no chão*

Além disso, eventos podem ser *volicionais/pretendidos*, isto é, eventos "causados", ou eles podem ser *não volicionais/involuntários* e, desse modo, no que diz respeito ao mapa cognitivo refletido na língua, sem uma causa explicitamente mencionada. Assim, por exemplo, os eventos descritos em (29b), (30a) e (30b) são todos eventos não volicionais. Por outro lado, eventos volicionais/causados típicos são:

(31) a) *João **correu** colina abaixo.*
 b) *Maria **caminhava** impacientemente.*
 c) *João **quebrou** a vidraça em sua raiva.*
 d) *Maria **pôs** a caixa no armário.*

Eventos volicionais são chamados *ações* e os verbos que os mapeiam na língua são chamados *verbos ativos*. Assim como qualquer outro evento, eles descrevem uma *mudança no estado do universo* de um estado$_i$ anterior a um eixo temporal para um estado$_j$ algum tempo depois do eixo temporal. A mudança poderia envolver o estado do próprio sujeito, como em (31a, b), ou o estado de vários objetos, como em (31c, d). Mas, além de descrever a mudança no estado do universo através do evento, as ações também atribuem *responsabilidade* pelo evento, destacando o sujeito como o *agente-causador*. Em outras palavras, elas fazem uma declaração sobre o *comportamento intencional* de — primariamente — agentes humanos. Muitos verbos na língua podem ser usados ambiguamente com relação a essa atribuição de responsabilidade causal. Eles podem ou caracterizar a *causa* sem atribuir *intenção* e responsabilidade, como em:

(32) *João **quebrou** a vidraça ao tropeçar no poodle de brinquedo e cair.*

Ou eles podem caracterizar ações nas quais o agente *pretendeu* causar o resultado, como em:

(33) *João **quebrou** a vidraça de propósito.*

O evento descrito em (32) não é, estritamente falando, uma ação, já que João não fez nada ativo, apenas tropeçou e *caiu*. Por outro lado, o evento descrito em (31c) é problemático. A locução adverbial *em sua raiva* implica claramente que o sujeito estava *agindo*, isto é, usando sua própria vontade.[28] Mas pode muito bem ser que João realmente pretendesse fazer alguma outra coisa, isto é, atingir um *resultado* diferente (*Quebrar o vaso no chão*) e então acidentalmente acabou quebrando a vidraça.

Muitas línguas — talvez a maioria — parecem marcar de várias maneiras a distinção entre causação *voluntária* e *involuntária*, e a noção relevante que separa as duas parece ser a de *controle*.[29] Isto é, atribui-se responsabilidade ao agente por uma *cadeia causal* de eventos particular se o agente *tinha controle* sobre suas ações. As noções de *volição-intenção* e *controle* são hierarquicamente relacionadas. Cada instância de causação controlada também envolve intenção, mas algumas *intenções* podem não envolver causação controlada, como em:

(34)   João **queria** muito sair do quarto, mas ele estava confinado, amordaçado e amarrado à cama.

Ação controlada é, assim, semelhante a *comportamento intencional*, não simplesmente intenção.

8.14 CRITÉRIOS EXPERIENCIAIS PARA AGENTES

No mapa cognitivo de eventos causados, conforme representados na linguagem humana, somente agentes podem ser os sujeitos de verbos/predicados que descrevem tais eventos. A classe de agentes na língua é quase exclusivamente humana, com raras permissões para carros, computadores, ventos e fogos, ocasionalmente água, e — como uma *categoria oscilante* — vertebrados superiores. Além disso, parece haver dois critérios envolvidos na decisão quanto a quem é agente e quem não é, e esses dois critérios estão hierarquicamente organizados. Eles se acham mais bem refletidos na classificação de verbos. Em geral, a maioria dos verbos que descrevem *ações causais* são restritos a humanos, e humanos

---

28. No momento, vou desconsiderar o problema ético de responsabilidade por suas ações sob capacidade diminuída, como na raiva.

29. Para maiores detalhes, ver Shibatani (1973), Kachru (1976) e Givón (1975d).

capazes de comportamento intencional e de ter controle sobre seu comportamento. Predicados[30] desse tipo são, por exemplo:

(35) a) Ele *saiu* da sala.
 b) Ele *dançou* jiga em cima do barril de vinho.
 c) Ele *despediu* todos os seus empregados.
 d) Ela *completou* a tarefa.

Nem um bebê de quatro meses nem um adulto amarrado poderiam ser os sujeitos desses predicados, nem uma máquina, nem o vento ou o fogo, embora um cão pudesse talvez ser o sujeito de (35a).

Há, porém, uma outra classe de verbos que seleciona quase exatamente a mesma classe de sujeitos, a saber, *humanos adultos*, com exceções indistintas, ocasionalmente marginais. É a classe de verbos de *cognição, emoção* e *intenção*. Exemplos representativos desses verbos são:

(36) a) Cognição: *saber, pensar, acreditar, entender, supor, suspeitar* etc.
 b) Emoção: *temer, esperar, ficar triste, ficar zangado, ficar feliz* etc.
 c) Intenção: *querer, pretender, planejar, recusar* etc.

Chamarei de *consciência* o denominador comum de todos esses verbos. Parece que uma relação implicacional se dá entre os dois critérios para agentes linguisticamente baseados, e que *ação intencional* implica *consciência*, mas não vice-versa. Em outras palavras, ação intencional é uma subcategoria de consciência.

Além de serem sujeitos, entidades conscientes — geralmente descritas por nós como obrigatoriamente humanas — também podem aparecer em posições de *objeto* altamente específicas nas sentenças, e essas posições são restritas a um participante *consciente* tão rigidamente quanto a posição de sujeito agente e sujeito consciente. Exemplos típicos são:

(37) a) João disse a **Pedro** que...
 b) Agrada-**me** que você fez isso.

---

30. Uma vez que, com bastante frequência, as propriedades causativas ("intenção/controle") de uma proposição não são determinadas apenas pelo verbo, mas por alguma combinação do verbo com vários objetos e advérbios, o termo "predicado" é um pouco mais preciso aqui do que "verbo".

c) *Maria falou **com** João.*
d) *Ela ordenou-**lhe** que saísse.*
e) *Eles **o** demitiram.*
f) *Ela deu-**lhe** uma flor.*

Para sumarizar, a relação entre os dois critérios experienciais para *agentes* pode ser dada na hierarquia implicacional:

(38)   *ator sob **poder próprio** > participante **consciente***

E 'poder próprio' pode ser traduzido por 'intenção/volição própria', de modo que:[31]

(39)   *agente voluntário > participante consciente*

8.15 A ONTOLOGIA DE CAUSAÇÃO E AGENTIVIDADE

Nesta seção, tentarei sugerir como nossas noções de condicionalidade, causalidade, agente, intenção e poder são derivadas, por meio de uma sucessão de passos inferenciais, da experiência com nossa primeira dimensão ordenada, *tempo*. As inferências envolvidas nunca são puramente dedutivas, elas provavelmente são instâncias da *abdução* de Peirce e, tanto quanto posso ver, elas sempre envolvem algum componente *indutivo*. São, assim, as inferências típicas mais provavelmente feitas por seres sensíveis no processo de ampliar seu mapa cognitivo de um universo e, desse modo, necessariamente, de ampliar o próprio universo. O passo não dedutivo mais comum percebido nessas inferências é normalmente rotulado "falácia" pelos lógicos, isto é, o passo de inferir, a partir de uma relação condicional *unidirecional*, uma relação *bicondicional* ("implicação de mão dupla"). Tentarei mostrar que, longe de ser uma falácia, tal comportamento pode representar uma *estratégia heurística* coerente.

---

31. Conforme veremos abaixo, "poder próprio" em termos físicos mais concretos é evolucionariamente anterior. Em última instância, podemos ter um executivo paralítico *com autoridade* instruindo um subalterno para apertar o botão do juízo final, e o comportamento de tal executivo é codificado linguisticamente como o de um agente *em controle*. Nossa noção de controle já evoluiu além do meramente físico e tem parâmetros *sociais* também.

8.15.1 De sequência no tempo para condicionalidade

Considere dois eventos em sequência no tempo, *a* e *b*, onde *b* (ou melhor, seu *tipo*)[32] sempre ocorre depois de *a*. Outros eventos, tais como *c* ou *d* também podem seguir *a*, de modo que logicamente não seria possível alegar a implicação condicional:

(40) $a > b$

Contudo, uma vez que *b* ocorre somente se *a* ocorre primeiro, a implicação condicional oposta é de fato justificada:

(41) $b > a$

Todavia, observe que o salto ***b* segue *a*** para ***b* implica *a*** não é, *per se*, um salto dedutivo. Ao contrário, é uma conclusão *experiencial*, intuitiva, abdutiva, baseada na *frequência* de ocorrência. Isto é, embora não seja indutivamente incontestável, envolve, no entanto, *intuição indutiva*, isto é, a generalização a partir de *ocorrências* individuais repetidas da sequência *a*, *b* de evento para uma *regra* de comportamento necessário *a*, *b*.

Além do mais, o desenvolvimento do condicional implicacional (41) também se justifica por essa intuição indutiva. Assim, no tempo em que *a* ocorreu, o experienciador não tem justificativa para prever que *b* ocorrerá automaticamente. Mas no minuto em que *b* ocorreu, pode-se concluir, com segurança, que *a* também deve ter ocorrido. Desse modo, há sempre um ponto no tempo quando *a é verdadeiro* ou *certo* mas *b* não é verdadeiro, isto é, ainda é *incerto*. Mas, por outro lado, nunca há um ponto no tempo em que *b* é certo mas *a* não é. Quando se traduz o condicional implicacional de mão única em (41) em termos da teoria dos conjuntos, obtém-se uma relação de *inclusão* como em:

(42)
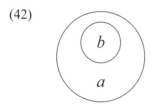

---

32. A noção de "condicionalidade" requer *generalização*, isto é, a repetição de mais de uma ocorrência por tipo e seu reconhecimento como ocorrências do mesmo tipo.

Portanto, se *a* é prevista a partir de *b*, mas não vice-versa, então *b* deve ser uma subparte ou membro do conjunto *a*, enquanto *a* é um superconjunto ("genus") de *b*.

Um dos resultados mais notáveis dessa formulação é a relação entre *certo--incerto* e *passado-futuro*. Observe que quando *b* ainda está no *futuro* e somente *a* é o caso, *b* ainda é incerto. Mas, por outro lado, quando *b* já ocorreu, e assim *a* é parte do *passado* de *b*, *a* é certo. Isso corresponde precisamente à estrutura modal observada nas línguas naturais,[33] em que [passado] é o modo principal de *certeza/verdade*, ao passo que [futuro] é o maior modo de *incerteza*. Assim, nossa ontologia experiencial é de fato refletida nos fatos da língua natural.

Neste ponto também é possível explicar a propensão humana aparentemente universal para fazer o que os lógicos, em sua cegueira para o papel da *indução* na inferência humana, optaram por rotular "inferências falaciosas" a partir do condicional unidirecional *se... então...* . Na lógica dedutiva, dado o condicional (43a) como uma premissa, juntamente com a premissa de que o primeiro termo (p) é verdadeiro, pode-se legitimamente derivar a verdade do segundo termo (q) via *modus ponens*. Além disso, (43b) também deve ser verdadeiro via *modus tolens*. Mas ambos (43c) e (43d) são considerados inferências falsas a partir de (43a) ou (43b).

(43)   a) $p > q$
           b) $\sim q > \sim p$
           c) $q > p$
           d) $\sim p > \sim q$

A implicação em (43a) pode ser representada pelo diagrama de inclusão em (44) abaixo, onde *p* é um subconjunto de *q*. Contudo, nas situações em que o subconjunto quase preenche o superconjunto, de modo que 90% ou mais dos casos que são *q* também são *p*, os seres humanos — ao fazer uma inferência *indutiva* — têm apenas 10% de chances de estar errados ao inferir a "falaciosa" (43c) a partir de (43a). De modo semelhante, visto que muito poucos casos podem não ser *p* mas ainda *q*, a dedutivamente falaciosa (43d) também pode ter alguma

---

33. Ver discussão extensa em Givón (1973b) e Jackendoff (1971). O exemplo mais notável disso é encontrado nas línguas crioulas, em que o modo [futuro] também codifica todas as outras modalidades [incerteza] — ver Bickerton (1975a). Contudo, todas as línguas naturais mostram algum reflexo dessa estrutura modal.

base indutiva plausível. Em outras palavras, as pessoas fazem inferências indutivas que não são 100% dedutivamente firmes porque, no universo imperfeito em que elas vivem, 90% de decisões corretas é um percentual bastante alto.

(44)

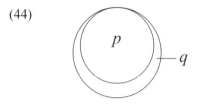

8.15.2 De condicionalidade para causalidade

Conforme vimos acima, a noção de condicionalidade *não* é dedutivamente derivada da noção de sequência temporal. Ao contrário, ela é experiencialmente derivada, via intuição indutiva. De modo semelhante, a noção de "causa" não é logicamente dedutível de uma relação condicional entre dois eventos. Nem é, estritamente falando, intuitivamente induzida a partir da condicionalidade. De fato, o movimento de condicionalidade para causalidade representa um *salto qualitativo* na representação cognitiva, do mundo de meros fatos e certeza ou incerteza sobre eles para o mundo da *explicação*. O salto pode ser descrito como segue:

(45)   a)   Condição: Se **b** ocorreu, **a** deve ter ocorrido antes.
        b)   Precondição: Portanto, a ocorrência de **a** é uma precondição necessária para a ocorrência de **b**.
        c)   Causação: Portanto, **a** é a causa de **b**.

Tal salto interpretativo-explanatório do mundo dos fatos para o mundo da explicação é verdadeiramente surpreendente. Para começar, na língua natural, a relação necessária entre causalidade e sequência no tempo é bem estabelecida,[34] de modo que causas sempre precedem efeitos, mas nunca podem segui-los. *Grosso modo*, o que é experiencialmente abduzido aqui é a noção de *dependência versus existência independente*. Assim, nossa abdução experiencial pode ser descrita informalmente como segue:

---

34. Ver Vendler (1967), Givón (1975d) e Talmy (1976).

(46)   Se **b** não pode nunca aparecer sem que **a** apareça primeiro, então enquanto **a** parece ser independente da ocorrência de **b**, **b** é sempre dependente da ocorrência de **a**. (Essa observação é fortalecida se nunca se observa qualquer outro evento **x** que também ocorra sempre antes de **b**.[35]) Logo, **a** deve ser a causa de **b**.

Tal formulação deve ser temperada pela noção de *cadeias causais*. Isto é, enquanto *a* deve ser abduzido como a causa de *b*, um outro evento que sempre precede *a*, digamos *y*, pode ser abduzido como a causa anterior de *a*, e assim a causa final de *b*. Nesse caso, *a* é apenas a causa mediadora de *b*. E, de fato, as línguas naturais parecem atribuir, bastante sistematicamente, codificação cognitiva diferente à causação *direta versus* causação *mediada-indireta*.[36] Logicamente falando, essa é uma observação verdadeira, embora seu impacto sobre a experiência cognitiva humana da causação seja aparentemente negligenciável.[37] Isso se dá primeiramente por causa da natureza finita da experiência humana. Assim, os humanos sempre se deparam, no final das contas, com alguns eventos para os quais nenhum antecedente foi observado. Essas são *precisamente* as situações em que a questão da relação causal entre dois eventos — um sem qualquer antecedência aparente e o outro sempre o seguindo — emerge.

8.15.3 De causa para agente

Vendler (1967) observou que, logicamente falando, as expressões causativas na língua realmente envolvem a relação entre duas proposições, sendo uma a causa/evento e a outra o resultado/evento. De fato, há expressões nas línguas naturais que são modeladas de acordo com tal estrutura lógica, tais como:

(47)   a)   ***Porque*** *João saiu, Maria ficou.*
       b)   *A saída de João* ***causou-induziu*** *Maria a ficar.*

Enquanto estruturas como (47a) ocorrem na maioria das línguas naturais ou em todas elas, estruturas como (47b) — isto é, compactadas em uma *única* pro-

---

35. Eliminando, assim, um conflito de explicações causais.
36. Ver Shibatani (1973), Givón (1975d) e Keenan (1976a).
37. Mais uma vez, um problema que é enorme para o lógico tende a ser diminuído no contexto real da língua humana.

posição com um *verbo* causativo, são relativamente raras. Ao contrário, o que se encontra mais consistentemente nas línguas naturais é que, se uma cadeia causal é expressa por uma única proposição, com um único verbo lexical, isto é, *vista como um único evento*, então ao invés de colocar todo o *evento/causa* como o sujeito do verbo causativo, as línguas naturais preferem selecionar um único *argumento nominal* da causa/evento e torná-lo o sujeito do verbo causativo.[38] Esse sujeito é então interpretado como o *agente* da cadeia causal, aquele que tinha *controle*, aquele que *agiu volicionalmente*, aquele *responsável* por causar uma mudança no estado do universo. Nesta seção, investigarei a ontologia do salto inferencial que nos leva de julgamentos sobre causas/eventos a julgamentos sobre causas/agentes, isto é, reinterpretações de (47b) como:

(48)   *João fez Maria ficar*.

Conforme visto nas Seções 8.13 e 8.14, os dois critérios experienciais para agentes, conforme expressos no mapa cognitivo da língua, são (a) *consciência* e (b) *ação sob volição própria*. Além disso, conforme visto na Seção 8.12.3, o tipo cardinal, essencial, de ação volicional, conforme é aparente da evolução de agentes, é (c) *movimento sob vontade própria*. Ações mais complexas devem ser, portanto, extensões de, e elaboração sobre, movimento.

Vamos considerar agora os dois eventos *a* e *b* discutidos na Seção 8.15.2, em que *a* foi julgado/abduzido como a *causa* de *b*, devido a uma sequencialidade temporal observada, recorrente, de *a* antes de *b*. Suponha, agora, que o evento *a* envolva um participante humano consciente, e de fato descreva a *ação* desse participante. Isto é, o participante humano em *a* não está lá como um corpo inerte (*paciente, locação, instrumento*), mas sim como o *agente*. Agora, ao tentar *explicar* por que *b* ocorreu, chegamos a uma explicação *externa* óbvia, isto é, a ocorrência recorrente anterior de *a*. Por outro lado, não observamos causa externa ("evento recorrente anterior") para explicar a ocorrência de *a*. Se, entretanto, buscarmos uma explicação (conforme os organismos nesse estágio de desenvolvimento experiencial/cognitivo aparentemente fazem) para a ocorrência de *a*, onde a encontraremos? Certamente não observamos explicação coerente *externa*, isto é, um outro evento. Contudo, realmente observamos alguma outra coisa — o agente envolvido na ação descrita em *a* é *consciente*; e, além disso, ele é *capaz de ação volicional*. Isto é, ele é capaz de se mover, de mudar o estado do univer-

---

38. Ver discussão em Givón (1975d).

so *por iniciativa própria*, sem qualquer estímulo externo. Nossa experiência interna como agentes deve convencer-nos da validade absoluta da *motivação interna, própria*, como uma explicação/causa para a ação. Nossa observação de outros agentes — isto é, o fato de que eles parecem consistentemente iniciar uma ação por si próprios e sem estímulo externo — reforça a observação interna. Sendo — nesse estágio do cenário evolucionário — um organismo que busca explicações causais, não temos outro recurso a não ser postular o seguinte *imperativo teleológico*:

(49) Onde não se pode observar causa externa, e uma mudança no estado do universo não obstante ocorre, então uma causa **interna** deve estar em funcionamento. Isto é, pelo menos algum participante na mudança deve ser um **agente**, capaz de ação volicional.

Concluiremos, portanto, que já que nenhuma causa *externa* visível estava acessível para explicar o evento *a*, e já que um *agente* estava envolvido no evento *a*, logo a explicação/causa deve residir na motivação *interna* desse agente, isto é, o fato de que ele *agiu propositalmente*.

A atribuição de causação interna/intencional por meio do princípio (49) deve refletir uma consciência do senso comum de Navalha de Occam:

(50) Não é preciso atribuir uma explicação invisível, não observável — e assim experiencialmente não verificável — a um evento para o qual uma explicação visível já existe.

Por outro lado, (49) *per se* está mais relacionada ao princípio oposto de explicação, a saber, o *principium rationis sufficientis* de Leibnitz.[39] Os princípios de Leibnitz e Occam são as margens duplas da investigação: uma exorta a explicar, a outra a não superexplicar. É razoavelmente claro que ambas devem ter estado envolvidas na ontologia de nossos conceitos de condição, causa e agente.

Nossa inferência abdutiva de causa, agente e intenção é, assim, uma manifestação natural de nossa abordagem teleológica do universo, e essa abordagem teleológica motiva a inferência de condicionalidade a partir de sequência no

---

39. Estou em dívida com Martin Tweedale e Tora Kay Bikson por discutirem comigo esses dois princípios. Enquanto Tweedale sustenta (alinhado à interpretação moderna mais corrente) que a Navalha de Occam é apenas um princípio de *parcimônia*, Bikson sugere que a inclusão de "mais do que necessário" em uma formulação razoável da Navalha de Occam deve pressupor a *necessidade* de explicação, isto é, o *Principium* de Leibnitz.

tempo, a inferência adicional de causalidade a partir de condicionalidade, e o *coup de grâce* final — a inferência de causa interna, isto é, intenção — a partir do comportamento de agentes (inclusive nós próprios) em casos em que nenhuma motivação externa/explicação pode ser atribuída.

Há muito suporte linguístico para a sugestão de que *movimento sob vontade própria* deve ser o primeiro critério experiencial em nossa construção de *agentes* e *intenção*. Tal suporte vem da observação de que a classe de entidades que podem ser acrescentadas à classe [humana] é provisória, honorária ou semiagente. Animais, que podem *mover-se por poder próprio*, comportam-se como agentes para o propósito de mapeamento de algumas línguas (*correr, saltar, uivar*). Isto é, eles são claramente considerados capazes de agir sob sua própria *intenção*, embora a arrogância cartesiana muito frequentemente nos induza a interpretar suas ações como o produto de *instinto*. Além do mais, nós certamente permitimos que eles se beneficiem da segunda manifestação de consciência, a saber, *emoção*; isto é, eles podem ser os sujeitos de *'temer'*, *'amar'*, *'ficar zangado'*, *'estar feliz'* etc. Contudo, parece que nós limitamos a terceira manifestação da consciência, *cognição*, e assim recusamos torná-los os sujeitos de *pensar, acreditar, saber, entender, suspeitar* etc.

Uma segunda classe, mais recente, de semiagentes é a de máquinas, carros, computadores, robôs etc. Aqui parece que nós apenas aceitamos o critério de *movimento sob seu próprio poder*, isto é, motivação interna para o movimento, embora continuemos a reverter para a intenção inferida, conforme qualquer proprietário de um carro pode atestar.

Finalmente, uma classe antiga de semiagentes é *fogo, água corrente, vento, relâmpago, trovão, o sol, a lua* e *as estrelas*. Aqui, novamente, está claro que nosso maior critério experiencial estava envolvido, a saber, movimento que não pode ser explicado por causas externas, e portanto é inferido como tendo surgido de motivação interna. De fato, pode-se considerar a evolução intelectual e religiosa do *Homo sapiens* como uma *exclusão* progressiva de classes de entidades como agentes potenciais, isto é, capazes de comportamento intencional. O maior critério envolvido no julgamento da capacidade de intenção foi claramente movimento sob poder-intenção próprios. Desse modo, objetos inorgânicos foram excluídos primeiro, exceto pela água e fogo persistentes. Árvores foram excluídas através da inferência do vento como causa do seu movimento, enquanto o próprio vento permaneceu um semiagente até hoje. O conceito de animados como agentes permanece endêmico na maioria das culturas existentes, apesar da arrogância cartesiana e do reducionismo skinneriano.[40] Finalmente, nossa invocação da divindade em estreita conjunção com nossa interpretação da água, fogo, relâmpago, trovão, o vento, o sol, a lua e as estrelas é uma especulação explanatória curiosa, uma atribuição simbólica de um agente não migratório, uma inferência abdutiva típica impelida pelo imperativo teleológico.

8.15.4 A ontologia de poder

Na Seção 8.15.1 observamos que, em termos de inclusão de conjunto ou relações ocorrência-tipo, a *causa/evento*, isto é, aquela *precedente*, ocupa a posição de *superconjunto* ou *genus*, enquanto o resultado/evento ("seguinte") é o membro, subconjunto ou subespécie da causa. Agora, se causas são precipitadas por agentes, e agentes têm o *poder para agir* ou o poder de causar mudança (devido a sua habilidade de agir/mover sob intenção *própria*), então agentes/causas *têm o poder sobre* pacientes/resultados. Um superconjunto somente poderia ser maior, mas nunca menor, do que seus subconjuntos-membros, logo as entidades que têm mais poder também acabam tendo tamanho maior. Isso é um acidente um tanto afortunado, porque nosso critério experiencial maior para poder é realmente tamanho. De fato, poder-se-ia argumentar que nossa noção de *regra* também está intensamente envolvida nesse esquema. Isso acontece porque o superconjunto é o *tipo* dos subconjuntos-membros, e assim é a *regra*, a *generalização* pela qual todos os membros — *qua* membros — devem *conformar-se*. Logo, tamanho, generalidade e poder andam juntos.

8.16 A UNIDADE ONTOLÓGICA DO COMPORTAMENTO INTERPESSOAL

Nas seções precedentes deste capítulo, investigamos, ainda que experimentalmente, a possibilidade de considerar a linguagem e a cognição como mapa de nosso universo, na verdade, de um modo fundamental, nosso *próprio* universo. O mapa cognitivo que discutimos não envolvia comunicação *per se*. Isto é, ele pertencia apenas aos aspectos da linguagem que apontavam para nosso sistema

---

40. Skinner parece ter sido mais consistente e, de certo modo, mais humilde ou menos antropochauvinístico, ao tentar suprimir vontade e livre-arbítrio não apenas nos animais, mas também nos humanos.

de representação cognitiva, memória e recuperação. No curso da investigação, contudo, ultrapassamos os limites do organismo conhecedor quase sem perceber. Isso aconteceu quando, enquanto investigávamos a conexão ontológica entre eventos ("mudanças no universo") e causação ("explicação"), acabamos tendo de desenvolver as noções de *ação, intenção* e *agente*. Tendo procedido desse modo, estabelecemos, então, uma conexão entre o comportamento de organismos e os estados de mudança de seu universo, isto é, o ambiente. De fato, acabamos discutindo a evolução biológica e cognitiva como um processo de *interação* entre um organismo intencional e seu ambiente (presumivelmente não proposital).

Nesta seção, continuarei a investigação dos primitivos ontológicos que parecem subjazer a todos os modos de interação — interação *com o ambiente, comportamento interpessoal* e *comunicação*.

8.16.1 Ação, comportamento, ambiente e comunicação

O próprio conceito de ação, conforme o construímos, já é por si próprio uma noção *interativa*, envolvendo a relação entre o organismo e seu ambiente. De acordo com o que vimos, eventos podem ser neutros no comportamento de organismos, e assim podem descrever estados iniciais e finais do universo em que nenhum ser sensível ou agente estava envolvido *como tal*. Por outro lado, ações são mudanças no estado do universo em que o *comportamento intencional* de agentes esteve envolvido. Em outras palavras, a causa/agente percebeu o estado precedente do universo, então, através de comportamento intencional, causou-lhe uma *mudança* para um estado diferente subsequente. O agente, assim, *agiu sobre* o ambiente, seu propósito foi exercido não apenas internamente,[41] mas em direção a entidades *fora* dos limites do organismo. Tal comportamento deveria acertadamente ser considerado como o primeiro passo para a *interação*, embora seja admitidamente uma interação unidirecional.

Uma ação realizada por um agente é intencional, mas a intenção não se aplica igualmente a todos os estados do universo descritos na ação. Assim, inten-

---

41. É intrigante especular que, talvez para os organismos primitivos, a ação sobre si mesmo meramente represente um estágio embriônico de *interação*, e que talvez nesse estágio a separação entre o eu e o ambiente — isto é — nossos axiomas existenciais (11) e (12) como axiomas *distintos* — ainda não tenha sido efetuada. Está razoavelmente claro que, no desenvolvimento ontológico da cognição humana, esse estado primitivo é, de fato, anterior (Piaget, 1954; Lamendella, [19__].).

ção é *irrelevante* para o estado inicial, visto que esse estado já é existente, é *um fato dado* que pertence ao tempo *anterior* ao eixo temporal da ação. Por outro lado, a intenção do agente é mais relevante para o estado *subsequente* ou pretendido, aquele que segue o eixo temporal, aquele que é *fato novo*. No comportamento em relação ao ambiente, então, nós já percebemos a distinção fundamental entre *fato velho* e *fato novo*. E enquanto fatos velhos ("passado") são *certos* ("indiscutíveis"), novos fatos pretendidos são *incertos, discutíveis*. Além do mais, embora certos fatos possam ser interpretados do mesmo modo *tanto* por agentes *como* por não agentes (*i.e.*, organismos que são passivos já podem interpretar o universo), os conceitos de novos estados, incerteza e *universo pretendido* são relevantes apenas para agentes, isto é, para organismos capazes de ação pretendida.

Na Seção 8.12.3, sugeri que havia uma razão convincente, necessária porque o aparato sensorial de organismos migrou para a frente — isto é, o lado *que encara* a direção do movimento — e essa razão era a *densidade perceptual* do *input* experiencial bombardeando esse lado, se comparado com a parte de trás — o lado que *não* encara a direção do movimento. Em outras palavras, o *novo ambiente* em movimento forneceu um *input* informacional maior. Mas, estritamente falando, em termos físicos puros, isso não poderia ser verdadeiro, dada uma assumida distribuição casual de dados do sentido no universo. Portanto, devemos estar lidando aqui, mais uma vez, com uma verdade *experiencial*, construída. E no fundo de tal verdade está o fato mais fundamental da percepção:

(51)   Uma experiência recorrente eventualmente perde sua saliência perceptual, enquanto uma experiência nova, surpreendente, tem uma saliência perceptual maior.

Assim, os dados do sentido que confrontam o organismo em seu novo ("para o qual se moveu") ambiente à medida que ele se move para a frente são *julgados* como mais frequentes apenas porque eles têm uma saliência perceptual maior.

O princípio (51), baseado na frequência, é o princípio básico de figura-fundo que subjaz à percepção e à cognição. Sob a máscara de pressuposição/asserção ou informação velha/nova, ele é também o princípio que subjaz à comunicação. Em termos psicológicos, esse princípio não é um primitivo, mas, ao contrário, está baseado em *julgamentos* mais rudimentares. A fim de categorizar um *input* de sentido como "repetidor", deve-se primeiro ter uma *taxonomia* do *input* sensorial, isto é, uma distinção entre ocorrências repetidoras do *mesmo tipo* contra ocorrências novas de um *tipo diferente*. Desse modo, subjacente ao critério (51) está o *julgamento perceptual* e a habilidade para distinguir "mesmo" de "diferente" (Antilla, 1977, p. 15).

Considere, a seguir, as implicações de nossas sugestões evolucionárias na Seção 8.12. O *input* sensorial em organismos estacionários deve ser *casual* na medida em que as quatro direções são consideradas (excluindo a dimensão em cima-embaixo). Isso é evidente a partir de sua simetria circular assim como da distribuição circular de seu aparato sensorial. Portanto, a distinção entre experiências recorrentes *versus* surpreendentes no *input* sensorial de tais organismos deve ser totalmente dependente do bombardeamento presumivelmente casual pelo seu ambiente.[42] Logo, de um modo fundamental, a dicotomia entre estados velhos *versus* novos do ambiente ainda não existe do mesmo modo evoluído em que ela deve existir para organismos que se movem sob seu próprio poder/vontade, embora algum reflexo mais rudimentar do mesmo princípio deva estar em funcionamento para a percepção de *quaisquer* dados de sentido "atômicos" em qualquer fundo.

O salto *quantum* no conceito orgânico de *informação velha versus nova* não se deve ao comportamento comunicativo, mas sim ao surgimento de agentes e de movimento sob intenção. Isso acontece porque movimento intencional, não casual introduz um viés interno entre experiências *novas* — aquelas que são encontradas no novo ambiente *em direção ao qual* o indivíduo se move — e experiências *velhas*, familiares, perceptualmente menos salientes, encontradas repetidamente no velho ambiente *do qual* o indivíduo está se movendo. Assim, a informação/teoria potencial para a comunicação já está presente na interação unidirecional entre o agente volitivo que se move e seu ambiente. De fato, o movimento volitivo abriu a porta para a emergência de nossa construção de informação nova *versus* velha.[43] A evolução de agentes e o movimento volitivo, assim, tornaram o universo de mapeamento cognitivo não casual, e devem ter sido um precursor necessário na evolução de comunicação.

---

42. Em um universo que preda o surgimento de agentes, o enviesamento ocasional de bombardeamento perceptual devido ao efeito de comportamento não casual de agentes intencionais presumivelmente ainda não foi introduzido.

43. O elemento figura-fundo na percepção rudimentar não poderia ter causado isso, visto que ele pertence aos dados de sentido mais elementares, e não à representação cognitiva de estados do universo. Embora, talvez, esses dois modos sejam fundamentalmente o mesmo, diferindo apenas na escala de calibração.

8.16.2 De comportamento para comunicação

A evolução de comportamento unidirecional (em relação ao ambiente) para bidirecional ou *interação social* deve ter exigido — e deve ter sido motivada por[44] — evolução paralela da estrutura social. O mais provável precursor evolucionário para isso deve ter sido o modo *sexual* de reprodução. Organismos anteriores à emergência desse modo como o primeiro modo[45] de reprodução não exigiram outros membros da mesma espécie para obtenção de comida, metabolismo ou procriação. Eles se reproduziram por divisão ou clonagem. Divisão e clonagem implicam *uniformidade genética* máxima da população e, assim, homogeneidade comportamental e informacional. Por outro lado, a reprodução sexual deve ser vista como a origem da diversificação genética intraespécies. Conforme sugeri no Capítulo 7, a diversificação genética nos mamíferos superiores deve ter caminhado lado a lado com a emergência da linguagem e do comportamento imprevisível. Pode-se, portanto, sugerir que um desenvolvimento semelhante ocorreu na mudança da reprodução assexual para a sexual.

Quer de origem sexual ou não, a evolução da interação social e da comunicação interpessoal deve ter acontecido ao mesmo tempo. Conforme previamente sugerido, ambas são características de organismos que agem intencionalmente. Obviamente, o mapa cognitivo/interpretativo envolvido em tentar "atribuir sentido a" ou "explicar" o comportamento de um outro *agente* deve ser muito mais complexo do que o mapa cognitivo usado para interpretar o ambiente não agentivo mais casual. Se o comportamento de outros membros da espécie[46] tivesse de servir de apoio ou ser previsto para o propósito de *ação comum* ("interação"), algum *esquema inferencial* deve ter-se desenvolvido através do qual um indivíduo pudesse julgar o significado, intenção ou propósito de outros indivíduos pela observação de seu comportamento explícito. Logo, *comportamento* torna-se a chave para *informação*. E o surgimento de um sistema especializado, convencio-

---

44. Ver as observações de Lamendella (1976) com relação à interdependência entre a evolução sociocultural e cognitiva, assim como o Capítulo 7.

45. Muitos organismos inferiores exibem um ciclo dual de reprodução, que envolve tanto modos assexuais (divisão) quanto sexuais (divisão mais fusão). Nos organismos superiores, o estágio haploide se tornou incorporado ao corpo do organismo e tem uma duração um tanto curta. O corpo principal é diploide, enquanto o ovo e o esperma pré-fundidos são haploides.

46. Aqui assumo tacitamente que a comunicação e a interação social sistemática entre indivíduos de espécies de estágios evolucionários radicalmente diferentes não foram um fator maior na evolução do comportamento social e da comunicação.

nalizado de comunicação não é nada além do *refinamento* desses *esquemas inferenciais*, de modo que eventualmente algumas facetas do comportamento tornam-se especializadas, tornam-se mais *carregadas informativamente*, e assim a linguagem está fora da plataforma de lançamento e navegando para a órbita.

8.16.3 Sobre a unidade dos modos comunicativos

Gostaria de abrir esta seção reiterando a dicotomia fundamental informação nova-velha que subjaz à comunicação, e lembrando ao leitor que informação velha e nova nunca estão niveladas com relação à frequência. Ao contrário, a informação velha é, em princípio, *mais frequente*, mais previsível, representando o *grosso* da experiência passada, o *fundo*, enquanto a informação nova é uma *raridade*, *surpresa*, e assim ganha sua saliência perceptual/cognitiva. A seguir, gostaria de aludir à discussão de Wittgenstein no final de seu *Tractatus*, em relação à pouca utilidade de sistemas dedutivos como um modo de aprendizagem. Wittgenstein apontou, ali, que, em última instância, nada novo pode ser derivado por meio de um sistema puramente dedutivo, já que ele é capaz de expressar apenas *tautologias*, isto é, informação totalmente predizível, velha, ou *contradições*, isto é, informação que está em *discrepância extrema* com o conhecimento existente, de tal modo que não pode ser integrada com ele.

Nosso sistema de comunicação, tal como refletido pela linguagem, existe em algum lugar no espaço intermediário entre a tautologia e a contradição. O fundo da informação velha é, de alguma maneira, redundante, ainda que não redundante o suficiente para ser julgado tautológico. A informação nova asseverada é, na verdade, nova e surpreendente, mas não tão surpreendente a ponto de criar uma ruptura *total* com o conhecimento existente. De fato, nosso sistema de comunicação parece falhar mais frequentemente quando os polos pressuposicionais e asseverativos são puxados para perto demais dos extremos de Wittgenstein. Isto é, quando a informação é tão predizível que o ouvinte perde *interesse*; ou, alternativamente, quando a informação é tão inesperada e em tal discrepância com nosso conhecimento existente que o ouvinte experiencia *confusão* e *frustração*. A comunicação bem-sucedida na linguagem humana envolve, portanto, a manutenção da *coerência*, e isso implica um compromisso, um meio-termo adequado entre informação velha e nova.

Pode-se, a seguir, observar que, na estrutura das sentenças bem como na estrutura do discurso, a divisão informacional entre informação pressuposta (velha) e asseverada (nova) é a espinha dorsal da estrutura comunicativa. Visto que capítulos anteriores deste livro trataram desse aspecto da linguagem em grande detalhe, não vou apresentar elaboração adicional aqui.

Um reflexo interessante da dicotomia informação velha-nova pode ser visto na distinção de Bernstein (1959) entre código *restrito* e código *elaborado* no uso linguístico. Sem admitir as inferências de Bernstein sobre a estrutura social,[47] o próprio fenômeno é bastante real. O código restrito é basicamente um modo *cliché*, em que sintagmas estabelecidos são usados da maneira mais automática, convencionalizada, em que a maioria dos movimentos no intercâmbio é preestabelecida e previsível, e assim, em um *certo sentido*,[48] a informação nova, ou elemento de "surpresa", na comunicação é muito baixa. O código elaborado é o oposto. O que é notável sobre o uso desses modos na interação é que o código restrito é mais comumente usado *entre estranhos* no *estágio de abertura* da interação, quando o fundo pressuposto é relativamente baixo. Nesse fundo escasso, os conteúdos informativos presumivelmente baixos do código restrito são necessariamente *salientes*. Mais, nesse contexto o código restrito também comunica alguma informação *tangencial*, como *eu estou legal, você está legal, eu gostaria de fazer negócio, estou familiarizado com o código comunicativo que prevalece (eu falo seu dialeto), nós temos* background *compartilhado suficiente para fazer uma transação bem-sucedida* etc. Mas um outro contexto em que o código restrito é usado entre familiares, intimamente, em que tanto *background* é compartilhado que há relativamente pouca informação nova para comunicar. Porém, novamente, essa é uma descrição levemente equivocada, já que informação tangencial também é negociada aqui, a saber, *eu ainda te amo, nós ainda somos amigos, eu ainda gosto de estar por aqui, nós ainda nos entendemos, nós ainda compartilhamos o mesmo código* etc. O código restrito pode, então, ser visto como a porção "ociosa" do processo informacional, aquela que *mantém o motor aquecido*, aquela que *mantém o canal aberto* por monitoramento constante e sintonia fina do código entre os casos de uso do código *elaborado* de força total, carregados de informação.

---

47. Tanto quanto minha experiência mostra, as classes socioeconômicas mais baixas, assim como as mais altas, possuem uma rica *gama* de códigos ao longo desse *continuum* de registro.

48. Os conteúdos de informação nova de uma comunicação devem ser julgados relativamente ao fundo. Pode muito bem ser que os conteúdos informacionais baixos, aparentemente "objetivos" do código restritivo sejam um artefato da sua construção em um fundo pressuposicional diferente, com informação compartilhada relativamente pequena.

Considere, a seguir, a narração de história bem-sucedida, isto é, a ficção. A ficção mais bem escrita, mais bem-sucedida, envolve a mesclagem sutil de informação familiar ("conectada") e não familiar ("surpreendente"). O primeiro elemento *ancora* repetidamente a história na experiência do leitor e fornece *integração*, enquanto o segundo fornece *suspense*, interesse e mantém o leitor em estado de alerta mental.

Modos não verbais criativos são igualmente dependentes do mesmo equilíbrio. Assim, na música mais tradicional, um equilíbrio delicado é tecido entre o sentido de *tradição*, *continuidade* e aderência aos dogmas previsíveis do *estilo* e *inovação*, surpresa, criatividade, inventividade e elaboração. Os músicos poderiam "falhar em comunicar" de duas maneiras:[49] ou por seguir o modo tradicional servilmente, sem acrescentar-lhe qualquer tempero, ou por quebrar a tradição rudemente demais. O músico tradicional de sucesso, assim, percorre a corda esticada entre a tautologia e a contradição de Wittgenstein. Uma das maiores dificuldades em experienciar a música e a arte modernas envolve suas tendências em sobrecarregar os dados em direção ao inesperado e afastar-se do familiar.

O mesmo equilíbrio bipolar pode ser observado nos relacionamentos interpessoais, com os dois polos sendo *segurança/amor versus liberdade/independência*. O primeiro é o modo *familiar*, mas por si mesmo ele tende a gerar monotonia. O segundo é o modo da surpresa, mas por si mesmo ele tende a gerar insegurança. É nos relacionamentos interpessoais que o princípio (51) de figura-fundo tende a destruir o indivíduo, frequentemente levando à despersonalização de outros familiares e à procura da novidade da experiência pela própria novidade. Uma construção bem-sucedida do familiar íntimo requer, então, *resistência* ao julgamento experiencial através do qual os organismos, desde tempos imemoriais, têm construído seu universo externo. Aqui, deve-se resistir à imputação tipo--ocorrência de que "esse caso é *meramente* uma ocorrência do mesmo tipo de comportamento". Ao contrário, devemos lembrar-nos constantemente de que familiares íntimos — e, de fato, todos os seres sensíveis — são fundamentalmente capazes de ocorrências imprevisíveis de comportamento *em qualquer momen-*

---

49. O comentário mais comum que se ouve de audiências de flamenco quando o executor carece de inventividade é *Eso no dice nada!* ("Isso não diz nada!"). E nas disputas de *Ol'Time Fiddlin* você perde pontos por quebrar a tradição de modo muito flagrante ou por aderir a ela de modo muito servil e por ser não inventivo.

to, já que eles são dotados de livre-arbítrio e são capazes de comportamento intencional. Nosso padrão mais comum de comportamento interpessoal, parece, carrega o julgamento experiencial que nos ergueu longe demais do pântano primevo. Ele se baseia em interpretação equivocada da imprevisibilidade potencial dos agentes conscientes. Ele certamente desafia nosso julgamento experiencial de nós mesmos.

Por fim, deve-se confrontar a armadilha fundamental a que aludem os místicos desde tempos imemoriais, a armadilha inerente à construção do próprio modo como um modo de perceber e conhecer distinções e de desconsiderar unidades fundamentais. As molas que propulsionam esse alçapão são encontradas nos dois *axiomas existenciais* fundamentais (11) e (12) acima. O primeiro deles assevera a existência distinta do indivíduo cognoscível (11). O segundo assevera a existência independente do universo e assim permite a potencialidade para a existência de entidades individuais (12). Na investigação ao longo deste capítulo, vimos que toda a evidência aponta para um fato incontroverso sobre a relação entre a cognição e o universo — a saber, que não há significado nem existência para *esse* universo à parte do mapa cognitivo. Desse modo, a evolução de espécies superiores — na verdade, da própria vida — representa um círculo completo[50] nos modos de cognição, começando com a asserção axiomática de separação da consciência (sujeito) do universo (objeto), e terminando com a descoberta de que o mapa consciente é tudo o que existe, isto é, que o mundo, conforme o conhecemos, é o *samsara* budista, e que a única realidade fundamental que é absolutamente incontroversa é a realidade de *mundo e consciência como um*. Na história intelectual e religiosa do *Homo sapiens*, vários extremistas — quietistas e reclusos — tentaram reverter o caminho evolucionário no seu comportamento pessoal, e desse modo emular a existência pré-construtiva, pré-separada do universo pré-conhecido. Que tal experiência é, em princípio, possível parece-me fora de dúvida, e eu estou bastante convencido de que esse é o modo primário de experiência de pedras e átomos e o vento e as estrelas e o sol. Por mim, prefiro o místico mais pragmático, conforme refletido no *Tao Te Ching* de Lao Tse:

---

50. Seguindo a discussão sobre ordem máxima e caos na Seção 8.9, está razoavelmente claro que é uma *espiral*, e não um círculo, que melhor representa tal evolução. Isto é, de uma maneira surpreendentemente dialética, a unidade do universo pré-conhecido e a identidade do sujeito-objeto do universo conhecido existem em dois diferentes *metaníveis*.

(49)   Trinta raios se unem na calota,
       Mas a roda gira num buraco vazio.
       O barro é moldado em uma xícara,
       Mas o espaço dentro é o que fica preenchido.
       Paredes e um teto fazem uma casa,
       Mas o espaço interno vazio é onde moramos.
       Assim, enquanto as coisas tangíveis têm seu propósito,
       É o intangível que é usado.
                                                    (Sutra 11)

8.17 FECHAMENTO

Uma conclusão para este capítulo é também uma conclusão para o livro todo. Não vejo necessidade de sumarizar, nem de recapitular, e não estou de fato seguro de como se poderia sumarizar este livro. Ele é sobre muitos temas, e cada um pode manter-se por si próprio. Há dois pontos de metodologia que cairão muito bem para um fechamento. O primeiro foi acionado pela discussão de Antilla (1977) sobre *abdução* como o único modo factível para a aquisição e representação de conhecimento novo. O que temos testemunhado no método chamado linguística nas duas décadas passadas — e de fato ao longo das três décadas que precederam — é uma tentativa de representar tanto o *método* quanto o *objeto* da investigação como um sistema *dedutivo*, fechado, formal e governado pela lógica. Essa tentativa parece curiosa em dois pontos. Primeiro, como uma maneira de construir uma *metodologia* para uma investigação em processo — como na linguística — um método dedutivo está fadado a não acrescentar nenhum conhecimento novo acima e além dos fatos observáveis. Na verdade, muito do "modelo", "teoria" e "explicação" em tal sistema acaba não sendo nada além de uma remodelação formal dos fatos. Mas é isso precisamente o que se **deveria** esperar ganhar de uma metodologia dedutiva, para começar. É ainda mais curioso que esse sistema dedutivo ("fechado", "formal", "explícito", "preciso" — o jargão é carregado de eufemismos convenientes) também foi proposto como modelo para o *objeto* da própria investigação, isto é, para a linguagem, um sistema de representação de *conhecimento*, aquisição de conhecimento novo, remodelação/mudança de conhecimento e comunicação de conhecimento novo. A natureza autofrustrante inerente a tal empreendimento é clara demais para exigir comentário adicional.

A segunda observação eu devo a uma conversa recente com Joe Goguen. Quando me maravilhei com o fato de que algumas das minhas conclusões ontológicas pareciam encontrar apoio na física moderna, Joe sugeriu que talvez a situação fosse a oposta. Isto é, ele disse, se a estrutura do universo conforme sempre a conheceremos nada mais é do que a estrutura da própria cognição, então a física como um modo de obter conhecimento sobre o universo parece uma metodologia curiosamente indireta, especialmente quando uma rota mais *direta* está disponível para nós, a saber, a investigação dos modos de consciência. *Touché*.

Bibliografia

ADLER, M. *The difference of man and the difference it makes*. New York: World Publications Co., 1967.

AKIBA, K. *Topics in Japanese historical syntax*. Ph. D. dissertation. Los Angeles: University of California, 1978.

ANDERSON, S. A little light on the role of deep structure in semantic interpretation. *NSF Report* 26, Harvard Computational Laboratory. Cambridge, 1970.

ANDERSON, S. On the notion of 'subject' in ergative languages. In: LI, C. (Ed.). *Subject and topic*. New York: Academic Press, 1976.

ANDREWS, A. *The VP complement analysis in Modern Icelandic*. Manuscrito. Camberra: Australian National University, 1976.

ANTINUCCI, F.; MILLER, R. How children talk about what happened. *Journal of Child Language*, v. 3, p. 167-189, 1976.

ANTILLA, R. Analogy. *State-of-the-Art Report*. The Hague: Mounton, n. 10, 1977.

ARD, W. *Raising and word-order in diachronic syntax*. Ph. D. dissertation. Los Angeles: University of California, 1975.

ASHTON, E. O. *Swahili grammar*. London: Longman's, 1944.

BACH, E. Is Amharic an SOV language? *Journal of Ethiopian Studies*, v. 8, n. 1, 1970.

BARTSCH, R.; VENNEMANN, T. *Semantic structure*. Frankfurt: Athenaum, 1972.

BATES, E. *Language in context*: Studies in the acquisition of pragmatics. Ph. D. dissertation. Chicago: University of Chicago, 1974.

BATES, E. *Language and context*: The acquisition of pragmatics. New York: Academic Press, 1976.

BATES, E. *The emergence of symbols*: Ontogeny and phylogeny. Manuscrito. Boulder: University of Colorado, 1978.

BATES, E.; CAMAIONI, L.; VOLTERRA. V. The acquisition of performatives prior to speech. *Merrill-Palmers Quarterly*, v. 21, n. 3, 1975.

BEL, S. *Some notes on Cebuano and relational grammar*. Manuscrito, 1974.

BENNETT, T. An extended view of written and spoken personal narrative. In: KEENAN, E.; BENNETT, T. (Eds.). Discourse across time and space. *Southern California Occasional Papers in Linguistics*. Los Angeles: University of Southern California, v. 5, 1977.

BERNSTEIN, B. A public language: Some sociological implications of a linguistic form. *British Journal of Sociology I*, v. 11, p. 271-276, 1959.

BICKERTON, D. *Creolization, linguistic universals, natural semantax and the brain*. Manuscrito. Honolulu: University of Hawaii, 1975a.

BICKERTON, D. *Reference and natural semantax*. Manuscrito. Honolulu: University of Hawaii, 1975b.

BICKERTON, D. *Creoles and natural semantax*. Manuscrito. Honolulu: University of Hawaii, 1975c.

BICKERTON, D. *Creoles and language universals*. Manuscrito. Honolulu: University of Hawaii, 1977.

BICKERTON, D.; GIVÓN, T. Pidginization and syntactic change: From SOV and VSO to SVO. *Papers from the Parasession on Diachronic Syntax*. Chicago: Chicago Linguistics Society, 1976.

BICKERTON, D.; ODO, C. Change and variation in Hawaiian English. *NSF Report*. Honolulu: University of Hawaii, v. 1, 1976.

BICKERTON, D.; ODO, C. Change and variation in Hawaiian English. *NSF Report*. Honolulu: University of Hawaii, v. 2, 1977.

BIERWISCH, M. Some semantic universals of German adjectives. *Foundations of Language*, v. 3, n. 1, 1967.

BLATTY, W. *The exorcist*. New York: Bantam, 1971.

BLOOM, L. *One word at a time*: The use of single-word utterances before syntax. The Hague: Mouton, 1973.

BLOOMFIELD, L. Review of Saussure's Cours de Linguistique Générale. *The Modern Language Journal*, v. 8, 1924.

BLOOMFIELD, L. *Language*. London: George Allen & Unwin Ltd., 1933.

BOKAMBA, E. G. Specificity and definiteness in Dzamba. *Studies in African Linguistics*, v. 2, n. 3, 1971.

BOKAMBA, E, G. *Question formation in some Bantu languages*. Ph. D. dissertation. Bloomington: Indiana University, 1976.

BOLINGER, D. Linear modification. In: BOLINGER, D. (Ed.). *Forms of English*. Cambridge: Harvard University Press, 1952 [1965].

BOLINGER. D. Meaningful word order in Spanish. *Boletín de Filología*. Universidad de Chile, t. 8, 1954.

BOLINGER, D. A theory of pitch-accent in English. *Word*, v. 14, p. 109-149, 1958.

BOLINGER, D. *Ser and estar*. Manuscrito. Palo Alto, 1971.

BOLINGER, D. Accent is predictable (if you are a mind reader). *Language*, v. 48, p. 633-644, 1972.

BOLINGER, D. Yes-no questions are *not* alternate questions. In: HIZ, H. (Ed.). *Questions*. Dordrecht: Reidel Publishing Co., 1975. p. 87-105.

BOLINGER, D. Another glance at main clause phenomena. *Language*, v. 53, 1977a.

BOLINGER, D. Intonation across languages. In: GREENBERG, J.; FERGUSON, C.; MORAVCSIK, E. (Eds.). *Universals of human language*. Stanford: Stanford University Press, 1977b.

BOLINGER, D. Accent that determines stress, 1977c.

BOLINGER, D. Pronouns in discourse. In: GIVÓN, T. (Ed.). *Syntax and semantics*, Discourse and Syntax. New York: Academic Press, v. 12, 1979.

BOUCHER, J.; OSGOOD, C. The Pollyanna hypothesis. *Journal of Verbal Learning and Verbal Behavior*, v. 8, p. 1-8, 1969.

BROWN, H. D. Children's comprehension of relative English sentences. *Child Development*, v. 42, p. 1923-1926, 1971.

BRUNER, S. J. The course of cognitive growth. *American Psychologist*, v. 19, p. 1-15, 1974.

BUCELLATI, G. *A structural grammar of Babylonian*. Manuscrito. Los Angeles: University of California, 1970.

CANALE, M. *Implicational hierarchies of word-order relationships*. Trabalho apresentado no 2nd International Congress on Historical Linguistics. Tucson, 1976.

CARTER, A. *Communication in the sensory-motor period*. Ph. D. dissertation. Berkeley: University of California, 1974.

CHAFE, W. *Meaning and the structure of language*. Chicago: University of Chicago Press, 1970.

CHAFE, W. Giveness, contrastiveness, definiteness, subjects, topics and point of view. In: LI, C. (Ed.). *Subject and topic*. New York: Academic Press, 1976.

CHAFE, W. The flow of thought and the flow of language. In: GIVÓN, T. (Ed.). *Syntax and semantics*, Discourse and Syntax. New York: Academic Press, v. 12, 1979.

CHOMSKY, N. *Syntactic structures*. The Hague: Mouton, 1957.

CHOMSKY, N. Current issues in linguistic theory. In: FODOR, J.; KATZ, J. (Eds.). *The structure of language*. Englewood Cliffs: Prentice-Hall, 1964.

CHOMSKY, N. *Aspects of the theory of syntax*. Cambridge: MIT Press, 1965.

CHOMSKY, N. *Language and the mind*. New York: Harcourt, Brace and World, 1968.

CHOMSKY, N. *For reasons of state*. New York: Pantheon, 1973a.

CHOMSKY, N. Conditions on transformation. In: ANDERSON, S.; KIPARSKY, P. (Eds.). *A festschrift for Morris Halle*. New York: Holt, Rinehart and Winston, 1973b.

CHOMSKY, N. *Reflections on language*. New York: Pantheon, 1975.

CHOMSKY, N.; HALLE, M. *The sound pattern of English*. New York: Harper and Row, 1968.

CHRISTIE, A. *Sad cypress*. New York: Dell, 1939.

CHUNG, S. *Dative and grammatical relations in Indonesian*. Manuscrito. San Diego: University of California, 1975.

CHUNG, S. *Case marking and grammatical relations in Polynesian*. Ph. D. dissertation. Cambridge: Harvard University, 1976a.

CHUNG, S. On the subject of two passives in Indonesian. In: LI, C. (Ed.). *Subject and topic*. New York: Academic Press, 1976b.

CHUNG, S. On the gradual nature of syntactic change. In: LI, C. (Ed.). *Mechanisms of syntactic change*. Austin: University of Texas Press, 1977.

CLARK, E. What's in a word? In: MOORE, T. (Ed.). *Cognitive development and the acquisition of language*. New York: Academic Press, 1971.

CLARK, H. Linguistic processes in deductive reasoning. *Psychological Review*, v. 76, n. 4, p. 387-404, 1969.

CLARK, H. The primitive nature of children's relational concepts. In: HAYES. J. (Ed.). *Cognition and the development of language*. New York: Wiley and Son, 1971a.

CLARK, H. The chronometric study of meaning components. *Colloques Internationaux du CNRS*, Problémes Actuelles en Psycholinguistique. Paris: CNRS, n. 206, p. 489-505, 1971b.

CLARK, H. Semantics and comprehension. In: SEBEOK, T. (Ed.). *Current trends in linguistics*, Linguistics and adjacent arts and sciences. The Hague: Mouton, v. 12, 1974. p. 1291-1428.

CLARK, H.; CLARK, E. *Psychology and language*. New York: Harcourt, Brace, and Jovanovich, 1977.

COLE, P. *The grammatical role of the causee in universal grammar*. Manuscrito. Urbana: University of Illinois, 1976.

COLE, P. (Ed.) *Syntax and semantics*, Pragmatics. New York: Academic Press, v. 9, 1978.

COMRIE, B. *The formation of relative clauses*. Manuscrito. Conference on Universals in Human Thought: Some African Evidence. Cambridge: England, 1975a.

COMRIE, B. The anti-ergative: Finland's answer to Basque. *Papers from the 11th Regional Meeting*. Chicago: Chicago Linguistics Society, 1975b.

COMRIE, B. The syntax of causative constructions: Cross-language similarities and divergences. In: SHIBATANI, M. (Ed.). *Syntax and semantics*, The Grammar of Causative Constructions. New York: Academic Press, v. 6, 1976.

COMRIE, B. Ergativity. In: LEHMANN, W. P. (Ed.). *Syntactic typology*: Studies in the phenomenology of language. Austin: University of Texas Press, 1977.

COMRIE, B. *Aspect and voice*: Some reflections. Manuscrito. Cambridge: Cambridge University, 1978.

COOK, V. J. Strategies in the comprehension of relative clauses. *Language and speech*, n. 18, p. 204-212, 1975.

CREIDER, C. *Thematization and word-order*. Manuscrito. LSA Winter meeting, 1975.

CREIDER, C. *The semantics of adjectives in Kipsigis*. Manuscrito. London: University of Western Ontario, 1976.

CREIDER, C. The explanation of transformations. In: GIVÓN, T. (Ed.). *Syntax and semantics*, Discourse and Syntax. New York: Academic Press, v. 12, 1979.

D'AQUILI, E. G. The bio-psychological determinants of culture. *McCaleb modules in anthropology*, v. 13, p. 1-29, 1972.

DEBEER, G. R. *Embryos and ancestors*. Oxford: The Clarendon Press, 1951.

DINGWALL, W. O. The evolution of human communication systems. In: WHITAKER, H.; WHITAKER, H. A. (Eds.). *Studies in neuro-linguistics*, v. 4, 1979.

DIXON, R. *Where have all the adjectives gone?* Manuscrito. Canberra: Australian National University, 1972a.

DIXON, R. *The Dyirbal language of North Queensland*. Cambridge: Cambridge University Press, 1972b.

DORE, J. Speech acts and language universals. *Journal of Child Language*, v. 2, p. 21-40, 1976.

DURANTI, A.; KEENAN, E. Left dislocation in spoken Italian. In: GIVÓN, T. (Ed.). *Syntax and semantics*, Discourse and Syntax. New York: Academic Press, v. 12, 1979.

ELIMELECH, B. *Conjunction reduction and splitting verbs in Yoruba*. Los Angeles: University of California, 1973.

EMONDS, J. *Root and structure preserving transformations*. Ph. D. dissertation. Cambridge: MIT, 1970.

EPÉE, R. The case for a focus position in Dwala. In: HERBERT, R. (Ed.). *Proceedings of the 6th African Linguistics Conference*, Working Papers in Linguistics 20. Columbus: Ohio State University, 1975.

ERVIN-TRIPP, S. Discourse agreement: How children answer questions. In: HAYES, J. (Ed.). *Cognition and the development of language*. New York: Wiley and Son, 1970.

FILLMORE, C. The position of embedding transformations in a grammar. *Word* 19, 1963.

FOLEY, H. *Comparative syntax in Austronesian*. Ph. D. dissertation. Berkeley: University of California, 1976.

FULAS, H. A pseudo-object construction in Amharic. *Proceedings of IV Congresso Internazionale di Studi Etiopici*. Roma: Academia Nazionale dei Lincei, 1974.

GARCÍA, E. *Other than ambiguity*. Manuscrito. H. Lehmann College: CUNY, 1975a.

GARCÍA, E. *On the role of theory in linguistic analysis:* The Spanish pronoun system. Amsterdam: North Holland, 1975b.

GARCÍA, E. Discourse without syntax. In: GIVÓN, T. (Ed.). *Syntax and semantics*, Discourse and Syntax. New York: Academic Press, v. 12, 1979.

GARDNER, R. A.; GARDNER, B. T. Teaching sign language to a chimpanzee. *Science* 165, p. 664-672, 1969.

GARDNER, R. A.; GARDNER, B. T. Comparing the early utterances of child and chimpanzee. *Minnesota Symposium on Child Psychology*, v. 8, p. 3-23, 1974.

GARY, J.; KEENAN, E. On collapsing grammatical relations in universal grammar. In: COLE, P.; MORGAN, J. (Eds.). *Syntax and Semantics*, Grammatical Relations. New York: Academic Press, v. 8, 1975.

GARY, N. *A discourse analysis of certain root transformations in English*. Manuscrito. Los Angeles: University of California, 1974.

GEERTZ, C. The growth of culture and the evolution of mind. In: SCHER, J. (Ed.). *Theories of mind*. New York: Free Press of Glencoe, 1962.

GIVÓN, T. *Studies in ChiBemba and Bantu grammar*. Ph. D. dissertation. Los Angeles: University of California, 1969.

GIVÓN, T. Notes on the semantic structure of English adjectives. *Language*, v. 46, 1970a.

GIVÓN, T. The resolution of gender conflicts in Bantu conjunctions: When syntax and semantics clash. *Papers from the 6th Regional Meeting*. Chicago: Chicago Linguistics Society, 1970b.

GIVÓN, T. On ordered rules and the modified base of ChiBemba verbs. *African Studies*, v. 20, n. 1, 1970c.

GIVÓN, T. Historical syntax and synchronic morphology: An archaelogist's field trip. *Papers from the 7th Regional Meeting*. Chicago: Chicago Linguistic Society, 1971.

GIVÓN, T. Studies in ChiBemba and Bantu grammar (revisado e expandido). *Studies in African Linguistics*, supplement 3, 1972a.

GIVÓN, T. Pronoun attraction and subject postposing. The Chicago which hunt: *Papers from the Relative Clause Festival*. Chicago: Chicago Linguistic Society, 1972b.

GIVÓN, T. Complex NPs, word order, and resumptive pronouns in Hebrew. *Papers from the Comparative Festival*. Chicago: Chicago Linguistic Society, 1973a.

GIVÓN, T. Opacity and references in language: An inquiry into the role of modalities. In: KIMBALL, J. (Ed.). *Syntax and semantics*. New York: Academic Press, v. 2, 1973b.

GIVÓN, T. *Toward a discourse definition of syntax*. Manuscrito. Los Angeles: University of California, 1974a. [Revisto como Capítulo 2 deste livro.]

GIVÓN, T. Syntactic change in Lake Bantu: A rejoinder. *Studies in African Linguistics*, v. 5, n. 1, 1974b.

GIVÓN, T. Verb complements and relative clauses: a diachronic case study in Biblical Hebrew. *Afroasiatic Linguistics,* v. 1, n. 4, 1974c.

GIVÓN, T. On the role of perceptual clues in Hebrew relativization. *Afroasiatic Linguistics*, v. 2, n. 8, 1975a.

GIVÓN, T. *The development of the numeral 'one' as an indefinite marker in Israeli Hebrew*. Manuscrito. Los Angeles: University of California, 1975b.

GIVÓN, T. Focus and the scope of assertion: Some Bantu evidence. *Studies in African Linguistics*, v. 6, n. 2, 1975c.

GIVÓN, T. Cause and control: On the semantics of interpersonal manipulation. In: KIMBALL, J. (Ed.). *Syntax and semantics*. New York: Academic Press, v. 4, 1975d.

GIVÓN, T. Serial verbs and syntactic change: Niger-Congo. In: LI, C. (Ed.). *Word order and word order change*. Austin: University of Texas Press, 1975e.

GIVÓN, T. Promotion, accessibility, and case marking: Towards understanding grammars. *Working Papers in Language Universals*. Stanford University, v. 19, 1975f. [Revisto como Capítulo 4 deste livro.]

GIVÓN, T. Prolegomena to any (sane) creology. In: POLOMÉ, E.; HEINE, B.; HANCOCK, I.; GOODMAN, M. (Eds.). *Readings in Pidgins and Creoles*, 1975g.

GIVÓN, T. Topic, pronoun and grammatical agreement. In: LI, C. (Ed.). *Subject and topic*. New York: Academic Press, 1976a.

GIVÓN, T. On the VS word-order in Israeli Hebrew: Pragmatics and typological change. In: COLE, P. (Ed.). *Studies in modern Hebrew syntax and semantics*. Amsterdam: North Holland, 1976b.

GIVÓN, T. Some constraints on Bantu causativization. In: SHIBATANI, M. (Ed.). *Syntax and semantics*, The Grammar of Causative Constructions. New York: Academic Press, v. 6, 1976c.

GIVÓN, T. On the SOV reconstruction of So. Nilotic: Internal evidence from Toposa. In: HYMAN, L.; JACOBSON, L. (Eds.). *Papers in African Linguistics in Honor of W. E. Welmers*, Studies in African Linguistics, supplement 6, 1976d.

GIVÓN, T. The drift from VSO to SVO in Biblical Hebrew: The pragmatics of tense--aspect. In: LI, C. (Ed.). *Mechanisms of syntactic change*. Austin: University of Texas Press, 1977a.

GIVÓN, T. Definiteness and referentiality. In: GREENBERG, J.; FERGUSON, C.; MORAVCSIK, E. (Eds.). *Universals of human language*. Stanford: Stanford University Press, 1977b.

GIVÓN, T. On the SOV origin of the suffixal agreement conjugation in Indo-European and Semitic. In: JUILLAND, A. (Ed.). *Linguistic studies offered to Joseph Greenberg on the occasion of his 60th birthday*. Saratoga: Anma Libri, 1977c.

GIVÓN, T. (Ed.). *Syntax and semantics*, Discourse and Syntax. New York: Academic Press, v. 12, 1979.

GIVÓN, T.; KIMENYI, A. Truth, belief and doubt in Kinya-Rwanda. In: LEBEN, W. (Ed.). *Papers from the 5th Conference on African Linguistics*, Studies in African Linguistics, supplement 5, 1974.

GLEITMAN, L.; GLEITMAN, H. *Phrase and paraphrase*: Some innovative uses of language. New York: W. W. Norton and Co., 1970.

GOGUEN, J. Complexity of hierarchically organized systems and the structure of musical experience. *Computer Science Department Quarterly*, v. 3, n. 4, 1975.

GOODALL, J. Chimpanzees of the Gombe Stream reserve. In: DEVORE, E. (Ed.). *Primate behavior*. New York: Holt, Rinehart, and Winston, 1965.

GORBET, L. *Relativization and complementation in Diegeño*: Noun phrases as nouns. Ph. D. dissertation. San Diego: University of California, 1974.

GORDON, D.; LAKOFF, G. Conversational postulates. *Papers from the 7th Regional Meeting*. Chicago: Chicago Linguistic Society, 1971.

GREEN, G. Main clause phenomena in subordinate clauses. *Language*, v. 52, 1976.

GREENBERG, J. Some universals of grammar with particular reference to the order of meaningful elements. In: GREENBERG, J. (Ed.). *Universals of language*. Cambridge: MIT Press, 1966.

GREENBERG, J. The relation of frequency to semantic feature in a case language (Russian). *Working Papers in Language Universals*. Stanford: Stanford University, v. 16, 1974.

GREENFIELD, P. M.; DENT, C. H. A developmental study of the communication of meaning: The role of uncertainty and information. In: FRENCH, P. (Ed.). *The development of meaning: Pedolinguistics series*. Japan: Bunka Hyoron Press, 1978.

GREENFIELD, P. M.; SMITH, J. H. *The structure of communication in early language developments*. New York: Academic Press, 1976.

GREY, Z. *Nevada*. New York: Bantam, 1926.

GRUBER, J. *Functions of the lexicon in formal descriptive grammars*. Santa Monica: Systems Development Corporation, 1967a.

GRUBER, J. Topicalization in child language. *Foundations of Language*, v. 3, 1976b.

HAECKEL, E. Die Gastraea-Theorie die Phylogenetische Klassifikazion des Thierreisches und die Homologie der Keimblatter. *Jenaische Zeitschrift fur Natur--Wissenschaft*, v. 9, 1874.

HAILE, G. The suffix pronoun in Amharic. In: KIM, C. W.; STAHLKE, H. (Eds.). *Papers in African Linguistics*. Admonton: Linguistics Research Inc., 1970.

HALE, K. A sketch of Walbiri syntax. In: SHOPEN, T. (Ed.). *Syntactic typology and linguistic field work*. Cambridge: Cambridge University Press, 1985.

HARRIS, Z. Cooccurrence and transformation in linguistic structure. *Language*, v. 33, n. 3, 1957.

HATCH, E. The young childs's comprehension of relative clauses. *Technical Note*. Los Alamitos: South-West Regional Laboratories, n. 2, p. 71-16, 1971.

HAWKINS, J. *Word-order change in relation to the logical status of linguistic universals*. Manuscrito. Los Angeles: University of Southern California, 1977.

HAWKINS, J.; KEENAN, E. *On the psychological validity of the accessibility hierarchy*. Manuscrito. LSA Summer Meeting, 1974.

HAWKINSON, A.; HYMAN, L. Natural topic hierarchies in Shona. *Studies in African Linguistics*, v. 5, n. 2, 1974.

HAYCOX, E. *The adventurers*. New York: Signet, 1975.

HEINE, B. The study of word order in African languages. In: HERBERT, R. (Ed.). *Proceedings of the 6th Conference on African Linguistics*, Working Papers in Linguistics. Columbus: Ohio State University, v. 20, 1975.

HENY, F. Bantu lexical structure and semantic universals. *Studies in African Linguistics*, v. 3, n. 2, 1972.

HERZBERGER, H. Setting Russell free. Trabalho apresentado no Philisophy Colloquium. London: University of Western Ontario, 1971.

HETZRON, R. Toward an Amharic case grammar. *Studies in African Linguistics*, v. 1, n. 3, 1970.

HETZRON, R. Presentative function and presentative movement. *Proceedings of the 2nd Conference on African Linguistics*, *Studies in African Linguistics*, supplement 2, 1971.

HEWES, G. W. Pongid capacity for language acquisition: An evaluation of recent studies. In: MONTAGNA, K. W.; MENZEL, E. (Eds.). *Symposia of the IV International Congress of Primatology*, 1973a.

HEWES, G. W. Primate communication and the gestural origin of language. *Current Anthropology*, v. 14, 1973b.

HINDS, J. Anaphora in Japanese discourse. In: HINDS, J. (Ed.). *Anaphora in discourse*. Dordrechet: D. Reidel Publishers, 1978.

HINDS, J. Properties of discourse structure. In: GIVÓN, T. (Ed.). *Syntax and semantics*, Discourse and Syntax. New York: Academic Press, v. 12, 1979.

HOOPER, J.; THOMPSON, S. On the application of root transformations. *Linguistic Inquiry*, v. 4, 1973.

HOOSAIN, R. The processing of negation. *Journal of Verbal Learning and Verbal Behavior*, v. 12, p. 618-626, 1973.

HOOSAIN, R.; OSGOOD, C. *Response time for Yang (positive) and Yin (negative) words*. Manuscrito. Urbana: University of Illinois, 1975.

HOPPER, P. Foregrounding and aspect in discourse. In: GIVÓN, T. (Ed.). *Syntax and semantics,*. Discourse and Syntax. New York: Academic Press, v. 12, 1979.

HUDSON, G. *The unity of focusing transformations*: An argument for linearization rules and the prohibition of extrinsic rule ordering. Manuscrito. Los Angeles: University of California, 1972.

HUDSON, G. The role of SPC's in natural generative phonology. *Papers from the Parassession Volume on Natural Phonology*. Chicago: Chicago Linguistic Society, 1974.

HYMAN, L. Consecutivization in Fe'fe. *Journal of African Languages*, v. 10, 1971.

HYMAN, L. *How do natural rules become unnatural?* Manuscrito. LSA Winter Meeting, 1973.

HYMAN, L. The change from SOV to SVO: Evidence from Niger-Congo. In: LI, C. (Ed.). *Word order and word order change*. Austin: University of Texas Press, 1975.

JACKENDOFF, R. Modal structure in semantic representation. *Linguistic Inquiry*, v. 2, n. 4, 1971.

JANDA, R. *The language of note-taking as a simplified register*. Manuscrito. Stanford: Stanford University, 1976.

JAY, P. Field studies. In: SCHRIER, A. M.; HARLOW, H. F.; STOLLNITZ, F. (Eds.). *Behavior of non-human primates*. New York: Academic Press, 1965.

JOHNSON, D. *Relational constraints on grammars*. Yorktown Heights: IBM T. J. Watson Research Center, 1974.

JUSTUS, C. Topicalization and relativization in Hittite. In: LI., C. (Ed.). *Subject and topic*. New York: Academic Press, 1976a.

JUSTUS, C. *Syntactic change*: Evidence for restructuring among co-existant variants. Manuscrito. Berkeley: University of California, 1976b.

KACHRU, Y. On the semantics of causative constructions in Hindi. In: SHIBATANI, M. (Ed.). *Syntax and semantics*, The Grammar of Causative Constructions. New York: Academic Press, v. 6, 1976.

KARTUNNEN, L. Presupposition and linguistic context. *Theoretical Linguistics*, v. 1, n. 2, 1974.

KATZ, J; POSTAL, P. *An integrated theory of linguistic description*. Cambridge: MIT Press, 1964.

KAY, P.; SANKOFF, G. A language universals approach to Pidgins and Creoles. In: DECAMP, D.; HANCOCK, I. (Eds.). *Pidgins and Creoles: Current trends and prospects*. Washington: Georgetown University Press, 1974.

KEENAN, Edward. Two kinds of presupposition in natural language. In: FILLMORE, C.; LANGENDOEN, T. (Eds.). *Studies in linguistic semantics*. New York: Holt, Rinehart, and Winston, 1971.

KEENAN, Edward. Logic and language. *Daedalus*. New York: New York Academy of Science, 1972a.

KEENAN, Edward. Relative clause formation in Malagasy. The Chicago Which Hunt. *Papers from the Relative Clause Festival*. Chicago: Chicago Linguistic Society, 1972b.

KEENAN, Edward. Some universals of passive in relational grammar. *Papers from the 11th Regional Meeting*. Chicago: Chicago Linguistic Society, 1975.

KEENAN, Edward. Toward a universal definition of subject. In: LI, C. (Ed.). *Subject and topic*. New York: Academic Press, 1976a.

KEENAN, Edward. The remarkable subject in Malagasy. In: LI, C. (Ed.). *Subject and topic*. New York: Academic Press, 1976b.

KEENAN, Edward. The syntax of subject-final languages. In: LEHMANN, W. P. (Ed.). *Syntactic typology:* Studies in the phenomenology of language. Austin: University of Texas Press, 1977.

KEENAN, Edward; COMRIE, B. *Noun phrase accessibility and universal grammar*. Manuscrito. LAS Winter Meeting, 1972.

KEENAN, Edward; COMRIE, B. Noun phrase accessibility and universal grammar. *Linguistic Inquiry*, v. 7, 1977.

KEENAN, Elinor. Conversational competence in children. *Journal of Child Language*, v. 1, n. 2, 1974a.

KEENAN, Elinor. *Again and again. The pragmatics of imitation in child language*. Manuscrito. Los Angeles: University of Southern California, 1974b.

KEENAN, Elinor. Making it last: Uses of repetition in children's discourse. *Proceedings of the First Annual Meeting of the Berkeley Linguistic Society*. Berkeley: Berkeley Linguistic Society, 1975a.

KEENAN, Elinor. *Evolving discourse*: The next step. Manuscrito. Los Angeles: University of Southern California, 1975b.

KEENAN, Elinor. Why look at planned and unplanned discourse? In: KEENAN, Elinor; BENNETT, T. (Eds.). Discourse across time and space. *Southern California*

Occasional Papers in Linguistics. Los Angeles: University of Southern California, v. 5, 1977.

KEENAN, Elinor. Planned and unplanned discourse. In: GIVÓN, T. (Ed.). *Syntax and semantics*, Discourse and Syntax. New York: Academic Press, v. 12, 1979.

KEENAN, Elinor; BENNETT, T. (Ed.) Discourse across time and space. *Southern California Occasional Papers in Linguistics*. Los Angeles: University of Southern California, v. 5, 1977.

KEENAN, Elinor; SCHIEFFELIN, B. Topic as a discourse notion: A study of topic in conversation of children and adults. In: LI, C. (Ed.). *Subject and topic*. New York: Academic Press. 1976.

KEENAN, Elinor; SCHIEFFELIN, B. *Foregrounds referents*: A consideration of left-dislocation in discourse. Manuscrito. Los Angeles: University of Southern California, 1977.

KIMENYI, A. *A relational grammar of Kinya Rwanda*. Ph. D. dissertation. Los Angeles: University of California, 1976.

KIRSNER, R. Natural focus and agentive interpretation: On the semantics of the Dutch expletive er. *Stanford Occasional Papers in Linguistics*, v. 3, p. 101-114, 1973.

KIRSNER, R. On the subjectless pseudo-passive in standard Dutch and the problem of background agent. In: LI, C. (Eds.). *Subject and topic*. New York: Academic Press, 1976.

KLIMA, E.; BELUGGI, U. Syntactic regularities in the speech of children. In: FERGUSON, C.; SLOBIN, D. (Ed.). *Studies in child language development*. New York: Holt, Rinehart, and Winston, 1973.

KOESTLER, A. *The ghost in the machine*. New York: McMillan, 1967.

KROLL, B. Ways communicators encode propositions in spoken and written English: A look at subordination and coordination. In: KEENAN, E.; BENNETT, T. (Eds.). Discourse across time and space. *Southern California Occasional Papers in Linguistics*. New York: Academic Press, v. 5, 1977.

KUNENE, E. Zulu pronouns and the structure of discourse. *Studies in African Linguistics*, v. 6, n. 2, 1975.

KUNO, S. Functional sentence perspective. *Linguistic Inquiry*, v. 3, 1972.

KUNO, S. Subject, theme and the speaker's empathy: A re-examination of relativization phenomena. In: LI, C. (Ed.). *Subject and topic*. New York: Academic Press, 1976.

LAKOFF, G. On generative semantics. In: STEINBERG, D.; JAKOBOVITZ, L. (Eds.). *Semantics*. Cambridge: Cambridge University Press, 1971.

LAMENDELLA, J. Relations between the ontogeny and phylogeny of language: A neo-recapitulation view. In: HARNAD, S. R.; STELKIS, H. D.; LANCASTER, J. (Eds.). *The origins and evolution of language and speech*. New York: New York Academy of Science, 1976.

LAMENDELLA, J. *Neuro-functional foundations of symbolic communication*. Manuscrito. Wurg-Wartenstein Symposia, v. 24, 1977a.

LAMENDELLA, J. General principles of neuro-functional organization and their manifestation in primary and non-primary language acquisition. *Language Learning*, v. 27, 1977b.

LAMENDELLA, J. The limbic system in human communication. In: WHITAKER, H.; WHITAKER, H. A. (Eds.). *Studies in Neurolinguistics*. New York: Academic Press, v. 3, 1978.

LAMENDELLA, J. *The early growth of language and cognition: A neuro-psychological approach*. [19__].

L'AMOUR, L. *Under the sweetwater rim*. New York: Bantam, 1965.

LANGACKER, R. Functional stratigraphy. *Papers from the Parassession on Functionalism*. Chicago: Chicago Linguistic Society, 1975.

LONGACRE, R. The paragraph as a gramatical unit. In: GIVÓN, T. (Ed.). Syntax and semantics. Discourse and syntax. New York: Academic Press, v. 12, 1979

LANGDON, M. Syntactic change and SOV structure: The Yuman case. In: LI, C. (Ed.). *Mechanisms of syntactic change*. Austin: University of Texas Press, 1977.

LEGUM, S. Strategies in the acquisition of relative clauses. *Technical Note*. South-West Regional Laboratories, Los Alamitos, n. 2, 1975.

LEHMANN, W. P. A structural principle of language and its implications. *Language*, v. 49, 1973.

LI, C. (Ed.). *Word order and word order change*. Austin: University of Texas Press, 1975.

LI, C. (Ed.). *Subject and topic*. New York: Academic Press, 1976.

LI, C. (Ed.). *Mechanisms of syntactic change*. Austin: University of Texas Press, 1977.

LI, C.; THOMPSON, S. *Historical change in word order*: A case study in Chinese and its implications. Manuscrito. Los Angeles: University of California, 1973a.

LI, C.; THOMPSON, S. Serial verb constructions in Mandarin Chinese: Subordination or coordination. *Parassession*. Chicago: Chicago Linguistic Society, v. 9, 1973b.

LI, C.; THOMPSON, S. *Co-verbs in Mandarin Chinese*: verbs or prepositions. Manuscript, Los Angeles: University of California, 1973c.

LI, C.; THOMPSON, S. The semantic function of word order: A case study in Mandarin. In: LI, C. (Ed.). *Word order and word order change*. Austin: University of Texas Press, 1975.

LI, C.; THOMPSON, S. Subject and topic: A new typology for language. In: LI, C. (Ed.). *Subject and topic*. New York: Academic Press, 1976.

LI, C.; THOMPSON, S. Pronouns and zero-anaphora in Chinese discourse. In: GIVÓN, T. (Ed.). *Syntax and semantics*, Discourse and Syntax. New York: Academic Press, v. 12, 1979.

LIGHTFOOT, D. Diachronic syntax: Extraposition and deep structure reanalysis. In: KAISER, E.; HANKAMER, J. (Eds.). *Proceedings of the 5th N. E. Linguistic Society*. Cambridge: Harvard University Press, 1975.

LIGHTFOOT, D. Syntactic change and the autonomy thesis. Trabalho apresentado no Symposium on Syntactic Change. Santa Barbara: University of California, 1976a.

LIGHTFOOT, D. The base component as a locus of syntactic change. In: CHRISTIE, W. (Ed.). *Proceedings of the 2nd International Conference on Historical Linguistics*. Amsterdam: North Holland, 1976b.

LIMBER, J. The genesis of complex sentences. In: MOORE, T. (Ed.). *Cognitive development and the acquisition of language*. New York: Academic Press, 1973.

LINDE, C. *The linguistic encoding of spatial information*. Ph. D. dissertation. New York: Columbia University, 1974.

LINDE, C.; LABOV, W. Spatial networks as a site for the study of language and thought. *Language*, v. 50, 1975.

LONGACRE, R. The paragraph as a grammatical unit. In: GIVÓN, T. (Ed.). *Syntax and semantics*, Discourse and Syntax. New York: Academic Press, v. 12, 1979.

LORD, C. Serial verbs in transition. *Studies in African Linguistics*, v. 46, 1973.

MCCAWLEY, J. English as a VSO language. *Language*, v. 46, 1970.

MADUGU, I. G. *The Nupe verb and syntactic change*. Manuscrito. Ibadan: University of Ibadan, 1978.

MARDIRUSSIAN, G. Noun incorporation in universal grammar. *Papers from the 11th Regional Meeting*. Chicago: Chicago Linguistic Society, 1975.

MARDIRUSSIAN, G. *The drift from VO to OV in Armenian*. Manuscrito. Los Angeles: University of California, 1978.

MICHAEL, R. P.; CROOK, J. H. (Eds.). *Comparative ecology and behavior of primates*. New York: Academic Press, 1973.

MOROLONG, M.; HYMAN, L. Animacy, objects and clitics in SeSotho. *Studies in African Linguistics*, v. 8, n. 2, 1977.

MOULD, M. The syntax and semantics of the prefix-initial vowel in Luganda. In: VOELTZ, E. (Ed.). *Proceedings of the 3rd Conference on African Linguistics*. Bloomington: Indiana University Press, 1975.

MUNRO, P. *Topics in Mojave syntax*. Ph. D. dissertation. San Diego: University of California, 1974.

NOBACK, C. R.; MONTAGNA, W. (Eds.). *The primate brain*. New York: Appleton, 1970.

NOBACK, C. R.; MOSCOWITZ, M. The primate nervous system: Functional and structural aspects in phylogeny. In: BEUTTNER-JANUSCH, J. (Ed.). *Evolutionary and genetic biology of primates*. New York: Academic Press, v. 1, 1963.

OHALA, J. Phonetic explanation in phonology. *Papers from the Parassession on Natural Phonology*. Chicago: Chicago Linguistic Society, 1974.

ORWELL, G. *Animal farm*. New York: Penguin Classics, 1945.

OSGOOD, C.; RICHARDS, M. M. From Yang to Yin to *and* or *but*. *Language*, v. 49, n. 2, 1973.

OTERO, C. P. *Grammar's definition vs. speakers' judgement*: From the psychology to the sociology of language. Manuscrito. Los Angeles: University of California, 1974.

OTERO, C. P. *Agramaticality in performance*. Manuscrito. Los Angeles: University of California, 1975.

PEIRCE, C. S. *Philosophical writings*. Ed. J. Buchler. New York: Dover, 1955.

PERLMUTTER, D.; POSTAL, P. Relational grammar. *LSA Summer Lecture Notes*, 1974.

PETERS, S. (Ed.). *The goals of linguistic theory*. Englewood Cliffs: Prentice-Hall, 1972.

PIAGET, J. *The origins of intelligence in children*. New York: International Universities Press, 1952.

PIAGET, J. *The construction of reality*. New York: Ballantine, 1954.

PREMACK, D. *Intelligence in ape and man*. Hillsdale: L. Erlbaum and Assoc., 1977.

PRICE, T. *The elements of Nyanja*. Blantyre: The Synod Bookshop, Church of Central Africa, 1966.

REED, S. K. Pattern recognition and categorization. *Cognitive Psychology*, v. 3, n. 3, 1972.

ROSS, J. R. *Constraints on variables in syntax*. Ph. D. dissertation. Cambridge: MIT, 1967.

ROSS, J. R. Adjectives as noun phrases. In: REIBEL, D.; SCHANE, S. (Eds.). *Modern studies in English*. Englewood Cliffs: Prentice-Hall, 1969.

ROSS, J. R. Gapping and the order of constituents. In: BIERWISCH, M.; HEIDOLPH, K. E. (Eds.). *Progress in linguistics*. The Hague: Mouton, 1970.

ROSS, J. R.; LAKOFF, G. Stative adjectives and verbs. *NSF Report*, Harvard Computational Laboratory. Cambridge: Harvard University, n. 17, 1967.

RUMBAUGH, D. M.; GILL, T. Language and language-type communication: Studies with a chimpanzee. In: LEWIS, M.; ROSENBLUM, L. (Eds.). *Interaction, conversation and the development of language*. New York: John Wiley and Son, 1977.

RUSSELL, R. Thematization and relativization in Arabic. Trabalho apresentado na University of Hawaii, Honolulu, Linguistics Colloquium, 1977.

RYBARKIEWICZ, W. *Word order in Old English prose*. M. A. thesis. Poland: University of Lodz, 1975.

SACKS, H.; SCHEGLOFF, E.; JEFFERSON, G. A simplest systematics for the organization of turn-taking for conversation. *Language*, v. 50, 1974.

SADOCK, J.; ZWICKY, A. Major sentence types. In: SHOPEN, T. *et al*. (Eds.). *Syntactic typology and linguistic field work*. Cambridge: Cambridge University Press, 1985.

SANDRES, J.; THAI, J. Immediate dominance and identity deletion. *Foundations of Language*, v. 8, p. 161-198, 1972.

SANKOFF, G. *Grammaticalization process in New-Guinea Tok Pisin*. Manuscrito. Montreal: Université de Montreal, 1976.

SANKOFF, G.; BROWN, P. The origins of syntax in discourse. *Language*, v. 52, 1976.

SAUSSURE, F. DE. *Course in general linguistics*. Ed. C. Bally e P. Schachter. Traduzido por W. Baskin. New York: Philosophical Library, 1915 [1959].

SCHACHTER, P. Transformational grammar and contrastive analysis. In: ALLEN, H.; CAMPBELL, R. (Eds.). *Teaching English as a second language*. New York: McGraw-Hill, 1967.

SCHACHTER, P. Focus and relativization. *Language*, v. 49, 1973.

SCHACHTER, P. The subject in Philippine languages: Topic, actor, actor-topic or none of the above? In: LI, C. (Ed.). *Subject and topic*. New York: Academic Press, 1976.

SCHACHTER, P. Reference-related and role-related properties of subjects. In: COLE, P.; MORGAN, J. (Eds.). *Syntax and semantics*. Grammatical Relations. New York: Academic Press, v. 8, 1977.

SCHALLER, G. B. The Ourang-Utan in Sarawak. *Zoologica*, v. 46, 1961.

SCHALLER, G. B. *The mountain gorilla: Ecology and behavior*. Chicago: University of Chicago Press, 1963.

SCHALLER, G. B. The behavior of the mountain gorilla. In: DEVORE, I. (Ed.). *Primate behavior:* Field studies of monkeys and apes. New York: Holt, Rinehart and Winston, 1965.

SCHEGLOFF, E. Recycle turn beginning: A precise repair mechanism in conversation's turn-taking organization. *LAS Summer Lecture Notes*, 1973.

SCHEGLOFF, E. Some aspects of same-turn repair. In: GIVÓN, T. (Ed.). *Syntax and semantics,*. Discourse and Syntax. New York: Academic Press, v. 12, 1979.

SCHEGLOFF, E.; JEFFERSON, G; SACKS, H. The preference for self-correction in the organization of repair in conversation. *Language*, v. 52, 1976.

SCHMERLING, S. Presupposition and the notion of normal stress. *Papers from the 7th Regional Meeting*. Chicago: Chicago Linguistic Society, 1971.

SCHMERLING, S. A re-examination of 'normal stress'. *Language*, v. 50, n. 1, 1974.

SCONLON, R. *One child's language from one to two*: the origins of structure. Ph. D. dissertation. Honolulu: University of Hawaii, 1974.

SCONLON, R. *Conversations with a one-year old child*. Manuscrito. Honolulu: University of Hawaii Press, 1976.

SHELDON, A. The role of parallel function in the acquisition of relative clauses in English. *Journal of Verbal Learning and Verbal Behavior*, v. 13, p. 272-281, 1974.

SHIBATANI, M. The semantics of Japanese causativization. *Foundations of Language*, v. 9, n. 3, 1973.

SHIBATANI, M. (Ed.). *Syntax and semantics*, The Grammar of Causative Constructions. New York: Academic Press, v. 6, 1976.

SHIMANOFF, S.; BRUNAK, J. Repairs in planned and unplanned discourse. In: KEENAN, E.; BENNETT, T. (Eds.). Discourse across time and space. *Southern California Occasional Papers in Linguistics*, v. 5, 1977.

SHIR, N. The discourse function of dative shifting. In: GIVÓN, T. (Ed.). *Syntax and semantics*. Discourse and Syntax. New York: Academic Press , v. 12, 1979.

SILVA-CORVALÁN, C. *A discourse study of some aspects of word order in the Spanish spoken by Mexican-Americans in West Los Angeles*. M. A. thesis. Los Angeles: University of California, 1977.

SLOBIN, D. Language change in childhood and history. In: MACNAMARA, J. (Ed.). *Language learning and thought*. New York: Academic Press, 1977.

STAHLKE, H. Serial verbs. *Studies in African Linguistics*, v. 1, n. 1, 1970.

STOCKWELL, R. P. Motivation for exbraceration in Old English. In: LI, C. (Ed.). *Mechanisms of syntactic change*. Austin: University of Texas, 1977.

SUGIYAMA, Y. Social structures of wild chimpanzees: A review of field studies. In: MICHAEL, R. P.; CROOK, J. H. (Eds.). *Comparative ecology and behavior of primates*. New York: Academic Press, 1973.

TAKIZALA, A. Focus and relativization: The case of Kihung'an. *Studies in African Linguistics*, v. 3, n. 2, 1976.

TALMY, L. Semantic causative types. In: SHIBATANI, M. (Ed.). *Syntax and semantics. The Grammar of Causative Constructions.* New York: Academic Press, v. 6, 1976.

THOMPSON, S. Resultative verb compounds in Mandarin Chinese: A case for lexical rules. *Language*, v. 49, n. 2, 1973.

THURMAN, R. *Clause chains in Chuave.* M. A. thesis. Los Angeles: University of California, 1978.

TIMBERLAKE, A. *Hierarchies in the genitive of negation.* Manuscrito. Los Angeles: University of California, 1975.

TRAUGOTT, E. *Spatial representations of tense and temporal sequencing*: A contribution to the study of semantic fields. Manuscrito. Stanford: Stanford University, 1974.

TRAUGOTT, E. Pidginization, creolization and language change. In: VALDMAN, A. (Ed.). *Pidgin and creole linguistics.* Bloomington: Indiana University Press, 1977.

TRITHART, L. *Relational grammar and ChiChewa subjectivization rules.* M. A. thesis. Los Angeles: University of California, 1976.

TROUT, K. *Venus on the half shell.* New York: Dell, 1974.

VALLI, A; HERNANDEZ, N; ACHARD-BOULE, M.; BERETTI, M. *Compterendu d'une experience réalisée dans une classe de 6ᵉ-2, don't le but était d'étudier les mechanisms de la production des relatives chez l'enfant.* Institute de Didactique, Document n. 13. Paris: Groupe Linguistique et Pedagogique, 1972.

VAN LAWICK-GOODALL, J. A preliminary report on expressive movements and communication in the Gombe Stream chimpanzees. In: JAY, P. C. (Ed.). *Primate studies in adaptability and variability.* New York: Holt, Rinehart and Winston, 1968.

VAN LAWICK-GOODALL, J.; VAN LAWICK, H. *Innocent killers.* Boston: Houghton and Mifflin, 1971.

VAN VALIN, R. Remarks on meaning, language and culture. Palestra dada no Departamento de Antropologia, University of California, Los Angeles, 1978.

VENDLER, Z. The transformational grammar of English adjectives. *TDAP*. Philadelphia: University of Pennsylvania, n. 52, 1963.

VENDLER, Z. *Linguistics in philosophy*. Ithaca: Cornell University Press, 1967.

VENNEMANN, T. Topic, subject and word order: From SXV to SVX via TVX. In: ANDERSON, J. (Ed.). *Proceedings of the 1st International Conference on Historical Linguistics*. Cambridge: Cambridge University Press, 1973a.

VENNEMANN, T. Explanations in linguistics. In: KIMBALL, J. (Ed.). *Syntax and semantics*. New York: Academic Press, v. 2, 1973b.

WALD, B. *Variation in the tense markers of Mombasa Swahili*. Ph. D. dissertation. New York: Columbia University, 1973.

WELLS, H. G. *Star begotten*. New York: Manor, 1975.

WERNER, H.; KAPLAN, B. *Symbol formation*. New York: Wiley and Son, 1963.

WILLIAMS, M. Word order in Tuscarora. In: FOSTER, M. (Ed.). *Papers in Linguistics from the 1972 Conference on Iroquoian Research*. Ottawa: National Museum of Man, 1977.

WITTGENSTEIN, L. *Tractatus logico-philosophicus*. Tradução D. F. Pears e B. F. McGuinness. New York: The Humanities Press, 1918.

Índice Remissivo

A

Abdução, novo conhecimento (Antilla) 396, 444
Abstrato, concreto e temporal 398-402
Ação, agentes, intenção e causalidade 423-425, 435-436
Ação normativa *versus* contranormativa negação 146-150
Acento contrastivo e escopo da negação 142
Acento de foco da asserção 158-160
Acento pragmático, surgimento de 382 *ver também* Entonação
Acessibilidade, hierarquia (Keenan e Comrie) 191-192, 202
Acusativo e não acusativo, diferenciação 200-202
Acusativo, restrição de
　e mudança de tópico 246
　e passiva 211
　e passivização 244
　e restrição de objeto direto 211
　e supressão do agente 212
　e tipologia de codificação verbal filipina 245
Adequação explanatória (Chomsky) 17-22
Adequação, os três níveis de Chomsky 19-20
Adjetivos
　concreto 406
　derivação 342-343
　história da morfologia (banto) 342-343
　inerente (banto) 341-342
　natureza problemática de 28-29
　peculiaridades 407
Advérbios
　ambiguidade de, em causativos perifrásticos 157-159
　escopo da negação 142-150
Agente
　causa 427-430
　codificação
　　identificação com tópico 385
　　na linguagem infantil 370-371
　　surgimento de 395-396
　na comunicação canina 354, 357-362
Agente-causador 423-424
Agentes
　consciência *versus* intenção 425
　critério experiencial 425-427
　intenção, causalidade, ação 423-425, 435-436
　semi, classes de 435-436
Agente-supressão
　passivização e restrição de acusativo 244
　tipologia
　　morfologia passiva 241
　　passivização 245

restrição de objeto 245
ute 252
Agentividade e causação, antologia de 427-435
Ambiente, interação entre organismos 435-438
Ambiguidade de "other than" e negação 150-152
Ambiguidades, restrições 156
Antônimos, carga afetiva 179-180
Aprendizagem culturalmente mediada 351
Aquisição da linguagem 118-119, 122-123
Argumentos nominais 52
Atos de fala afetivo-emotivo
 canino 354-355
 infantil 370
Atos de fala declarativos 357-362
 estrutura sociocultural 357-359
Atos de fala manipulativos
 estrutura sociocultural 358
 infantil 371-372
 marcação 77-80
 pressuposicionalidade 77-80
 propósitos 359
Atos de fala não-declarativos
 Autoexistência, axioma de 402
 marcação 77-80
 pressuposicionalidade 77-80

B

Banco de dados
 esvaziamento 39
 redução 15

C

Calibração e julgamento perceptual 411
Canino e estrutura social 354
Caos e ordem, paradoxo 412-415
Capacidade de aprendizagem inata 37-39
Caso e codificação morfologicamente mista 309
Caso e função pragmática 192-243
Caso e passivização 244
Caso, marcação e explicação tipológica 244-245
Caso, marcadores e verbos seriais 281-282
Caso objeto e mudança do dativo 244
Caso preposicionado, via passivização 260-261
Caso, realinhamento em russo 170-171
Caso, recuperabilidade em bikol 202
 em ruanda (banto) 215
 estratégias e regras pronominais 267
 princípio da atração pronominal 322
 problema 193-194, 195-196
 pronomes preposicionados 210
Casualidade *versus* ordem, universo como 439-440
Categorial e não categorial, níveis 45
Categorial e não categorial, regras 49-52
Causação e agentividade, ontologia 427-435
Causa e agente 431-435
Causalidade
 agente, ação, intenção 423-425, 435-436
 conceito, canino *versus* humano 362
 condicionalidade 430-431
Causas externas *versus* internas 433
Causativos perifrásticos e ambiguidade de advérbios 157-160
Classes lexicais, estabilidade 406-410
Codificação
 agente 373, 382-384
 dêixis canina 364-365
 função de caso morfologicamente mista 317-318
 objeto 373-374

verbo 373-374
    surgimento 382-384
Codificação verbal
    canina 365
    casos objeto, vários 264
    como estratégia de recuperabilidade (ruanda) 263
    em banto 221-224
    em bemba (banto) 221-226
    em indonésio 218-220
    em ruanda (banto) 229-235
    estratégia
        em bikol 204-206
        em suaíli (banto) 226-229
        relativização 201-202, 204-206
    mudança do dativo 217-224, 238-239
    surgimento de 384-385
    via passivização 260-261
Coerência, estrutura de 379-381
Comparativas, negativa e afirmativa 184
Competência (Chomsky) 307
Competência *versus* desempenho 39-43
    definitude do sujeito 59-61
    elevação à significância teórica 39
    objetos referenciais indefinidos 127-139
    orações negativas 130
    passivas sem agente 48-49
Complementos sentenciais no hebraico bíblico 285-287
Complementos verbais 279-280
    escopo da negação 142-145
    mudança na ordenação de palavras no infinitivo 115-116
Completude, *status* privilegiado 67-68
Complexidade, mudança do dativo e origem diacrônica 211-217
Complexidade psicológica
    negação 175-176
    relativização de objeto *versus* sujeito (Comrie) 209-210

Complexidade sintática (distância) 106-114
    afirmacional e pressuposicional 104
    construções encaixadas 104, 106-107
    gramaticalização 105
    morfologia gramatical 103-104
    negativas 163-175
    orações pressuposicionais 107-110
Comportamento e comunicação 436
Comportamento interpessoal, unidade ontológica 435-444
Comportamento sintático paralelo (convenção X-barra) 30-31
Compostos verbais 279-280
Comunicação
    comportamento 439-440
    evolução da interação social 439-440
    gramática 49-52
    pressuposicionalidade 403
    sintaticização (sumário) 344-346
    sintaxe 120-123
Comunicação canina 354-363
    acessibilidade 357
    imediação 355
    lugar em 356
    objetos em 357
    participantes em 357
    tempo em 356
Comunicação infantil 370-376
    atos de fala afetivos-emotivos 371-372
    força ilocucionária 371
    imediação 371
Concretude
    de verbos, nomes e adjetivos 398-402
    versus temporalidade e abstrato 398-402
Condicionalidade
    causalidade 430-431
    sequência temporal 430-432
Condições socioculturais, mudança em 388

Condições tipológicas e promoção 238-239, 264-265, 267-269
   sumário 267-269
Conhecimento compartilhado
   canino 368
   infantil 375-376
Conjunção *versus* subordinação no sintagma verbal 279-280
Conjuntos
   membros de 404, 412-415
   ordenado *versus* não ordenado 412-415
Consciência
   como mapa do universo 435-436
   evolução 419
   versus física como metodologia 444-445
   universo 442-444
Conservadorismo da ordenação das palavras, afirmativa *versus* negativa 167-169
Conservadorismo sintático 114-116, 119
Construção existencial-apresentativa 44-45
   características universais 100-103
   pressuposicionalidade e marcação 93-94
   restrições distribucionais 100-103
Construções agentivas complexas, surgimento 282-283
Construções clivadas
   complexidade sintática 103
   diacronia *versus* sincronia 318-321
   restrições distribucionais 94
   sintaticização 283-285
Construções de mudança de tópico 58-59
   complexidade sintática (distância) 113
   marcação 93-94
Construções pseudoclivadas
   complexidade sintática (distância) 108
   restrições distribucionais 94
Construções tópicas, complexidade sintática (distância) 111-113

Contexto *versus* função da negação 139-142
Contradição e tautologia 439-440
Convenção X-barra 30-31
Coordenação
   complexidade 379
   subordinação 336-340
      complexidade 387-388
Cópulas em espanhol 408-410
Crioulo *versus* pidgin 291-295

D

Definitude
   de objetos, afirmativa e negativa 167-169
   marcação 80-84, 93-94
   objetos dativos benefactivos 74
   objetos diretos acusativos 74-76
   objetos locativos 74-76
Dêixis
   canina 364-365
   infantil 372-375
Densidade
   de *input* perceptual
      desenvolvimento de organismos 421
      movimento 421
   de julgamento perceptual 411-412
Dependência, *status* privilegiado 68-69
Desbotamento semântico e mudança diacrônica 400-402
Desenvolvimento de organismos 421
Desenvolvimento infantil e diacronia 302
Deslocamento à esquerda ver Construções de mudança de tópico
diacronia
   adjetivos 340-344
   desenvolvimento infantil 302
   versus sincronia 305-344

Diferenças semânticas e regra de mudança
  do dativo 215-217
Diferenciação sociocultural
  canina 365-366
  infantil 375-376
Dimensões
  calibração 415-416
  espaço 410-412
  limites superiores 415-416
  tempo 404-406
Discurso
  compartilhado na linguagem infantil 117-119
  condensação de morfologia flexional 26
  contexto e função discursiva da negação 139-142
  evolução 347-349
  pressuposição *ver* Pressuposicionalidade
Discurso informal
  estrutura 298-299
  versus formal 297-302
Discurso monoproposicional
  canino *versus* humano 363
  na comunicação infantil 372, 372-373
  sobrevivência de 390-391
Discurso multiproposicional
  evolução de 376
  ordenação de palavra 391-393
  pressuposicionalidade 93
  surgimento de tópico 379-381
Discurso pré-sintático
  evolução para 386
  filogenia 376-386
Distribuição
  em atos de fala negativos 127-139
  estatística, marcação 73-76
  liberdade de 67-69
Dogma estruturalista 14-15
  características principais 14

E

Economia, *status* privilegiado 69
Eixo temporal, canino *versus* humano 360
Elaboração semântica 117
Empiricismo
  crítica 39-43
  irresponsabilidade 43
  versus racionalismo 39
Encaixamento de negativas, restrições 160-163
Entidades
  coextensivas com nomes 408
  critério para estabilidade temporal 406
Entidades conscientes em posição de objeto 426
Entonação
  em negativas e afirmativas 157-160
  em orações relativas 198
Ergativos 90-91
Escolhas comunicativas 49-52
Escopo
  de asserção e sistema tempo-aspecto (bemba) 147-150
  de negação
    advérbios 142-150
    restrições (bemba-banto) 148-150
    restrições sobre 156-157
Espaço
  consciência *ver* Consciência de tempo e espaço
  exclusividade de entidades e individuação 416-418
  tempo, ser e hierarquia implicacional 398-402
Espaço singularidade de entidades e individuação 416-418
Espaço tridimensional e movimento 421-423
Estabilidade *ver* Tempo estabilidade

Estabilidade temporal
    classes lexicais 406-407
    como critério para entidades 406
    lexicalização 28
Estados *versus* eventos 423-425
Estranhos
    comunicação escrita 301-302
    sociedade de 378-379
Estratégia da ordenação das palavras
    mudança do dativo, em indonésio 218-220
    relativização 198
Estratégia de caso idêntico
    em bemba 202
    relativização 201
Estratégia de lacuna
    em sherpa 237
    mudança do dativo 237-238
    redundância semântica em sherpa 242
    relativização 198
Estratégia de não redução
    inaplicabilidade em bikol 205-206
    relativização 200-201
Estratégia de nominalização e relativização 195-200
Estratégia do pronome relativo e relativização 201
Estrutura de família 375-376
Estrutura marcada, argumento para 69-70
Estrutura social
    canina 365
    infantil 375-376
Estrutura sociocultural e modo comunicativo 366
Eventos
    como língua 395-398
    versus estados 423-425
    volicionais *versus* não volicionais 423-425
Eventos negativos, ontologia 180-185

Evolução
    da consciência 421-423
    discurso pré-sintático 386
    do discurso 347-393
        rejeição (Chomsky) 347-349
    filogenia e ontologia, correspondência 348-351
    irrelevância (Chomsky) 17
Existência
    axioma do universo 414
    cópulas, em espanhol 407-410
    hierarquia implicacional 398-402
Experiência temporal, seres primitivos sensíveis 418-420
Experimentos controlados 40-43
    científicos 40-42
    linguísticos 41-43
Explicação
    formalismo 15-39
        restrições de Emonds 33-35
    gramática relacional 35-37
    inatismo (Chomsky) 37-39
    morfologia 26
    nomenclatura 22
    ordenação de regras 24-26
    segundo léxico 26
    taxonomia 28-29
Explicação tipológica de marcação de caso 264-265
Explicações funcionais e topicalidade 266-267
Explicações psicolinguísticas e relativização 209-210

F

Ficção como informação velha e nova 442
Figura-fundo, princípio 436-438
Figura *versus* fundo 176-185
Filogenia *ver* Evolução

Foco, *ver também* Escopo da negação
   complexidade sintática (distância) 108-110
   regra de mudança do dativo 213
Fonologia sincrônica, louca 307-309
Força ilocucionária
   de sentenças de duas palavras 376-377
   na comunicação canina 358-362
   na comunicação infantil 371-372
Formalismo como explicação 15-39
Função pragmática e caso semântico 191-269
Fundo pressuposicional 34, 70-123
   canino 362-363, 366-368
   relacionado a asserção 73

G

Gramática
   como competência ou desempenho 40-43
   como estratégia de processamento automático 304
   comunicação 43
   versus falante 43-49
   versus léxico 22-24
Gramática gerativa, falhas 13-15
Gramática gerativo-transformacional
   crítica de 304
   natureza criptoestruturalista 13-64
Gramaticalidade como entidade abstrata 43
Gramática relacional como explicação 35-37

I

Imperativos 358
   complexidade sintática (distância) 110
   em cães 358-362
   estrutura conceptual subjacente 359-362
   marcação 95-97
   pressuposicionalidade 95-97
   restrições distribucionais 95-97
Inatismo como explicação (Chomsky) 37-39
Individuação
   exclusividade espacial de entidades 416-418
   precedência 404
   propriedade binária 404
   proximidade 405
   relação não ordenada 405
Informação
   na comunicação canina 354-355
   na comunicação infantil 372
   tangencial 440-441
   velha e nova — *ver também* Pressuposicionalidade
      códigos restritos e elaborados 440-441
      como ficção 442
      comportamento interpessoal 442
      frequência 431-441
      música 442-443
      tautologia versus contradição 442
Inovação morfológica, conservadorismo semântico 114-118
Intenção
   agentes, ação, causalidade 423-425
   estados novos 436-437
   informação nova 437
   interação social e evolução da comunicação 439-440
   versus consciência em agentes 426
   pressuposicionalidade 437
Interrogativas 358 *ver também* Perguntas
   complexidade sintática (distância) 108-110
   estrutura sociocultural 366
Íntimos, sociedade
   canina 365-366
   infantil 378-379

Irregularidade fonológica, rerregularização de 27
Itens de polaridade negativa e marcação 163

J

Julgamento perceptual
  calibração e 413
  de densidade 410

L

Lexicalização
  sumário 344-346
  tempo estabilidade 28-29
Léxico
  versus gramática 67-72
  versus morfologia 67-72
  segundo, como explicação 26
  tratamento por Chomsky 22-23
Liberdade, graus de 412-415
Língua
  como evento 396
  como mapa do universo 398
  como objeto 397
  ontologia 395-445
  parâmetros explanatórios 15-17
Linguagem infantil
  aquisição 118-119, 295-297
  versus adulta 295-297
Lógica *versus* pragmática na negação 144
Lugar, canino 356-357

M

Macacos, *ver* Pongídeos
Mapa do universo, língua como 398

Marcação 94-103, 120-123 *ver também* Pressuposicionalidade
  atos de fala não declarativos 77-81
  complexidade sintática 103-106, 120-123
  construções estritamente pressuposicionais 95
  definitude 74, 97-103
  distância sintática (complexidade) 103-106, 120-123
  imperativos 95-97, 110
  interrogativas 111
  status privilegiado 67-72
  morfologia gramatical 104-106
  negativas 111
  negativas, consequências de 155-162, 186
  orações encaixadas 95, 106-107
  orações pressuposicionais 107-110
  perguntas 95
  restrições distribucionais 94-103
  sentenças passivas 81-91
  topicalidade 80, 97-103, 111-114
Marcadores de tempo, aspecto, modalidade e verbos auxiliares 289-290
Membro de um conjunto 403
  poder, regras 435
Memória
  canina 362-363
  infantil 372
Metodologia linguística 13-64
Modais, no inglês
  diacronia 173-174
  extensão de sentido 172-174, 188-190
Modelo(s)
  abuso de 17-22
  formal 42
  poder de, debate sobre 24
  uso de 17
Modo pragmático

contexto sociocultural de 378-379
discurso informal *versus* formal 297-302
versus modo sintático 290-291
linguagem infantil 295-297
pidgin 291-295
propriedades estruturais de 377
sobrevivência de 390-391
Modos coexistentes, pragmático e sintático 295-297
Modos comunicativos
estrutura sociocultural 366
pragmáticos *versus* sintáticos 290-291
unidade de 435-444
Modo sintático
crioulo 291-295
discurso formal *versus* informal 297-302
evolução de 386-389
versus modo pragmático 290-291
Morfemas, gramaticais *versus* lexicais 70
Morfologia
e sintaxe, inconsistências entre 309-318
gramatical ("flexional") 286-287
condensação do discurso em sintaxe 26
versus léxico 70
passiva, tipologia da supressão do agente 251-254
Morfologia flexional, condensação no discurso 26
Motivação, canina *versus* humana 361
Movimento
densidade de *input* perceptual 421
três espaços dimensionais 421-423
Movimento volicional, desenvolvimento de organismos 421, 436-438
Mudança
diacrônica
efeito na língua 27
versus estados sincrônicos 42-43

elaborativa
em bemba (banto) 165
em línguas etíopes 167
em suaíli 165-166
sistema tempo-aspecto 147-150
social e ambiental
canino 368
infantil 375
Mudança de tópico, restrições distribucionais 100
Mudança diacrônica, efeito na língua 16
desbotamento semântico 272-287, 401
expressiva-elaborativa e simplificadora 164
ordenação das palavras 167
percepção 176-180
relação de inclusão 398-399
sintaticização 176-180
Mudança do dativo
casos do objeto 244
codificação do verbo 201
complexidade e origem diacrônica 240-243
diferenciação de acusativos e não acusativos 218
em banto 221
em bemba 221-226
em indonésio 218-220
em ruanda 229-235
em suaíli 226-229
não obrigatória 226-229
obrigatória 210-217
instrumentais 204
passivização em ruanda 215-216
relativização 210-217
tipologia de marcação de caso 207
topicalidade 211-217, 266-267
Mudança na ordenação das palavras, conservadorismo sintático 114-117

Música como informação nova e velha 442-443

N

Negação
　base ontológica 176-185
　como ato de fala 185
　com o verbo falhar 319-320
　complexidade psicológica 175-176
　complexidade, razões para 155
　contexto e função 139-142
　escopo de, e advérbios 142-150
　externa e interna 152-155
　língua *versus* lógica 125-127, 186-188
　marcação 155
　sumário de fatos sobre 153-155
　tempo de processamento 175-176
Negação externa e interna 152-155
Negativas
　complexidade sintática (distância) 111
　estranheza 180-185
　versus afirmativas, pressuposicionalidade 127-155, 186
　referenciais indefinidos, restrições sobre 127-139
　restrições distribucionais 156-163
Nomenclatura como explicação 29-30
Norma e contranorma 180-185

O

Objeto direto, promoção a, *ver* Mudança do dativo
Objetos
　como entidades conscientes 426
　concretos
　　caninos 357
　　como língua 396
　definidos, complexidade sintática (distância) 112-113
　definitude 74-76
　instrumentais, passivização de 263
　pronominal, complexidade sintática (distância) 111
　referencial indefinido, sob a negação 46-47
　tipologias mistas 327-336
　　definido *versus* indefinido 331-334
　　direto *versus* indireto 327-328
　　nominalizado *versus* livre 328-330
　　referencial *versus* genérico 330-331
　topicalização de 203
Objetos acusativos em sentenças afirmativas e negativas 130-133
Objetos instrumentais, passivização 263
Objetos locativos, passivização (ruanda) 262-263
Objetos pronominais, complexidade sintática (distância) 111
Ontogenia, *ver* Evolução
Ontologia
　língua 395-444
　negação 176-188
Operadores *versus* operandos 29-30
Orações encaixadas
　complexidade sintática 106
　distância sintática 106-107
　pressuposicionalidade 76-77
　restrições distribucionais 94-95
Orações pressuposicionais, distância sintática (complexidade) 107-110
Orações relativas
　complexidade sintática (distância) 107
　versus sentenças de tópico 276-278
　restrições distribucionais 94-95
Ordem e caos, dois paradoxos de 412-415
Ordenação das palavras, subjacente 63

Ordenação de regras como explicação 24-26
Ordenação tópico-comentário, surgimento de 381-382
Organismo e ambiente, interação entre 436-438
Origem diacrônica, complexidade 240-243

P

Padrão de negação do SN, marcação de 152-153
Padrões lexicais congelados 340-344
Parâmetros da linguagem, explanatórios 15-17
Participantes na comunicação canina 357, 364
Partículas QU- e mudança do dativo 221
Passado
   conceito canino 356
   na comunicação infantil 372
Passiva, definição 244-245
Passivas
   com e sem agente 48-49
   complexidade sintática (distância) 105-106
   topicalidade 268
Passivas lexicais, como agente-razão 88-89
Passivização
   condições tipológicas, sumário 267-269
   confusão de caso 258
   dativo (ruanda) 260-263
   direto (banto-bemba) 260
   objeto direto, promoção a 244-267
   objeto instrumental 263
   objeto locativo 262
   problema da recuperabilidade 255-256
   relativização 267
   restrição de acusativo 244-245, 267
   supressão do agente 48-49
   tipologia 245-255
tipologia de 245-255
   filipina 245-255
   mudança de tópico 245-251
   reflexiva-passiva 254-255
   supressão do agente 251-254
tipologia de mudança de tópico 246-251
tipologia filipina 245-255
tipologia reflexiva-passiva 254-255
topicalidade 266-267
topicalização 275-276
Passivização de mudança de tópico, restrição de acusativo 267-269
Percepção-cognição e universo ordenado 402
Percepção espacial e julgamento perceptual 411-412
Perguntas — ver também Interrogativas;
Perguntas QU-
   marcação 77-80
   pressuposicionalidade 77-80
   restrições distribucionais 94-97
Perguntas QU-
   complexidade sintática (distância) 108-110
   diacronia versus sincronia 318-321
   regra de mudança do dativo 213
   restrições distribucionais 94
   sintaticização 283-285
Pidgin versus crioulo 291-295
Poder, antologia de 435
Polaridades 440-444
Polêmica, necessidade de 13-15
Pongídeos
   comunicação de, sumário de 369-370
   sociedade de 366
Precedência
   características formais de 404-406
   individuação 404

Predicações-qualidades e relação de inclusão 398
Pressuposicionalidade 70-123 — *ver também* Marcação
   atos de fala não declarativos 77
   comunicação 440
   construções sintáticas 73-94, 120-122
   definitude 74-77
   escala de 105-106
   intenção 436-438
   natureza pragmática 73
   negativas *versus* afirmativas 125-155, 185
   orações encaixadas 76
   perguntas QU- e clivagem 318-321
   propriedades formais de variantes 71
   recuperabilidade do tópico 80-94
   restrições distribucionais 94-103, 121
   sentenças passivas 81-91
   suposições 73
   topicalidade 80
Previsibilidade tipológica, condições mais fortes e mais fracas 267-269
Primeira dimensão, tempo 404-410
Princípio da atração pronominal
   relativização do objeto 322-325
   topicalização do objeto 323-324
Princípio fundo-figura 411, 437-438
   relações interpessoais 435
Probabilidades, canino *versus* humano 361
Promoção
   a objeto direto e passivização 244-267
   a sujeito e relativização 202-210
   sumário 267-269
Pronomes
   anafóricos, *ver* Pronomes
   clíticos *versus* independentes 310-317
   cópia, escolha de, 52-56 — *ver também* Pronomes anafóricos
   pré-verbal *versus* pós-verbal 310-317

Pronomes anafóricos 32-33
   acusativo e regra de mudança do dativo 210-211, 218-220
   marcação 80-81
Pronomes anafóricos, estratégia em bemba (banto) 221
   em ruanda (banto) 216
   impossibilidade de, em bikol 202
   recuperabilidade do caso 226
   relativização 210, 214-215
Pronomes objetos, congelados 310-318
Pronomes preposicionados QU-, recuperabilidade de caso 236
Pronominalização em sentenças afirmativas e negativas 128-130
Propriedade binária e individuação 404
Propriedade estatística de textos e sintaxe 71-72
Propriedades
   críticas, e relação de inclusão 399-400
   negativa, ontologia de 180-185
Propriedades críticas
   membro de conjunto 414
   relação de inclusão 399-400
Propriedades formais de variantes, pressuposicionalidade 72
Propriedades negativas, ontologia de 177-180
Proximidade e individuação 405
Pseudoexplicação em linguística 22-39

R

Racionalismo *versus* empiricismo 39, 64
Recipiente na comunicação canina 358, 364-365
Recuperabilidade
   agente
      do conhecimento geral 84-91
      em sentenças passivas 81-91

codificação do SN 262
codificação verbal (ruanda) 262
estratégia
   restrição de acusativo 256
   problema, passivização 255-256
   tópico
      marcação 80-81
      pressuposicionalidade 80-81
Referência e significado 395-397
Referenciais indefinidos
   mudança diacrônica 136-137
   nomes 44-45
   objetos sob a negação 46-47
   restrições sobre 127-139
      nas negativas 163
   sujeitos 44-45
Referencialidade
   de sujeitos e objetos sob a negação 152-153
   negação, em bemba (banto) 134-135
   numeral um não acentuado em hebraico 135-136
Registro escrito da fala 301-302
Registros, coexistência 295-302
Regra de mudança do dativo
   definição 211-217
   diferenças semânticas 216-217
   marcação de caso 199-200
   topicalidade do objeto 218-219
Regras de interpretação 23
Regra T, ver Regra transformacional
Regra transformacional 22-24
Relação de inclusão
   mudança diacrônica 400-402
   predicações-qualidades 399
   propriedades criteriais 398-400
Relação não ordenada e individuação 404-406
Relação ordenada, tempo como a primeira 404-410

Relação transformacional (Harris, Chomsky) 67
Relativização 195-245
   acusativos *versus* instrumentos 242
   atração pronominal 322-325
   condições tipológicas para, sumário 267-268
   estratégia de codificação do verbo 201, 205-208
   estratégia de lacuna 197, 206
   estratégia de não redução 196-197
   estratégia de nominalização 199-200
   estratégia de ordenação dos vocábulos 198
   estratégia de pronome anafórico 201, 206-207
   estratégia de pronome relativo 201
   estratégia do caso idêntico 201
   estratégias de 195-202
   explicações psicolinguísticas 209-210
   mudança do dativo 210-243, 267
   objeto, restrição sobre 238
   passivização 267
   promoção
      a objeto direto 210-243
      a sujeito 201-210
   restrições sobre
      mudança de dados 192
      passivização obrigatória 191-192
      promoção a objeto direto 192
      sujeito *versus* objeto, em indonésio 218-220
   topicalidade 268
Relativização de objeto, princípio da atração pronominal 322-325
Restrição do SN
   complexo 31-33
      violações 52-56
   coordenado (Ross) 337
Restrição do SN complexo 31-33

Restrições, *ver* Restrições específicas
Restrições de objeto direto apenas 244-251
Restrições distribucionais
 marcação 94-95
 negativa 155-163
 pressuposicionalidade 95-103
Restrições sintáticas congeladas 336-340
Restrições sobre objeto, acusativo *versus* direto 244

S

Semiagentes, classes de 434-435
Sentenças de duas palavras, força ilocucionária de 383
Sentenças de tópico *versus* orações relativas 276-278
Sentenças encaixadas, argumentos exaustivos 67-71
Sentenças negativas, objetos referenciais indefinidos 46-49
Sentenças passivas
 distribuição textual 82-83
 frequência 82-83
 marcação 81-91
 natureza de, sumário 36-37
 pressuposicionalidade 81-91
 proporção de definitude 82-89
 recuperabilidade do agente 81-91
 restrições distribucionais 94-103
 topicalidade do agente 81-82
Ser, espaço e tempo, hierarquia implicacional 398-402
Significado referencial *versus* não referencial 396
Sintagmas verbais
 conjunção *versus* subordinação em 279-280
 tipologias mistas de, em sintaxe 327-336

Sintaticização 271-304
 causativização 281-282
 construções clivadas e perguntas com QU- 283-285
 construções genitivas complexas 282-283
 de conjunção para subordinação no sintagma verbal 279-281
 de objeto-tópico para passiva 275-276
 de sentença de tópico para oração relativa 276-278
 fatores comunicativos (sumário) 344-346
 filogenia 386-389
 linguagem infantil para adulta 295-297
 morfologia gramatical ("flexional") 286-287
 mudanças associadas com 386-388
 processo diacrônico 275-290
Sintaxe
 comunicação, sumário 120-123
 versus discurso, sumário 304
 louca 305-344
 morfologia, inconsistências entre 309-318
 pressuposições discursivas 73-94, 120-123
 propriedade estatística de textos 71-72
 surgimento de 271-304
 versus discurso, sumário 271-272
Sintaxe louca 305-344
 adjetivos 340-344
 atração pronominal 322-325
 construções clivadas 318-321
 fonologia 307-309
 morfologia 309-317
 objetos 327-334
 padrões lexicais congelados 340-344
 perguntas QU- 318-321
 pronomes objetos congelados 310-317

relativização do objeto 322-325
relativização em suaíli 325-326
restrições sintáticas congeladas 336-340
sintaxe do sintagma verbal 327-334
sumário 344-346
Sintaxe SOV
   mudança de 353-354, 391-393
   razões para 391-393
   sobrevivência de 351-354
Sistema de tempo-aspecto e escopo da asserção (bemba-banto) 147-150
Sistemas dedutivos (Wittgenstein) 440-441
Sistemas de escrita, sintaticização de 389
Situação comunicativa
   canina 354
   crioulo 291-297
   discurso formal planejado 297-302
   discurso informal não planejado 297-302
   infantil 295-297
   pidgin 291-297
   pongídeo 369-370
Sociedade
   de estranhos 378-379
      comunicação escrita 301-302
   de íntimos
      canina 365-366
      infantil 375-376
Status privilegiado, argumentos para 67-70
Subordinação
   coordenação 336-338, 379
   desenvolvimento diacrônico 379
   versus conjunção no sintagma verbal 279-280
Substantivos
   coextensivos com entidades 408
   concretude 406
   indefinidos-referenciais com um 59-61
Sujeito(s)

definitude de 44-45
indefinido(s)
   restrições distribucionais 100-103
   sem verbos existenciais 389
   versus tópico 271-275
   marcação 93-94
posposição
   princípio da atração pronominal 322
   regra 322-324
pré-verbal 57-58
promoção a, e relativização 202-210
referencialidade em construções negativas 138-139
Sujeitos indefinidos
   marcação 93-94
   restrições distribucionais 100-103
   sem verbos existenciais 389
Surpresa 103, 129, 177, 440
   versus familiaridade em relações interpessoais 442-443

T

Tao
   paradoxo 412-415
   universo não construído 402-403
Tautologia e contradição 440-442
   música 442
Taxonomia como explicação 28-29
Tempo
   canino 356
   como primeira relação ordenada 404-410
   espaço, ser e hierarquia implicacional 398-402
   sequência e condicionalidade 428-430
Tempo e consciência espacial
   de amebas 420-421
   de árvores 421

de bactéria 418-420
de organismos não vertebrados estacionários 421
Temporalidade, concretude e abstração *versus* 398-402
Teoria
 construção de 15
 trivialização 41-43
Teoria linguística, objetivos 24
Tipologia de codificação verbal filipina 245
 passivização 245
 restrição de acusativo 268
Tipologia de mudança de tópico
 banto 248-251
 bhasa da Indonésia 246-247
 chichewa (banto) 250-251
 espanhol 249
 hebraico 249
 passivização 246-251
Tipologia de passivas, *ver* Passivização, tipologia de
Tipologia reflexivo-passiva 254-255
Topicalidade
 de argumentos objetos 210-211, 213
 de objetos e regra de mudança do dativo 216
 em inglês 202
 explicação e mudança do dativo 239-240
 explicações funcionais 266-267
 marcação 80
 mudança do dativo 266-269
 passivização 266-267
 pressuposicionalidade 80
 relativização 208, 268
 sujeito e objeto
  em bikol 204-206
Topicalização
 de objetos 215-216
 ordenação de palavras 392

passivização 275-276
Tópico
 identificação com agente 385-386
 versus sujeito 273-275
 orientação e discurso multiproposicional 392-393
 surgimento de 379-381
Tópico, comentário, alvo, objeto, identidade de
 canino 364
 infantil 372-374
Transformações
 estilísticas, restrições a (Emonds) 33-35
 sintáticas 22-24

U

Um (numeral), com nomes indefinidos referenciais 59-61
Unidade e diversidade 442-444
 do universo 412-414
Unidade social, tamanho de
 canina 367
 pongídea 367
Universais linguísticos 346
Universais, linguísticos 61-63, 346
Universo
 axioma de existência do 402
  paradoxo matemático 414-415
 consciência, como um 442-444
 construção de, e linguagem 395-445
 estruturas de cognição 445
 não construído, e Tao 402-403
Universo não construído, e Tao 402-403
Universo ordenado, percepção e cognição 398

V

Variações sincrônicas, sobreposição 306
Variantes
    de tipo de sentença básica 67, 71-72
    propriedades formais de, pressuposicionalidade 71-72
    sintáticas 73
Variantes sintáticas 73-76
Verbos
    auxiliares modais, em inglês 172-174, 188-190
    auxiliares, mudança para marcadores de tempo-aspecto-modalidade 289-290
    complexos, surgimento de 281-282
    concretude de 407
    implicativos
        definitude de objetos 127-130
        em sentenças negativas e afirmativas 127-130
        referencialidade de objetos 127-130
    seriais, mudança para marcadores de caso 287-289
Verbos implicativos 127-128
Volição, *ver* Intenção